# 论责任编辑的工作

中国编辑学会第五届年会论文选

东方清 主编

中国建筑工业出版社

**图书在版编目(CIP)数据**

论责任编辑的工作:中国编辑学会第五届年会论文选/东方清主编.—北京:中国建筑工业出版社,2001.3
ISBN 7-112-04589-4

Ⅰ.论… Ⅱ.东.. Ⅲ.编辑工作－学术会议－中国－文集 Ⅳ.G232-53

中国版本图书馆 CIP 数据核字(2001)第 04405 号

---

# 论责任编辑的工作
## 中国编辑学会第五届年会论文选
### 东方清 主编

\*

中国建筑工业出版社出版、发行(北京西郊百万庄)
新 华 书 店 经 销
北京市兴顺印刷厂印刷

\*

开本:850×1168 毫米 1/32 印张:14½ 字数:388 千字
2001 年 3 月第一版 2001 年 3 月第一次印刷
印数:1—1000 册 定价:35.00 元
ISBN 7-112-04589-4
Z·10 (10039)

**版权所有 翻印必究**
如有印装质量问题,可寄本社退换
(邮政编码 100037)

# 请关心和支持责任编辑(代序)

刘杲

这是一本责任编辑(主要是图书责任编辑)工作研讨会的论文集。

中国编辑学会为什么拿2000年年会开这个研讨会?因为责任编辑面临的问题和困难很多,而对他们的关心和支持却显得不够。

我不妄想一次研讨会能够解决或者回答所有的问题,这是不可能的。我只希望这次集体的推心置腹的交谈,能够打动有关的部门和更多的同行。

我确信,责任编辑的地位和作用非常重要。

论编辑理论研究,责任编辑的实践经验概括是编辑理论研究的细胞,它包含了整个编辑过程中各种矛盾运动的起点。

论编辑工作制度,责任编辑的圆满履行职责是落实编辑工作责任制度的关键,责任编辑工作的成败关系着整个编辑活动的成败。

论编辑队伍建设,责任编辑的不断提高素质是编辑队伍建设的基础,责任编辑素质的高低大体上决定整个编辑队伍的面貌。

论出版繁荣,责任编辑的积极性和创造性的充分发挥是出版繁荣的保证。如果没有责任编辑对选题的开拓创新和对书稿的精雕细刻,出版繁荣不过一句空话。

因此,我由衷地呼吁,大家都来关心和支持奋斗在出版第一线的责任编辑。

2001年3月5日

# 目 录

请关心和支持责任编辑（代序） 刘 杲
谈谈责任编辑和"责编"工作 邵益文 ·················· 1
责任编辑是什么 蔡学俭 ·················· 17
责任编辑的"责任"三议 杨陵康 ·················· 20
责任编辑制度五题 杨中岳 ·················· 28
试论责任编辑的责任 金维克 ·················· 37
谈谈新形势下责任编辑如何出色地工作 喻建章 ·················· 42
图书责任编辑的工作定位与责任 贾平静 ·················· 48
责任编辑的范围与责任界定 黎强 ·················· 54
责任编辑定位的再思考 张海潮 李丽菊 ·················· 60
论责任编辑的角色特征 陈长荣 朱坤泉 ·················· 66
"责任"编辑 何剑秋 ·················· 71
论知识经济时代责编的创新意识 韩鑫 ·················· 75
责任编辑的新责任：知识创新 虞文军 ·················· 80
试论新形势下责任编辑的"责任" 夏映虹 ·················· 87
责任编辑与责任 曾令维 ·················· 91
责任编辑的责任 庄梅 ·················· 97
责编的权力与能力 祝国华 ·················· 103
图书责任编辑的角色及
　　在市场经济条件下的定位 薛尧 ·················· 109
责任编辑的动议权、修改权与转型权 范达明 ·················· 116
试论面向市场图书责任编辑的赢利性思路 郑行栋 ·················· 127
亟待改善的责编工作现状 侯颖 ·················· 132
责任编辑工作环境的营造 田平 ·················· 136
责编工作中的困惑和疑问 张德玲 ·················· 141

责任编辑工作中存在的问题及对策　张惠芳 …………… 145
责任编辑思想素质与编辑原创　薛正昌 ……………… 151
浅谈责任编辑的思想素质　裴慎勤 …………………… 157
编辑职业个性与责编图书风格　张希玉 ……………… 163
论责任编辑的形象塑造　卞　葆 ……………………… 169
责任编辑的主动意识　倪颖生 ………………………… 175
谈谈做优秀责任编辑的努力方向　魏京燕 …………… 180
责任编辑的主编意识　赵运通 ………………………… 184
论责任编辑的责任意识　熊穆葛 ……………………… 189
责任编辑的宏观责任　蒋才喜 ………………………… 194
角色兼容——现代责任编辑谈　文慧云 ……………… 202
关于责任编辑的责任区划　李大星 …………………… 208
重塑一个你和我——新形势下图书
　　编校过程的新调整　高哲峰 …………………… 213
"精品工程"与编辑工作的中心地位　张俊超　高　璐 …… 225
我对精品之管见　覃承勤 ……………………………… 231
报与桃花一处开——浅谈非重点图书
　　出精品、创"双效"　蓝柏坚 ……………………… 236
从战略高度重视畅销书问题　韩　敏 ………………… 241
图书编辑的基本任务和职责　杨小岩 ………………… 248
编辑加工的"精"与"细"　张　健 ……………………… 254
谈谈成书前编后工作的作用　潘宜玲 ………………… 259
学术著作书稿初审中的结构意蕴　唐流德 …………… 264
编辑工作中的理想与现实　王静萍 …………………… 268
市场——读者,读物出版的起点和目标　郭天翼 …… 274
关于出版社以读者为中心
　　开展工作的思考　明厚利　高勇群 …………… 280
责任编辑应重视读者工作　郭有声 …………………… 284
认识策划局限,坚守出版理念　叶　宁 ……………… 287
策划报告与初审报告:一个都不能少　杨小红 ……… 293

倾注心血　策划选题
　　洞悉学界　物色作者　张惠芝　杨子江 …………… 298
编辑选题应注意四性　刘斌武 …………………………… 304
论出版选题资源的保护　韦启福 ………………………… 308
现行期刊发展对策仍是加强微观
　　努力与宏观调控　张　东 …………………………… 317
党刊主编的组版意识　王榕春 …………………………… 324
刊物·主编·策划　王巧林 ……………………………… 331
把好外版书的翻译出版关　潘晓东 ……………………… 334
出版外文书刊随感　刘　莹　高　媛 …………………… 340
科技书刊责任编辑应提高政治素质　任源博 …………… 347
编辑、作者两相宜——从一本书稿的产生试
　　谈科技编辑工作　胡海清 …………………………… 350
试论科技类图书编辑的培养　蔡克难 …………………… 355
科技期刊责任编辑的工作现状、经验和问题　王　燕 … 359
试谈为素质教育提供图书服务　梁茂林 ………………… 365
面临加入世贸组织图书编辑对版权引进
　　的战略思考　姚文瑞 ………………………………… 374
面对"入世"的中国编辑　苏彩桃 ……………………… 379
谈新时期编辑的社会责任及胜任要素　杨昭茂 ………… 382
网络化时代的编辑工作　高　亢　张平慧 ……………… 387
网络时代图书编辑能做什么　伍恒山 …………………… 392
转型期编辑工作的问题与改革刍议　聂方熙 …………… 397
试论新形势下图书编辑应具备的素质　魏　连 ………… 402
谈谈编辑价值观问题　阙道隆 …………………………… 407
论编辑在出版企业中的轴心作用　王永亮 ……………… 413
图书营销时代的编辑行为　刘进社 ……………………… 421
关于编辑业务素质的理论思考　毛积孝 ………………… 426
浅谈编辑在工作中如何培养自己的责任心　胡庆华 …… 431
试论现代编辑所应具备的基本素质　陈　涛 …………… 434

编辑务必加强审美修养
　　——出自对常见失误的理性思考　周少英 …………… 440
编辑职业道德三题　刘光裕 ………………………………… 445
论编辑人格的重构　杨晓鸣 ………………………………… 450
**跋** ……………………………………………………………… 456

# 谈谈责任编辑和"责编"工作

邵 益 文

## 一、为什么要研究责任编辑的工作问题

也许有人会问,目前出版工作中需要讨论和可以讨论的问题很多,为什么偏偏要在现在来研究责任编辑的工作问题。首先,当然是因为实际工作的需要。常常听到有人说,现在编辑工作难做,责任编辑难当。一方面要求快出书,以对付激烈的市场竞争,一方面又要求出精品,实在太难;有的还要求责任编辑什么都要管,做这做那,忙个没完,等等。责任编辑究竟应该怎么办,应该做什么,确实是现实工作中的重要问题,有必要发动大家来讨论,以提高认识,交流经验,做好工作;其次,是编辑学学科建设的需要。编辑学研究是为编辑工作服务的,它离不开编辑工作的实践,特别离不开编辑工作中居于重要地位的责任编辑工作的实践,用他们的经验来验证和丰富编辑学的理论。编辑学只有不断研究新问题,从实践中吸收新经验,进一步探索编辑规律的表现形态,才能使自己不断地得到充实和发展。才能使理论进一步结合实践,把理论和实践的结合提高到崭新的水平上来,才能更好地指导编辑实践。理论来源于实践,理论的发展也必须符合实践。符合实践的理论,才能推动实践的发展,才是实践需要的有生命力的理论。

## 二、我国编辑出版工作者面临的形势和任务

当前,我国出版界正在认真学习和掌握江泽民总书记关于"三个代表"的重要思想,坚持正确的出版方向,加强出版阵地和出版队伍的建设,高度重视出版物的质量,更好地为人民服务,为社会主义服务,为全党全国工作的大局服务。为深化改革,加强社会主义物质文明和精神文明建设,提高全民族科学文化水平和思想道德素质,为促进社会发展,作出自己应有的努力。

我国出版业的发展正面临着复杂的局面。从国际上说,西方敌对势力妄想"西化"、"分化"我们的阴谋,从来没有停止过。再说,如果一旦我们"入世"以后,西方的思想和价值观念对我们的渗透必将更为加剧;从国内说,随着改革的深化,社会主义市场经济体制的逐步建立,人们的思想观念也会发生不同程度的变化。在这种形势下,巩固和发展马克思主义在意识形态领域的指导地位,增强民族的凝聚力,就比以往任何时候都更加重要。出版作为重要的思想文化阵地,在弘扬和传播优秀文化,帮助读者树立正确的世界观、人生观和价值观,进一步建立远大理想、崇高信念,提高文化科学素质等方面,有着十分重要的作用。所以,编辑出版工作者一定要加强政治意识和质量意识,一定要有高度的政治敏锐性和是非鉴别力,认真生产优秀的精神产品,多出好书,真正为读者服务。

当代中国的出版事业,几十年来,尤其是改革开发以来,无论是在质量和规模上,都有空前的发展。目前,我国每年出书品种都在13万种左右,图书销售量约在73亿册上下。这和改革开放前的1978年(品种:14987种,印数:37.7亿册张)相比,是极大的进步。但是,如果按人均计算,我国人均的图书占有率只有5、6本。若除去课本,人均占有图书只有2.5本。这个数字不要说无法和发达国家相比,甚至不及有的发展中国家。这说明我们当前的出版工作,很难满足提高全民族文化科学知识的需要。

如果再看我国出版的对外贸易,情况同样不能令人满意。我国的出版对外贸易,主要是版权贸易。据统计这几年由引进版权出版的图书总量是不断上升的,到1998年已达5800多种,核算一下,引进版权出版的图书总量,约为我国年出版图书总量的4.5%(占新书总量的8%),实际的总印数和销售份额的比例还会更大。1999年我国各出版社输出版权的图书总数是418种(其中输向港、澳、台的280种),真正输向国外的只有130余种(这里主要有文字障碍问题)。

以上情况说明,中国出版不适应国内外需要的情况是何等的突出。在这种形势下,在国际国内矛盾错综复杂的情况下,可以想见,中国的出版工作者,中国的编辑人员,尤其是在出版社独挡一面的责任编辑,任务是何等的艰巨,责任是何等的重大。

### 三、责任编辑是一本书能够出版和出好的关键人物

说到责任编辑,大家知道它是编辑队伍中最活跃的细胞,是出版工作的基础,也是出版工作的重要组成部分。他们既联系作者,又接触读者,是出版社和作者、读者打交道的主要的、直接的渠道,他们的工作状况是这个出版社编辑工作的水平、服务精神和工作作风的全面体现。在读者和作者的心目中,他就是出版社,出版社就是他。换句话说,在读者和作者那里,责任编辑就是出版社的具体代表,也是出版社的具体形象,这是一方面。从另一方面说,责任编辑由于工作的关系,他要审读、选择取舍稿件,加工、修改、整理稿件。所以,他又是代表社会、代表读者的,尽管他在工作中可以创新、可以形成自己特有的风格,但是他不能背离社会的意愿,不能违反一般读者的基本要求,也不能改变作品原有的思想和风格。对各种各样的稿件,他有权根据出版方针,政策、原则,该放行的大胆放行,该把关的坚决卡住,该修改的则必须修改。这说明,责任编辑工作的重要性,他掌握着稿件生杀予夺的大权;同时,他的工作和其他各行各业的生产者一样,又是受到制约的,不能信马由缰,为所欲为。如果说,编辑工作是整个出版工作的中心环节的话,那么,责任编辑就是中心环节中的中心人物,是出版社工作中的主要角色,是一本书得以出版和出版得好与不好的关键人物。没有他,最好、最重要的稿件也无法按部就班地出版。

正因为责任编辑的地位和作用十分重要,所以,他对整个出版社的工作,对中国出版业的发展,具有十分重要的意义。各级领导,尤其是出版社领导,各个部门,要高度重视责任编辑和他们的工作,积极支持他们的工作,了解他们的疾苦,帮助他们解决工作中的困难,改善他们的工作环境和条件,帮助他们加强管理,使他们便于工作。有的社领导对责任编辑的工作,不重视或者不够重视,或者支持不够,就是没有做好基础工作,不了解基础不扎实,不

稳固,那么一切工作都会受影响,或者事倍而功半,效果是不可能好的。

**四、社会主义市场经济条件下责任编辑的工作范围和职责**

在社会主义市场经济条件下,出版面向市场,每个出版社都在市场经济的大潮中颠簸摔打,有的闲庭信步,有的随波逐浪,有的苦苦挣扎。各个出版社做法也不一样,有的还在搞部门承包,有的搞"一条龙"核算,名目不同,其中不少还是利润指标到人,或者按书号计价;有的搞"项目责任制"、"目标责任制",还有其他各种做法。其中,有的是管理部门明确否定了的,有的是在实践中碰了壁的,有的是尚待实践检验的。由于出版社的工作情况不同,有的打乱了原来的编辑部、室,按具体任务成立了许多临时性小组,而这些小组实际上也就变成了一个一个小的出版社,甚至有的责任编辑一个人就是一个出版社。这些小组一般人员不多,有的只有一二个人。但从编辑、校对……直到印制成本,发行折扣、印数分配、奖金、税收,等等,什么都管。一个一个都成了社长、总编辑,而且从早到晚忙得一塌糊涂。其结果在不少地方实际上削弱了包括组稿、审稿、加工整理等在内的编辑工作,造成图书质量滑坡,差错增多,退货率增加,社会效益和经济效益都不理想。而另一方面,弄得编辑,尤其是责任编辑,深感压力很大。为了完成经济指标,不得不追加发稿品种,加大了发稿字数,有的年发稿字数好几百万,甚至一二千万,这么多字数,就是数一遍也不容易,更不要说审读、加工了。后果可想而知,造成平庸书增加,无错不成书的状况加剧。有的还主张责编的职责不再是对稿件内容负责,而是对经济指标负责,等等。这种状况,使一些责任编辑感到困惑和苦闷,甚至提出:责任编辑的工作范围和职责究竟是什么?下面我们就来谈谈有关"责任编辑"的一些规定和界说。

**五、有关"责任编辑"的一些规定和界说**

1."责任编辑"的由来

在出版工作中实行责任编辑制度,是在中华人民共和国成立以后,从前苏联引进的。

十月革命胜利之初,当时俄国的出版状况十分混乱,出版物内容乌七八糟,列宁曾提出"建立负责人登记制度","使每一种出版物都有专人负责"。1920年12月11日,列宁写信给国家出版局,要求在出版每本书和小册子时,一律作下列书面记录:"一、负责审查这本书的国家出版局编辑部委员的签字;二、责任编辑的签字;三、责任校对,出版者或发行者的签字"。这样就有了"责任编辑"这个词。

2.我国政府有关文件涉及"责任编辑"的有关规定和说明

中华人民共和国成立以后,各行各业曾一度掀起学习苏联热潮,出版也不例外。1952年10月,国家出版总署曾作出《关于国营出版社编辑机构及工作制度的规定》,其中第五条说:"每种书籍版权页上必须注明该书的著作人、编辑、美术编辑、技术编辑、出版者和印刷者,以明责任"。第六条又规定"编辑部对某一书稿都应负政治上与技术上的责任"。这个规定,虽未提出"责任编辑"一词,但强调编辑的责任是十分明确的。后来,由此演变为"责任编辑"的工作制度,也是顺理成章的。

1954年4月,出版总署公布了《关于图书版本纪录的规定》,提出图书的版本纪录,"除作者、编辑者、翻译者姓名外,需要时可以载明负责的校订者,责任编辑,优秀的装帧设计者,插图者及校对者的姓名"。可见,"责任编辑"在那时已成为我国出版工作中的术语。

1978年7月18日,"文革"以后恢复工作时,国务院批转了《国家出版局关于加强和改进出版工作的报告》,提出要"恢复总编辑、主任编辑、责任编辑三级审稿制","恢复编辑人员的职称"。

1980年4月22日,中宣部转发、国家出版事业管理局制订的《出版社工作暂行条例》(以下简称《条例》)第14条规定:"对决定采用的书稿,责任编辑要认真做好编辑加工整理工作,如有违背国家现行法律和政策,或泄露党和国家机密的问题,以及在其他内容上,论点上的疏漏缺陷,应向作者提出意见,或同作者磋商修改。

属于学术思想、论点、考证以及风格的差异和是非,不强求作者修改……"这里对责任编辑的工作范围以及他的工作职责的规定是十分明确的。《条例》把责任编辑的工作范围定在"对决定采用的书稿"上,这说明它突出了责任编辑的工作范围在"编辑加工和整理工作",也就是在即将出版的书稿的内容上。这样的规定决定了编辑对书稿必将精编细作,有利于图书质量的提高。反之,决定不采用的书稿,当然也就不存在责任编辑的问题。至于书稿采用前编辑所做的选题、组稿和审读等一系列工作,在这里只能理解为责任编辑所做的准备工作。由于目前,进入策划、组稿和审稿的稿件,大部分都可以决定采用,所以,这些工序也可以看作是责任编辑的前期工作。在后面一些工具书的界说中,都已经把它列入责任编辑的工作范围。

《条例》第13条还规定:"凡采用的书稿出版时,作者、编著者、译者以及集体编著书稿的主编或执笔者都应署名。出版社的责任编辑、装帧设计也可以署名"。

1997年1月2日,国务院颁布《出版条例》,其中第24条规定:"出版单位实行责任编辑制度,保障出版物刊载的内容符合本条例的规定"。这里强调的也是出版物的内容。

1997年6月26日,新闻出版署颁布《图书质量保障体系》,第九条规定:"坚持责任编辑制度"。"图书责任编辑由出版社指定,一般由初审者担任。除负责初审工作外,还要负责稿件的编辑加工整理和付印样的通读工作,使稿件的内容更完善,体例更严谨,材料更准确,语言文字更通达,逻辑更严密,消除一般技术性差错,防止出现原则错误;并负责对编辑、设计、排版、校对、印刷等出版环节的质量进行监督。为保证图书质量,也可根据稿件情况,适当增加责任编辑人数"。从以上各项规定看,对责任编辑职责的规定,是相当具体明确的。

3. 几种工具书对"责任编辑"的界说

在一些工具书中,对责任编辑的定性定位,也作过一些界说和解释。

最早谈到"责任编辑"的是《出版词典》(边春光主编,上海辞书出版社1992年12月出版),对责任编辑的界说是:"对稿件内容、文字,以及书刊的装帧、版式设计,报纸的版面安排等方面工作,负主要责任的编辑。一般由职务在编辑以上的人员担任"。

《编辑实用百科全书》(边春光主编,中国书籍出版社1994年12月出版)说责任编辑是:"承担某部书稿的组织、审读、加工整理,对稿件负全面责任的编辑人员"。又指出:"责任编辑不是专业职称,而是一部书稿的具体实施者"。它的职责是:"应对从选题到出书的每个环节认真负责,从书稿内容的政治思想性、学术性到稿件的文字水平和语言规范都要严格把关"。对书籍的开本、版本设计、装帧等提出建议,组织或撰写书评。责任编辑一般由编辑室指定,并应在书上署名,"以示负责"[①]。

《现代汉语词典》(中国社会科学院语言研究所词典编辑室编,商务印书馆1996年9月版)说:"出版部门负责对某一稿件进行审读、整理、加工等工作的编辑人员,简称责编"。

《中国出版百科全书》(许力以主编,书海出版社1997年12月版)说责任编辑是:"指全面负责某部书稿从选题、组稿、审读、加工整理到发排、读样全过程而具有独立发稿能力的编辑人员。通常由编辑室主任指定"。它的职责是:一提出选题,二选题批准后开展组稿,三处理责任范围的来信来稿,四负责发稿。对开本、版式、封面、装帧设计等提出建议,五撰写内容介绍,组织书评或编者的话等,六通读校样,七检查样书,八搜集读者反映和图书市场信息[②]。

以上各种规定和界说,繁简不一,但总起来说,不外这样四点,即:一、对被指定经手责编的稿件的内容负全责;二、撰写有关辅文并负责全书的组合;三、对开本、版式和装帧设计等提出建议并监督其实施;四、评价书刊,进行宣传。

这就是说,责任编辑的责任是重大的,但他的责任是具体的,规范的,不是松紧带,不是无限制的。社长、总编辑、编辑室主任有他们各自应该负的责任,因为我们这里讨论的是责任编辑的工作,就不涉及它了。但也说明:一个出版社有各种各样的部门,彼此各有职责,这里的许多工作,不能都压到责任编辑一个人的身上,不然神仙也是做不好的。

## 六、责任编辑工作的核心是什么

什么是编辑工作核心,这个问题争论很久,现在已形成一种倾向性看法,就是创意和把关。何谓"创意"。创意就是立意。就是一种构思,一种设想。也有人称之为"开发",或者:"策划"、"设计"。总之,是在调查研究,掌握信息的基础上,或者是在生产和生活中形成的一种意向,想法……。这种创意是每一本书,每一期杂志,在问世以前,萌发于编辑头脑中的一种潜在活动,逐步形成为方案、计划等,它从无到有,从无形到有形,是逐步发展,逐步充实,逐步形成,逐步成熟的。说到"把关",可以说编辑工作自始至终都贯穿着把关。如选题(选这个不选那个)、找合适的作者组稿,都需要把关。至于审稿、加工当然更是把关,直至最后检查样书,也是把关。所以创意和把关,是编辑工作的客观规律,也是编辑本质特征的集中表现。责任编辑的工作既然是编辑工作的基础,他是出版、出好书的关键人物,而且他的工作职责就是对稿件的内容负责,就是要有好的立意,严格的把关。上面讲的责编的各项具体工作,尽管有的是直接的,有的是间接的,目的都是为了创意和把关,都是为了保证稿件的内容。所以,它是责任编辑工作的核心。责任编辑的一切工作都离不开这个核心,也不应该离开这个核心。现在有些地方的有些做法,使我们的责任编辑感到困惑的,有可能就是离开了这个核心,这是不符合或者违反客观规律的。

## 七、要学习和掌握现代化编辑技术和手段

现在高新科技发展很快,20年前彩色电视在中国还是不多见的,现在在城市里几乎已经普及,而且有的一家不止一个,复印、传真也一样,短短几年,从无到有,成为普及的东西。现在对编辑工作有直接关系,或者说关系很大的是电脑和网络。有人说,编辑工

作是信息和知识有序化、载体化与社会化的学术业务③。在信息时代,编辑工作要充分地、合理地利用信息是不言而喻的,而电脑和网络是当前获取信息最迅速的渠道,也是毋庸置疑的。所谓"信息隧道",使你取之不绝,用之不尽,所以,当编辑的,特别是中青年编辑要努力学习和掌握这方面新的技术和手段,使我们的编辑工作紧紧地与时代发展同步,富有时代气息。

当然,这和网络能不能、会不会代替纸介质出版物,是两回事。当电视和光盘出现的时候,国外一些传播学、新闻学和出版学者曾经议论纷纷,有的说要代替纸质书刊,有的说不会,各执一词,可是争到后来,多数人认为不可能代替,而且已被后来的实践所证明:在相当长的时期里是不可能被代替的。今天,电脑和网络也一样,我们希望它不断发展,但要真正代替纸介质出版物,恐怕还要:一看生产的发展水平,二看科技普及程度,三看群众阅读习惯演变的进程,还有网络本身的问题,如公信度不高,由于网络的开放性,任何人都可以成为信息源,反而使它的公信度受到影响。但这不等于说我们不要学习和掌握先进的技术手段。不然,我们就跟不上时代的发展,也不利于我们熟悉它、掌握它,使它更好地为编辑出版工作服务。但是现在就过多地去争论会不会代替,何时代替,像算命先生那样,似乎也没有必要。因此担心纸介质出版物的消灭,使编辑无事可做,这似乎过于超前了。

最近根据初步的实践证明:网络和报刊可以互相合作,互相融合。报刊可以借助网络扩大和延伸自己的社会影响和功能。网络传播的信息,也可以通过报刊深入到社会的各个角落(至少在网络普及以前是这样)。报刊还可以对网络的信息进行鉴别和判断,使它更具有权威性。这样发展下去,很可能如电视、光盘出现时那样,取得双赢的局面。

### 八、责任编辑既要有市场意识,又要有质量意识

市场意识和质量意识,本来是统一的,不矛盾的。在市场经济条件下,特别是在买方市场的环境中,一定要有市场意识,必须非常

讲究质量。因为只有高质量的产品,才能受到消费者的欢迎,才能得到市场的承认。因而市场意识强的人也一定是有很好的质量意识的人。所以说两者是统一的。但是,现在在有些人的脑袋里,市场意识和质量意识是对立的。他们认为市场竞争非常激烈,质量差一点无关紧要,质量再好,出得晚了,市场被别人占领也是白搭。他们特别担心,我国加入世贸组织以后,和国际市场进一步接轨,一切按市场经济的原则办事,使自己吃亏。所以,他们在出版社内部,也来一个按市场经济原则办事,把每一个责任编辑都变成了一个核算单位或者是经济指标到人,如编审10万,副编审7万,编辑5万,等等。其实这和现代企业要搞规模经营,恰恰是背道而驰的。我国加入世贸组织要按照世贸组织统一的游戏规则办事,这是事实。但这里还有各国不同的情况,全世界加入世贸组织的国家有好几百个,真正开放出版的只有20多个,我们也不至于今天"入世",明天就请外国人到中国来办出版,甚至把教科书的出版权也拱手让给外国人,这是不可能的。但是我们既然加入了世贸组织,就要按统一的规则和双方同意的条件办事,所以要逐步熟悉这些规则,努力使它适合于中国的情况,并对我有利,这才是我们应该做的事情。

在市场经济条件下,如何实现两个效益的结合,这是一门很大的学问。江泽民同志最近指出:"思想文化单位生产和传播精神产品,必须把社会效益放在第一位,努力做到社会效益和经济效益的正确结合"[④]。这当然包括出版在内。如何正确结合,在一个出版社,对社长、总编辑来说,就要统筹安排,哪些书可以赚钱,哪些书要持平,哪些书要亏一点,才能在总体上实现只赚不亏,做到略有盈余,那就不错了。不能要求每个责任编辑都赚很多钱,每一本书都赚钱,亏本书一律不出。那么,学术著作怎么办,很有价值的专业书怎么办?如果要求每一本书都赚钱,那还有什么两个效益的结合,干脆经济效益第一就算了。这次江泽民同志讲话。强调的是"正确结合",改变了人们原来说的"最佳结合"。这一点我认为很重要,最佳结合,容易理解为社会效益好,经济效益也好,那就是最佳。但这个最佳,可以有不同标准,你认为好的,我不一定认为好。所以,有人就认为只要经济效益好,打擦边球也可以;只要不违反四项基本原则,不犯法就可以;甚至以为质量差一点,有点小错误也照样可以出书;迎合一些读者的低级趣味也可以出书。又比如说,要求每一本书都赚很多钱,把每个责任编辑都作为一个核算单位,到年底算钱,也可以理解为最佳。现在说正确结合,就比较科学。所谓正确,至少要坚持正确的出版方向,一本书的出版必须是社会效益第一,首先要考虑的是社会效益。社会效益和经济效益有一个"奇怪"的现象,即就经济效益而言,不可能要求每本书都赚钱,就是说,有的书亏本是可以的、合乎出版经济规律的;就社会效益而言,每一本都是必须保证的,坏书一本也不能出,出一本也不行,否则就会对全部、甚至整个出版社的社会效益一票否决,这就是社会效益第一,丝毫没有商量的余地。要在出版工作中具体地落实江泽民同志关于"三个代表"的重要思想,牢牢把握出版导向,高度重视精神产品的质量,才能真正做到两个效益的正确结合。作为一个出版社的领导人,如果心中无数,一味追求经济利益,并且把社长应该负担的经营责任,一股脑儿地转嫁到每个责任编辑身上,让每个责任编辑各自去"经营",那还有什么出版社的发展战略、出书特色、品牌效益,不完全成了一句空话了吗?

社长要有经营意识,这个经营既包括经济效益,又包括社会效益,而且首先是社会效益。现在有的同志,一谈经营,就讲盈利,偏到经济一端,是不全面的。这就是说社长要有通盘考虑的发展战略。每个责任编辑要从编辑工作的角度领会和贯彻社领导的经营意图,主要就是从读者利益考虑,要有市场意识,要熟悉自己的读者,在选题、物色作者、加工整理等编辑工作中,要考虑读者的接受程度,使书刊适销对路,多印多销,用高质量的出版物去满足读者的要求,而不是像社长、发行部经理那样,去算成本利润,谈销售折扣等等。这就是既要有市场意识,又要有质量意识。

### 九、加强编辑出版队伍建设是当务之急

我国的编辑出版人员,毫无疑问,大多数是好的和比较好的。

他们努力学习理论、不断充实新的知识,始终坚持正确的出版方向,努力团结作者,了解读者,勤勤恳恳,精编细作,不骄不躁,积极提供优秀的精神食粮,为社会主义精神文明和物质文明建设,默默贡献自己的力量。他们是我国出版事业的中坚,是我们的希望所在。但是,另一方面,编辑出版队伍中,也有一些人,在不同程度上存在这样那样的问题。比如有的人,不是不想做好工作,但发稿任务太重,压力太大,不得不降低标准,在"把关"时松松手,加工上打折扣,或者该退修的不退修,该提出的问题不吭声,明知不对,但有苦难言;有的觉得现在编辑工作不好做,选题创新很困难,自己想到的,人家已经出书了……;大的点子找不到投资,小的点子没有意思;有的想抢占市场,整天东奔西跑,坐不下来,看不了稿,心态浮躁,遇事毛糙;有的人一脚门里,一脚门外,既在出版社吃粮,又为外单位或个体书商干活,美其名曰:反正一样当编辑,都是"为读者服务";有的人一心二用,既当编辑,又"炒"股票,称之为:"一手抓经济,一手抓文化";也有的不安心编辑工作,寻思找一个压力小一点、赚钱多一点的地方,想跳槽转行;也有的觉得科技发展,社会进步,知识更新很快,自己跟不上形势,很吃力;等等。这些情况说明,编辑出版工作者要在新的形势下,完成前面提到的艰巨而伟大的任务,必须抓紧编辑队伍的继续教育,进一步建立一支"政治强、业务精、纪律严、作风正"⑤的队伍。应该说,这已经成为当前进一步做好编辑出版工作的当务之急。

### 十、责编的学习和培训不可忽视

一个出版社、特别是一个小型的出版社,怎么能办起来,有人说首先要有资金,资金当然重要,一定的资金是需要的。但说到底,办出版社最重要的不是靠资金,因为办一个小社本身不需要太多资金。众所周知,鹭江出版社在80年代开创时,只有5万元开办费,解放前许多书店都是白手起家的。那么,办出版社最重要的是什么呢?是人材。现在搞规模经营,不是强调资源配置吗?最大的出版资源是什么,一是人材,二是信息,信息也靠人材去掌握。

所以，人材是最重要的出版资源。一个出版社的社长、总编辑，首先要把人材资源张罗好。既要思贤若渴，广揽人材，又要把已有的人材使用好，但每个人的知识都是有限的，所以不能光使用，不培养。特别是现在社会发展很快，高新科技突飞猛进，知识更新的周期已大大缩短。作为责任编辑个人，在这种情况下，一定要加强学习，不要在卡拉OK厅、保龄球场、股票市场混日子。要像鲁迅那样，把别人喝咖啡的时间都用在工作上、学习上，不断吸收新的知识，努力跟上时代的发展。从社领导来说，要加强对责任编辑的培养，应该看到这是新形势的需要。说到培养，首先是在实际工作中培养，要妥善地解决责任编辑的责权利问题，做到责权利的一致。这是充分调动积极性的重要一环。其次，要给他们提供一定的学习机会，如学习班、培训班、党校、研究生班等，要尽可能地让他们参加。这种智力投资，只会对工作有好处，一般不会有什么坏处。再次，要支持他们参加学术活动、社会活动。关起门来培训，效果不一定很好。应该让他们多参加一些活动，至少可以增长见闻，有的编辑参加社会上的学术活动，获了奖，取得了很好的成绩，这对出版社也有好处。对人材的使用，要不拘一格，对人材的培养，更需要不拘一格。

### 十一、加强纪律性是不出和少出差错的保证

要使自己成为一个合格的编辑出版工作者，还要学习有关的法律、规定和纪律。特别在目前国内外错综复杂的形势下，这一条尤为重要。要加强请示汇报，不能像有些人所理解的那样，"饿死胆小的，撑死胆大的"。与其请示了再办，不如胆大一点"先干了再说"。结果犯了大错误。事先不请示、不汇报，等到书出来了，群众举报才发现问题，这是当前受到查处案件的一个重要特点。有些问题，连读者都能发现，编辑就发现不了，实在不好理解。这只能说有些编辑出版工作者不细心或心存侥幸而已，其实是缺乏法制观念和纪律观念。

## 十二、出版社的领导要带头学习

现在出版社的领导,里里外外,忙得厉害,没有机会坐下来学习,参加新闻出版署的上岗培训,也带来了稿子要看,坐在课堂里手机响个不停。工作很辛苦,也有苦难言。但是越是这种状况,就越要学习,特别是出版社的领导,他们大多数人政治强、思想水平高,作风好,这是十分必要的,没有这一条,也当不了社长、总编辑。但仅这些还不够,还一定要懂编辑出版业务。如果不懂业务,就不能了解编辑工作的甘苦,也做不好工作。有人说,没有当过士兵的人,不可能当一个好的元帅。这话很有道理。出版社的社领导,不妨先具体独立责编几本图书,体会一下编辑工作的甘苦,取得第一手感性知识,这可能有利于这些同志做好领导工作,也有利于这个出版社的发展。

同志们,当今的世界正在发生深刻的变化,我国也正在进行完善和发展社会主义制度的自我变革。社会的转型、不同社会制度在相互对峙和交流中错综复杂地演进着。在这样的时刻,我们编辑出版工作者应该站在宣传和捍卫我们所恪守的信仰和信念的最前列,用科学的马克思主义理论和丰富的有中国特色社会主义实践,去克服出现在某些人思想上不同程度的思想迷惘,坚定走建设有中国特色的社会主义道路。在中央最近召开的全国思想政治工作会议上,江泽民同志提出并精辟地阐述了如何认识社会主义发展的历史进程,如何认识资本主义发展的历史进程等问题。对社会主义他指出两点:一,必须坚持社会主义;二,必须进行社会主义的改革,探索符合本国实际的社会主义道路。对资本主义他也指出两点:一方面,绝不能因为资本主义社会在具体的演进中产生的一些繁荣现象,而否认马克思主义的基本原理和科学论断;另一方面要加强对当代资本主义自我调节和发展的研究,做出有说服力的理论分析,进一步丰富和发展马克思主义理论。江泽民同志这些论述,有无比重要的理论意义和现实意义。坚持"三个代表"的重要思想,学习、掌握并在编辑出版工作中贯彻这些重要论述的精神,始终不渝地巩固和发展马克思主义在我国意识形态的指导地位,是历史赋予我们这一代编辑出版工作者的伟大任务和光荣职责,也是党和国家对我们编辑出版工作提出的明确要求,我们应该为此而努力贡献自己的力量。

注释:

①**责任编辑**:承担某部书稿的组织、审读、加工整理,对稿件负全面责任的编辑人员。责任编辑不是专业职称,而是一部书稿的具体责任实施者。责任编辑应对从选题到出书的每个环节认真负责,从书稿内容的政治思想性、学术性到稿件的文字水平和语言规范都要严格把关,以保证高质量地完成任务,不出差错。责任编辑应负责审读三校样,根据需要和可能撰写内容说明等有关的书籍辅文。此外,还要对书籍的开本、版式以及装帧设计等提出设想和建议,与负责技术编辑工作的人员互相协调配合。力争使书稿在内容和形式上达到完美统一。书籍出版以后,还应组织或自己撰写书评,积极开展图书宣传。

责任编辑的工作关系到整个书稿的质量,因此应有认真细致的工作作风以及强烈的事业心和责任感,保证审读和加工的工作质量。责任编辑的姓名应排在书稿的适当位置,以示负责。

责任编辑一般由编辑室主任指定的编辑或助理编辑担任。

②**责任编辑**:指全面负责某部书稿从选题、组稿、审读、加工整理到发排、读样全过程而具有独立发稿能力的编辑人员。通常由编辑室主任指定。多为中级职务的编辑,也有初级职务的助理编辑,某些重要书稿则由高级职务的副编审担任。

责任编辑的职责是:

一、提出选题。为此须了解分管学科范围内的学术动态,著译者队伍情况,社会需求和出版界动态,搜集信息,积累资料,进行分析研究。

二、在选题获得批准后开展组稿。与作者商量编写大纲,贯彻编辑意图。

三、处理责任范围的来稿来信,与作者保持经常联系。书稿交来后负责审读、加工整理(或指导助理编辑处理)。

四、负责发稿,填写发稿单,对经手书籍的开本、版式、字体、字号、封面、插图、装帧设计等,提出建议,并与美术编辑、技术编辑协作,体现出图书的内容、形式与风格。

五、对负责处理的书稿,撰写内容介绍,组织书评,开展图书宣传,有的书还须写"出版说明"或"编者的话"等。

六、通读校样。对发稿前未能预见到的或突发性的事件而影响到书稿内容的地方,作最后检查和补救。

七、检查样书,归纳作者校正本和读者来信中指出的问题,准备重印或再版时修正。

八、搜集读者的反映和图书市场的信息。

③参见任定华等主编:《科技期刊编辑学导论》西安交通大学出版社 1991 年 11 月版。

④⑤江泽民:《在全国思想政治工作会议上的讲话》参见 2000 年 6 月 29 日《人民日报》。

(作者单位:中国编辑学会)

# 责任编辑是什么

蔡　学　俭

这里要说的责任编辑是什么？一是责任编辑的"编辑"是什么？二是责任编辑的"责任"是什么？因为这两方面认识上还不很明确，工作中还不很一致。

按照《图书质量保障体系》的规定，"图书的责任编辑由出版社指定，一般由初审者担任"，"初审，应由具有编辑职称或具备一定条件的助理编辑人员担任（一般为责任编辑）"。可见责任编辑是担任初审的编辑或助理编辑。通常的理解也是这样的。但是现在也有编辑室主任、正副总编辑（含高级职称人员）担任责任编辑，或与其他编辑人员一起担任责任编辑的。还有一种策划编辑，未见规定，在实际工作中出现越来越多，并公开署名于书名页。策划编辑是不是责任编辑，与责任编辑是什么关系：指导的，平行的，相互联系或相互隔绝的。

上述情况的出现，说明对责任编辑的概念要进一步界定。责任编辑是书稿的初审者，这是确定的，但担任责任编辑的人员，不限于编辑或助理编辑，还包括编辑室主任和具有高级职称的编辑人员，即所有的编辑人员。现在实行书号控制，各出版社统计"有发稿权的编辑"，就包括了各类编辑人员。策划编辑的地位，有待法规确定，我的意见，策划编辑也是责任编辑。《图书质量保障体系》规定："出版社的全体编辑人员应认真履行编辑职责，积极参与选题的策划工作。"这说明责任编辑也应参与策划，策划是责任编辑的份内之事。既然全体编辑人员都可担任责任编辑，都应参与策划，又何必另设策划编辑，使"策划分离"呢。

同时需要明确的是，担任责任编辑的编辑室主任和具有高级职称的编辑人员，他们审读的书稿是不是同样要坚持三审制？现在的情况大都是一人包审至多是两审。我们不能把担任责任编辑者的职务和地位与三审制相对立。《图书质量保障体系》规定："要切实做好初审、复审和终审工作,三个环节缺一不可。三审环节中,任何两个环节的审稿工作不能同时由一人担任。"原因无须多说,做过编辑工作的人都能认识这样规定的必要性。高水平作者的书稿都要由出版社进行三审,这是为了防止疏漏,"智者千虑,必有一失"。由室主任和具有高级职称编辑人员初审的书稿不等同于他们复审、终审其他编辑人员初审的书稿,如果不坚持三审制,易于出现差错。因此,他们初审的书稿同样需要由符合规定的其他编辑人员复审和终审。

还想说的一点是,出版社是文化单位,不要搞"官本位"制。编辑室主任、总编辑不是官,与普通编辑之间是业务指导关系,这种上下级关系与行政机关不同。大学里有些著名的专家并不是系主任、院长和校长,而只是一名普通的教授,但不影响其职称和待遇。出版社可不可以有一些具有高学历和高级职称的普通编辑,不一定要他们当室主任或总编辑。出版行政管理部门在评聘职称时不要把初级、中级和高级职称的人数比例定得太死,普通编辑中具备条件的也可晋升高级职称,并给予他们与其职称和贡献相适应的待遇。出版社需要大量人才,而职务岗位有限,不可能都去当"官",故须破除旧的用人机制,广泛吸引容纳人才。优秀的著名的普通编辑多了,图书的质量便有了保障,出版社的声誉和影响便会不断扩大。

再说说责任编辑的责任。《图书质量保障体系》是这样规定的:责任编辑负责"初审……在审读全部稿件的基础上,主要负责从专业的角度对稿件的社会价值和文化学术价值进行审查,把好政治关、知识关、文字关。要写出初审报告,并对稿件提出取舍意见和修改建议。""除负责初审工作外,还要负责稿件的编辑加工整理和付印样的通读工作……消除一般技术性差错,防止出现原则性错误;并负责对编辑、设计、排版、校对、印刷等出版环节的质量进行监督。"规定很明确,但有些单位却没有认真贯彻执行。例如以"目标责任管理制"为名的利润包干,就迫使编辑不得不用主要精力跑发行,跑码洋……,而难以履行应尽的职责,这是导致图书质量不高、结构失衡、人才难以成长、买卖书号屡禁不绝、风气败坏的重要原因。还有如前述的"策划编辑制",把策划编辑和文字编辑分开,地位不同,待遇有别。如果策划编辑只是策划选题不负责审稿,文字编辑不参与策划,策划的意图怎样能够实现,图书质量怎样得到保证?这样做,割裂了编辑工作的整体性,违反了编辑工作的规律,是不可取的。西方国家设立策划编辑或组稿编辑,但他们仍然负责审稿,而且相当严格,同样是一本书的责任编辑。可以举出许多例子说明这点,请参见隋祥先生所写《编辑的首要职责是什么?》(载《出版科学》1994年第1期),这里就不重述了。除了上述情况外,还有一些影响责任编辑履行职责的做法。责任编辑是出版社的细胞,激发其活力,是保持出版社生命力持久不衰的源泉。责任编辑不能尽责,积极性受到种种制约甚至扼杀,智慧和才华得不到充分发挥,长此以往,何从谈出版业的兴旺发达。

  责任编辑在书名页上署名,是为了昭示责任编辑的责任,他究竟要负什么责任,书名页上不可能列出,但在读者心目中他却是要对图书编辑工作负全部责任的。这种有限责任与无限责任的错位,使责任编辑处于有苦难言之境。这里既有前述的制约编辑不能尽责的诸因素,又有责权不一致的问题。《图书质量保障体系》中关于责任编辑负责对出版各环节的质量进行监督的规定,既是一种责任,也是一种权利,从目前情况看,这项规定是难以落实的。1991年6月1日起施行的《中华人民共和国著作权法》中,对编辑作品由编辑人享有著作权,图书出版者在合同约定期间享有专有出版权等作出了规定,但对编辑权利的保障还是不很充分的。由此引起的一些著作权纠纷,使出版社和编辑有理难申。我国出版业不同于西方出版业,编辑的把关责任重大,权利要相应得到保障。

  关于责任编辑的责任的规定是明确的,问题在于贯彻执行不力和编辑责权不相适应,还有编辑素质不高、管理松弛等。不解决这些问题,就编辑责任谈编辑责任是难以奏效的。

(作者单位:湖北省新闻出版局)

# 责任编辑的"责任"三议

杨 陵 康

一

　　1997年1月,国务院发布中华人民共和国国务院第210号令,颁布了《出版管理条例》,这是我国出版业现有的最权威的行政法令。条例第二十四条规定:"出版单位实行编辑责任制度,保障出版物刊载的内容符合本条例的规定"。1997年6月新闻出版署发布了第8号新闻出版署令,颁布了《图书质量保障体系》,其中第九条规定"坚持责任编辑制度",并明确规定了责任编辑的职责,现全文抄录于下:"第九条　坚持责任编辑制度。图书的责任编辑由出版社指定,一般由初审者担任。除负责初审工作外,还要负责稿件的编辑加工整理和付印样的通读工作,使稿件的内容更完善,体例更严谨,材料更准确,语言文字更通达,逻辑更严密,消除一般技术性差错,防止出现原则性错误;并负责对编辑、设计、排版、校对、印刷等出版环节的质量进行监督。为保证图书质量,也可根据稿件情况,适当增加责任编辑人数。"从上述两个条例所规定的文字来看,编辑的责任制度中的"责任",主要是指出版物的内容和编校质量的"责任"。

　　众所周知,出版物既是精神产品又是物质产品,出版物是物化的精神产品,精神产品属性是其本质属性,亦即占支配地位的属性,而其商品属性是非本质的、从属的属性。从本质上看,出版物是以其精神内容而不是以其物质外壳来满足人们需要的。编辑部门作为精神生产的主要部门,自然应当是出版物精神产品属性的主要责任承担者,作为某部具体图书的责任编辑,自然对该部图书的内容和编校质量"责无旁贷"了。编辑工作是以信息传播和知识积累为目的、以选择和加工为特征的精神产品生产活动,每一部图书都或多或少反映和扩散一定的意识形态和思想观念,传播和积累某种人类文明成果和科学文化知识,导引社会舆论和文化走向,提供人民精神食粮。因此对于出什么书、不出什么书,多出什么书、少出什么书的问题,对于书里提倡什么、反对什么,宣扬什么、剔除什么,唱响什么、包容什么的问题,编辑不是作为个人爱好,而是代表社会、代表党和人民来作出选择,并进行加工优化,这种选择和优化贯穿编辑工作全过程,而不是仅存在于某一个别环节。这是责任编辑首先应具有的"责任"意识、"把关"意识,比喻为作战的"阵地意识"、"守土有责"一点也不过份。

责任并不具有排它性。一部图书的出版,责任编辑固然有责任,作为图书内容的创作者——作者有责任,作为图书生产流程中必不可少的复审人、终审人有责任,有关的设计、校对、排版、印刷、装订等等人员有责任,而且作为整个出版企业的法人代表也有不可推卸的责任。一部图书如果存在内容质量问题,作者作为图书的创作者自然应对图书的内容负责,包括其政治倾向、价值取向、思想品位、格调、科学性等等方面。但是作者的写作是个人行为,选择该作品予以出版使其变为社会行为的是经国家审批后赋以出版权的出版社。因此当一部图书出现内容质量问题或内容纠纷时,作者自然应对其内容负责,即所谓"文责自负",这里"文责"还只是个人行为的责任,而该作品成为社会行为的责任便不能不由出版社来负了。在出版社内部,当一部图书出现质量问题时,责任编辑当然是"责无旁贷"的,正如《图书质量保障体系》所规定的那样,责任编辑对图书编辑出版流程全过程中各个环节都负有不同程度的责任,要根据事故具体情况确定其行政和法律责任,并认定其他责任人的具体行政和法律责任。其中对于设计、校对、排版、印制等环节,责任编辑负有监督责任,对付印校样负有通读责任。对于图书内容,责任编辑是初审者与加工者,初审者与复审者、终审者的责任往往是重叠的、难以截然分清的,但复审者与终审者作为生产流程中一个必不可少环节的承担者,就不能仅仅只负领导责任,而且由于复审者与终审者的职务权限与学术水平一般情况下均高于责编,对于一些重大失误理应负更多的责任。至于出版社的法人代表,即便没有参与该图书的生产流程,但出版社的出版方向、图书定位、出版规划、编辑方针、选题策划、出版流程管理、责编制度及三审制度的落实等等无不决定于出版社的领导层,而且许多图书的出版选题也来自出版社领导,因此更应"守土有责"、"责无旁贷"。责任编辑是把好第一道关卡的图书出版第一责任者,但并不是全部责任的承担者。

责任编辑制度是我国行之有效的制度,是我国出版工作历史实践的产物。国外并没有明确的责任编辑制度,也没有责任编辑这个名称。国外的编辑模式形形色色,五花八门,过去我国通常把国外的 commissioning editor, acquisitions editor, procurement editor 都译作"组稿"编辑,其实 commission 含有委任、授权的意思,acquisition 及 procuirement 均含有获得、取得的意思,这里授受、获得的不仅是书稿,更主要的是接受和获得法人代表的出书授权,也就是书稿的内容和整个编辑过程的责任人,他的主要任务是选题、策划、组稿和审稿、改稿,而加工整理则由别人(一般是文字编辑 copy editor 或案头编辑 desk editor)来做。我国总结了出版工作的历史经验,推行责任编辑制度,把编辑的社会责任落实到具体工作责任之中,把出版社的"责任意识"、"阵地意识"制度化,是有中国特色社会主义出版体制的有机组成部分,是社会主义精神文明建设的有力保证。

## 二

如前所述,责任编辑制度是我国出版工作历史实践的产物,它经过了计划经济时代的考验,但是责任编辑制度强调编辑对图书内容质量所负的责任,强调"阵地意识"、"守土有责",它适合市场经济发展的要求吗?

在市场经济条件下,竞争十分激烈,因此抢占市场份额以求得企业的生存与发展就成为每个出版单位领导所关心的焦点。"时间就是金钱"成为督促人们提高效率、抢夺市场先机的至理名言。但是图书主要是以其内容来满足顾客(读者)的精神需求的,它虽然作为商品进入市场,但却仍是以其产品质量、首先是内容质量来夺取市场份额的,这一点与计划经济时代并无不同,却更因市场的激烈竞争,显出"质量就是生命"的含义比计划经济时代更为深刻。因此责任编辑对内容质量的责任意识、把关意识不仅丝毫不能放松,还要进一步加强,树立"精品意识",以高质量、内容创新、出精品来参与市场竞争,夺取市场份额。

在市场经济条件下,企业为了生存与发展,必须获取经济利益、追逐合理利润。但是与计划经济时代一样,图书的精神产品属性仍是本质的、占支配地位的属性,这一点并不因为进入市场经济而有所改变。但由于进入市场经济后其商品属性得到充分体现,在一部分企业中产生错觉,对精神产品属性的支配地位形成冲击和威胁,违背了社会效益放在首位、力争社会效益与经济效益统一的原则。图书出现良莠不齐、鱼龙混杂的局面。因此在市场经济条件下强调责任编辑的责任更具有现实意义。不仅如此,我们强调坚持社会效益第一,并不是否定获取必要的经济效益,因此责任编辑要在保证社会效益的前提下实现预计的经济效益,力争两个效益的统一,责任编辑的把关责任比计划经济时代具有更宽和更高的要求。

市场经济是法制经济,市场的健康运作必须以法律、法规作为保障。我国出版工作必须在我国宪法允许的范围内进行,必须符合《著作权法》、《消费者权益保障法》、《出版管理条例》等等已颁布的法律、法规以及行业的职业道德规范。责任编辑不仅自己不能进行盗版及其他非法出版活动(如买卖书号、刊号、版号等等),而且还要严格审查书稿内容有无抄袭、侵权行为以及处理好著作权问题,严把法律关。这也是市场经济条件下更应强调"责任意识"、"把关意识"的一个方面。

当前,科学技术发展势头十分迅猛,各种高、新、尖科学技术及跨学科知识体系层出不穷,同时,世界范围内的多元思想文化的相互激荡也进一步加剧。身负交流、传播、普及、导引重任的出版工作者,要在源自百川的浩瀚知识洪流中,过滤和排除那些反科学、假科学、伪科学的浊流和颓废、反动、腐朽的文化污染，选择那些符合最广大人民的根本利益及符合先进社会生产力发展要求的先进文化和科学技术知识，以潺潺清流和新鲜空气浇灌和培育社会主义物质文明和精神文明。另一方面，世界政治格局的多极化日益明显，西方反动势力西化、分化我国的政治野心不死，动摇我国社会主义制度的妄想未灭；国内生产资料所有制多元化与分配方式多元化不可避免地会对人们的世界观、人生观、价值观产生多角度的影响，出版工作者确立"守土有责"的"阵地"意识更具有紧迫的时代色彩。

综上所述，在市场经济条件下，包括责任编辑在内的出版工作者，要从政治的高度和全局的高度来看问题，"守土有责"的阵地意识不仅不能削弱，还要加强；责任意识的重心不仅不能离开内容质量，还要在此基础上建立创新意识与精品意识，深化责任意识；不能把市场意识与责任意识对立起来，而要把效益观念、法律观念与对多元文化的包容性看作责任意识的拓宽与提高。出版工作者要牢记自己的社会责任，树立高尚的出版理念，以科学的理论武装人，以正确的舆论引导人，以高尚的精神塑造人，以优秀的作品鼓舞人；唱好主旋律，打好主动仗。

当然，社会在前进，事物在发展，作为具有中国特色社会主义出版体制组成部分的责任编辑制度要在实践中不断完善和发展。目前电子技术的发展已使计算机飞速普及，网络化的前景已清晰可见，网络出版带来宏观管理上的难题，自然也对责任的落实带来难题。生物技术的突破性进展，也给人类的道德观念及道德规范带来挑战，自然也会对责任的内涵与标准带来影响。但是人的社会性是人类区别于动物的基本标志，而社会性离不开责任意识的支撑。编辑工作也会顺应时代发展的步伐，找到其承担社会责任的着力点与发挥其选择、优化功能的最佳方式。

## 三

责任编辑是在图书生产、销售过程中，进行全员参加、全程监控的全面质量(包括内容、编校、装帧、印装、销售服务等)保障体系中关键的一个环节,这个环节工作质量的好坏成为其他环节质量好坏的先决条件,但责任编辑离不开、更不能取代其他环节(如复审、终审、责任校对、责任设计等等)。责任编辑制度是整个图书质量保障体系的一个首要组成部分,但责编制度必须与其他制度(如选题报批制度、三级审稿制度、发稿"齐清定"制度、三校一读责任制度、督印制度、样书及成品检查制度等等)配套进行,否则责任编辑的责任难以到位也难以承受。责任编辑的责任既不能"虚化",也不能"泛化"。所谓"虚化",即责任编辑的责任不具体,大家都对图书内容负责,结果谁也不负责。所谓"泛化",即责任编辑对什么都要负责,结果什么都负不了责。我国责任编辑的责任主要锁定在图书的内容质量与编校质量上,因为图书作为精神产品其使用价值主要体现在内容质量上,其他质量当然不是不重要,而是责任分由全员承担比集中在责编身上更易落实,内容质量更有保证。内容质量与编校质量难以截然分开,图书存在的内容问题常常以编校质量的面目出现,而编校的差错也往往导致内容谬误或暧昧。

我国传统的编辑模式中,精神生产阶段的大部分工序,即从选题、组稿、初审、到加工、整理、发稿、读校样和样书等等工序,都由一个人承担,因此该人理所当然成为责任编辑。而国外的编辑模式一般把上述工序分由两人(或多人)承担,但他们的责任是明确的,组稿编辑(commissioning editor 或 acquisitions editor)除了选题、组稿外,还要承担内容审读工作,他们大都具有很强的市场运作能力和深厚的学科底蕴,能对图书编写的质量作出判断、评价与修改从而保证选题、组稿时的意图及市场预测得以实现。因此虽然没有责任编辑的称呼,但他们是图书内容质量的主要负责人。而图书编校质量的责任则由文字编辑来承担。目前我国盛行策划编辑制,有些出版社的策划编辑只管选题、组稿,并不负责审读,对书稿编写质量如何、是否符合市场预测的需要难以深入了解;而负责文字整理、加工的编辑,又难以对图书质量及市场前景作出全面评价,更无权对图书的修改与去留提出意见,要让他承担责任编辑的责任似乎责权不符、强人所难了。也有些出版社的策划编辑是一部图书的项目负责人，其责任涵盖了编辑、印制、发行全过程中大部分责任，实际上是代替总编辑或社长承担了责任，可能在执行中会出现操作上的困难。如果能专门确定一个对内容质量负责的人员，可能会更有利于保证质量出精品。

当前，比较普遍存在责任编辑工作量（主要是发稿量）定额过高和三审制不健全、不落实的问题。前者导致责编疲于奔命，工作难以到位，造成责任的虚化；后者导致责编责任的泛化，要承担其难以承受的责任。此外还存在一些认识上的误区：误区之一是在强调责编应强化市场意识、经济意识的同时，忽视或贬低质量意识，更有的单位以单纯的经济利润承包制代替以内容质量为核心的责任编辑制。误区之二是在强化策划工作的同时，忽视或贬低审读工作。策划与审读都是编辑工作的重要环节，都不可偏废，有些单位强调策划预定的出书时间，降低审读要求甚至取消审读工序；有些单位策划编辑只管选题、组稿，文字编辑只管技术加工，无人认真审读内容。误区之三是在强调责编策划能力、使用电脑及上网能力的同时，忽视或贬低案头工作能力，把传统的案头工作调侃为"剪刀加糨糊"。殊不知剪刀、糨糊不过是编辑审读、改稿、加工、整理的工具，而电脑正是现代的案头工作必备工具，是现代的"剪刀加糨糊"。贬低案头工作也就贬低了审读、改稿、加工、整理的必要性，否定了编辑工作存在的必要性，电脑在编辑工作中也就无用武之地了。何况策划能力不是天生的，图书的策划、选题、组稿能力是在案头工作中积累、磨炼出来的，随着时代的进步，我们可以缩短这个过程，但却不能逾越这个阶段。我国出版史中，不乏出色的编辑家，经他们选题、组稿、审稿、定稿的传世精品至今还很少有哪一家策划的图书能超过，而这些编辑家的学识与案头功夫至今还堪为典范。

总之，责任编辑制度的落实与完善，不能只靠责任编辑本身，更要依赖全社图书质量保障体系的完善，而体系的完善除取决于大环境外，也取决于社领导的认识与决策。现在，国务院颁布《出版管理条例》及新闻出版署颁布《图书质量保障体系》都已三年多了,贯彻这两个条例,强化责任编辑制度的实施,是落实"加强管事、优化结构、提高质量"的重要方面,让我们共同努力,为繁荣出版事业贡献力量。

(作者单位:中国出版工作者协会)

# 责任编辑制度五题

杨 中 岳

当前,出版单位在执行责任编辑制度方面有些理论和实践问题需要探讨。这里提出五个有关的问题讨论一下。

## 一、责任编辑制度的来龙去脉

责任编辑制度由来已久。国外早已有之。19世纪末叶,被称为科学管理之父的美国机械工程师泰勒,首创了一种生产组织方式和工资制度。后来,社会主义国家在批判地吸取泰勒制的科学成就的基础上,创立了自己的生产组织方式、责任制度和工资制度(包括新闻出版等文化单位在内)。20世纪50年代初,我国出版界曾向苏联学习。不妨先从苏俄出版部门建立责任编辑制度说起。俄国十月革命刚胜利的时候,出版机构不健全,出版工作没有走上正轨。列宁十分重视出版工作,对当时出版机构出版的某些出版物提出了批评,认为书中内容乱七八糟,粗制滥造。他在1919年10月24日给俄罗斯苏维埃社会主义共和国国家出版局局长沃罗夫斯基写信,要求"规定制度,使每一种出版物都有专人负责(建立负责人登记制度)"[①]。1920年12月11日,他又写信向国家出版局了解建立个人工作责任制度的落实情况,并要求在出版每本书和小册子时一律作下列书面记录:"1.负责审查这本书的国家出版局编辑部委员的签字;2.责任编辑的签字;3.责任校对、出版者或发行者的签字"[②]。这是社会主义国家为建立科学的出版秩序、保证出版物的质量,在出版工作中建立个人工作责任制度的开始,也是第一次规定出版单位对每一种书的编辑出版要指定一名专人做责任编辑。

解放以后,我国各省、市、自治区先后建立了国营出版机构,制定了个人工作责任制度。1952年10月,中央人民政府出版总署发布了《关于国营出版社编辑机构及工作制度的规定》,其中第五条规定每一书稿从采用到印制成书的基本程序和工作制度,"编辑过程中的每一工作步骤完成时,所有有关负责人都须签字,以明责任"。"每种书籍版权页上必须注明该书的著作人、编辑、美术编辑、技术编辑、出版者和印刷者,以明责任"。第六条还规定,"编辑部对每一书稿都应负政治上与技术上的责任"。这是新中国第一次规定在出版工作中要建立个人工作责任制度。从此,我国开始实行责任编辑制度。

林彪、江青反革命集团的倒行逆施对出版工作造成了严重的破坏,许多行之有效的制度(包括责任编辑制度)都被废弃了。"文化大革命"后,1978年7月18日国务院批转了《国家出版局关于加强和改进出版工作的报告》。这个报告提出,"要恢复总编辑、主任编辑、责任编辑三级审稿制。恢复编辑人员的职称"。在中共十一届三中全会精神指引下,经过拨乱反正,我国出版事业阔步前进。1983年6月6日,中共中央、国务院发布了《关于加强出版工作的决定》。其中第三部分在讲到加强出版队伍的建设时明确指出,"编辑部门的改革,一项重要的内容是抓责任制。要根据编辑工作的特点,健全和完善各项制度,以利于发挥编辑人员的积极性和主动性,达到提高工作效率和提高书稿质量的目的。"

改革开放以来,我国出版部门的个人工作责任制度日臻完善。1997年1月2日国务院颁布了《出版管理条例》。其中第二十四条规定,"出版单位实行编辑责任制度,保障出版物刊载的内容符合本条例的规定"。随后,新闻出版署1997年6月26日发布了《图书质量保障体系》。其中第二节讲"中期保障机制",规定了"七个坚持",即坚持稿件三审责任制度、坚持责任编辑制度、坚持责任设计编辑制度和设计方案三级审核制度、坚持责任校对制度和"三校一读"制度、坚持印刷质量标准和《委托书》制度、坚持图书书名页使用标准、坚持中国标准书号和图书条码使用标准。现在,我国各出版社对每种书稿都指定了责任编辑,每种出版物上责任编辑的姓名赫然在目。责任编辑署名,在社会上已经蔚然成风。图书、期刊、报纸上有责任编辑,其他媒体、影视、音像制品上也有责任编辑。

## 二、出版单位为什么要坚持责任编辑制度？

出版单位坚持责任编辑制度的原因有三条：

一是历史的必然。国内外的出版历史告诉我们，现代出版企业是向专业化地、现代化地生产各种社会精神成果商品的方向发展，是坚持各项科学制度的知识和技术密集型产业。一旦制度废弛，各个工序处于无人负责状态，就无法组织生产和经营，就出版不了高质量的出版物。几十年来，我国出版单位的责任编辑制度几经曲折，走过了建立、废弃、变革、健全的漫长道路。这项制度坚持得好的时期，出版物质量就上升；有段时期遭到极左路线的破坏，出版物质量就下降。这是有目共睹的事实。历史的经验值得注意。所以，我国出版单位必须走坚持和健全责任编辑制度的大道。

二是工作的特性。编辑人员审读书稿，对书稿进行加工、修改和整理，通读付印样等活动，是在著作者精神产品的基础上进行科学分析判断的理性活动和创造性劳动，具有很明显的个体的特点，需要独立工作的能力。出版单位指定某一个编辑人员对某一种书稿的这些编辑工作负责，做完后签字，并在印制成书时印上姓名以示负责。这个制度把个人负责的名声和书稿编辑的质量联系在一起，完全符合编辑工作的特性。出版单位可以由此激发责任编辑的责任心和积极性，做好编辑工作，提高出版物的质量。这正是建立责任编辑制度的依据和意图。

三是领导的方法。出版单位要依靠各部门、各岗位的职工齐心协力的集体努力才能做好工作，这是毫无疑问的。千斤担子众人挑嘛！作为出版工作中心环节的编辑工作，任务十分繁重。我国近几年每家出版社平均每年有一两百种选题。出版社要指定编辑部编辑人员分头担任这些选题的责任编辑。他们既分工，又协作，共同完成编辑工作。出版单位领导班子，一方面，要做好编辑队伍的思想政治工作，使他们了解自己工作作为人民服务、为社会主义服务的重大意义，高度自觉地奉献个人的聪明才干，对读者负责，对作者负责，认真做好编辑工作。这是多出好书的根本保证。

另一方面,必须把编辑人员的政治觉悟和工作制度结合起来,明确规定每个人的工作职责,使之有责、有权、有利,建立起与市场经济相适应的竞争激励机制。这是提高工作效率的有效途径。编辑队伍里不应有"南郭先生"容身之地。

改革开放以来,许多出版单位坚持责任编辑制度的成功实践说明,这是一个行之有效的制度。为什么这个制度这么灵?主要是建立在政治觉悟基础上的责、权、利的挂钩,有效地调动了编辑人员的积极性、主动性和创造性,切实地提高了书稿的质量。责任编辑署名,能促使他负起应尽的职责。书编得好,他有光彩;书编得不好,他难辞其咎。作为责任编辑,他在采用书稿、加工修改整理书稿、把作者的精神成果加以处理后推介给广大读者等方面,既有一定的责任,又有一定的权限。不要小看了这个权限。在划分党、政、财、文等权限时,这个权限属于文权的一种,可以说是处理书稿(包括文稿等)之权,是作者的精神成果能否在社会上传播的重要关口。这一定的责任、一定的权限与一定的个人利益挂钩,是合情、合理、合法的。他们通过自己的创造性劳动,把书稿编辑工作做得好,其他有关人员也积极努力,各负其责,共同做出了社会效益和经济效益双丰收的业绩,出版企业在分配时按照国家政策,给予他们各自应得的份额(包括工资、奖金、编辑费等等),是完全正常的。

### 三、出版单位应指定谁担当责任编辑?

责任编辑不是编辑人员的一种职称。编辑干部(包括文字编辑与美术编辑)的业务技术职称有:助理编辑(初级职务)、编辑(中级职务)、副编审和编审(高级职务)。

责任编辑是对某种图书(或期刊、或报纸栏目等)而言的,是对某种图书担负编辑责任的编辑人员。每种图书一般只指定一名责任编辑。为保证图书质量,也可根据稿件情况,适当增加责任编辑人数。文字编辑担任文字稿件的责任编辑,美术编辑担任美术稿件的责任编辑。

出版单位指定谁担当某种稿件的责任编辑?一般应根据本单

位编辑队伍的结构情况和某种稿件的特点,挑选适当的编辑人员来担当责任编辑。原则上,编辑,或具备一定条件的助理编辑,可以担当某种稿件的责任编辑,副编审或编审也可以担当某种稿件的责任编辑。所以,责任编辑并不等于担任某稿件初审的编辑。

书稿的三级审稿制度,初审由编辑或具备一定条件的助理编辑担任,复审由编辑室正副主任担任,终审由总编辑或副总编辑或他们指定的编审或副编审担任。

在编辑室正副主任或出版社正副总编辑被指定担当某种稿件的责任编辑时,需要不需要坚持稿件三审责任制度呢?目前,有些出版单位在这种情况下没有坚持稿件三审责任制度,而是减少了一个审次或两个审次,名之曰"一竿子插到底。"这种做法是违背制度的,出差错的概率较大。经验证明:一个人包审稿件,他的专业水平纵令较高,工作经历即使较长,也难免有疏忽或有片面性、主观性,智者千虑,必有一失嘛!初审、复审和终审分别由三位编辑人员担任,他们所学专业、个人阅历可能不同,看问题的角度也不一样,可以取长补短,共同提高,把个人才干和集体智慧结合起来,减少出错的机会,所以,遇到编辑人员的领导层担当责任编辑时,仍然要毫不例外地坚持稿件三审责任制度,初审、复审和终审的三个环节缺一不可。重要的是担任责任编辑的领导者要谦虚谨慎,不耻下问,以平等的地位完成责任编辑的职责,请另外的编辑人员来分别负责复审和终审,不要搞审稿的特殊化。

编辑队伍的新成员,即使学历较高,也应该安排他们花足够长的时间,例如一年,进行实习、练兵,了解编辑出版工作各个环节的工作状况和业务要求,参观印刷厂各个车间的工作状况,参加一段时间的校对工作、发行工作和资料工作,学会查找常用的辞典和工具书,帮助老编辑做点查对材料、引文之类的辅助工作,等等。有条件的单位还可组织新编辑成员培训班,请本地和外地的编辑家、出版家讲讲课,介绍一些经验体会。经出版社培训考核,合格者,持证上岗,担负助理编辑工作,边干边学。所以,出版社指定具备一定条件的助理编辑初次担任某稿件的责任编辑时,除事先做好培训、见习、考核工作以外,要指定一位老编辑在工作中加以指引,以老带新。

## 四、责任编辑应负什么责任?

某种书的责任编辑是不是对这种书的所有编辑工作甚至其他工作都要负责任?不是。责任编辑的责任不是无限的、全部的,而是有限的、部分的。随着出版体制改革的深入发展,随着高新科技手段的逐渐运用,责任编辑的工作方式与工作要求将出现新的变化,但是,他们的角色定位和分工不能随意改变,他们的职责范围不应无限扩大。目前,有些出版单位几乎把责任编辑当成了实行联产承包责任制的生产实体,每种书的一切责任都要责任编辑担当。他们取消了专业分工,要求责任编辑从编辑到出版,再到发行,连利润指标也分摊下去,并根据结果实行奖惩。这是对责任编辑制度的严重扭曲,滑进了领导编辑工作的误区,势必要逼得责任编辑走到邪路上去。

究竟责任编辑应负什么责任?按照《图书质量保障体系》的规定,责任编辑的主要职责有三项:

第一项是在稿件三审过程中,切实做好初审工作。这项工作的内容是,在审读全部稿件的基础上,主要负责从专业的角度对稿件的社会价值和文化学术价值进行审查,把好政治关、知识关、文字关。要写出初审报告,并对稿件提出取舍意见和修改建议。

第二项是在稿件决定采用后,负责稿件的编辑加工整理,与作者联系讨论修改建议。这项工作的内容是使稿件内容更完善,体例更严谨,材料、引文、量和单位等更准确,语言文字更通达,逻辑更严密,消除一般技术性差错,防止出现原则性错误。

第三项是在稿件设计、排版、校对后,做好付印样的通读工作。这项工作的内容是回头看自己对稿件进行编辑加工整理的结果如何,并对设计、排版、校对等环节的工作质量进行监督。

此外,责任编辑还要在有关主要负责人的主持下,积极参与一些活动:与其他编辑人员一起,参与选题的策划和论证;加强与作者、读者的经常联系,听取他们的意见;参与图书成批装订前的样书检查,对印刷质量进行监督;参与审核图书的征订广告质量。

以上就是责任编辑的职责范围。他应集中精力做好分工负责的这部分编辑工作。

为什么说责任编辑的责任是有限的、部分的呢?从三级审稿来说,责任编辑对初审工作应负直接的全面的责任,可说是第一责任人。但是,他无权决定稿件是否采用。对他的审读意见,复审和终审还要加以审查,或加以肯定,或进行补充、修正,或予以否定。

从图书质量检查中发现的差错来说,责任编辑当然不可推卸自己的责任。不过,对差错的具体情况要进行具体分析,以分清责任,吸取教训,改进工作。对编校质量的一般技术性差错,责任编辑和责任校对难辞其咎,有的是编辑的差错,有的是校对的差错。对图书内容的原则性差错,除作者文责自负以外,责任编辑应检讨没有把好关的错误,复审者和终审者更应检查复审的失职和决策的失误,首先承担领导责任。至于装帧设计质量、印刷装订质量出了问题,主要应由装帧设计和印刷装订的责任人检讨,责任编辑则应检查自己监督有关质量不力。

从图书的社会效益和经济效益来说,责任编辑在参与选题论证时,应以社会效益为最高准则,在此前提下,注意经济效益,力争做到"两个效益"的统一。在选题批准采用后,责任编辑要努力提高书稿的质量,做好编辑工作,争取自己编的书读者愿意买、喜欢看。他对编出优质品图书的追求是无限的,但是,他无法保证每种书都能盈利,更没有承担分摊的利润指标的责任。出版单位的经营管理工作,应由主管者负责。出版单位对选题计划要进行通盘考虑,加强管理,调整结构,提高质量,力争从总体上在赚赔相抵后能获得较好的经济效益。

### 五、责任编辑业余时间干什么?

八小时工作辛苦了,业余时间应该劳逸结合,休息一下,娱乐一番。个人兴趣爱好不同,业余生活丰富多彩。责任编辑跟社会大众一起正在享受幸福美好的业余生活,为何提业余时间干什么的话题呢？

根据爱因斯坦的观察，人的差异在业余。清代蔡新把"堂陛之玩愒"③当作国家盛衰之变的重要征兆之一。可见，如何安排业余时间，是值得人们深思的。

责任编辑的业余时间，要根据他们的具体情况来安排，不可强求一律。作为过来人，有个建议提请编辑同仁考虑一下：在诸多诱人的业余生活节目中，可否挤点时间读点书，增加一个精彩的自修节目？

坚持责任编辑制度，要靠有过硬本领的编辑队伍。现在，编辑队伍的文化水平提高了，编辑骨干的平均年龄降低了，在工作中涌现了大批优秀的中青年编辑。这是可喜的好现象。可是，从编辑工作的现状和要求来看，我们要减少和防止编校质量不合格图书的出笼，更要编出优质高效的图书，还要力争创名牌、出精品，编辑队伍各方面的素质都必须不断提高，才能胜任。出版业的竞争，主要是人才的竞争。要培养出一批又一批高素质的编辑出版人才，我们才能赢得新世纪的挑战。

怎样培养、提高呢？靠实践，靠培训，靠自学。有脱产学习机会的人是少数。发愤自学，人人可行，不妨一试。挤点业余时间自学，日积月累，年复一年，持之以恒，必受其益。大学生、研究生、硕士、博士，对他们所学的一两个学科的知识是有基础的，但是，科学知识日新月异，不继续学习就会落后。何况编辑工作这种专业性工作涉及面很广，往往要处理含有多个学科内容的书稿，一个编辑不可能只编自己学过的某学科的书稿。编辑工作要求我们既要专，又要博，还要杂。怎么办？惟有学习，学习，再学习。不懂就学，不要装懂。

根据编辑人员各自不同的情况，可以先拟定一个5年或10年的自学计划，向专家咨询后提出一个书目来（包括图书、期刊、报纸等），一本一本地耐心读下去。坚持自学，有计划比无计划好，有目的比无目的好。

该学的科目很多，要循序渐进。自学书目中可以有自己的弱项、缺项,缺啥补啥;也可以有做好编辑工作的一般必修科目——政治理论(特别是邓小平理论),党的方针政策和国家的法律法规,哲学社会科学知识,自然科学技术知识和科学精神、科学方法,语文知识,编辑出版理论与技能的知识,等等。

完成了一个自学计划,总结经验以后,再提出新的计划。这种做到老、学到老的自学计划,是一种自我进修计划,不为装点门面,但求增长知识,提高素质,以便更好地办实事,胜任本职工作。

总之,编书人要养成在业余时间读点书的好习惯。

注释:
① 转引自林穗芳编著的《列宁和编辑出版工作》第40页。
② 同上书,第44页。
③ 引自蔡新给乾隆皇帝的经筵讲义,载《清经世文编》卷十。"堂陛",泛指皇亲国戚;"玩愒(kài)",是苟且偷安,蹉跎岁月的意思。

(作者单位:湖北省新闻出版局)

# 试论责任编辑的责任

金 维 克

世界上的事就怕"较真儿"。就拿"责任编辑"来说，如果问一下到底什么叫责任编辑，回答可能是五花八门。

一般读者会认为，所谓责任编辑，就是图书上像作者、出版社、书号、定价一样，应该在版权页或封底上注明的一项内容；图书的作者可能会指出，这就是我到出版社送稿件时接待我、给我办各种手续的那个人；比较了解出版流程的人说，这是这本图书的初审加工人员，是出版单位对这本书承担直接责任的编辑。

如果是十几年前，上述第三种答案基本正确。可是现在就不同了。因为在许多出版社，责任编辑的职责范围已经大大扩展，但也因此而变得愈发模糊不清了。

其实，最说不清什么是责任编辑，以及责任编辑究竟要承担哪些责任的，也许正是责任编辑自己；当然也包括出版社中担任其他职务、特别是担任领导职务的众多业内人士。这是一种相当奇怪的现象，值得一论。

目前，在不少出版社里，一本书从报选题、算成本、签合同、催稿子、编辑加工、版式设计，直到用凸版纸还是胶版纸，在国营大厂印还是在乡镇小厂印，平订还是胶订，由社内校对科校对还是交给社外人员业余校对，以及印刷数量多少，定价高低，作者购书折扣，是否通过新华书店征订，二渠道要书数量，铁路慢件发运还是快件发运，甚至催款讨债、请记者、登广告，偶尔还要上法庭打官司等等（对不起，本人笔拙，实在无法在此穷尽所有诸如此类的事，只好用"等等"概括），都要归责任编辑管。

怪不得责任编辑说：干这一行真累！

累归累，却不见得既有苦劳又有功劳，许多读者反映：现在书出得多了，质量却下降了，一本书"错误百出"要算好的，有的正式出版物的质量比盗版也强不到哪里去。你们就光知道赚钱，责任编辑的良心是不是被狗吃了？

于是责任编辑又喊：干这一行真冤！

这样，一个原本不该出现的问题便十分尖锐地摆在我们面前：究竟什么是责任编辑应该承担的责任？

本人认为，即使在市场经济的条件下，责任编辑不敢说唯一的也至少是最重要的责任，仍然应该是确保出版物的质量，尤其是内容质量。出现上述种种现象，最根本的原因是许多出版社不适当地过分强化了责任编辑的经济责任。

许多出版社领导用在抓经济效益上的精力，要远远多于抓图书质量。在他们的眼中，经济效益的重要性要大大高于社会效益。在他们制订的管理制度中，编辑要完成的利润指标十分明确、十分具体，直接与编辑的奖金、工资甚至职称评定紧密联系，而对图书质量问题，则相对较"虚"，只要不出"大事"（例如受到出版署或出版局的查处），一般并不与编辑的切身利益挂钩。

退一步讲，在这种情况下，即使他们也强调了质量问题，也搞过质量评比，也颁发一些优秀图书奖或采取一些针对质量差错的惩罚措施，但社内评出一本优质图书的奖金，无论如何也赶不上一本给出版社创造30万元利润的书的效益提成。于是，他们的管理思想便实实在在地通过政策导向表现出来，并在图书产品上最终"开花结果"。

再退一步讲，即使他们效益和质量两方面都要抓，"两手都要硬"，但在不断强化责任编辑的经济责任的前提下，质量责任仍然会变成一句空话。当多数责任编辑为完成经济指标而疲于奔命的时候，怎么能对那些"擦边球"严格把关？怎么能有精力对稿件精雕细琢？比如100年前的飞机发明家莱特兄弟，不仅要画图纸，做实验，而且要亲手制造零件、亲手装配甚至亲自试飞；而在现代化航空事业中究竟包括了多少个非常专门化的学科，甚至连内行人也算不清楚。再如星级饭店里的大厨，其任务大约也只是颠勺，把菜炒好。而让厨师兼任采买、备料、算帐、开票、收款，以及端盘倒酒服务的，肯定只是那些街头的"大排档"和三两张桌子的小饭铺。

因此，要让责任编辑从选题调研到发行收款的各个环节都十分精通、滴水不漏，这无疑是非常不现实的。

其实编辑也是迫不得已，因为尽管新闻出版署三令五申不得将利润指标承包给编辑个人，但许多出版社依然我行我素，或者表面上只将指标下达给编辑室，实际上仍然肯定要分解到编辑个人。而从签定出版合同到账目结算，哪一个环节都与图书的成本、效益密切相关，责任编辑在哪一个环节上少操一点心，赚钱书就可能变成赔钱书，利润指标就可能泡汤。

坦率地讲，除了会编稿子而对其他一无所知的编辑肯定不适应市场经济的形势，但要让编辑都成为出版业的"全才"也的确勉为其难，其结果只能是丢掉编辑的"老本行"，失去对图书质量的控制能力。在社会分工越来越细的今天，真正意义上的出版"全才"是不大可能造就出来的。即使拿版式设计这一似乎"不起眼"的具体环节来说，一般文字编辑只能在稿面上批一些"三黑"、"四楷"之类，真正高水平的定版设计肯定要靠专职的技术编辑来完成。

本人曾参加编写一套编辑学教材，并多次应邀为各地编辑培训班授课。面对学员们信任的目光，我心中往往涌起一阵无奈。因为我知道，即使他们能将教材中的内容融会贯通，考核优秀，但一旦返回出版社，立即会有"理论脱离实际"甚至"上当受骗"之感。因为我讲的全部内容，归根到底只是"如何提高图书质量"这个主题，并没有、也不可能说清楚在复杂多变的图书市场的背景下，如何去完成和超额完成出版社下达的日益沉重的利润指标。

同类问题也出现在编辑职称评定上。

两名编辑，一个文字水平高，稿件加工细，甚至解决了许多一般编辑容易忽略的疑难问题，发表过一些编辑专业的论文；另一个自己写出的东西还有不少错别字，但连年超额完成利润指标。到底哪一个更符合晋升职称的条件？评委会的委员们见仁见智，争论得不亦乐乎，有人甚至认为专业技术职务任职条件早就应该修改。

本人的看法是，责任编辑应该了解出版工作的整个流程，但应限于"了解"而已,他的具体工作应该从选题策划开始到稿件加工合格为止,责任编辑应该、也只能是图书内容质量的直接责任者。而图书的内在质量是由选题策划、作者水平、稿件审读、加工质量等几个主要环节所决定,这就是责任编辑的工作范畴。正由于他是质量的直接责任者,因此图书获奖,就应该奖励责任编辑;图书内容质量出了问题,受到处罚的也应该是责任编辑。

至于图书的经济效益,应该在选题提出以后由出版社的生产管理部门负责论证,总编辑在审批选题时应综合考虑选题质量和经济效益两方面的因素。责任编辑可以参与论证,但不应由其承担主要责任。选题一旦得到批准,责任编辑就应全力以赴确保稿件的质量和周期,而不应被其他方面牵扯过多的精力。将本来属于出版社其他部门或出版社领导的责任加在编辑头上,让编辑去做那些本不该由编辑去做的事,既不符合现代社会分工的原则,又不利于编辑水平的提高和出版社的长远发展。

将责任编辑的经济责任强化到极致,就会出现前几年风行一时的"编印发一条龙",而这种管理办法在出版实践中已被证明不仅不成功,而且是危害极大的。首先,它会使出版社对图书质量失去控制,导致大量质量不好甚至存在严重问题的图书出现,有时还会演变为难以控制的卖书号行为。其次,它不利于出版社组织出版那些长效、优质、投资大的选题。当编辑面对一个需要投资10万元、可能在两年后盈利5万元的选题,而采用"变相协作出版"方式却能当年稳收1万元时,大多数编辑会毫不犹豫地选择后者。因为前者意味着编辑个人要承担10万元的投资风险。第三,它会使出版社失去"全社一盘棋"的群体战斗力,使编辑变成一个个"个体户",出版社的凝聚力大大下降。这样,编辑之间、编辑与其他部门之间,一般很难形成密切配合、协同作战的风气,相互拆台,"窝里斗"的内耗现象将不可避免。

因此,过分强化责任编辑的经济责任,将本来属于出版社领导的责任转移到编辑头上,无异于饮鸩止渴。这是出版社的领导者不懂经营,不善管理,不敢负责和缺乏远见的表现。这与目前已出现的成立出版集团,出版社之间强强联合打造"航母",出版社内部分工进一步专门化,着眼于未来大发展的大趋势是背道而驰的。

对于三审制中复审和终审的责任,在此也顺便提及。本人认为,复审是帮助、指导责任编辑对稿件质量把关的,但他不能替代责任编辑。目前有一些出版单位的初审编辑不看稿或基本不看稿,复审的加工量超过初审,这是很不正常的。复审应与责任编辑共同保证交到终审手里的稿件要达到发稿要求。而终审编辑则受总编辑的委托,代替总编辑行使终审权并对总编辑负责。因为从出版社管理理论上说,选题的审批权和稿件的终审权都属于总编辑。因此,终审编辑的责任是做好质量检查员,他只有判断稿件是否达到出版水平的权利,合格的放行,不合格的退回,而不应该继续对稿件进行加工处理。如果一部稿件到了终审编辑手里还要大杀大砍,再来个"满篇花",那么这部稿子的质量是不可能很高的。

只有在经济责任上解放了责任编辑,才能使责任编辑对图书内在质量真正负起责任,增长才干,提高编辑业务水平;也只有如此,出版社才能做到人尽其才,获得发展。这就是本文的结论。

(作者单位:科学普及出版社)

# 谈谈新形势下责任编辑如何出色地工作

喻 建 章

本题是参用中国编辑学会年会征文的选题。我认为这是一个较为普遍而又很实际的问题。作为一名出版老兵,对新形势认识不深,试图作点自我测试。

## 一、高瞻远瞩　认清形势

所谓新形势,当然是指 21 世纪。形势是政治经济科学文化多方面的综合。出版是意识形态性的工作,没有超前意识,闭眼抓麻雀,是不可能编好书的,这方面的经验教训很多。结合出版工作实际,我认为要特别重视以下几个方面:

首先是市场经济发展的形势。过去出版社只管出书,能不能卖出去是新华书店的事,出版社不承担多少责任。在市场经济形势下,出书卖不出去,即使存在书店,损失还是出版社的,出版社还能按过去的方式办事吗? 从计划经济走向市场经济,不但要在理论上不断突破,更要在实践上越走越深入。出版部门比之其他企业、产业进入市场经济的步伐较慢,在市场经济大潮中,自浮力较差,无论从观念上、经营管理上都需要加快步伐,接受市场的考验与检验。我国市场经济是与社会主义相联系的,那么如何使出版工作既适应市场经济的需要,又能符合社会主义精神文明建设的要求? 这就需要我们加深认识,切实掌握好社会主义市场经济的实质与规律。编辑的第一条本领,是要在市场经济中找到自己的定位,在各种信息中抓住广大读者需求的选题和能胜任选题的作者。

其次,是知识经济(还有网络经济)时代的来临。知识经济的基础是知识,以知识作为资本发展的经济,这是知识经济的一大特征。知识资本的投入在一定程序上取代了传统资本的投入,比如发明家爱迪生就曾是许多公司的股东。顾名思义,知识经济的核心,应是能推动经济发展,产生新的经济价值与效益的知识与技术。依靠新的知识创造性地运用与传播,成为经济发展的主要动力,这是与出版工作紧密相联系的。书刊、像带、光盘等出版物是知识的载体,是发展知识经济的重要工具。全社会特别是学校都在普遍重视素质教育,这些都离不开出版工作。知识经济必将促进出版事业的发展,知识经济全球化,必将推动出版业走向国际化。

第三,随着我国加入世贸组织,它使我国社会的各方面都纳入一个更大的体系,不可避免地将进一步推动出版事业的内联外引,不仅在出版物方面将会加强内外交流,加强中译外、外译中的翻译出版工作,出版事业亦将步步与国际接轨,走向世界。特别重要的是国门打开,出版领域的国际竞争亦必加剧,国外出版商有资本优势,又有人才和管理的优势。我国出版业必须稳固自己的立足点,增强竞争能力,迎接机遇与挑战。有备无患,这是古之名训。

责任编辑是出版战线的尖兵,在进入"阵地"时,首先要拿起望远镜,观察面对的形势,做到思路明晰,出路清楚,心中有数,这是成功不可逾越的第一步。

## 二、调查研究　抓准需求

一般都认为编辑是坐在室内审稿的人,其实他首要的功夫是在社外,做各方调查研究,掌握形势动态、社会需求、读书趋势、同业的谋划、作者的显现等等。从大量的信息中吸取自己有用的东西。参照国外图书生产程序,他们在选题策划之初,都是非常重视市场调查研究的。

调查研究是手段,满足需求才是目的。编辑决不能仅以原稿作为工作对象,而必须以读者作为最终对象,因为出书不获得读者的首肯,最终是要失败的。责任编辑应当走出去或请进来,进行种种调研,抓准读者需求的根本。简单的跟风出书或凭主观愿望出书,只能造成低层次的重复出版与脱离读者的实际需求。这都是对出版资源和人、财、物的浪费,给事业造成损害。

书店最喜欢的是适销对路的书。要做到这一点,不仅要了解读者明显的需求(这是比较容易做到的),重要的还应探索读者潜在的需求,提高预见性,见微知著。鉴于写书的过程长,更需要看得远,动手早,否则马后炮,事过境迁,十分被动。

需求是一门复杂的学问,因人、因事、因时而异,可说是千变万化。但在变化之中,还是有规律可循的。例如妇人怀孕,即可预见到产婴、育婴之必需。任何事情总是事前有征候的,能干的编辑,总是能捕捉到它。特别要抓住多数人的共性需求和爱好。商品中有"一家货"和"百家货"之分,百家货求者必多,双效益必大,可以起到以一当十的作用。当然,有些需求,即使面很窄,如对社会整体作用大,也必须加以重视满足。

善于满足需求,就必须符合当代人的阅读心理、爱好的实际需要,从内容到形式都能叫读者爱不释手。内容过深、过难、过于僵硬化,例如少儿读物趋向成人化,政治和文学读物概念化,知识读物过于枯燥干瘪,读者难以卒读,这类出版物就很难走进读者心灵中去。

恩格斯说:"社会需要会比十所大学更能把一门科学推向前进",这证明社会需求的伟力!

## 三、责任编辑　责在何方

责任编辑是书稿的具体组织者和加工者,冠以"责任"二字,主要是从以下方面来说的。

一是政治责任。出书的方向不能错,必须符合大局,符合党和国家的方针政策,符合法律不容侵犯的有关方面的权益。政治责任,小也是大,丝毫含糊不得,这是衡量编辑是否成熟的重要标志。尽管总编辑和室主任负有把关的领导责任或主要责任,也丝毫不能替代或减轻责任编辑应负的政治责任。有一位国际上著名的出版学家说,"最好的编辑,是那些能敏感地把握社会脉搏的人而不是那些特别注重商业方面的人"。

二是质量责任。"良工不示人以朴",这是古代工匠的优良传统,精神产品更应如此。一本书能否在读者中得到认可,能否在市场上走红,主要靠的就是质量。取信于读者是质量,出版社树品牌也靠所出一本本书的质量。这里除作者外,起关键作用的是责任编辑。我们不能老是只怨图书的销量少,亦应自怨我们受读者欢迎的货色不多。出版的多元化,意味着书品的细微化、精致化,著作者要呕心沥血,编辑要沙里淘金,读者要用心品味;三好合一好,千方百计、千锤百炼出精品。建筑部门提出一个响亮的口号:"百年大计,质量第一",而有些重点书、经典书应当是"千年大计,质量第一",《论语》《史记》等流传到今天,何止千年!没有质量能有这样长的生命力吗?出版物的质量不仅表现在内容上,同时还表现在外在形式美,人要好脸,树要好皮,书也要装饰美。鲁迅、茅盾等许多名家都很注重书装艺术。许多参加国际书展的同志回来,都感叹我国的书装不如人家。有人说编辑应是半个书装家,这是职业的要求。足球运动员不仅要把球踢进去,还要讲究踢球的风度、角度、精度,球迷们十分赞赏这一点。读者也不例外。

三是经济责任。在市场经济的今天,编辑的这一重负显现得很突出。出版是企业管理,今后还要走产业化的道路,在坚持社会效益的同时,还力求有更大的经济效益,以增强自己的发展实力,这主要靠扩大产品的卖点。这里有两点值得注意:一是创新,这不仅是出版对社会贡献所在,同时也是市场经济取胜的重要条件,人无我有是占领市场的法宝。二是要快。竞争就是讲速度,先者占领市场,这是毫不留情的。做及时雨,出版的经济效益也就在其中了。近年来图书库存大增,原因是多方面的,但编辑也应从中总结经验教训。出版部门领导对编辑要有一套效益奖励制度,责任与权利应有所平衡。责任编辑出了一本畅销书,对他的劳动成果的权益应受到保护。

## 四、编辑成效 贵在有方

编辑看去是个体劳动,独立作战,实际也是一个群体,需要多方面的协同作战。对一本书来说,责任编辑都是主体,发挥主导作用。在当今市场经济时代,编辑工作超越了过去的概念,走向多层次,多方位,不是守株待兔,而是网络四方。因而对责任编辑个人修养和工作方法也提出了更高的要求,以适应他承担的使命。所以在编辑出版部门不应仅采取行政级别办法来评价编辑人员,而应用学术职务来评价。行政级别有科、处、局长等级别,可以步步提升,编辑一干就是多少年,不论编辑、主任、总编辑,实际干的都是编辑工作。因此,对编辑的政治和生活待遇,应采取相应的照顾的办法。过去国家制订的编辑工资级别待遇,比照行政级别要高一二级,现在这个界线没有了,编辑工作艰辛,应体现知识分子政策。吕叔湘教授深有体会的说:"当好一个编辑,不见得比当好一个教授容易些。"这说的很中肯。编辑家不是虚衔,而是客观实践中当之而无愧的。要做到名实相符,编辑就应努力提高自己的学养,掌握完善的工作方法,我认为似应从以下方面努力:

1. 做一个好编辑首先要具备组织家的素质。有位老编辑坦言,编辑工作实际是对社会精神产品生产进行种种组织工作。一般只认为编辑是做文字工作,其实组织功夫很重要,对外要取得主管部门的支持,要和各种人打交道,要有公关和谈判能力,要熟悉作者写作能力,要了解读者需求等。在社内要取得各有关部门的配合与协作,这些都是要做完善的组织工作,一步不到位,就会影响书稿的顺利进行。放长线,撒大网,才能钓到大鱼。在市场经济形势下,好的稿子大家抢着要,捷足先登的常常是善于公关的编辑。和作者是文友,是知音,作者热情就会高起来。编辑要以业绩造就自己的声望,成为名编辑,出版部门领导应学电台领导风格,培养节目主持人般培养编辑,放手让他们独立工作。

2. 是杂家,同时又是编辑行家。编辑的知识面要求广一些,各事都要懂一点。在此杂家不是贬义词,而是学识渊博的同义语。特别是地方出版社,编辑分工不可能很细,更需要有较广博的知识,做复合式人才,尤其是电子科学进入出版领域后,编辑仅懂得传统出版知识远远不够,必须掌握新的出版手段,英语与电脑已成为当今编辑的必会技能。不能甘当外行,多多留心学习,事事成竹在胸。

但编辑又不应满足于当杂家,要有志培养自己专长。编辑首要功夫是对一部书稿必须作出正确评价。他是书稿的助产士,又是书稿的审判者。编辑要审作者的书稿,就必须在某些方面补充作者某种知识的不足。在编辑工作上,他应是行家,集中体现在能编出高质量的书稿。首要又在于选题抉择上有深度、高度与精度,有编辑理念,对约稿审稿均能有熟练的处置,有动手修改的能力,能妙手回春。

可以和作者坐而论道,做知心朋友,同到学术讨论会上去作专题发言。在交往研讨中,能根据实感或请作者试写样稿来逐步确定选题,这样才会有一定选择余地。千万不要以为作者有水平,或者是名家,就可以写出好稿来。专家未必就是最佳的书稿作者。没有这些意识,编辑就会大吃苦头,形成被动。约稿还应早安排,给作者有较充裕时间,急就章是难有高质量的。对约稿要求一定要具体交代,并且明确清楚,"马后炮"会使作者被动,自己也被动。一部好稿是作者和编辑密切合作的成果。

3. 必须有一定经济头脑,这是编辑较普遍存在的弱势。在市场经济中,编辑必须懂一点经济运作,举凡选题的经济价值与效益,时效性,并估计到如工作不慎将造成的经济损失,以及制作成本的匡算等,并懂得签订合同的重要性,以明确作者与出版单位彼此权利与相应责任,依法办事,避免纠纷,切实遵守出版职业道德。

这些似是老生常谈,在新形势下却有它新的内涵,都是与做好编辑工作,持续发展出版事业密切相关的。

(作者单位:江西人民出版社)

# 图书责任编辑的工作定位与责任

贾 平 静

长期以来,图书编辑是遵照一套从规划、选题、组稿、审读加工、装帧设计到发排付印、校对、宣传发行、修订重印等较完整的工作程序开展工作的。人们一直认为,编辑工作是图书出版工作的中心,出版社的其他工作都应服务于编辑工作。改革开放以来,随着社会主义市场经济体制的确定,编辑工作被推向了一个新的阶段,对编辑的要求也更高了。过去在计划经济体制下以编辑工作为中心确立的编辑优越感以及常规程序所形成的思想观念,受到严重的挑战,乃至必须予以转变。虽然责任编辑的地位没有发生什么变化,但其责任则出现了较大的变化。在这种情况下,图书责任编辑如何正确找准自己的工作定位,如何明确自己的责任到底是什么,是值得大家予以关注的问题。

## 一、责任编辑的工作定位

在计划经济体制下,出版社的图书基本上属于"皇帝的女儿不愁嫁",因此,图书的责任编辑也有极大的优越感。当时,"出版工作以编辑工作为中心"的口号,就形象地表述了编辑工作在当时的出版工作中的"龙头"地位。然而,市场经济体制的逐步确立,将出版工作推入了市场,出版社已由纯粹的事业单位演变为事业单位、企业管理,从"吃皇粮"转变为"自筹自支,自负盈亏"。图书出版不再是神秘的工作,人们对图书的认识,由精神产品过渡到特殊商品,从根本上发生了变化。既然是商品,就要适应市场需要,就不能再关起门来生产。过去那种自己出版什么,就销售、发行什么的体系,完全转化为了市场需要什么,就应尽可能尽快生产什么的体系,责任编辑不能只管编书、不管卖书了。是当书商,还是当出版家,每个责任编辑都在认真思考这个大是大非的问题,似乎两者长期以来都是水火不容。事实证明,责任编辑既要当好出版家,又要当精明的书商,两者素质不可或缺。因为出版工作由以封闭型的选题工作为主导的编辑案头工作,转变为以开放型的策划和发行工作为主导的"编、印、发一条龙",要全方位参与工作,责任编辑不可能再孤芳自赏。笔者认为,在当前形势下,责任编辑应正确地认识到,在出版工作中自己已由个人单兵作战,转向了全员协同作战;由劳心不劳力,转向了脑力与体力并用;由被动地适应市场,转向了主动地开拓市场。

1.责任编辑是出版社图书生产一线的生产者

在生产性企业,工人是一线产业人员。通过工人劳动的剩余价值的创造与物化,才形成了企业产品向商品的转化,然后通过销售去实现产品价值的转化。在出版社,图书责任编辑就是一线产业人员,只是这些产业人员是"智能化"了的生产者,他们付出的劳动是以脑力劳动为主,他们的生产对象是图书这一精神产品。

不容置疑,责任编辑对自己的定位是知识分子,因为担任编辑工作的人员,根据编辑任职要求,必须是大学本科以上人员(历史遗留问题例外)。换言之,编辑人员自视为"文化人"的很多,骨子里有一股"傲气",有几分"清高",不屑与常人为伍。这一传统"士"文化观念,极大地阻碍了编辑人员创造力的发挥,使其思想观念落后于形势的需要。其实,知识分子本身就是工人阶级的一部分,在图书出版社,编辑是在特定环境下(图书出版)的生产人员,相当于工厂里生产一线的工人。与普通工人不同的是:首先,在图书出版全过程中,责任编辑们通过自己的脑力劳动,创造性地将信息转化为选题、将选题落实作者写成书稿,极大限度地发掘作者的智力资源,将自己的知识与作者的脑力劳动有机结合,从而完成了从思想到实物的转变,将无形的意识转换成了有形的书稿。这一过程,是责任编辑付出脑力劳动的关键所在。其次,责任编辑利用自己的智力,对作者的写作活动施加影响,部分或全部改变作者的写作意图,使作者的稿件更加符合出版社的出版规划,更加贴近市场。对书稿的再加工,可发挥书稿中蕴藏的能量,使其价值极大化。而责任编辑从提出选题、组织作者写稿、审读加工,到审核清样、签发封面,直至出书后宣传发行,自始至终是以一个生产者的身分在工作。一个流程一个流程地组合,最终才生产出特殊产品——图书,这一点倒与现代化企业中流水线生产工艺流程中的工人付出的劳动有所相同。从图书出版利润的创造来源而言,责任编辑是出版利润的主要创造者。

2. 责任编辑是图书出版发行工作的组织协调者

过去出版业实行严格的计划管理,无法竞争,也不必竞争。责任编辑"稳坐钓鱼台",两耳不闻窗外事,一心一意管编书。责任编辑只要负责好本职范围内的工作,就可高枕无忧了。市场经济体制下引入的竞争机制,将责任编辑推上了竞争岗位,不可能仍像原先只对书稿内容和形式负责,不管出书后书的出路如何了。责任编辑从开始进行市场调查,收集整理有关信息,到提出选题、组稿、审读加工、征订宣传,乃至与出版部门、发行部门、装帧设计部门和编辑管理部门协调图书定价、印制成本、发行成本、管理成本……如此等等,无一不亲自为之。责任编辑的全方位参与,既加快了图书出版进度,缩短了图书出版周期,又强化了全过程的质量管理。责任编辑成为出版发行工作的组织协调者,极大地加重了责任编辑的工作压力和负担,是当前形势下,"编、印、发"一条龙的体内微循环。从现实利益而言,它已将责任编辑过去有的那种"劳神"不"费力"的心理优势一扫而净,迫使责任编辑要端着"出版家"的饭碗,干"书商"所干的事情。

## 二、责任编辑的责任

明确了责任编辑的角色定位后,我们能更加便利地讨论责任编辑的责任。从宏观方面而言,责任编辑的主要责任是完成出版工作者担负的基本任务,"以科学的理论武装人,以正确的舆论引导人,以高尚的情操塑造人,以优秀的作品鼓舞人"。具体而言,责任编辑的责任是保证图书质量和创造出版效益。

1. 保证图书质量

图书质量是图书常销不衰的根本,也是出版者在市场竞争中立于不败之地的关键。毫无疑问,责任编辑必须对自己编辑的图书质量负主要责任,甚至全部责任。图书质量,包括图书内容质量、图书编校质量、图书装帧设计质量、图书印刷装帧质量等。图书内容质量,指图书在思想、文化、科学、艺术等方面,所具有的学术价值、文化积累价值或使用价值,主要是指图书内容必须突出为人民服务、为社会主义服务的出版方针,在宣传贯彻党和国家的路线、方针、政策和弘扬科学文明、倡导科学精神、传播科学技术等方面,起到正确的先锋导向作用。图书编校质量,指图书编校质量差错率要低于万分之一(低于万分之一为合格)。图书的装帧设计质量,指图书的封面(包括封一、封二、封三、封底、勒口、护封、封套、书脊)、扉页、插图等,能够恰当反映图书的内容,格调健康;全书版式设计统一,字体、字号合理。图书的印刷装订质量,则指图书印刷装订的质量符合书刊印刷标准的规定。在出版行业,作为责任编辑,首先必须保证图书的内容质量处于合格以上水平。这是责任编辑所有责任之中必须贯穿的红线。如果不能保证图书的内容质量,那么,哪怕图书的其他质量再高,那也不过是无本之木,徒具虚表,肯定会遭到社会的唾弃和法律的追究。其次,责任编辑要保证图书的编校质量,不能以"文责自负"或"市场经济条件下,主要精力花在创收上,编校质量管理可相对放松"为借口,听任图书"无错不成书"的情况泛滥成灾。第三,责任编辑对图书的装帧设计质量和印刷装订质量要负把关责任,没有达到要求的不能签字付印,否则会造成无法挽回的损失。

责任编辑要保证图书质量,首先要认真把握出版导向,在选题之前把好政治关。只有既得风气之先,又不捅娄子的选题,才是政治思想上稳定、可靠的选题。其次,要正确处理好与作者的关系,将功夫下在作者写稿之前与之中,切实要求作者交出的书稿能基本达到"齐、清、定"的要求。第三,要认真做好审读加工工作。在审读加工过程中,要纠正原稿中的差错,按照出版规范进一步要求加工书稿。第四,要重视清样审核工作。在清样审核工作中,要根据编校规范,减少编校差错;要认真解决校对人员和作者在审样时提出的疑难问题;要处理排版过程中出现的错误;要依据最新规范或标准,解决发排后由于标准等情况变化而造成的新问题;要审查封面、扉页、版权页的付印样;要认真核对目录与正文标题及相应页码……第五,要做好售后服务工作,准备修订重印,如此等等。

市场经济是竞争的经济,优胜劣汰是健全的市场经济体制下的普遍法则,图书市场也不例外。只有千方百计地提高图书质量,只有精益求精地保证图书质量,才能保证自己的图书常销不衰。这是责任编辑必须切实履行的责任之一。

2. 创造出版效益

出版效益包括社会效益和经济效益,是决定责任编辑工作是否优秀或称职的关键指标。社会效益指责任编辑所编辑的图书对社会劳动、学术研究和社会生活可能产生的影响。在对责任编辑考核的量化上,社会效益常常被具体化为能否获奖、能否获大奖、能否列为国家重点规划的图书、能否产生重大影响等。社会效益低劣的图书,"一票否决制",可能彻底断送责任编辑的前程,让任何一位有良知的责任编辑都不敢掉以轻心。经济效益是指在一个出版年度过去后,责任编辑当年出版的图书是赢利还是亏损。经济效益的核算,对责任编辑的工作造成极大心理压力和工作压力。过去那种优哉游哉的心态,从此一去不复返了。不同出版社对责任编辑有不同的经济指标,尽管核算方式各有千秋,但大都离不开按投入产出的比例进行计算的原则。在任何情况下,坚持社会效益第一的同时极大限度地争创经济效益,是每位责任编辑应时刻牢记的准则。

创造出版效益,是责任编辑的另一主要责任。在市场经济条件下,出版者首先追求的往往是经济效益。没有经济效益,出版者无法生存,扩大再生产也无从谈起,更无力追求社会效益了。体现在对责任编辑的行为指导上,也造就了其先求生存,后求发展的新的思维定势。没有经济效益的责任编辑,随时面临着下岗的危险,获得较好的社会效益的可能性也较小;经济效益不突出的责任编辑,是出版社编辑人员中人数最为集中的那一部分,其社会效益也大都平平无奇;经济效益突出的责任编辑,相对比例较小,却是出版社内人人景仰之人士,他们往往由于可重复利用的选题资源多,"财大气粗",社会效益相对显著。不管处于何种境况,责任编辑工作的重心,已经一部分偏移到要保证完成出版效益上来了。保证完成出版效益这一责任,和保证图书质量一样重要。换言之,责任编辑的责任,已经由计划经济体制下的保证图书质量,转变成了市场经济体制下的保证图书质量和保证完成出版效益。

市场经济是无情的。只有保证图书质量,不急功近利,才能建立自己的信誉,逐步形成品牌,逐步积累无形资产;只有千方百计降低成本,在信誉不打折、质量不打折、服务不打折的前提下,尽量花较少的钱,多出较好的书,保证物质财富的积累,才能生存下来,才能扩大再生产,求得进一步的发展。图书质量和出版效益,两者相辅相成,不可偏废。作为责任编辑,要一手抓质量,一手抓效益,两手都硬才是硬道理。

(作者单位:湖南科学技术出版社)

# 责任编辑的范围与责任界定

黎 强

## 一、责任编辑的范围界定

责任编辑就是对稿件内容、文字,以及书刊的装帧、版式设计等工作负主要责任的编辑。"责任编辑的姓名应排在书稿的适当位置,以示负责"[1]。由此可以看出,责任编辑的称谓体现了一种责任意识,这是图书——精神文化产品特有的一种现象。这么做既便于出版企业直接向社会展示自己的劳动成果,履行自己对产品质量的承诺,又便于读者对精神文化产品的制作进行监督。

责任编辑的概念在现代编辑过程中并不是从一开始就存在的,只有最终决定书稿(包括有修改基础的稿件)可以采用,也就是完成了审稿以后,初审者或其他编辑才开始进入责任编辑的角色,因此,初审者和责任编辑之间就存在这么两种可能的情况:

第一种情况是:初审者=责任编辑

这里的等号并不表示两个概念等同,只是为了说明初审者和责任编辑是同一人。这也是现在大多数出版社的实际情况,只要编辑具备必要的条件(包括政治、学术、文字能力),编辑就可以承担初审工作并作为已经最终决定可以出版的书稿的责任编辑。

第二种情况是:初审者≠责任编辑

也就是说,在出版者的出版活动中,一部书稿的审稿人,包括初审者,并不必然成为书稿的责任编辑。现在有不少出版社成立了选题策划室或组稿编辑室,出版图书的版权页或封底上同时标出了责任编辑和策划编辑的姓名。此时的责任编辑相当于文字编辑或案头编辑,这类策划性选题的初审工作可能在策划选题阶段即已开始,因而策划人就扮演了初审者的角色。对于有些政治性比较强(即在政治原则方面的把关要求比较高)的书稿,或者是科学性比较强(即在科学原理方面的把关要求比较高)的书稿,出版社可能会安排资深的老编辑、社外专家来完成审稿把关的工作,仅由社内的普通编辑(即案头编辑)按照出版规范化的要求来承担诸如校核、整理、删改、润饰等编辑加工工作,因而,初审者与责任编辑的角色是分开的。

## 二、图书质量问题的责任界定

毫无疑问,我国设立责任编辑制度的一个目的就是明确书稿或成品图书的责任问题。当一部图书受到社会关注或赢得各级各类图书奖时,图书的作者自然成为人们关注、羡慕的对象,但图书的责任编辑(还可能包括策划编辑、责任校对、封面设计、技术设计人员)也是功不可没。这是正面的影响或正效应,自然是皆大欢喜。图书的责任问题还存在负面的影响或负效应,这时就需要客观、全面地分析产生图书质量问题的各种原因。为便于讨论,以下均针对常见的"初审者=责任编辑"的情况。按照责任编辑的定义,"责任编辑应……从书稿内容的政治思想性、学术性到稿件的文字水平和语言规范都要严格把关"[②],因而分析图书质量问题也应从以下三个方面入手:

一是政治思想性问题。

我国是社会主义国家,在编辑出版工作中,首先要做到的就是"为人民服务,为社会主义建设服务",坚持社会效益第一,坚持四项基本原则。这样才能确保出版物有良好的社会效益和健康的导向作用。具体到图书的编辑出版过程,假如出现政治思想性问题的话,那么书稿的三审人员都将难辞其咎。考虑到现阶段我国的出版企业兼有"代表社会和读者"[③]进行审稿把关的隐性行政职能,在出现涉及四项基本原则问题或民族、外交、宗教、军事等重大敏感问题的情况下,出版过程中的终审者(通常是社长、总编辑或由其授权的其他高级编辑)及出版企业的管理者将承担主要的责任,书稿的复审者、初审者或责任编辑相应承担比较次要的责任。由于书稿的复审、终审人员在审稿时达不到初审者的深度和广度,因而很多出版企业规定了初审者的资质条件,如具备中级以上职称,有敏锐的政治头脑和较高的觉悟等。对于那些可能把握不准或涉及重大敏感问题的选题,出版管理部门建立了专题报批制度;对于一般选题中可能涉及的政治原则问题,出版企业往往还要采取安排社内重点审稿或聘请社外专家审稿的做法,目的就是确保书稿的政治倾向不出问题。

二是学术性问题。

出版物是承载和普及人类文明成果的一种稳定的载体,因而出版者有义务确保图书的科学性,包括书稿内容有一定的新颖性,书稿作者不存在明显故意的侵权行为,书稿中的叙述没有重大的科学缺陷,书稿内容的逻辑关系和叙述层次比较准确等。显然,这就对审稿者或责任编辑提出了比较高的要求,那些不思进取,业务能力欠缺或素质低下的编辑是很难发现书稿中的学术性问题的。换句话说,对于那些学术性要求比较高的重要学术著作、规划教材、统编教材,不仅应规定审稿者和责任编辑具备必要的资质条件,而且还应考虑其敬业程度和工作经验,这样才能确保学术著作和教材不会出现重大的学术性问题。一旦出现这样的问题,不仅复审、终审人员有责任,而且初审者和责任编辑也有责任,因为,责任编辑的职责之一就是校核、改正、增删、整理。那种只顾经济效益,不论专业范围,"什么书都敢编,什么书都能编"的做法肯定是有害的,到头来,不仅读者被误导,而且出版企业的形象和声誉也会受到影响。

有些人强调"文责自负"以回避自己的把关责任,这种做法同样是不可取的。审稿人或责任编辑有义务、也有权力发现书稿中存在的问题或疑点,然后与作者会商解决。对于那些有学术争议,作者坚持己见的学术问题,审稿人或责任编辑可以尊重作者的意见,原稿照发,在这种情况下,"文责自负"才是适用的。假如出现类似的将质能方程 $E=mc^2$ 改为 $E=m^2c$ 的问题,这样的责任就应由责任编辑承担。

三是语言文字问题。

这方面的问题堪称出版界的老大难问题,也是目前出版繁荣局面背后的一种隐忧,因为我国即将加入世贸组织,我国的书刊出版业迟早要面对来自境外的各类优秀出版物的挑战与冲击。目前,读者意见比较大的一个问题可能就是书刊的文字差错较多。书刊中的文字差错往往就是普通的错别字,因而可以称之为一般文字问题或"低级错误"。这类问题的责任只能由责任编辑和责任校对承担,而且责任编辑应承担主要责任。出现这类问题的原因不外乎两个方面:一方面是责任编辑的敬业意识欠缺,工作不够细致;另一方面就是出版企业的管理粗放,监督保障职能弱化。

### 三、责任编辑工作的其他问题

1. 责任编辑与审稿

前面已经提到,责任编辑与初审者可能是同一人,也可能是两个人。不管哪种情况,编辑在承担自己的工作时,都应建立应有的审稿意识,这不仅是编辑的"六艺"之一,而且也是最能体现编辑的政治敏感性、政策水平、学术造诣和对客观世界的认识水平的一项工作。然而在目前,有不少编辑看不到审稿的作用和重要性,把自己的工作机械地理解为帮人家改稿子,甚至是改错别字。这不能不说是对编辑工作的一种庸俗化理解,因而也造成了审稿走过场。这种认识或做法的一个直接后果就是:本应体现编辑再创造价值的编辑劳动得不到应有的认可和尊重,编辑的审稿能力得不到提高。

谈到审稿,可能有多种定义,可以总结出许多的审稿原则和方法。然而,审稿能力的提高、审稿意识的强化又绝非背诵定义、概念、原则所能实现的。这种能力和意识往往表现为一种职业敏感,往往依赖于知识和经验的积累,最后体现为书稿质量的提高和读者的认可。有些复审或终审者能够在较短的时间内,通过浏览书稿而发现其中存在的政治性、学术性或语言文字问题,而且一针见血、意见中肯,这就是审稿能力强的表现。编辑在自己的工作中,只有扎扎实实、埋头苦干、勇于进取、不断积累,才能不断提高自己的审稿能力和审稿水平,才能真正从学者的角度行使自己的把关职能，为读者不断奉献出优秀的精神食粮。

2."编书"与"做书"

从目前的情况看，责任编辑的工作主要表现为"编书"。尽管各出版企业都能意识到"编辑工作是整个出版工作的中心环节"，但在图书出版的运作过程中，由于管理体制方面的问题，责任编辑的工作范围和职责都是相对有限的，因而责任编辑承担了较多的文案工作。假如赋予编辑更多的职权，要求编辑更多地深入读者、了解市场、联系作者、构思选题，同时将物化了的图书的经营状况与编辑的自身利益挂钩，那么，这样的编辑就不仅仅是在"编书"，而且还在"做书"，这样的编辑才能够不断"把纸变成钱"（使图书售出），避免"把钱变为纸"（图书积压）。由此也可以看出，"做书"不仅意味着构思和策划选题，而且还意味着"导演"一部图书的运作，包括审稿、编辑、设计、印制和营销。"做书"是一种纯粹的市场化行为，它只接受市场这只"看不见的手"的操纵和控制。从发展的角度看，我们的出版企业非常需要在遵守现有出版纪律的情况下，更多地引入市场行为，更多地通过"做书"去发现市场和培育市场，进而不断提高自己的管理水平和经济效益。

3.不断强化责任意识

前边已经提到，责任编辑的责任包括三个方面，即政治责任、学术责任和文字责任。应该说，责任编辑对图书这种特殊的精神文化产品的生产负有非常重要的责任，因为：(1)图书的制作既体现了一种虚拟性（上述政治责任、学术责任和文字责任是原则性的），又体现出一种现实性。例如，当出版企业明显违反原则，书稿内容有重大政治问题时，该企业的生存就会成为现实的问题；当读者因图书中的错讹而索赔时，出版企业在经济上和声誉上都会蒙受损失。(2)图书的制作既具有现实意义，又具有历史意义。图书作为文化载体，既要传之于众，促进社会发展，又要能够经受检验，惠及子孙后代，传承文明，这也就是图书的根本职能。(3)图书的影响既是有限的，又是无限的。例如，一部错讹较多的教科书可能影响学生的学习，造成局部的消极影响；而一部宣传邪教的图书的影响则可能超越国界,对社会秩序构成挑战。因此,责任编辑和出版从业人员要更清醒地看到自己的责任,努力坚持"二为"方针,真正做到恪尽职守,不辱使命。

注释:
① 、②边春光主编.《编辑实用百科全书》第 521 页.北京:中国书籍出版社,1994年.
③中国编辑学会,湖北省编辑学会.《图书编辑工作基本规程》.

(作者单位:中国矿业大学出版社)

# 责任编辑定位的再思考

## 张海潮 李丽菊

责任编辑制度是编辑机构的劳动分工责任机制。责任编辑的范畴明确地把编辑与其相应的责任结合起来,表明其在编辑出版工作中有着举足轻重的地位。事实上,近年来图书内在质量下滑的趋势和各种不良倾向出版物的"上市",无不与对责任编辑地位和作用的思想观念偏颇及操作行为的过失有着直接或间接的关系。本文试就围绕责任编辑定位的有关问题,进行一些思考。

## 一、责任编辑弱化现象的严重后果

责任编辑概念的提出及其范畴的确立,是由我国社会主义出版事业的性质和图书作为思想文化产品的特点决定的。坚持和实行责任编辑制度,是出版社提高图书质量和实施编辑工作管理的重要环节。我国建国以来长期的出版工作实践及其积累的丰富经验足以证明,坚持这一制度对建设有中国特色社会主义出版事业的必要性和必然性。然而,近年来在市场经济大潮的冲击下,责任编辑的地位和作用被严重弱化和扭曲了。由于对市场的过分关注,责任编辑工作被严重忽视。有不少人对责任编辑概念的内涵模糊不清;有的把责任编辑署名看作可有可无或随心所欲的个人意愿,只对那些有分量、能获奖的作品署名,而对那些认为分量轻、难获奖,但可能有经济效益的作品,则不署名或署笔名;有的责任编辑把本应作为其中心工作的审稿加工程序看得很轻,或马虎从事,或干脆不审、不编、不加工就签字发稿;有的刚刚步入编辑岗位就做起了责任编辑,甚至有的不在编辑岗位上的人也照样做责任编辑,等等。

除此之外,当前还广泛流行着这样一种观念和做法,就是将责任编辑的责任不适当地放大,即责任编辑从选题策划到审稿加工,从发行到宣传推销,全程负责,认为这才符合市场经济条件下责任编辑定位的大思路、大手笔。但事实上,这样的"放大"恰恰是对责任编辑本职工作的缩小和弱化。

　　造成这种局面的原因是多方面的,其中一个重要原因就是在市场经济的冲击下,人们在出版产业化和走向市场的进程中出现困惑、不适应的情况下所做出的编辑出版观念和对策上的"不良反应"。有的人认为,要适应市场经济条件下的残酷竞争,就要把编辑工作的重点转移到选题的策划和市场的运作上,只要能及时抢占市场、满足需要,书稿粗糙一些无关紧要,否则,再精雕细刻,错过市场良机,什么效益也没有。甚至有人认为这是走向世界经济一体化,与国际接轨的必然选择。因为随着我国加入世贸组织,外国出版业进入中国市场,人家实行文责自负,我们却要求编辑把关,只能被挤出市场。这些担心未必没有道理,但这并不能成为我们放弃图书质量的理由。恰恰相反,为保证图书质量而坚持的责任编辑制度,正是我国社会主义出版事业中的一个优势与特色。因此我们面对未来的竞争,面对"狼来了"的局面,即要学习"狼"的勇敢拼杀的精神和快速反应能力,又要准备好打狼的棍子。一定要摆正芝麻和西瓜的关系。

　　其次,一些出版社在上述片面认识的基础上,采取简单的办法处理市场经济带来的新挑战。比如将经济指标分解或承包给编辑室直至个人,使编辑室和个人成了编辑承包户。责任编辑为了"创收",自然关注的是图书的经济效益,而难以或不愿平心静气地坐下来审稿加工,提高书稿质量,反而在动脑筋怎样打"擦边球",以迎合某些读者的特殊心态和不良需求,使自己责编的书刊有更多的卖点。而室主任和总编辑在履行职责时也只能为经济责任制的落实而开绿灯。这样,三审制必然走向一关不如一关的恶性循环之中。而责编个人也由于责任重大而压力重重,且其他部门的配合却在"为编辑实现经济效益服务"的认识支配下拖拖拉拉,配合不力。这样的管理方式,无论怎样喊社会效益第一,事实上是经济效益成为主要或惟一杠杆。就像农民为了经济效益在承包地上挖塘养鱼、栽种果树,甚至偷种"毒草"一样,责任编辑也有可能在自己的"自留地"上"种"出可怕的东西来。事实上近年来一些编辑确实种出了一批毒害人们灵魂的恶之花。

## 二、准确的定位是坚持责任编辑制度的关键

如果说图书出版过程是一个系统工程的话,那么编辑工作就是其中的一个子系统,而责任编辑工作则是这个子系统中的一个不可或缺的重要环节。责任编辑工作的对象是一本或一部成型的书稿;责任编辑的工作范围就是对这部书稿的内容和表现形式及价值做出判断,从而提出是否采用的意见或建议;对需要提请作者修改的书稿提出详细具体的修改意见和建议;对可予采用的书稿进行必要的整理和加工,使之"内容更完善,体例更严谨,材料更准确,语言文字更通达,逻辑更严密,消除一般技术性差错,防止出现原则性错误。"(见《图书质量保障体系》)

除上述核心性工作之外,责任编辑还有一些辅助性或延伸性工作,这就是负责对设计、排版、校对、印制等环节提出建议、进行质量监督等,比如通读付印样和审读样书等。力求使该部图书出版达到内容与形式的完美统一。

综上所述,我们可以给图书责任编辑工作作出如下定义:具有完全责任能力的编辑个体或集体,对一本或一部书稿的内容和形式及其价值作出总体判断,并提出是否采用的意见或建议;对可采用的书稿进行整理、加工,使之更臻完善的编辑工作。

这样的定义有以下好处:

1.强调进行这一工作的人必须是具有完全责任能力的编辑个体或集体,避免重蹈一些不具有责任能力的人从事责任编辑工作造成重大责任事故的覆辙。只有在思想素质、专业水平、编辑规范和经验诸方面达到一定水平的编辑人员,才能完整地胜任这一工作,使书稿的取舍和质量的提高达到责任要求,才能有资格在版权页上署上责任编辑之名。

2.赋予责任编辑对书稿拥有生杀予夺的建议的权利,即把关权利,便于增强责任编辑的责任意识,真正负起责任,集中精力对

书稿的政治思想倾向、学术水平、知识含量、逻辑结构、文字表述等进行严格的把关和加工提升。

3.把责任编辑工作界定在案头工作范围,对辩证地处理好责任编辑工作与其他编辑工作环节的区别与联系有特殊意义。

责任编辑工作既是选题策划与组稿工作的延续,又是对前者的检验和再创造。选题策划得再周到,组稿工作再严密,书稿是否完全体现了选题策划的全部意图,是否具有选题策划对两个效益的期望效果,需要责任编辑给以评判;同时从作者的创作和责任编辑的审稿中,可以发现选题策划的成功经验与不足成分,对优化选题会起到良性反馈。

相对于复审和终审,责任编辑虽是初审工作,但也是最基础、最细致、最全面的审查和加工工作,经过责任编辑之手,书稿以齐、清、定的面貌并附详细审稿意见送交复审和终审,既为后两个审稿环节提供了判断的初步依据,也为后者节省了时间,给复审和终审在重大问题和宏观层面把关提供了方便,为三审制的真正落实奠定了基础。

4.把责任编辑工作界定在一本或一部书稿的审定加工范围,有利于提高编辑人员的思想文化水平和编辑工作能力,同时也有利于强化正确的出版导向。出版工作的产业化要求编辑出版工作必须正视市场的调节作用。但赚钱不是编辑出版业的目的,而赚钱的目的则是壮大出版业的实力,以保障和促进更多更好的精神文化产品问世,为提高整个中华民族的思想文化素质做贡献。作为出版工作的核心的编辑工作,要关心市场,更要关心图书质量的提高,以高质量的图书占领市场,是图书出版业走向市场的根本途径,而责任编辑工作是保证和提高图书质量的关键环节。加强这一环节是提高每一册图书质量的需要,更是坚持正确的出版导向的需要。同时也为培养高素质的编辑提供了现实的考量依据。

### 三、建立一支高素质的责任编辑队伍的迫切性

市场经济及加入世贸组织的形势,确实给编辑出版业带来了

前所未有的压力,有的人怀念计划经济条件下那种从容不迫的编辑生活。然而随着社会经济生活的跃进,生活节奏加快,知识更新周期加快,要求出版业也要多快好省才能适应快速发展变化的社会经济和文化生活节奏。另一方面,社会主义出版事业承担着"用优秀的作品鼓舞人"的社会责任和历史使命,要实现用高质量的图书占领和主导市场的目标,抵制和消除市场经济及国外出版势力介入带来的负面效应,关键在于有一支思想过硬、业务精湛的责任编辑队伍。

1.加快体制改革,建立适应市场经济的编辑岗位系统和科学考核制度,做到量才使用,人尽其才。在充分论证和明确操作责任的基础上,逐步实行组编分离制度,即将选题策划与组稿同责任编辑工作分离。将活动能力强,相对年轻的编辑人员作为组稿编辑,负责策划好的选题的组织落实工作,同时承担调查研究和向策划小组反馈信息的任务。而挑选有一定编辑实践经验、思想政治性强、学术水平高、编辑加工综合能力强的编辑人员担任责任编辑,专门从事编辑工作。另外,由主管总编领导,由编辑室主任牵头,由有经验的优秀编辑人员组成选题策划小组,负责策划、研究论证选题,协调组稿编辑和责任编辑工作。这样,可以做到各负其责又相互促进,相辅相成,把每一本书的效益变成每一个编辑人员共同关心的问题,既提高效益,又培养了团结协作的现代化大生产意识。

2.对确定为责任编辑的人员,要有针对性地进行持证上岗培训,并建立相应的考核奖励制度,不断检阅和提高其政治思想素质、知识更新水平、文字加工能力和综合判断能力。另外,在选择大学毕业生进编辑部时,不仅要考察其所学专业水平,还要注意考察其作为责任编辑所需要的特殊素质。改变以往只要相关专业合格就可做责任编辑的状况,保持责任编辑队伍的高素质和良好的操作能力。

3.注意加强责任编辑相关能力的培养。把责任编辑工作定位在案头工作,并提高责编人员的素质,并不是要培养不谙世事的

"书呆子""编呆子"。任何分工都是相对的,何况编辑出版工作是一个环环相扣的链条系统,责任编辑再重要也只是链条上的一个环节。难以想象责任编辑不了解图书市场的趋势,不了解读者的正当需求,不了解组稿编辑的组稿意图,就能准确判断书稿的社会经济价值;不关心装帧、校对、印刷等环节与书稿内容的匹配与质量,更难使责任编辑的书稿出版后达到内容与形式的相得益彰和尽善尽美。因此,责任编辑的社会认知能力、协调监控能力也是不可缺少的。出版管理和编务部门要经常给责任编辑人员提供各类相关信息,反馈图书的社会反响和效益实现情况,包括正反两方面的经验,这对保证责任编辑拓宽视野、增强能力也是十分必要的。

随着加入世贸组织的到来,我国改革开放的步伐肯定会加快。实践证明,越是改革开放,越要加强管理。特别是如何守住中国出版这块特殊阵地,做到守土有责,加强责任编辑制度显得愈益必要和迫切。我们建议中国编辑学会也能像制定编辑规程那样,对责任编辑制度的坚持在进行深入调查研究的基础上立出规程,为适应新世纪编辑出版制度建设提供参照。

(作者单位:陕西人民出版社)

# 论责任编辑的角色特征

陈长荣　　朱坤泉

"责任编辑"之设,是我国社会主义出版事业的重要特色之一。一般而言,责任编辑指对某一具体书稿负编辑责任之编辑,其工作内容主要限于图书出版中期保护机制所给定的范围,即起自书稿进入编辑加工流程,直至下厂印制前的所有编辑工作。换言之,作为次于"编辑"概念层次的责任编辑,其工作覆盖面不包括选题策划、组稿、确定是否采用等前期环节。就后续工作而言,当可兼及样书检查、新书评介乃至图书促销等内容。

责任编辑的工作内容及其地位、性质赋予了它独有的角色特征。

## 一、从图书出版流程看,责任编辑是承接前后、联系上下、辐射图书出版全程的枢纽

通常,一本书从无形的精神产品到成为读者手中有形的物质产品,大致可以分成选题策划—组稿—审稿—编辑加工—校对—印制—销售等若干环节,这些环节构成一个有机联系的整体。在这个整体中,责任编辑处于牵一发而动全身的中枢地位。这是因为:

其一,编辑手头的书稿作为图书出版前期工作环节的直接成果,有没有体现出版社的策划意图?内容、体例、语言文字是不是符合组稿计划和要求?这些都必须通过责任编辑的工作来得到确认,并经其加工整理而使出版社的决策意图得到最有效的贯彻。因此,选题策划、论证、组稿等前期工作环节的有关人员应与有关责任编辑建立密切的协作关系,使选题初衷不仅在编辑加工这个环节得以有效延续,而且更加精确、完善和凸显。

其二,在编辑、校对这一中间环节,责任编辑处于统御全局的地位。不仅其编辑加工质量直接影响二、三审次直至校对的工作

质量,而且由于对作者情况、书稿内容及特色、装帧要求、出版时间以及编辑出版过程中各种需加协调的问题了解最全面、最直接、最具体,因而整个环节的进度调控,编务、校对、美编围绕该书展开的各项工作都要赖其枢纽。

其三,就图书的印制、推介销售等后续环节而言,责任编辑依然发挥着其独到的影响力。如依据图书类别、品位及读者对象等的不同,在技术设计、装帧规格、用纸等方面提出建设性意见。再如,作为该书的第一位也是最细致的读者,责任编辑在新书推介、组织书评以提高图书知名度、扩大市场影响方面有着他人不可替代的作用。

## 二、从工作对象的特殊性看,责任编辑是主体性与受动性、创造性与制约性的统一

责任编辑的工作对象是决定采用的书稿。限于多种因素,作者交来的书稿"在内容、体例、引用材料、语言文字、逻辑推理等方面难免存在一些问题,需要进行加工整理,使内容更完善,体例更严谨,材料更准确,语言文字更通达,逻辑更严密,消除一般技术性、常识性差错,防止出现原则性错误,并符合排版和校对要求"[①]。无论是从有关规范要求看,还是从大量的编辑实践看,责任编辑的工作不仅是对书稿作一般加工梳理,芟枝去蔓,使之符合出版要求,而且是对书稿这种精神产品施以追加性的创造。在某种程度上甚至可以说,责任编辑的工作质量和水平决定着出版物的命运。

责任编辑在其工作过程中的主体性和创造性体现在:首先,责任编辑熟悉和了解精神产品生产及社会文化发展的特殊要求和规律,掌握全面衡量书稿质量的有关政策方针和规范标准,因而能通过对作品的宏观审视和微观解剖,检验其质量,判断其价值。其次,玉不琢则不成器,作者的定稿作为初级精神产品,往往不够成熟、不够完善,除一般文字性错讹外,在论证材料的科学性、引用文献的准确性、内在逻辑的严密性以至整个框架或脉络的完整性等

方面存在这样那样的瑕疵甚至是重大缺失。编辑不仅要最大限度地梳理和发现这些问题,而且要缜密推敲,对症开方,或亲自"操刀"增删调整,或提出修改意见让作者处理,这当然是一种富于创造性的劳动,尽管其活动幅度受到限制,但其追求的深度却是无限的。再则,编辑在工作中以其扎实的功底、独到的见解、敬业的态度和甘作绿叶扶红花的人格魅力感染和吸引着作者全力配合编辑的工作,使编辑的思路和意图融入作品之中,使之或披沙拣金,或锦上添花,这种润物细无声的付出也是责任编辑主体性和创造性的实际体现。

当然,强调责任编辑的主体性和创造性,并不是说编辑可以随心所欲地行使修改甚至"创造"的权利。恰恰相反,编辑工作的特殊性又使其主体地位受到限制,创造范围受到约束。

责任编辑的受动性和制约性表现在:作者作为作品的所有者而享有著作权法等赋予的合法权益,包括"修改或者授权他人修改作品的权利","保护作品完整权,即保护作品不受歪曲、篡改的权利"[②]。编辑应该尊重而不是侵犯作者的这些权利,除按照国家有关政策要求和出版规范对作品作必要的整理加工外,涉及重要内容、重要观点、书稿体例乃至语言风格等实质性问题的修改,必须提出充足的根据,并充分商之于作者,征得其同意和授权后才能修改,从而既履行编辑职责,又注意尊重和维护作者的权益。

责任编辑是主体性与受动性、创造性与制约性互相矛盾又互相依存的统一体。在这种矛盾对立中寻找平衡与和谐,是编辑得以尽责的重要条件。主体意识的合理张扬与创造性的恰当发挥,这对编辑的德、才素质提出了很高的要求。

### 三、从在社会文化传播中所处的地位和扮演的角色看,责任编辑具有明显的中介性

责任编辑在社会文化传播中的中介性可以从两个层面来理解:

第一个层面,责任编辑是作者的精神产品转化为合乎社会需

要的物质产品——图书,继而向社会传播的中介。如前所述,作者提供的作品还属于初级精神产品,尚不具备直接向广大社会受众传播的条件。只有经过编辑过程的加工提炼以及图书出版其他流程的层层把关,才能投入印制而转化成符合有关政策法规和出版规范,在政治性、科学性和规范性等方面合乎要求,在内容和形式上能让有关读者感到满意和乐于接受的物质产品。

第二个层面,责任编辑处于联接作者和读者的中间地位。作为作者,一般都渴望得到自己的作品推向社会后的反馈信息,包括媒体和读者的肯定性评价和批评性指谬,这既有助于对自己的创作成果进行总结和鉴定,也可为作品的修订再版或开始另一项创作积累经验。作为读者,为避免盲目性,提高阅读效率,则希望及时了解作品的有关信息,如作品表达什么样的思想内容和旨趣,有无独到的学术价值、欣赏价值或使用价值,是作为一般浏览消遣还是要细加咀嚼研读甚至长期珍藏,以及作者的背景怎样、地位如何等等。而责任编辑作为作品哇哇落地投向社会怀抱的"助产婆",不仅有着向媒体和读者推介的责任与义务,而且他最了解作品及作者的有关情况,也同样有着让社会接受、赢得读者首肯的热切意愿,关注作品的市场命运和社会反响,因而便自然成为架于作者与读者之间便其沟通、利其交流的桥梁。而且,无论是向社会和读者推介作品,还是向作者反馈评价信息,都是责任编辑积累知识和经验、提高专业素养的重要过程。

## 四、从目前出版管理和有关评价机制看,责任编辑是权力的有限性和责任的无限性的捏合和统一

先从出版社内部管理体制看,责任编辑除对书稿的编辑加工负直接责任外,还必须关注或参与该书稿的排版、校对、封面及装帧设计、印制以及向社会推介等各个环节的工作,以避免某个环节可能发生的疏忽而对图书质量造成的不可弥补的损害。而这些环节的管理权又分属于各个不同的职能部门,责任编辑因此常常处于进有越权之嫌、退有失职之虞的矛盾境地。而且,目前不少出版

社实行目标责任制,责任编辑还必须对图书销售乃至书款回笼负责,其承担的责任也就更为重大。

再从有关图书出版的评价机制看,无论是图书评奖还是职称晋升,责任编辑必须首先经得起对其责编图书的质量检查,包括编校质量、印装质量乃至发行情况的审查鉴定。尽管许多方面的问题编辑只负有部分责任,有的则更是远离责任编辑的职责范围,但有关编辑却不得不为此承担"无限责任",以致评奖泡汤,晋升落空。这又或多或少反映了这种评价机制本身的不够完善。

化作春泥更护花——作为责任编辑,我们一直为自己有如此的角色定位而倍感崇同。但历史发展至今天,在社会的进步越来越呼唤张扬个性、追求实现自身价值的背景下,我们又常常有几分失落,乃至心存不甘。这大概也可以认为是责任编辑这一角色的心态特征吧。

注释:
①中国编辑学会等《图书编辑工作基本规程》第六章第一条。
②《中华人民共和国著作权法》第二章第十条。

(作者单位:苏州大学出版社)

## "责任"编辑

### 何 剑 秋

"责任"是指分内应做好的事。责任编辑则是指出版部门对某一稿件进行审阅、整理、加工等工作的编辑人员,也是传播媒介工作的中心环节。

编辑是三百六十行中普通的一个行业。用一句通俗的话来说,职业不分高低贵贱,只是社会分工不同。但是,教师、工程师、工人、营业员等各行各业的从业人员虽然也担负着相应的重要责任,在这些职业之前却没有"责任"两字。编辑是一种十分特殊的职业,在编辑之前还要加上"责任"两字,被称作"责任编辑"。我不敢说"责任"两字只用在编辑之前,是编辑行业独无仅有的。但行业之前加上"责任"两字的确罕见,可见责任编辑的责任重大,同时也表示责任编辑是要负责任的。责任编辑的责任范围如何?责任编辑未能负起责任的原因等问题都是值得探讨的。

图书的生产过程是一个"流水作业"的过程,要经过许多道工序才能完成。一般情况下,现代化生产的流水作业是一人一岗,有固定的位置和操作对象,产品过了这道工序就算完成了,不再回来。虽然,图书的生产过程也要经过三审、编辑加工、三校等工序,每道工序由不同的人去完成,也像"流水作业"一样。但是,只能属于准流水作业。书稿在转变成图书时,其生产过程的每道工序完成之后,都要回到"责任编辑"手中,对各道工序发现的问题进行综合处理,从接受书稿到图书成品的完成,需要自始至终地全面参与,担负主要责任的角色,这就产生了"责任编辑"。并且明显有别于一般意义上的流水作业,也有别于一般职业。为了体现在书稿运作中担负更多"责任"的重要性,故称之为"责任编辑"。责任编辑是图书出版的直接操作者和质量控制的主要责任者。

图书从选题策划、创作撰稿,到审稿、编辑加工、发稿、校对、装帧设计、印刷、装订,到发行、销售,大致可分为3个阶段。第一阶段为图书的前期准备阶段,也就是书稿形成阶段,包括选题策划、组稿、撰稿,其质量控制的主要责任者是作者和策划组稿编辑;第二阶段为图书的中期生产阶段,也就是从书稿转变为图书的成形阶段,从接受书稿、审稿、编辑加工、校对、核红、付印到装订成图书,由责任编辑对图书的内容与形式全面负责,因此质量控制的主要责任者是责任编辑;第三阶段为图书的后期销售阶段,也就是图书推向市场,进入市场流通、市场检验的阶段。图书进入市场与读者见面,在取得经济效益的同时,取得社会效益。由此可见,责任编辑实际上只对第二阶段(也是最重要的阶段)负责,是这一阶段的主要责任者。责任编辑是书稿的首任读者,经过审读决定书稿能否出版,起第一道闸门、把关、控制的作用,质量控制主要通过这一阶段得到落实。因此,责任编辑起决定性的作用。责任编辑只有真正地负起"责任",有了强烈的社会责任感才能当好责任编辑。

决定一本书质量高低的因素很多。选题策划的质量、作者的水平及其写作质量、三审制的落实及其每一审次的质量、排版质量、校对质量、装帧设计质量、印刷质量、装订质量等等,这些都与图书的质量有关。但是,对整个书稿内容、编辑出版流程全面负责的责任编辑则是书稿质量控制、把关的至关重要的责任人。一个有着强烈社会责任感的责任编辑,才能对书稿全面负责,才能舍弃内容质量低劣的书稿,把好书稿内容质量关。同时,对进入编辑出版流程的书稿,通过责任编辑的努力,认真做好编校工作,弥补作者在写作中遗留的不足和失误,监控排校、装帧等质量,使图书从内容到形式的质量得到保证。由此可见,图书质量的主要责任人是"责任编辑"。

在图书的质量问题上,责任编辑负有责任是无可非议的。造成图书质量问题并与责任编辑有关的原因不外乎以下几种:

一是急功近利。在审稿中有的已经发现书稿内容有问题,但还是文过饰非,放行出版。其主要目的是盲目追求经济效益,使内容存在问题的书稿得以出版,图的只是一时的小利,结果造成严重不良影响,这种情况时有可闻。图书因把关不严而出问题的,责任编辑与出版社有着不可推卸的责任。然而,首当其冲的是责任编辑。因为,责任编辑是图书出版的第一责任者。图书内容有重大质量问题也给予出版,只能说明责任编辑的思想素质低、社会责任感差,出版社管理不严。然而,一些图书出现重大质量问题,作者也负有不可推卸的责任。作者为了迎合读者心理,用巧妙的方法掩饰自己,打着科学的幌子宣传伪科学的东西,甚至打着宗教自由、科学幻想、神话故事的旗号,宣传封建迷信,编造特异功能、超人力量、超自然法则等天方夜谭式的荒诞故事,这类图书对社会的影响绝不可低估。责任编辑要用科学的思想武器,严格把关的精神去识破这些伪装。不要为小利而忘大义。如果一定要反其道而行之,最终品尝苦果的还是自己。责任编辑切不可掉以轻心。

二是思想上不重视。对书稿中的错别字问题、常识问题、用法不规范问题等熟视无睹,抱无所谓的态度。有的认为无错不成书,有的认为文责自负,还有的则振振有辞地说:只要看得懂就行了。持这些观点的恐怕为数不在少数。这与教育体制上重数理化、重外语、轻母语的不正确做法有一定联系。即使是教师编写的教科书存在的问题也不少,常识问题、错别字问题、用法不规范问题应有尽有。据武汉对教师的一次测试,默写20个汉字,全部写对的几乎没有。试想这样的教师教出来的学生又会是怎样的呢?再加《咬文嚼字》查出作家、名人所著图书的合格率甚低,即使是质量检查的报道也频频"失误"。这些问题难道不应当引起文化出版部门的重视吗?我们作为文化人、文字工作者不去维护和捍卫民族文化、民族文字的纯洁性又由谁去做这件事情呢?

三是不学习,不充电,得过且过,基本功差。责任编辑的学识、知识面、基本功与图书质量有着必然的联系。如果基本功不到位,书稿中有错也看不出来,更有甚者把正确的改成错误的。如果不学习,不充电,提高图书质量,只能是纸上谈兵,无济于事。因此,要鼓励学习,以提高业务能力。鼓励竞争上岗,以加强责任感。同时,从管理角度建立健全经常性的测试、考核、奖惩等制度,从思想上、行动上杜绝滋生差错的源头,切实提高图书质量。

责任编辑对图书的质量确实负有主要责任。但是，全凭责任编辑去把关，把所有图书质量问题的责任全推给责任编辑，有失公允。因此，要从产生图书质量问题的源头、滋生错误或差错的环境等方面探讨图书质量问题产生的原因，这样有利于杜绝滋生错误或差错的源头，才有可能从根本上提高图书的质量。同时，也有利于分清责任编辑的责任。

造成图书质量问题除与责任编辑的责任感有关之外，还与作者的写作态度、出版单位的领导重视的程度有关。例如：助理编辑，还未经上岗培训就给予发稿权，又怎能担负起责任编辑的重任。没有正常的运作程序，实际上只有一审，或二、三审把关不严，制度不落实，不关心、不培养，又怎能仅让责任编辑个人全部负责。为抢占市场，出书的速度过快；为追求码洋利润，出新书的数量过多，让责任编辑难当责任。作者为追求名利，写作周期过短，形成所谓"快餐文化"，让责任编辑难负责任。这些都是影响图书质量的关键所在。我们应当清楚地看到我们所从事职业的重要性，图书作为精神产品具有思想性、流传性、教育性、社会导向性等属性。一般行业产品出了质量问题，出了次品、不合格品，只是在经济上蒙受损失。而图书这种特殊商品一旦出了质量问题，尤其是内容方面的质量问题，不仅要蒙受经济损失，更重要的是社会导向出了问题，影响人们的不只是物质，更重要的是精神。因此，图书的质量问题如果得不到解决，其后患无穷，必将殃及子孙后代。作者如果能以十年磨一剑的精神去写作，责任编辑如果能真正地负起责任，那么图书质量的提高将指日可待。

(作者单位：上海医科大学出版社)

# 论知识经济时代责编的创新意识

韩 鑫

一个新概念的出现,往往标志着时代的变迁。

"知识经济"伴随着 21 世纪的来临,正在全球信息网络上以光的速度传播着。众所周知,知识经济以知识资源的占有、配置、生产、消费为重要因素,它标志着占主导地位的资源和生产要素不再是传统意义上的一般劳动力,也不是资本,而是人才和智力。人的创造力才是知识经济发展的力量源泉。

知识经济在我国已见端倪:我国最高领导层已将知识经济纳入宏观决策的视野。早在 1998 年,江总书记就指出:"知识经济,创新意识,对于我们 21 世纪的发展至关重要"。最近,江泽民总书记又说:"创新是一个民族进步的灵魂,是国家兴旺发达的不竭动力。……一个没有创新能力的民族,难以屹立于世界先进民族之林。"

出版事业是知识产业的一部分,站在新世纪的岸边,面对汹涌而来的知识经济大潮,出版社的责任编辑们是否作好了进入新世纪,搏击书海的心理准备?在回眸与展望中,在继承与借鉴中,更换一下脑筋,清理一下思路?

对于在编辑岗位上梳理爬格了漫长岁月的责编来说,在 21 世纪确实都有一份沉甸甸的思考。

笔者在本文中要提出的是,创新意识对于迎接新世纪图书市场的挑战,至关重要。

## 在编辑思想上,创新意识就是超前意识

就个人而言,笔者认为编辑思想反映责编的知识水平和思维特征,更直接体现出责编的创造性。

时代不同了,"守株待兔,坐家等稿"型编辑模式要向策划组稿型编辑模式过渡转变,编辑要从案头走出来(当然,案头的基本功

是必备的),走向社会,走向市场,了解社会各领域、各行业的发展趋向,掌握学科各门类的学术发展动向和社会文化需要,这已是广大编辑的共识了。在此层面上,我们才能谈编辑思想的创新意识。

编辑思想的创新意识首先落实到如何看待出版的社会效益和经济效益的关系,找到两个效益相统一的支点。这就需要有一点激进的超前的意识:书的精神产品属性决定了出版必须以对其精神价值、文化效果的追求为目的,而它的商品属性又决定了出版必须以书的价值的实现并取得盈利为目的。一本书的社会效益首先体现为该书有没有使用价值,即对读者是否有用,在多大程度上有多大用处。经济学上有一句名言:"资本的本性在于获取最大的利润"。在此我们不必遮遮掩掩,而要理直气壮地承认:书号的本性在于追求最大的盈利。在成本不变的情况下,一本书的销售越多,利润越大,而利润越大,说明买书的人越多,社会反响越大。今年漓江出版社的《钢铁是怎样炼成的》一书的热销,就能说明这一点。因此,在编校质量合格的前提下,其社会效益与经济效益统一于发行量。

责编就是要将这一思想贯穿工作的全过程:搜集出版信息,策划优化选题,挑选物色作者,加工润色文稿,最终实现销售的最大化。中外出版史上有不少事例可以为证,它们或因为物色到了一位好作者,或因为捕捉到了一条好信息而使该书畅销。20世纪60年代美国出版界抓住了"西部小说"、"神秘故事"、"爱情传奇"便抓住了畅销的生命线。当今我国的出版市场上,"名人效应"、"选本文化"、"抢先占窝"、"填空补缺"等抓住作者、抓住选题的技巧和手法,其实已不仅仅是技巧,而与编辑思想中的超前意识直接相关。

编辑思想的创新意识也体现于编辑案头工作的各个步骤中。要决定投入一个书号进行生产时,该书重点写什么、怎么写、写多少,责编心中应有一套切实可行的创造性意见。要在众多的作者中,挑选最合适的作者写最合适的稿件。改稿更能反映编辑的创新性,如何把一叠书稿精心加工变成一件"成品"乃至"精品",需要编辑施展才华,发挥创造性。

## 在优化选题中,创新意识就是信息意识

优化选题,是通过对信息的择优汰劣来实现的。

编辑通过对具有出版价值的信息的汇集、整理、选择、淘汰,并进行创造性的挖掘和扬弃,确定哪些能忠实地描绘社会发展轨迹,保存历史的真实面貌的题材;确定哪些不断总结社会历史发展变革中的经验,开展对新矛盾、新问题的研究,提高为现实服务的力度的题材;确定哪些正视现代化进程中各种负面情况,总结经验教训,给人们以借鉴的题材……作为出版的对象,以取得最佳的社会效益和经济效益。

责编如何评判信息的优劣,即哪些信息具有出版价值?归纳起来大体为:具有导向价值,能发挥决策参考和战略指南作用;具有媒介价值,以发挥科研参考和教育培训作用;具有实用价值,能发挥生活顾问和社会服务作用;具有情报价值,以发挥战术指导和技术顾问作用;具有存史价值,能发挥传播文化和积累资料作用。

具有强烈的信息意识,是责编成熟的标志。编辑要提高对图书市场的预测能力,就需要时时刻刻发现和捕捉信息,储存信息,进而利用信息进行策划构思,优化选题,利用信息把握创新契机的到来,利用信息分析图书市场的走势,读者的需求,以确定生产适销对路的产品。

信息意识不仅指广泛地搜信信息,更重要的是对信息的综合分析判断能力。创新,就体现在其中。责编要根据掌握的各种信息,对图书市场的发展态势作出正确的预测和判断,先行在读者前面。

编辑对信息的选择,直接关系到选题的确定,也是对读者的导向。从这个意义上说,信息意识可转化为导向作用。而导向,是出版的重要社会功能之一,编辑主体按照出版宗旨、编纂思想,通过对客体的选择,来对受众的思维进行引导。通过导向,编辑引导受众接受书中的思维方式和价值观念,实现出版的价值。

## 在市场开拓上,创新意识就是读者意识

旧体制下,责编只对来稿负责,即只注重生产环节,不考虑销售。

世纪之交,出版界都在改革举措上确立责编参与市场调研,强化读者意识的新思路。江苏人民出版社就在新千年到来之际,选择具有一定资历的责任编辑到发行部门"轮岗",专业从事图书市场调研,参与营销策划,以拓宽责编的视野,强化编辑"心中有读者"的意识。

我们通常说的一本书的社会效益与经济效益、长远利益与短期利益、畅销与常销,这一切归根到底,经济是直接的诱导和动因。市场"这只看不见的手",要求责编以理性的头脑,以商业的智慧,研究它、驾驭它。今天的图书买方市场,发行早已不是简单的一买一卖,也不能仅靠优良的售前、售中和售后服务就能赢得读者群。发行,首先要回答卖什么书给什么人看的问题,其次要解决在什么时间,通过什么渠道卖给读者的问题,围绕这些问题展开的工作,实际上就是把编辑中的选题论证、策划组稿、内容规划甚至包括版式、装帧设计等各生产流程,纳入以扩大发行量,加快发行速度为最终目的的发行战略中。

针对目前图书销售中的图书品种在增加,单本书的销售量在下降的实际情况,责编在确定一个生产品种时,首先应明确一个读者群,进行市场定位。这方面,国外的不少出版单位进行定期的读者"问卷调查",对于提出建设性建议和意见的读者给予重奖,并将调查结果公布在媒体上,此种做法给我们启示和借鉴。国内的许多出版社也都要求编辑一年中抽出一定时间到书店、到读者中去广泛倾听意见,并且与各种不同类型的读者建立长期的联络关系,在不断的反馈中提高编辑的创新意识。

责编在强化读者意识上,头脑一定要清醒:从真正的市场意义上讲,没有一本书是能满足社会各层次、各方面读者的需要的。"走进寻常百姓家"、"人人都爱看",那是一句诱人的广告语。一本

书题目太大,面宽而泛,又无特色,编辑指望人人都需要,实际上是人人都不太需要,这种选题策划,冒险性大,甚至是危险性大。

读者意识,首先要求责编有较强的理性观察力,用商业智慧纵观大局,冷峻判断,找出某种图书市场的缺口,以超前的意识,开发新领域,求深、求新、求变、求突破。其次要对读者群进行分门别类的研究,了解他们的阅读兴趣,分析各类读者的数量、购书时间,并考察其性别、年龄、文化程度、职业、收入等情况,以此来确定销售的方向和方式,进行购书意向的预测。再深入一步的工作,可就某一选题开一些读者座谈会,特别要听听读者的批评意见、反对意见,这才是"宝贵的意见"。

创新,是出版业可持续发展的根本出路。创新意识,是知识经济时代责编多出书、出高效益书的思想保证。创新就是继往开来,推陈出新;创新就是解放思想,更新观念,以变求变,以快制胜;创新就是永不满足现状,敢为人先,锲而不舍地吸收新知识,探求新方法,开辟新境界。

敬业精神是创新的必备条件,责编只对出版事业产生发自内心的热爱与痴迷,才有可能自觉地为之奋斗。职业思维力是创新的基础。责编的创新意识来自求异思维,它要求思维的主体不断变换角度进行思考。爱因斯坦说过:"创新不仅是发现事物间相同的地方,更重要的是发现事物间相异的地方"。求异思维才能突破前人、超越同时代人,有所创新。

(作者单位:江苏人民出版社)

# 责任编辑的新责任:知识创新

虞 文 军

在即将进入21世纪之际,随着全球计算机技术和信息技术的迅速发展,人类社会开始步入了一个新的时代——知识经济时代,即"以智力发展的占有、配置,以及科学技术为主的知识的生产、分配和使用(消费)为主要因素的"经济时代,从而推动人类社会从生产到生活各个方面都发生了革命性的变化。这反映在编辑出版领域,不仅在技术手段上彻底告别了"铅与火",实现了以桌面出版系统为主体的崭新编辑出版模式,引发了编辑革命性变革,使传统的编辑出版从内容到形式产生了全新的变化,彻底改变了人们对编辑出版的原有理念;而且更为重要的是催生了音像出版、电子出版(含网上出版)等出版物新系统,尤其是当今迅猛发展的网络技术对传统出版业形成了严峻的挑战。今后随着各类网络版图书、杂志、报刊作为新的媒体形式影响的日益扩大,将会与传统的纸质出版业形成强有力的竞争。有人甚至预言,在不远的将来,网络将取代书籍甚至广播电视而成为21世纪最重要的大众传媒。同时,随着我国社会主义市场经济体制的建立,继续对外开放以及加入世贸组织后国际文化交流的日益扩大,加速了中国出版业走向世界的进程,促使中国出版业进一步面向世界、面向未来,无论是编辑的思维模式还是生产图书的方式都将发生变化。这就形成了编辑出版工作一个全新的文化大背景,这也是编辑工作面临的新形势。在这种情况下,编辑出版工作从内容对象到工作方式、技术手段以及主体素质、管理模式都发生着一系列重大深刻的变化。编辑出版工作现代化的领域在扩大,速度在加快,水平在提高,其势如破竹,不可阻挡。面对这种变化,客观上给编辑出版工作的主体——责任编辑提出了更高更新的要求,从而迫使责任编辑面临新的责任,即必须进行知识创新。

按 Debca AmHoo 于1997年出版的《面向知识经济的创新战

略》一书中的解释:"所谓知识创新是指为了成功、民族经济的发展和社会的进步,创造、演化、分配和应用新的思想,使其转变成市场化的商品和服务。"编辑知识创新是编辑业务技术创新的基础和源头,编辑业务技术创新则是编辑知识创新的目标和动力,同时也是编辑知识创新的自然延伸和必然结果。责任编辑的知识创新,主要是要实现两个方面的创新,一是思想观念创新,二是知识结构创新。思想观念创新是实现编辑知识创新的前提,知识结构创新则是实现编辑知识创新的基础。下面分别予以论述

## 观念创新

人类社会的每一次重大变革,历史进程的每一次跨越,总是以思想的进步和观念的创新为先导。当今中国,不仅正在发生深刻的经济革命,而且正在发生深刻的思想革命。谁能及时转变思想观念,谁就可以抓住机遇而迅速发展。正如我国著名科学家高士其所言:"当今国家与国家的竞争,是科学的竞争,同时也是教育的竞争。但归根到底,是人才的竞争。而人才的培养成长,其关键在于思维,在于科学的思维。"知识经济时代扑面而来,加入世贸组织后面临的国际出版业的虎视眈眈,出版业要生存和发展,首先必须实现编辑观念创新。只有当编辑思想观念发生了革命性的转变,出版业才会发生革命性的转变。没有编辑观念创新,也不可能有编辑知识创新。编辑观念创新,则意味着否定自我,面向未来,重新定位,彻底摆脱和抛弃计划经济时代陈旧的出版理念和思维模式。

实现责任编辑的观念创新,则应树立三个意识、实现三个转变:

(1)树立经营意识,实现编辑型向经营复合型转变。过去在计划经济时代,一切都是以计划为主,以生产为导向,最大数量的生产就是最大的效益,生产决定一切。想当年,一本《第二次握手》竟发行了近2000万册。当时,出版社只要出书,就不愁卖不出去。而责任编辑也只需认认真真做好案头工作就可以了,即编辑型人

才就够了,而无须考虑市场情况。而如今出版业竞争的日益加剧,出版物数量的逐渐丰富,对出版社的要求不是仅仅体现在数量上而是质量上,真正的效益不再是最大数量的生产而是生产对社会有益和人民必需的产品。况且,出版业在我国现已是作为一种文化产业,出版社实行自负赢亏,而作为产业,相应就有了投入,也就要求有所回报,否则这个产业只能自取灭亡。我国出版业与发达国家出版业的最大差距也在于经营水平和经济效益。因此,国内出版社惟有强化经营,不断提高经济效益,才能求生立足。而作为出版社主体的责任编辑就更应该强化经营意识,积极关心经营、参与经营,从单一的编辑型人才向经营复合型人才转变。这主要体现在:第一,责任编辑对图书选题的策划必须考虑图书的读者对象和市场行情,以便做到适销对路,关注和满足读者需求,尊重市场供求规律,避免图书生产的盲目性。第二,责任编辑应认真核算图书成本,关心图书的市场经济效益。要着重考虑读者需求、承受能力和市场容量,要考虑适当的成本和定价,以控制成本,取得最大的利润。第三,要积极参与图书的宣传促销,毕竟责任编辑了解图书的内容、特色和读者对象,宣传促销可能会更到位、更有针对性。

(2)树立市场意识,实现从服务于体制向服务于读者转变。在计划经济体制下,虽然也倡导出版为读者服务,但实际上是为体制服务,没有能真正地落实为读者服务的宗旨,往往忽略了广大读者的内在需求。对责任编辑而言,编好书稿是编辑工作的全部。而现在,案头工作只是编辑工作的一部分,另一部分的任务应是树立市场意识,密切关注市场,了解读者的需求,努力扭转以往那种编辑工作中的封闭性,不能再因为所谓"图书这种精神产品的特殊性",而对图书生产和流通的市场化置若罔闻,毕竟出版物同样是商品,同样要进入市场流通领域,同样要遵守市场规则。因此,作为一名责任编辑不能没有市场意识。出版的出发点和最终目的只有一个,那就是为读者服务,及时满足读者的需求,这才可能实现"以科学的理论武装人,以正确的舆论引导人,以高尚的精神塑造人,以优秀的作品鼓舞人"的出版目的。同时,编辑出版活动与任何社会实践活动一样,是人类物质生产、精神生产的一部分,它自然应是充分社会化、市场化了的一种活动。因此,作为责任编辑理所当然地要积极关注社会,牢固树立市场意识,及时把握和满足读者需求。只有这样,责任编辑策划出来的选题,才可能把握住时代的脉搏,真正地贴近社会,为广大读者所欢迎。

(3)树立科技意识,实现"传统编辑"向"现代编辑"转变。知识经济时代的到来,互联网和信息科学技术的迅猛发展,赋予了传统的编辑方式以新的内涵,加速了编辑现代化的步伐。现代科学技术对出版业的全面影响,将随着我国"入世"后国内出版业逐步走向世界和日益开放而变得不容回避。因此,责任编辑也必须树立科技意识,了解并尽快掌握国际出版业的最新动态和经营手段。同时,面对网络出版、电子图书、网上书店等全新的出版形态,作为仅仅拥有人文知识的传统型编辑很容易被现代出版所淘汰。故而,必须密切关注并努力学习新的出版科技知识,如互联网知识、出版相关的计算机技术、多媒体技术等等,强化自身的科技意识,提高科学素养,弥补自身知识结构上的缺陷,从而实现从"传统编辑"向被高科技知识武装的"现代编辑"转变。

## 知识结构创新

观念创新只是实现知识创新的前提,它也并不是凭空地标新立异,异想天开,还必须要有一定的理论和实践为基础,是一个充分积累、不断学习的过程。所以,知识创新的最终实现要落实在知识结构创新上,即知识结构创新是知识创新的基础。这是由于知识结构与知识是统辖和隶属关系,具备较为合理的知识结构,不仅统辖掌握知识,而且能最大限度地发挥知识的作用。如果说知识是构筑大厦的砖石,那么知识结构就是框架。因此,知识结构显得尤为重要。而编辑工作又是建立在作者劳动成果基础上的再创造性劳动,需要具备符合编辑职业性特点的知识结构,这也是由编辑工作的特殊性决定的。首先,从编辑工作性质来说,其所从事的是一种知识的事业,其工具和对象均为知识,能否运用有效的工具作用于对象,很大程度上取决于编辑知识结构是否反映和适应了社会知识状况。其次,就编辑工作本身的能力提高和功能发挥而言,编辑的能力是否得到提高,从而编辑功能是否能得到有效的发挥,很大程度上取决于知识结构的重组。况且当今科技信息迅速膨胀和传播手段的不断更新的形势,要求编辑必须迅速纠正现实工作中业已存在的不合理的知识结构,创新和构建知识结构,从而建立起崭新、合理的知识结构,这样才能做好编辑工作。

要实现责任编辑知识结构创新,就必须实现知识结构的三个转变,充实三大方面的知识。通过重组和创新,建立起符合现代出版实践,具有开放型、复合型、动态型的知识结构。

(1)充实科技知识,实现由"传统人文主导型"向"人文科技综合型"转变。当今我国出版业编辑人员中,大多是来自高校的文科或理工科毕业生,一部分是半路出家的专业研究人员,对所学的本专业知识往往较为精深,知识结构局限于原有的学科分类,而对其他门类的知识比较缺乏,知识面相对来说是较窄的,知识结构偏向两极的较多,要么人文素质高而科技素质缺乏,要么懂现代科技而缺人文素质。当今随着科学技术的发展,边缘学科、交叉学科、综合学科纷纷出现,学科间的相互渗透、融合与跨越必然会更加广泛,跨学科的组合将成为主流,使编辑知识结构的"博"和"专"成为相对的,知识的网络化、综合化成为趋势;而且当代出版业日益演变成高科技时代的文化产业,迫切需要一大批拥有"人文科技综合型"知识结构的现代编辑,无数事实也已证明,"人文科技综合型"编辑创新能力更强。因此,责任编辑在具备一定深度的编辑专业知识的同时,应努力充实科学技术知识,尤其应加强与出版业相关的当代最新的科技知识、计算机知识、互联网知识、多媒体知识的学习。

(2)充实营销经营知识,实现由"案头生产型"向"策划经营型"转变。随着我国"入世",国内出版业将同时面临国内外双重市场经济环境的挑战,出版社要从文化事业型"准政府部门"向市场经济型"现代企业"的转型,逐步向国际出版业的经营运作惯例靠拢。

因此,作为出版社主体的责任编辑也相应要实现转变,其知识结构也要做调整。过去责任编辑把主要精力放在出版物的案头生产上,至于出版物的销路是无需过多操心的。正是这样才造成了现在的责任编辑很少有人懂得现代出版经营所需的企业运作一系列知识,对读者和市场的把握缺乏准确的定位感,不善于进行系统性的经营策划、包装宣传。而国外许多著名出版社的责任编辑则有宏观策划运作的能力,善于经营策划,主要抓选题策划、物色作者和宣传图书产品、开拓市场,以及预算利润上,并没有将过多精力放在案头编稿上。这样的编辑可能更能适应市场经济时代对出版的要求。国内的责任编辑之所以做不到,知识结构这方面的欠缺是很大原因。因此,责任编辑应加强现代经营策划、市场营销知识的学习,懂得基本的图书经营管理知识,及时吸收国外成功的出版经营之道和文化产业经营上的先进经验。

(3)充实和掌握全面的出版业务基本知识,实现由"单一编稿型"向"全程策划型"转变。面对激烈的国内外市场竞争,传统的"单一编稿型"编辑已越来越不适应发展的需要,编辑职能必将综合化、全能化,即由过去编稿、案头工作为主的封闭性单一职能,向选题策划、出版策划、宣传策划和发行策划并重的综合化职能转化,对责任编辑的知识结构提出新的挑战,要求责任编辑成为有综合素质能力的多面手。这就是"全程策划型"编辑。要达到这一目标,责任编辑就必须有较全面的出版业务素质,具体来说:应掌握出版专业的基础理论和基本知识;熟悉编辑出版的基本程序和编、印、发、产、供、销的内在规律,熟悉现代编辑出版手段、工作方法及印刷工艺的最新技术;了解国内外出版动态及发展趋势;具备独立开展市场调研、选题策划、书稿组织、编辑加工、图书宣传、版权贸易等工作的能力。

以上是关于责任编辑知识创新的一点看法,只是有所感而发,考虑得不是很全面,希望能起抛砖引玉的作用。出版肩负着传播、积累文化,把科学技术转化为生产力的历史重任,是人类文化活动不可缺少的组成部分;出版产业是信息、知识、理论等文化知识的加工和传播产业。责任编辑作为出版业的主体,是知识和信息的选择加工者,是精神食粮的生产者和精神文明的传播者,其素质、知识、能力对出版业的发展至关重要。在当前日益紧迫的市场形势下,要适应和促进出版业的发展,责任编辑就必须解放思想,转变观念,勇敢地投身于出版业的伟大改革实践中,积极创新,大胆开拓。正如江泽民总书记所说的:"创新是一个民族进步的灵魂,是一个国家兴旺发达的不竭动力。"因此,出版界的同仁们可谓路漫漫其修远兮,惟有上下求索才能获得成功。

**主要参考文献**

(1)姚德全.编辑创新的内涵.载《出版发行研究》2000.4.
(2)罗国干.编辑知识结构重组论.载《编辑之友》1999.6.
(3)萧宿荣.全程策划与现代编辑的素质.载《出版广场》1999.4.
(4)李树江.出版业:功能、机遇挑战和抉择.载《宁夏社会科学》1999.4.

(作者单位:浙江人民出版社)

# 试论新形势下责任编辑的"责任"

夏 映 虹

翻开图书的版权页,都有责任编辑的署名。对于一般读者来说,"责任编辑"简单理解为对此书质量负责的编辑,意思大致也是不错的。但对于编辑业内人来说,对"责任"二字的含意,那就应该有更深刻的理解,尤其在如今出版行业进一步深化改革的新形势下。

在我国,现在通称的责任编辑的工作,有相当大的部分脱胎于计划经济下的模式,即贯彻出版方针,落实社里的出版计划,保证书稿的出版质量等等。掌握好"编辑六艺"(即选题、组稿、审读、加工、发稿、读校样六道编辑工序)就是一个称职的编辑。在这种传统模式下,我们的中老编辑是这样走过来的,新上岗的青年编辑也在如法学艺。应该承认新中国成立以后,尤其在改革开放以后,确实涌现了不少优秀编辑出版人才,使得我国出版事业出现了空前的繁荣。但是我们也应该看到,也有相当数量的编辑,习惯于计划经济体制下的那一套工作方法,独立性差、创造性弱、缺乏市场意识、缺乏编辑主体意识,很不适应改革开放的形势。有的编辑"守株待兔",纯粹的"来料加工",似乎责任编辑的责任就是改改错字,统统版式;有的编辑成日埋在如山的稿件中"广种薄收",年发二三百万甚至四五百万字;有的编辑享受"特殊政策"的好处(诸如吃"教材饭"),万事不愁,等等。凡此种种,是长期封闭环境下形成的传统出版观念和僵化体制还未能根本转变的表现。

随着市场经济的深入,现代传媒事业的飞速发展,"网络时代"的到来,面临我国即将"入世",各出版社以及诸编辑,不仅要与国内同行竞争,而且还要加入到国际出版的竞争圈。在新的形势下,图书的责任编辑有哪些"责任"?除了我们所熟悉的职责外,还有哪些新特点和新内容?笔者管见,认为现代编辑的职责,可概括为"三大责任",即对作者、读者、市场负责。

责任之一：对作者负责

书稿是作者写的，编辑首先面对的是作者和书稿。应该认识到作者一般都是某方面的专家，在作者的专业领域，编辑不如作者。因此编辑应尊重作者，一般情况下，对作者的原稿不要轻易修改，更不要将自己的观点强加于人。但是编辑并不是无所作为，编辑在出版专业上却是专家，要比作者高明。作者的书稿并不是拿来就可发排，责任编辑要从政策法规的角度，要从科学性、常识性的角度去审读稿件，解决文字、格式、体例等方面的问题，还要核实引文和资料等，这些工作都是作者不熟悉或不能胜任的，需要编辑去完成。经过编辑之手，使书稿达到可以出版的水平，以至提高原稿的思想、科学和文字水平。严格把关是责任编辑的起码职责，哪怕面对名家也要坚持原则，只不过应该采取适宜的方式，与作者取得共识。这也是对作者负责的表现。

随着编辑策划力度的加大，现在不少选题是编辑策划好了再去物色作者。编辑要在熟悉或不熟悉的作者范围内去物色最适宜的作者，要去了解作者的学术水平、写作能力、风格特点等等。这要求编辑有广泛的社会关系，与作者建立长期联系。随着出版竞争的加剧，作者资源越来越成为出版社的宝贵资源。一个成功的编辑不能设想周围没有一支高水平的作者队伍。要团结和吸引作者，除了出版社牌子等"硬件"因素外，编辑个人素质乃至责任感是相当重要的因素。有的小出版社的编辑能经常组到名家的好作品，正说明了这一点。遇到一个敬业的编辑，新作者的稿子"化腐朽为神奇"，老作者的稿子"锦上添花"。那么，下次好的选题和书稿，作者会首先给这位编辑打招呼，因为他已经信任了编辑。编辑为作者出了本好书后，往往成为朋友这是常有的事。可以经常从作者那里获得信息、得到选题思路，甚至作者会推荐新的作者和书稿。归结一点，编辑的辛苦融入一本高质量的图书中，取得作者信任，这种辛苦也将得到丰厚的回报。

责任之二：对读者负责

编辑是个中介的角色，是把作者的作品加工后奉献给读者。

不论是将文化知识、科学技术传递给读者,还是通过阅读方式娱悦读者,图书的终极目的就是为读者服务。在市场经济的社会环境下,图书作为一种"特殊"商品,它的商品属性越来越强。你不为读者着想,读者就不买你的账。在图书品种丰富多彩的今天,读者的要求日趋多样化、个性化,同一类选题,"雅"的或"俗"的,都有各自的读者群。编辑在确定选题的时候,要把读者放在第一位,首先定位读者对象,要认真研究该读者群的文化水平、阅读能力、兴趣爱好等。除选题对路外,在操作时,诸如文字、版式、插图、封面甚至开本等都要周全考虑、精雕细琢。要有所谓"卖点"。在书店里,同一类书,有的卖得很"火",有的却被冷落,这就是读者选择的结果。以现书店里一大类图书旅游类书为例,读者欢迎的,或以图版精美新奇见长,或以编排实用见长,甚至是封面设计、开本或定价吸引人。认真做好每一本书,是编辑对读者的尊重、对读者的负责。那种看轻编辑加工工作,视之为"雕虫小技",加工粗放,连最起码的错别字都处理不干净,甚至在书中出现政治差错、科技差错,单位、数据的错漏,那简直就是责任编辑的失职。把更多的好书、精品书送到读者手中,为读者奉献优秀的"精神食粮",是时代的呼唤,也是编辑的最高境界。

责任之三:对市场负责

当前编辑面临的是激烈竞争的图书市场,编辑必须转变传统的出版理念。在长期计划经济模式下,我们也许不缺乏学者型的编辑,但是缺乏经营型的编辑。不少编辑习惯对图书编印质量负责,而对市场不负责,认为那是发行部的事。这种观念,显然已不符合现实要求。现代编辑必须要以完全开放的态势,去适应一个新的、陌生的、激烈竞争的出版环境。编辑要具有更强的市场意识、经营意识,要关心经营、参与经营、学会经营。选题策划要考虑适销对路,图书的成本要心中有数,包括开本、用纸、印刷等都要关心,以取得最佳利润。现代编辑只知编书,不知经营,不是个称职的编辑,甚至将被淘汰。

"进入市场",此话说来容易,做起实难。那种想一书既出,"洛阳纸贵"的辉煌,几乎只是大多数编辑梦中才有的好事。但追求图书的市场效益,是现代编辑的重要目标。这需要编辑对市场的敏锐性和前瞻性。艰苦细致的调查研究的好传统要大大发扬,市场调查、读者调查、作者调查,一个也不能少。还要时时关注社会经济的发展、时事政治热点、国家和地方的政策等等。要把眼光打开,放眼全国、放眼世界。只盯着几个熟悉作者,只盯着身边几个题材,只盯着本地读者闭门编书,市场将越来越窄。那种"跟风型"编辑,永远吃别人嚼过的馍,不会有大的作为。进入市场的图书,成功与否,鲜明体现了编辑的学识水平、经营眼光,甚至更体现出编辑的"个性化"和"特色化",成功的编辑甚至形成了自己的"市场品牌",通过品牌效应,取得市场效益。在我国,传统上是编辑集策划与加工于一身,现在也有社尝试策划编辑制。但无论如何,图书进入市场是事关出版社生死存亡的大事。现在的编辑,恐怕没有人不关心自己责编的图书的市场命运。关键的是如何做好市场书,市场残酷无情,市场瞬息万变,只看各人巧妙不同。编辑只有根据自身的能力,本社的实际,扬长避短,去学习、去摸索,逐渐掌握市场规律。当然,编辑还要更加注重图书的宣传、促销工作,密切配合发行部门,注意市场反馈等等。也就是说,现实将编辑无情地推向了市场,编辑将承担图书市场的风险和经营的职责。

综上所述,在新形势下责任编辑的"责任",含意更为深刻,内容更为丰富。责任愈重,责任编辑的价值愈加凸现。当我们在图书版权页"责任编辑"一栏上落下自己的署名时,应该感到它沉甸甸的分量。

(作者单位:云南科技出版社)

# 责任编辑与责任

曾 令 维

## 一、引言

责任编辑一词的称谓,始于现代。以前,均统称编辑。什么叫编辑？早在唐代,颜真卿有一个解释:"若总据说文,使下笔多碍,当去泰去甚,使轻重合宜,不撰庸虚,久思编辑。"《辞海》对编辑也有解释:"指新闻出版机构从事组织、审读、编选、加工整理稿件工作。是定稿付印前的重要环节。""也指从事编辑工作的人员。"什么是责任编辑呢？《现代汉语词典》(修订本)对此下了定义:"出版部门负责对某一稿件进行审阅、整理、加工等工作的编辑人员。简称责编。"

现在,几乎每一本公开出版发行的图书上,在显著位置印有责任编辑的名字。这不仅是对责任编辑辛勤劳动的肯定,更重要的是明确责任,它向世人宣告,责任编辑对本书的优劣、好坏负责。建国以来,我国的出版社出版了一大批引导人、鼓舞人、催人奋进的优秀图书,其中凝聚了责任编辑的智慧和汗水。

但是,近年来,图书质量出现了较严重的滑坡现象。究其原因,除了图书数量增长的原因外,责任编辑难辞其咎。就新闻出版局和出版社对图书编校质量检查的结果来看,合格率是不能令人满意的,也是不便向外界公布的。这种情况,不能不令人担忧,不能不引人深思、催人发问:责任编辑是否真的负起了责任？

诚然,图书质量滑坡的原因可能有主、客观的原因,但是,责任编辑在其中起了关键作用。因为书稿交到出版社,责任编辑首先要对书稿进行初审,写出审读报告,要对书稿的学术水平、文字表达水平、出版价值等做出评价,并决定是否采用。然后,如决定采用,就要对书稿进行编辑加工,解决书稿中存在的问题,并填写编辑加工记录。最后,还要通读清样和审查样书等等。可见,一部高质量的书稿,能否生产出高质量的图书,与责任编辑的责任心和业务素质关系重大。如果责任编辑责任心不强,对书稿中的一些常识性错误不予改正,生产出的图书就会差错连篇,就是不合格品。如果责任编辑业务素质太差,没有发现书稿中的政治思想错误,没有发现表达、推导、引述等的重大错误,致使成书后产生不良影响,就会直接导致生产出的图书成为劣等品或废品。

因此,笔者提出图书质量滑坡,责任编辑难辞其咎是有依据的。下面就责任编辑缺乏责任心的几点表现和加强责任编辑责任心的一些措施发表点个人看法。

## 二、责任编辑缺乏责任心的几点表现

1."老"而成骄

有的编辑自认为当了几年编辑,是"老"编辑了,已经满腹经纶了,自认为是一个真正的"杂家"了!对待编书,草率从事。对别人给他(她)提出的书稿中存在的问题,不以为然,认为:你有什么了不起,你也不比别人高明多少,你比我也没多看两本书,你也没有什么比别人优秀的地方,大家差不多。

2.骄而生懒

由于骄傲自大,不可一世,自然就生出懒惰。对任何事情,都不屑一顾。编辑加工书稿,懒查文献、懒问他人、懒去推敲,不懂装懂,遇到问题,凭想当然办事,比如将"名列前茅"误为"名列前矛",将"圆周"误为"园周",将"竞赛"误为"竟赛"等等。甚而借口"作者文责自负"作为挡箭牌。

3.懒而拖沓

由于懒惰,做任何事情都"不慌不忙",上班迟到、早退,下班沉迷于麻将。工作拖拖拉拉,成天三五成群,今天东家长,明天李家短,今天张三有了外遇,明天李四有了新欢。神吹乱侃,白白地浪费宝贵时间,对工作毫无益处。而自己所加工的书稿一拖再拖,眼看不能再拖了,便蛮干一气,突击完事。

4.拖而推委

由于办事拖拉,今天推明天,明天推后天,没有按期完成书稿的加工任务,便寻找各种借口推卸责任。什么作者书稿太乱,编辑加工工作量太大,什么其他工作任务太重,无暇编书,等等。即或书稿加工完了,由于是突击完成的,书稿中必然存在这样或那样的问题,待成书后出了问题,追究起来,责任编辑则会找出若干客观原因,从来不在主观原因方面去寻找根源。

5. 推而无主

由于相互推委,自己不愿承担责任,办任何事都不愿自己拿主意,要别人替他(她)做主,以便今后出了问题,好全盘推卸责任。

6. 无主而无为

由于办事无主见,自己没有一个"定盘星",遇事不能做决断,无论大事小事都要请示汇报后再作结论。给人一个办事无魄力的感觉。如此,形成事事依赖他人,而自己则表现为碌碌无为,办事缺乏自信。越是心里没底,表面上还要故作深沉。

当然,责任编辑缺乏责任心的表现还有不少,限于篇幅,不再一一列举。

## 三、加强责任编辑责任心教育势在必行

针对责任编辑缺乏责任心的以上种种表现,笔者以为有必要旧话重提,再次掀起讲求职业道德和提倡敬业精神教育的热潮。

1. 讲求职业道德

责任编辑掌管稿件处理的大权,如果这个权力使用不当,就会造成不应有损失。

首先,责任编辑要按照《出版管理条例》规范自己的言行,坚持出版事业为人民服务、为社会主义服务的方向,坚持以马列主义、毛泽东思想和邓小平理论为指导,努力提高政治思想觉悟,自觉地执行党的路线、方针、政策,遵守党纪和国法。前些年,有的责任编辑放松了马克思主义理论的学习,觉悟低下,没有严格按照党的出版方针办事,出版了内容庸俗甚至是反党反社会主义的书籍,出版社也因此受到了严厉的制裁。可见,要成为一名称职的责任编辑,

努力提高自己的政治思想觉悟最为关键。

其次,责任编辑必须廉洁奉公,全心全意为作者和读者服务。防止把作者和编辑之间的协作关系,变为纯粹的买卖关系,要同"一切向钱看"的错误思潮作坚决的斗争。责任编辑有选拔稿件的大权,也就是具有向社会推荐人才的大权,一定要正确合理地使用人民赋予编辑的这个权力。前些年,有的编辑为了个人或小团体的利益,没有正确合理地使用这个权力,而是将这个权利滥用。如有的责任编辑为了完成工作指标或为了私利,将商品交换的原则渗透到编辑工作中来,搞交易,谋私利,结果出版了一些内容不健康甚至是黄色的书籍,给社会造成了极大的危害。有的以个人关系的亲疏、感情的好坏为出发点来对待书稿,结果出版了不少内容一般、质量低劣的书籍,大大地浪费了人力和物力。有的则利用担任责任编辑之机,利用和控制作者,谋取个人私利,如要求以作者身份署名、索取钱物等,大大地损害了出版社的形象。可以想象,一个不讲求职业道德的责任编辑,其声誉一定大受影响。

2. 提倡敬业精神

当前,各行各业都在倡导敬业爱岗,许多还在搞承诺服务。在编辑出版这个特殊的行业,更要强调敬业精神。人活着总是要有一点精神的,体现在工作上,这就是敬业精神。认真、踏实、肯干的工作作风和良好的职业道德是一个责任编辑敬业精神的具体体现。图书质量是出版事业的生命,审稿、编辑加工环节又是事关图书质量的关键环节,要求责任编辑认真负责、一丝不苟地去做,容不得半点的马虎、浮躁和懒惰。一部优秀图书的背后必然有一位不凡的责任编辑,其中凝聚了责任编辑的艰辛劳动和心血。而一本低劣图书的背后,一般是一位敬业精神差的责任编辑。

## 四、努力提高责任编辑自身的业务素质和文化素养

一个讲求职业道德、敬业精神可嘉的责任编辑,如果业务素质和文化素养太差,也不能胜任责任编辑的工作。要做一名称职的责任编辑,还必须在提高业务素质和文化素养方面狠下功夫。

1. 提高业务素质

编辑既是杂家,又必须是专家。这是出版工作的需要,也是一个责任编辑所必须具备的素质。当今社会是一个信息高度发达的社会,自然科学、社会科学、交叉科学、边沿学科不断有新的研究成果问世,学科门类不断地细分,知识越来越专业化、专门化。科学研究领域的这种变化必然影响到出版行业,这就对责任编辑提出了新的更高的要求。它要求责任编辑必须有广博的知识,对相关学科的发展前沿必须有一定的了解。当然,要一个责任编辑通晓万物,无所不知,实际上是不可能的。但是,责任编辑必须干一门专一门,必须精于自己分工的专业,要努力成为该专业的专家。

2. 提高文化素养

文化素养包括的范围非常广泛,如掌握汉语的基本语法、修辞、逻辑知识,正确地使用标点符号,掌握一些历史、地理、音乐、美术等方面的知识。文化素养的培养和提高,是一个责任编辑必须练好的基本功。要处处注意语言文字的准确和规范,遇到拿不准的字、词、句时,要勤查工具书或向他人请教。文化素养的培养和提高,是一个日积月累的过程。据笔者体会,没有三五年,是入不了编辑这个门的。如果一个责任编辑不虚心,忽略了文化素养的提高,往往会犯常识性的错误,如不能洞察稿中的语法、修辞、逻辑、标点等常识性错误,或即使发现了,凭想当然办事,也会造成一些错误甚至闹笑话。如有位编辑,将成语"三三两两"改成了"3322",将"七八十岁"改成了"78岁",结果闹出了笑话。

3. 掌握一至两门外语,会计算机基本操作

当前,科学在突飞猛进地向前发展,知识在不断地更新,信息量在不断地增加,许多最新的信息最先出现在文献上是以外文的形式,而这些外文信息翻译成中文传播,需要一定的时间,加之我国的翻译力量有限,不可能将所需要的信息及时准确地译出来。如果编辑外语水平高,可直接从原始文献上获取信息,这对审稿和编辑加工大有裨益。

此外,计算机的普及已是大势所趋。不少作者直接在计算机

上进行写作,交稿也交磁盘。如果责任编辑会计算机操作,可直接在计算机上进行编辑加工,既节省时间(可使用查错软件),又为后续工序减少了工作量和差错。笔者以为,今后,不懂计算机操作的责任编辑将会被淘汰。因此,责任编辑趁早多学一些计算机知识,定会获益匪浅。

笔者提责任编辑与责任的话题,并不是说责任编辑必须责任到底,因为一本书的出版,需要众多工序协同作业。但是,责任编辑必须认真地负起属于自己职责范围以内的责任,要积极配合其他工序的工作,不能发稿后一概不闻不问了。遇有问题,不要相互推委,不要在责任问题上纠缠不清,应把时间花在解决问题上。如果在出胶片或硫酸纸样后,出版社没有专人负责检查核对时,责任编辑应主动地将此任务承担下来。因为计算机有时也会发生错误(如遇病毒等),这类教训可能许多编辑都曾有过。

我们编辑队伍中大多数责任编辑是称职的,是任劳任怨的。只有少数人存在责任心不强或素质不高的问题,虽然是少数,影响却很大。笔者写此文,意在与编辑同仁共勉。

(作者单位:重庆大学出版社)

# 责任编辑的责任

庄 梅

近年来,出版物普遍实行责编署名制。我想,这不仅是对"责任编辑"创造性劳动的一种承认和尊重,而且更是对"编辑责任"的确认。

一部好书的诞生,就像为人们创造了一个丰富多彩的精神世界,为读者打开了一个认识生活的新窗口。书籍不但是"精神消费品",而且还参与了漫长的社会文化和知识创新成果的积累过程。从这个意义上说,作为书籍生产者的责任编辑之责任,我认为首先应当是指编辑对社会的责任。

## 一、编辑的社会责任

1. "对社会负责"是首要的

编辑的社会责任大体上说有两方面的涵义:一是对整个社会负责,预见一部书稿的内容和观点发表后的社会效果;二是对每个读者负责,估计读者阅读这部书后所产生的影响。一般地说,两者是统一的。对社会负责也就是对读者负责,但有时又不完全一致,甚至是矛盾的。比如,有些书读者很喜欢,印数还不小,从读者方面来讲,是满足了要求,好像是对读者负责了,可是从整体上来讲,效果未必好,这就不能说是对社会负责了。比如,现代医学已经能够在妊娠早期预测生男生女了,普及这一科学成果显然会给出版社带来效益。可是,在我国现有条件下,这又与计划生育的基本国策相抵触,因为普及这一知识可能会造成人为的男女性别比例失衡,从而给社会造成严重的后果。

编辑对社会负责,就是指编辑的工作应当与整个社会活动的步伐相协调、相一致,应该对整个社会有益,为整个社会的进步和发展做出贡献。拿我们科技编辑来说,我们编出的图书应该有利于提高人民的科学文化知识,并能使之转化为生产力,发展生产,推动改革,这就符合实现"四化"和"两个文明"建设的要求,符合改革开放的要求;也就可以说履行了编辑的社会职责。

2. 把社会效益放在第一位

编辑的社会职责落实到本职工作上,就是应该切切实实地把图书的社会效益放在第一位。邓小平同志曾明确指出:"思想文化教育卫生部门都要以社会效益为一切活动的惟一准则,它们所属的企业也要以社会效益为最高准则。"当然,这不是说不要经济效益,而是说要在社会效益第一的前提下讲经济效益,提高经营管理水平。例如,当有人在商品经济大潮的冲击下晕头转向了,颠倒了社会效益与经济效益这两者的关系,只顾赚钱,不顾社会影响,市场上曾因此一度出现了庸俗低级、封建迷信,甚至色情淫秽的坏书。这时,我们是抵制,还是效法呢?我想,一切有社会责任感的编辑应该能够回答好这个问题。

3. 正确理解"对读者负责"

读者的概念相当广,又是多层次的。他们的思想觉悟不同,文化水平不同,情趣不同,读书的需求也不同。作为一个编辑,要对读者负责,就应该考虑不同层次读者的共同需要和不同读者层次的不同需要。自己所责编的书应该尽量去满足各层次读者的各种合理的、正当的需求。另外,也要注意到读者的需求在很大程度上是由读者的思想意识决定的。读者的思想意识有进步的,也有落后的。编辑的责任就是要在满足读者正当、合理的需求的同时,对那些低层次的不正当需求给予抵制或引导。如果不加区别地对读者的一切要求都予以满足,表面上看似乎也是对读者负责,但实际上是害了他们。所以,不讲究出版物的内容健康与否,只是单纯地追求"畅销",还美其名曰:"满足多层次读者的需要",显然是错误的,是对读者的不负责任。

作为一个好的、有社会责任感的编辑,除了考虑出版物如何适应读者,满足读者的需要外,更应该考虑用什么来适应和满足读者。江泽民同志曾要求我们要:"以科学的理论武装人,以正确的舆论引导人,以高尚的精神塑造人,以优秀的作品鼓舞人。"通过多出好书,多出高质量的书来引导和提高读者健康、高尚的阅读情趣。这样,才算是真正对读者负责;对读者负责与对社会负责也就真正统一起来了。

## 二、编辑的工作责任

1. 优化图书选题

出版工作从本质上说,就是对作者的精神产品进行选择和加工,并赋予最恰当的物质表现形式。简言之,即对图书选题的优化。优化选题不能靠瞎碰,而是靠编辑在辛勤地研究和解读市场的基础上,获取准确的社会需求信息并通过比较鉴别,做出正确的判断。编辑判断要写一部什么样的书,以及怎么写好,其主要标准还是社会需要和读者需要。

所谓社会需要,对于科技编辑来说,如果不了解当前和今后若干年内国家科技发展的重点和主攻方面,就很难提出符合国家、社会需要的好选题。这就要求责编不仅要有强烈的社会责任感,还要有较高的科技文化素养和社会见识。

所谓读者需要,是指在社会需要的前提下,一部书稿是否有明确的读者对象,以及在这一读者群中,图书是否有较高的可读价值。图书推动社会进步的作用主要是通过读者阅读后获得知识的增长、思想的提高,情趣的升华和行为的理性化而得以实现的。如果一本书对相应的读者群缺乏吸引力,其社会需要和读者需要就是一纸空言了。

因此,责任编辑的一个重要工作责任就是要随时注意调查图书的社会需求、读者的阅读心理以及阅读动向,最后才提出自己所满意的选题。

2. 完善书稿质量

完善书稿质量也是图书的优化过程,即对已接受出版的书稿通过编辑加工的手段进行优化,使将来出版的图书成品从内容到形式都臻于完善。责任编辑审读书稿被认为是其工作态度与业务水平的具体体现。责任编辑在从事审读与加工时,实际上是代表着社会与读者,以十分"挑剔"的眼光对书稿进行逐章逐节、逐句逐字的检查和判断。对审读时肯定的优点要在加工整理中进一步完善;对审稿中发现的缺点、错误,或表达上的矛盾、逻辑上的混乱,违反科学定论或常识的错误,以及病句、错别字、标点符号的错误等都要在编辑加工中一一予以修改、纠正。此外,责任编辑还要严格按照有关部门对出版物的规定,正确使用科学术语、符号、单位、数字和各种译名,以及不同学科中公认的或约定俗成的各种表达规范。责任编辑认真做好这一切,都是为了使自己责编的书稿在出版后,质量能更上一层楼,能更有利于读者阅读。这也是责任编辑履行自己"责任"的体现。长期以来,出版界存在的"无错不成书"现象正是责任编辑没有真正地负起"责任",工作马虎造成的。编辑没有编好自己责编的书,就好比农民没有种好地,工人没有管好机器一样,有不可推卸的责任。

### 三、编辑的创利责任

1. 增强出版合力意识

随着社会主义市场经济的建立和不断完善,以及市场竞争的加剧,责任编辑在保持强烈的社会责任感的同时,还必须有较强的市场意识。当今的编辑与计划经济时代的编辑有着很大的区别。这个区别就在于编辑不仅行使着生产图书这一精神食粮的权力,同时,作为出版企业的一员,编辑还要考虑如何更好地为自己的企业创利。

在编辑实现经济效益这个问题上,有的出版社曾经风行过一种简单化的做法,即把经济指标分派到编辑个人头上,规定每个编辑一年编多少本书,要完成多少利润。对于这种做法,业内有识之士已提出了尖锐的批评与否定意见,认为这种急功近利、向钱看的做法是出版业的一种倒退,只会导致编辑老把眼睛盯在"利润"上,把主要精力投放到与经济指标挂钩的各种参数上,从而冲淡了编辑的主体意识,使编辑不愿把时间和精力花到图书选题的优化和书稿的精加工上,造成图书质量严重滑坡。更为严重的是,这种

"承包到户"的小作坊作业方式极大地削弱了出版社集约化、社会化的生产经营优势,使出版社无法拿出有规模、上档次的拳头产品,创出自己的图书品牌并显示出企业的竞争势头来。这种现状如不尽快改变,是无力面对越发激烈的市场竞争的。

事实上,出版社经济效益的实现,应是编辑、出版、发行、财务以及管理各方面综合作用的结果,不调动和增强全社各部门人员的责任感和与编辑部共成败、同荣辱的合力协作精神,单靠每个编辑去承包利润,可能赚些蝇头小利,但是绝不可能形成图书出版的整体优势。

2.实现编辑环节的经济效益

社会上大多数人对编辑的认识似乎只停留在对图书质量的把关上,很少人能真正认识到,编辑在创造经济效益方面的价值与地位。图书的经济效益其实是存在于编辑环节的各个流程之中,包括获取信息、策划选题、组稿审稿、加工优化、装帧设计以及图书宣传等方面。换句话说,编辑的责任就在于把"合适作者的合适书稿,在合适的时间里,带到合适的读者手中"。责任编辑要能做到这四个"合适",不但编辑的功夫已到了家,而且经济效益也有了保证。

众所周知,选题是出版社的命脉。责编在策划选题时,首先是在读透市场、读懂读者的基础上,还要就选题的特色费尽心力,力争做到人无我有、人有我优、人优我特,选题特色便是占领市场份额的重要基础。而且,对每个选题,责编都有一个效益评估和风险估测。效益与风险紧密相连、相伴而生,如何将风险控制在最小范围,是责编成熟与否的标志。这是确保图书经济效益的关键所在。

组稿、审稿同样存在经济效益的问题,就看责编能不能组到一流的作者,拿到上乘的书稿。即使有时书稿不是那么理想,与组稿时的要求有一定的距离,只要责编具备有强烈的效益意识,就会下决心,花大力加工整理,把作者原始的"知识资本"经过自己尽可能完美的加工优化之后,使其变为优质商品,投放市场实现交换。这时,图书质量就与效益直接相关了,即实现了图书的"优质高效"。

图书的印数与定价可谓与经济效益直接相关。由于定价的因素比较复杂,这里面包括了目标读者群的购买力及认可程度的测算,市场同类图书的定价范围,国家物价管理的规定,以及单本书的印数与成本等因素的考虑,责编作为第一线生产者的参与意见就显得十分重要和必要。其中,定价又与一本书的印数关系密切,责编利用定价就可以测算出该书的保本印数与创利印数,从中还可以挖掘出确保图书经济效益的丰富潜力来。

此外,图书的封面装帧、版式设计以及图书的宣传等也都能具体地体现出责编与图书经济效益的关系。

生活在瞬息万变的商品信息社会里,编辑已然失去了往日的宁静,那种"两耳不闻市场事,一心只编案头书"的编辑已不能算是一个名副其实的"责任编辑"了。我们追求图书的"双效"必然地要担负起图书的社会责任和创利责任,而这两个责任其实也正是通过责编的出色劳动——工作职责体现出来。

(作者单位:福建科学技术出版社)

# 责编的权力与能力

祝 国 华

当许多书刊的责任编辑在大声抱怨找不到作者、找不准市场时,许多作者却在那里暗自埋怨写了书稿没有地方发表。直到近年来出现了"网络书刊"这一新生事物时,不少作者才真切感受到了一种从未有过的解放:再也不需要提心吊胆地看责任编辑的脸色,再也不需要忍受责任编辑"朱笔御批"般的修改。不管自己的文章是玉石还是砖块,都可平等地在电脑网络上一展风采,虽然缺少了权威出版部门的某种肯定也算是一种隐隐的遗憾。

这种现象到底是好事还是坏事,抑或是件长处多短处少的事,当然很有必要分清个是非曲直。但更有必要的是应切实弄清楚,责任编辑究竟应该拥有哪些权力?究竟应该具备哪些能力?进而明确责任编辑所承负的社会责任。本文试就此略陈管见,以就教于方家。

## 责任编辑的有限权力

书刊的责任编辑,通常是指负责稿件审阅、修改直至付印(部分还包括前期策划选题)这个阶段的编辑人员。简单地说,就是对书刊稿件质量全面负责的编辑。林穗芳先生认为:责任编辑是在图书编辑出版的全过程中起主导作用并对图书的社会效益与经济效益负主要责任的编辑(见《中外编辑出版研究》),这当然是一种更高层次的概括。由于工作需要,自然也就相应地赋予了责任编辑一定的权限。可我们却常听到有些编辑自我解嘲地说:责任编辑是有编辑的责任而无编辑的权力,潜台词是一旦出了编校乃至印制上的问题,都得找责任编辑承担责任。而有不少作者却常抱怨:责任编辑是有权力而无责任,言下之意是责任编辑对稿件掌握了生杀予夺的霸权,可以随心所欲地挥刀弄斧,信笔涂鸦。

编辑的责任与权力究竟有多大?也许编辑与作者各执一词,无法取得完全相同的认识。不过一般性地探讨责任编辑到底拥有哪些权限,也不会是没有根据的信马由缰。

通常情况下,编辑都肩负着某种把关的职能,这可说是自古皆然。作为一名编辑,需要把住关口的地方很多,但最紧要处可说只有四关。

首先是政治导向关。书刊是要给读者看的,如果其中存在政治导向错误的问题,存在与党和政府现行法规政策相悖的问题,就有可能影响社会稳定,这是不言自明的。

其次是内容倾向关。每种书刊都有其特定的读者群,不可能完全相重合。但就其内容来说,必定有一个先进与落后、积极与消极、进取与颓废、健康与糜烂的区别。一个有良知、有道德的书刊编辑,理应旗帜鲜明地为前者大开绿灯,尽可能限制出版所谓不好不坏的内容,努力防止和抵制后者。

三是表现形式关。一定的思想内容总得附着于一定的外在表现形式,才容易被人们接受。这种形式不仅包括书刊的装潢、版式,还包括内容的结构、语言、表现方式等。巧妙合理的形式与健康优秀的内容相结合,不仅能起到绿叶扶红花的衬托作用,还有益于内容得到更广泛、更有效的传播。

四是文字符号关。如果书刊的文字符号不是按一定的规律编排,就无法表达出一定的思想内容;而如果书刊的文字符号排列有误,那就必然影响思想内容的准确表达。虽然这是对编辑操作技巧层面的一般要求,却是对编辑能力的重要检验。新闻出版署关于书刊编校质量管理的规定,主要篇幅都是关于书刊中的文字符号应排列正确的规定。

基于上述编辑的把关职能,必然派生出责任编辑在审稿过程中的有限职权,主要有:1.初步选择权,即责任编辑对稿件提出是否采用的初步意见。2.建议退改权,即认为稿件可以采用,但需退回作者,按照主要是来自责任编辑的意见进行较大修改。3.直接修改权,即由责任编辑根据自己的思想认识水平、专业知识水平和编辑业务能力,直接对稿件加以修改。这三种权力,都与作者的稿件能否按照作者的意愿刊发的初衷密切相关,因而关系重大。责任编辑既不能以个人好恶感情用事,也不能强不知以为知地滥用权力。因为责任编辑的权力运用是否得当,不仅可反映出编辑的思想水平高低和业务能力强弱,还会直接影响到书刊的出版质量,影响到书刊出版单位在读者和作者心目中的整体形象。由此可见,责任编辑的权力虽然是有限的,但绝不能也不允许个人随心所欲地乱用、滥用。

### 责任编辑的能力局限

毫无疑问,责任编辑要用好有限的权力,就必须具备与编辑所承担的责任相适应的能力。

那么,一名合格的责任编辑应具备哪些能力呢?有人认为,做编辑只要有粗通文字的水平,懂得"剪刀加糨糊"的诀窍,功夫就基本到家了;也有人认为,编辑不必什么都懂,只要略知一二就足矣;还有人认为,编辑应是专家+编辑或编辑+专家型的;更有甚者,认为编辑应是集政治家、外交家、语言学家……于一身的全才。

事实上,编辑不能知识匮乏,否则就不必对从事编辑这项工作的人有学历上的要求;编辑也不可能是全才,否则世界上就只剩下编辑是最伟大、最不可企及的职业了。如果硬性要求编辑必须是某个方面的专家甚至是多方面的专家,那就不仅是一种苛求,而且可说是一种不自量力的自吹自擂了。据我所知,还没有一位资深编辑自称是"××家"的,至多自我宽慰是略含贬义的"杂家"。他们之中有些人的确可称得上"××家",但那只是因为他们在编辑工作之中并利用工作余暇,注重不断学习、不断充实、不断提高,致使自己在做好编辑本职工作的同时,还在其他领域内结出了令世人瞩目的累累硕果。

倘若我们摒弃那些显然是妄自菲薄或是妄自尊大的说法,而是比较客观地看待责任编辑应具备的基本能力,我们认为主要表现在三个方面。

一是从政治的高度分析书稿、文章思想正误的能力。书稿不论厚薄,文章不论长短,都有一个指导思想是否正确的大是大非问题,既需要从总体上把握,还需要从细微处着手,决不能出半点差错。缺乏这种最基本的判断能力,也就是缺乏做一名责任编辑最起码的工作能力。

二是从社会的需要判断书稿、文章价值大小的能力。任何书刊的出版都应该有一定的意义,因而不是任何文字都适宜出版的。编辑在审稿过程中,不一定能完全看懂或同意书稿、文章的内容,但必须准确地评估判断出稿件是否达到出版水平,具有出版价值。标志着相对论诞生的《论动体的电动力学》一文,首发在德国的《物理学年鉴》上,作者爱因斯坦当时还只是个鲜为人知的青年,文章的内容据说当时全世界只有12个人能看懂,不用说编辑肯定被排除在外。幸而这篇文章的责任编辑有一双识别其高含金量的慧眼,才没使这篇具有开创崭新科学时代的论文被丢进废纸篓。而那位奥地利神父就没有遇到有这种见识的责任编辑,以致他那篇被誉为揭开了近代遗传学帷幕的遗传分离定律和独立分配定律的文章竟不能入大刊物编辑的"法眼"而遭遗弃,在科学史上留下一件憾事。由此可见,如果责任编辑正确评价书稿、文章价值的能力很强,就可能多催生一些有益甚至很有价值的图书、文章出版,创造巨大的社会效益和经济效益。反之,如果责任编辑的这种能力不足,就可能放行一些平庸甚至有害的图书、文章出版,造成本可避免的社会危害和经济损失。

三是按规范的要求处理书稿、文章符号当否的能力。经过责任编辑的修改,应使文字通畅、简洁,标点恰当、正确,文图配合相符,排版美观大方。切莫以为讲到编辑的操作层面就可以轻视,实际上责任编辑工作量最大的地方,正是表现在这些细枝末节的处理上,或者说如何处理这些细枝末节最能反映出责任编辑工作能力和工作责任心的强弱。王益曾动情地回忆说,叶圣陶先生有次审改一篇3000来字的稿件,竟花了足足3个小时,真是做到了字斟句酌,精雕细刻。近年来为什么一些内容很好的图书错失评奖的机会,为什么新闻出版管理部门一再强调要大力提高编校质量,无疑都与书刊编校质量不合格密切相关。

由此可知,责任编辑的能力是很有局限性的,不是也不必要不可能处处高人一筹的。说到底,责任编辑最难得的是举轻若重的办事能力,切忌空泛;最需要的是耐得住寂寞的沉稳心态,切忌浮躁;最可贵的是脚踏实地的缜密作风,切忌粗率。

## 责任编辑的社会责任

尽管许多网上作者为"摆脱了编辑的霸权"而狂喜,以为从此就能在网上自由创作,任意发表,回归写作的初始状态。但我们也不无忧虑地看到,在互联网上首次发表的作品,除了少数通过其他渠道已成名的外,真正称得上是精品的为数很少,其中多数都是思想平庸、文字粗糙的泛泛之作。有些本是有可能显露出夺目光彩的璞玉,却因放置于砾石之中而得不到必要的雕琢,殊为可惜。还有相当部分是"网上垃圾",少量甚至是"网上毒品"。许多有识之士在不断呼吁:有关方面要建造"网上过滤"的"防火墙",实际上就是对网上内容进行类似责任编辑的"把关筛选"。

有些网络作者或许正是看到了这一点,所以积极拉拢一帮人急切地排名次,搞公关,做广告,并心知肚明地承认,检验在网络上发表的作品是否取得成功的重要标志,仍是能否以传统的纸质媒介印刷出版。这种现象表明,代表社会公众利益充当内容把关人的责任编辑,是不可缺少的重要社会职业角色。

任何作品,不论其是在网上还是在其他媒体上发表,都注定要对社会民众施加某种影响。这些作品在传播过程中产生的积淀,其影响还会更广泛更久远。因此,各种传播媒介都应有一批承负重任的把关编辑,这是对社会的今天和未来负责任的明智之举。由此也可证明,在传播、积累科学文化知识和精神文明成果的出版部门设立责任编辑,至少有三个方面的必要性。

一是有利于形成对社会的正向推动力。社会的进步,有赖于先进的思想和正确的科学文化知识的传播。在这条传播链中,编辑是不可或缺的一环。在编辑身上,负有为社会把关和为民众推介引导的重要职责,也就是我们常说的多出好书,多出精品,繁荣社会主义文化市场。如果编辑把关不严，放任平庸的、粗俗的甚至腐朽的、反动的书刊流向社会，那就是责任编辑的严重失职。

二是有利于发挥对读者的正面影响力。提高全民族的文化水平，必须有健康的高质量的精神文化食粮。责任编辑所面对的原稿，不能直接与广大读者见面，还需要进行审读评估以决定取舍，还需要加工润色以追加出版价值，使出版物能从正面打动读者，感染读者，在两个文明建设中发挥良好的社会作用。假如听任一些作者无所顾忌地利用各种媒体发表他们的作品，那么面对鱼龙混杂、良莠不齐的众多出版物，必然会使绝大多数读者感到无所措手足和深深的失望，因为在金钱、时间和精力的付出后，却没有期待中的收获。

三是有利于加大对作者的正确扶持力。任何作品的价值，都是在得到公众和权威的肯定后才体现出来的。任何作者的成就大小和水平高低，都不是以自由发表的作品多少为主要衡量标准的。显而易见，如果缺少编辑的必要约束，作者就可能得不到规范化的修改和有益的帮助，影响自己继续创作的信心增强和水平提高，进而丧失社会公众认可和作品价值确定的机遇。20世纪30年代初从湘西边城闯进北京的沈从文，如果没有遇到郁达夫慧眼识英才，帮助发表他的作品，或许已穷困潦倒、走投无路的沈从文做梦也想不到他会成为三四十年代中国文坛的一匹骏马；写出处女作《灭亡》的青年巴金，如果不是遇到叶圣陶的大力推荐，也许未必能成为闪烁在中国文坛上空的一颗巨星。

综上所述，在纸质书刊的出版过程中，责任编辑是必不可少的。即便是正在兴起的网上出版，责任编辑也同样是必不可少的。责任编辑的存在，既是出版业的必需，也是社会发展和人民群众的必需。而责任编辑自身，尤其要清醒地意识到肩负的重任，在国家赋予的权限内，兢兢业业地工作，不断丰富相关知识和阅历，增强编辑业务能力，才能不负党和人民的重托，无愧责任编辑的崇高职责。

(作者单位：江西省出版总社)

# 图书责任编辑的角色及在市场经济条件下的定位

薛 尧

所谓"角色",原意是指演员在舞台或屏幕上扮演的符合剧情要求的人物形象,引申开来,又常比喻人们在社会生活中所起的作用。本文在此借用"角色"一词,试图剖析一下在图书出版业中既非出版业从业人员正式称谓,又非行业职称名词,但在每本书中都会出现的"责任编辑",在图书出版发行过程中所起的作用及在出版社的组织结构中所处的位置。

在出版社的人员结构中,编辑是其生产、制作图书的关键人员,参与图书运作的编辑往往以"责任编辑"的身份在图书的适当位置署名。但是,至今责编(即图书责任编辑,下同)在所署名图书的运作中的工作范围、承担的责任及应有的授权不清晰。责编角色及其定位的模糊出于两个原因:一是对责编角色的理论滞后,而出版管理部门亦没有像界定编辑、总编辑等岗位那样给责编作一界定,导致无论是新毕业上岗的大学生,还是德高望重的编审都可以是责编,而其中的编辑含量高低无人过问,更无法定量;责编在图书运作中的参与深浅不一,而责任或收益往往相似,易造成对责编的奖罚过重或过轻,助长责编的投机行为。二是近二十年来我国社会处于从计划经济向市场经济过渡的转型时期,责编在转型期中的角色也在不断变化,从单纯的计划性很强的执行上级选题出书任务、来稿加工,到自主选题、自找市场,直至开拓、培养市场,其角色转换之快、职责改变范围之大也是不多见的。笔者认为,以上两点导致了目前这种"什么人都当责编,什么事都赖责编"的责编角色困惑。因此,我们认为有必要探讨一下市场经济中责编在图书运作中的工作范围及相应的权利与义务,以及在出版社的组织结构中,责编所处的位置,使责编的工作程序更合理些,内耗更少些,最终达到降低成本、多出精品、赢得市场的目的。仅在此以管窥之见,就教于专家、同行。

## 一、责编的角色辨析

首先,我们需要梳理一下责编的出现及其发展过程。

从笔者查找到的近二十年来(1979年以后)的资料(鉴于本文的篇幅及论述目标,没有查阅过"文革"以前的有关资料,也无意考证图书责编署名的发生年月、首次出现在哪本书中等,因为这并不影响本文的论述。)中,大致可推断责编在书中署名始于80年代中期。但此时的"责编"与"编辑"是混为一谈的,如1984年由罗见龙、王耀先主编,科学出版社出版的科技编辑的经典教材之一——《科技编辑工作概论》中,在详述编辑工作程序及要求时,对操作人员分别使用了"编辑人员"、"责任编辑"、"编辑"三种称谓,如谈到组稿,即有以下说法:"首先要求编辑人员做好组稿工作……"(27页)、"约稿以后,编辑要经常了解编译的进展情况,并尽量帮助作译者解决遇到的问题……"(31页)、"责任编辑应经常注意做好这些工作。"(32页),等等。也就是说,责编的工作等同于编辑的工作。而在当时,虽然编辑工作"包括选题、组稿、审稿、编辑加工及编后工作"(《科技编辑工作概论》),但编辑主要是做发稿前的工作,而发稿前工作重点又在书稿加工,因此,实际操作中往往视参加书稿加工的人员为责编,书稿内容出问题一般由责编承担。即责编就是参与了书稿加工的编辑人员。而且,这种责编角色定位至今仍然在影响着我们。

1999年版的《辞海》与1990年版的《中国大百科全书》都只有"编辑"辞条而没有"责任编辑"的解释。《辞海》对"编辑"的解释是这样的:"1.新闻出版和电影等机构从事组织、审读、编选、加工整理稿件等工作。是定稿付印(或摄制)前的重要环节;2.指从事编辑工作的人员。"这里定义的编辑甚至连编后工作都免了。

经过多方查找,终于在1994年12月出版的《编辑实用百科全书》中找到了"责任编辑"一词及详细的解释:"承担某部书稿的组织、审读、加工整理,对稿件负全面责任的编辑人员。责任编辑不是专业职称,而是一部书稿的具体责任实施者。责任编辑应对从选题到出书的每个环节认真负责,从书稿内容的思想性、学术性到稿件的文字水平和语言规范都要严格把关,以保证高质量地完成任务,不出差错。""责任编辑应负责审读三校样,根据需要和可能撰写内容说明等有关的书籍辅文。此外,还要对书籍的开本、版式以及装帧设计等提出设想和建议,与负责技术编辑工作的人员互相协调配合,力争使书稿在内容和形式上达到完美统一。书籍出版后,还应组织或自己撰写书评,积极开展图书宣传。"责任编辑应"……保证审读和加工的工作质量。责任编辑姓名应排在书稿的适当位置,以示负责。"至此明确了责编的工作范围不是只负责书稿的加工,而是从选题到出书的各个环节及出书后的图书宣传工作,亦即《科技编辑工作概论》中所概括的编辑工作:"选题、组稿、审稿、编辑加工及编后工作",编后工作"包括提出对装帧设计的意见、审读校样、审查发行样书、读者工作,以及组织重印和修订再版等"。责编的责任范围是对"审读和加工的工作质量"负责,是对稿件负全面责任的编辑人员。

从以上罗列不难看出对责编角色的认知脉络。但在目前的市场经济条件下,对责编的理论认定相对于实践要滞后得多,从而给责编工作带来不少困惑。主要表现在以下三个方面:

1. 责编工作是否主要是书稿加工?

众所周知,图书的一生应包括以下七个阶段:

选题 —1→ 组稿 —2→ 审读 —3→ 加工 {内容加工 / 装帧设计} —4→ 校印 {排版 / 校对 / 印制} —5→ 营销

{宣传 / 销售} —6→ {重印 / 重版} —7→ 阅读功能消失

编辑一般参与除排版、印制和销售以外的各阶段,但由于习惯上认为书稿加工是编辑加工中很重要的阶段,因此,实际工作中往往出现参加了1、2、3阶段工作但没有参加书稿加工的编辑不作为

111

责编署名,或者没有参与前三个阶段的工作,只进行了书稿加工,甚至只加工了一部分书稿的编辑人员作为责编署名,这时责编一般还参与装帧设计和通读校样的工作。然而,图书的选题落点、组稿水平、审读角度与编辑加工有着千丝万缕的联系,如果没有准确的选题定位、精当的组稿工作和把握得当的审读,就很难获得高质量的书稿,而这时即使有可能加工出一部高质量的书稿,参与加工的编辑工作的难度与投入都是非常大的,甚至不只是加工,还要重复前三个步骤,对选题重新定位和筛选编写人员,并重新进行审读加工。但有的时候,一个好的选题也可能因为加工书稿的编辑没有完全领会选题组稿编辑的意图,导致一些需要在加工中着意修改的细节,或是一些切合本书的整体装帧构思忽略掉了,从而使成品书逊色不少。这也是为什么风行一时的"策划编辑"至今仍有争议的原因。

由于一种(套)书的成书过程是贯穿着一种编辑思想的,人为地给制作过程分段,无形中割裂了编辑思维的连贯性,也增加了不少重复劳动(比如加工编辑要重新熟悉选题组稿过程及编辑思路等)。因此,笔者认为某种(套)的责编应参与该种(套)书的全部编辑工作,即"选题、组稿、审稿、编辑加工及编后工作",而不能"铁路警察,各管一段",最终导致"形似神散",甚至连"形"都不一致。

2.责编应承担什么责任?

从权利与义务的相关性来说,承担什么工作,便承担什么责任,也就获得什么奖惩,即权利与义务应相符。《编辑实用百科全书》中认为:责编是"对稿件负全面责任的编辑人员",应"保证审读和加工的工作质量",即对发稿前的工作负责。如果是这样,责编参与的工作只到发稿前为止,即参与选题、组稿、审读、加工,将一份(套)政治性、思想性、科学性达合格以上水平,差错率在万分之一以内的书稿交出就完成任务了。编后工作,即"提出对装帧设计的意见、审读校样、审查发行样书、读者工作,以及组织重印和修订再版等"属于图书成品的整体把关,以及图书的经济效益的发挥,并不在"稿件"范围之内,责编可以不予理会。但在实际工作中,质量检验的是成品,而不是半成品——书稿;效益检验的是"双效"——社会效益和经济效益。两种检验中的任一项没有达标,罚责编的权重最大;如果检验优秀,奖责编的权重也最大。因此,事实上责编不可能不管编后工作,不仅不能不管,而且还要倾注一定的心血,将编辑思想注入编后工作中,并帮助读者(即产品的受体)更好地领会、获得其思想精髓(即更好地使用产品)。因此,责编应对图书成品负责,并负有一定的宣传产品的责任,而不是只负责稿件质量。

3. 责编是否参与图书成本控制?

图书的效益不外乎社会效益与经济效益。社会效益在图书形成后,即图书成品时就已确定,而经济效益则由(销售额—制作发行成本—管理成本)而得。市场经济中人们的经济行为均由效益而定,有了效益,该经济行为才有其价值。虽然"效益"的涵义是多方面的,如社会效益、经济效益、环保效益等,但经济效益在市场中的作用勿庸置疑。可以说,没有经济效益就没有市场。目前我国的出版社绝大多数都是自负盈亏,从某种意义上讲,企业利润的多寡是出版社赖以生存的生命线,因此,图书选题能否列选直至出书,很大程度上取决于它所能带来的利润。当然,社会效益显著的选题除外。因此,责编在选题之初就不能不考虑市场、成本、定价等等一系列的经济问题,远不是加工完书稿就了事的。

如果将一种(套)图书的构思、制作、销售看作一个整体的各个阶段的话,成本及利润则是贯穿这些阶段的那根线,而责编就是养护这根线,不让它打结、纠缠及折断的那个人。责编还需要将图书的编辑思想的贯彻与所要发生的成本、所产生的利润结合起来考虑,使其能协调一致,最终达到最佳效果。因此,责编是图书获利的设计者——选定市场,制定选题,与发行人员一起在社允许的范围内确定图书定价,制定营销方案等等;也是图书成本的控制者——根据市场状况和选题需要与设计人员一起确定装帧形式、开本、制作精度等。

## 二、市场经济条件下责编的定位

综上所述,责编应定位于"负责某种(套)图书的选题、组稿、审稿、加工及编后工作,能对图书成品质量负责,并能对图书的获利能力起主要控制作用的人。"责编是动态的,一个具备责编资格的编辑人员,只有开始承担某种(套)图书的运作,才能成为责编。这里之所以不提"责编还应对所责编的图书利润负责",是因为:(1)虽然选题的提出是编辑,但还需要经过室、社两级批准,因选题引起的盈亏责任不应完全由责编个人承担;(2)将限制编辑去选一些经济效益见效慢,而社会效益见效快的选题;(3)防止将不可预料的市场风险加在编辑身上,抑制了编辑挖掘市场的潜能。

责编的工作程序应该是:(1)进行选题可行性论证,制定计划书,其计划应包括成本预算,图书运作阶段时间表及营销计划;(2)选题批准后,按计划组稿、审读、加工,并同时进行整体设计;(3)送厂排版,通读校样,审查样书,并了解印制成本;(4)按计划过问或参与营销,并了解营销费用的大致状况;(5)过问重印工作,并根据市场情况确定是否重印。

总之,责编工作贯穿了图书除排版、印制、销售和阅读以外的一生。同时,责编工作与出版社的多个部门都有交叉。下面探讨一下责编在出版社的组织结构中的位置、责编绩效的认定及责编所应具备的资格。

1. 责编在出版社组织结构中的地位

从以上对责编职责的剖析可以得出,责编在出版社的纵向组织结构中,属于较低层次的组织者与决策者;横向关系上,责编与出版、发行等部门的工作人员的关系是平行决策的关系,即类似于事业部制的职员关系。如下图所示。

社长、总编
(社办、总编办)

编辑部　　出版部　　发行部　　财务部　　办公室

编辑室　编辑室
责编　责编　责编　责编
编辑　编辑　编辑　编辑　编辑

2. 责编与其他人、其他部门的合作

由于图书制作思想的连贯性,一般字数在 70～80 万字以下的图书责编不宜由多人担当,以一人为宜。责编在图书运作中应主要起组织、决策作用,并承担相应的责任。因此,一些工作可以分流出去,以使责编集中精力于图书运作的关键点。比如,可以委托其他人担任书稿的文字加工,而责编负责全部书稿的复审,以把握加工是否符合选题要求。责编在选题初始制定计划书时需要咨询出版部门和营销部门的相关人员,与他们共同研究计划的合理性,在图书的运行过程中也需要商讨。这种工作程序的变化将使相应部门的工作方法发生相应变化,对相应的图书也应确定相关责任人,并可尝试职效挂钩形式,如营销人员与营销业绩、印制人员与产品合格率挂钩。

3. 责编的工作成效认定

责编的工作成效历来与加工字数有很大关系,这促使责编不断增加文字加工量,最终责编拿不出时间和精力来关注图书的整体运行情况及后续选题,并导致责编的过度疲劳。因此,笔者认为应效仿公司运作,按照出版社的整体效益确定基本工资,在保证编辑人员正常生活的情况下,按编辑在一定时间段内责编图书的毛利总和、出书字数、图书畅销状况和获奖状况分别计算权重,并适当引导编辑追求合理利润,即以较为适当的人力、物力投入获得较大的利润。

4. 责编的资格

图书责编应具备大学本科以上相关专业的学历,两年以上的编辑工作经历,参与过图书的文字加工、校对、选题组稿、审稿等阶段性工作,比较熟悉出版程序及出版物标准,较熟悉相关出版物名词、单位等的用法。如果条件成熟,国家也可以举行责编资格统一培训与考试,以改善目前编辑人员掌握出版物标准不一致、编辑水平参差不齐的状况。

(作者单位:高等教育出版社)

# 责任编辑的动议权、修改权与转型权

范 达 明

责任编辑最直接打交道的是作者,即所谓著作权人。然而作为文化产业最为重要一翼的图书出版业的第一生产力的责任编辑自己,却从来不被称为编辑权人(至今我们也未见有关于"编辑权法"行将制定的迹象)。那么,责任编辑的职责范围与权限是什么?它的用武之地与工作价值在哪里?它是否仅有"为他人"即著作权人"做嫁衣"的"福分"?事实上,有职必有权。责任编辑的用武之地与工作价值,正在于它的职责范围与权限所规定的基本权利上;而动议权、修改权与转型权正是这样三项属于责任编辑的基本权利——其中每一项都不仅仅限于图书的外在形式,而是多少针对着图书的内容的。责任编辑的权利当然不仅仅限于这三项(例如署名权,这一权利及对这一权利的意识也只是伴随新时期的开始才逐渐萌生的[①],责任编辑似以法定意义方式普遍在自己编辑的图书上署名的做法,大约要到80年代末前后),然而这三项权利无疑是最重要最基本的,可以说,它们都是责任编辑职业责任范围之内所赋予的,正是责任编辑的本职或天职:有了它们,责任编辑不但有了用武之地,他的其他权利与权益自然也就能迎刃而解而获得保障;若离开了它们,责任编辑就不复存在了,更遑论其他。而从这当中,我们分明可以清楚地看到责任编辑这项劳动职业同样所包含的创造意义与价值。

## 一、责任编辑的动议权

在今天的知识经济时代或信息时代,策划或"出点子"的价值意义越来越显示出它的重要性与迫切性。而策划或"出点子"之所以有它的重要价值或迫切意义,正在于它具有原创的动议的性质。所谓原创,就是新的,前所未有的;所谓动议,就是一种可以付诸实践与行动的具体构想或方案,具有起动的、引而待发的意义。那种把策划或"出点子"纯粹看作"纸上谈兵"的人的观点之所以是错误的,正在于他们不懂得人与动物不同,人总是在有了预想以后才产生行动的,因此,我们怕的就是连"纸上谈兵"也不敢、也没有;而有了"纸上谈兵",就很可能最后成为敢于实际沙场用兵与进兵的起点。"行成于思"②,无思则不行。只有首先想得到,才能其后做得到。任何行为的创造,都首先基于思想的创造。

显然,在图书出版领域,对选题的策划即所谓"出点子"也同样具有其重要价值或迫切意义。责任编辑对选题的策划作为图书出版的起点,就已经包含了创造或就是一种创造。在此,我把责任编辑对选题的策划,看作是责任编辑在其职责范围之内所应当具有的三项权利的第一项权利,即动议权(当然,动议权包含策划却并不限于策划,比如有些作者的现成书稿被你发现并看中,如你把它作为选题提出来,无疑就成了你的动议,并体现了你的动议权)。

目前中国的《著作权法》尚没有关于对策划人的"作品"——策划书或策划"点子"的文案实施保护的具体条款与规定。当然,这也许并不太相干于《著作权法》——单就图书选题的策划而言,它既然是属于责任编辑的一项动议权,也许只能到未来的"编辑权法"中去寻找保护了。不过,作为责任编辑动议权的具体表现的选题策划,在作为 1997 年 6 月 26 日中华人民共和国新闻出版署令第 8 号的《图书质量保障体系》中已经得到了肯定,并有了一些明确的规定,其中的第六条"加强选题策划工作"之(二)就指出:"策划是出版工作的重要环节,出版社的全体编辑人员应认真履行编辑职责,积极参与选题的策划工作。"③

值得注意的是,责任编辑(或出版社)的选题的策划,与高等学府与科研机构的课题的规划本质上没有什么不同,而且前者的命题范围更大,也最终将涵盖后者——所有的科研课题的规划终将转变为学者专家的个人或集体的论文或专著,并几乎没有不将它们交付出版社出版成书的。科研课题的规划正是在这样的情况下自然而然地转换成为责任编辑所要面对的出书选题及自己所要着手编辑出版的作品的。责任编辑(或出版社)的选题策划的重要性由此也可见一斑。由于选题策划如此重要,近年来,选题策划人(不管他与责任编辑是否属于同一人)甚至在其策划的图书上还获得了署名权。

就图书出版的实际来看,情况却往往是多样的。如果说一本书的出笼,是先由责任编辑策划好选题,进而由他根据自己选题的内在需要,再去物色适当的作者来完成作品的话,那么,在这种情况下的著作权人的作品,实际上就是根据责任编辑的选题意图来创作或写作的。这是责任编辑的动议权转化为现实的生产力、表现为它的创造价值的最为典型的实现方式。

当然,在责任编辑编辑出版的图书中,很可能有一些图书的选题并不是来自自己的策划。比如,会有一些图书是此前由著作权人自己构思的,而且很可能已经有了完成的书稿,再主动与出版社/责任编辑联系出版的。不过,一些机敏的责任编辑很可能会以此书稿为起点而举一反三,策划出包括或不包括此书在内的一个系列或一套丛书的更大的选题来也说不定。

责任编辑的选题策划并不只是与著作权人发生关系,更主要更关键的也是首先面临的关系是与出版社领导的关系——由于提出的每一个选题只有经过论证并在通过以后方可成为具体实施的选题,而责任编辑对选题的策划终究只有动议权,他虽然可以参与论证,却没有最终让它通过的决定权。《图书质量保障体系》对此虽然要求"坚持民主和集中相结合的论证方法","召开选题论证会议,论证时,人人平等,各抒己见,重科学分析,有理有据,力争取得一致意见",但同时认为,选题是否通得过,"在意见不一致的情况下,由社长或总编辑决定。"[④]如果这个选题是出版社领导事前授意或认可或参与提出的,它的通过自然不成问题;如果是责任编辑个人独立策划提出的,那就难说了。每一个责任编辑也许都碰到过自己策划的有价值的选题因通不过而遭否决的情况,这是做责任编辑的人最寒心的事——它不仅使责任编辑已经进行的市场调查、沟通作者与起草文案等等工作及其相关的周密思考统统前功尽弃,而且还会断了他的后路——因为失去了选题的责任编辑,将再也无事可干,与敲了饭碗的下岗女工没有什么两样。在此,我们完全可以说,选题,正是一个责任编辑的灵魂与命根。任何掌握了选题命运的人,千万不要轻易地去否定别人的选题。也许一个有经验的责任编辑知道可以用什么对策(不排斥用上"三十六计")来使自己的选题在并不高明但却没有偏见的头头面前获得通过;但是对于一般的责任编辑来说怎么办?遇到的是不高明但又有偏见的头头怎么办?为什么我们责任编辑在遇到很多作为著作权人的专家学者时听到的念叨总是"出头难",而与此同时图书市场却不断有那么多平庸读物在继续泛滥成灾?如果作为图书出版出发点的选题论证不能寻求一种更科学更民主的决策机制,而终究要系于一个人(除非你先行对这一个人的素质做出保障),那么,我们的"图书质量保障体系"很可能流于一纸空文或成为"不保障体系",因为图书的质量在其起点上就不是得到了"保障"而是遇到了"障碍"。看来,责任编辑对选题策划的动议权要真正获得应有的保障,还不是一朝一夕可以解决的课题。

## 二、责任编辑的修改权

这里所说的修改权不同于《著作权法》中所指的著作权人《著作权》名下所涵盖的修改权,而是指责任编辑的修改权(尽管两者在实质上并无差别,只有来自出发点与角度的不同)。可能这是一个容易纠缠不清的问题,在此不得不多费一些笔墨。

我们暂且先不说什么权与法。如果承认任何著作权人的作品在从"原作"变为出版物的过程中,都需要经过一个编辑出版的程序的话,那么你在事实上就不能不承认,作为上述程序或流程的责任者与执行者的责任编辑,在其司职的过程中就不能不行使这样的修改权。

的确,在《著作权法》公布后,很多出版社的编辑开始对自己是否还具有这样的修改权产生了怀疑。《著作权法》第三十三条规定:"图书出版者经作者许可,可以对作品修改、删节。"[⑤]这里与其说是认可图书出版者有这样的修改权,不如说是回避与否认,因为它需要"经作者许可",这等于是将修改权又还给了著作权人,亦即又回到了《著作权法》第十条(三)为著作权人所规定的"著作权"名下的修改权,"即修改或者授权他人修改作品的权利"。⑥这里,图书出版者充其量只能成为按照著作权人旨意修改的执行者。不过《著作权法》第三十三条在上述规定之后还有下文:"报社、杂志社可以对作品作文字性修改、删节,对内容的修改,应当经作者许可。"⑦这里似乎对报刊与图书、报刊编辑与图书编辑的权利有不同对待——前者的权利似乎要大于后者(是否是因为前者有特定的版面限制,或者它的出版周期要短于或快于后者的缘故?),但也只许可有自主的"文字性修改"权,而不许可自主地"对内容的修改"。(这里条文中的"文字性"三字似应修改为"技术性",否则与紧接的后文不是自相矛盾,便是令人产生误解:似乎中国或还有什么其他国家的"文字"是可以不表达"内容"的——附带说一句玩笑话,如果此《著作权法》当初要出版单行本而请我担任责任编辑,我肯定要凭自己的职责向《著作权法》的作者——也就是要向表决通过此法律文本的全国人大常委会转达我对此不能不提出的修改意见的。)

那么,我在这里所说的"责任编辑的修改权"是否合法,是否又站得住脚呢?回答是肯定的,其依据仍然是作为"1997年6月26日中华人民共和国新闻出版署令第8号"(要求"自发布之日施行")的《图书质量保障体系》——与1990年9月7日通过、1991年6月1日起施行的《中华人民共和国著作权法》相比,它正是属于我们图书出版领域的更为本专业化也更新的规定——不仅是法律,而且是法令。该法令第九条明确规定了"坚持责任编辑制度"的具体措施,指出责任编辑"除负责初审工作外,还要负责稿件的编辑加工整理和付印样的通读工作,使稿件的内容更完善,体例更严谨,材料更准确,语言文字更通达,逻辑更严密,消除一般技术性差错,防止出现原则性错误"⑧(着重号系笔者所加)。显然,这里作为责任编辑的职责的所谓"编辑加工整理",正是致使稿件达到"五个更"从而"消除"差错、"防止"错误的前提。

那么,什么是责任编辑的"编辑加工整理"呢?或者具体地说,什么是责任编辑能够致使稿件达到"五个更"的"编辑加工整理"呢?无疑,这样的"编辑加工整理"必然是包含着责任编辑对稿件的修改,而不赋予责任编辑对稿件的修改权,这样的目标肯定是达不到的——这一修改也肯定不能限于稿件中作者的笔误如漏字、错别字,或者词不达意的用词造句或病句等光凭所谓"文字性修改"即可纠正的差错;而"体例更严谨"、"逻辑更严密"的要求不能不涉及篇章结构的修改,"内容更完善"、"材料更准确"的要求更是直指稿件内容方面的修改。问题是在于这样的修改权是谁赋予的。《著作权法》从著作权人的角度强调了修改权属于著作权人自己,虽然它没有限制著作权人把这一权利"授权他人"。然而若是换一个角度,那么对于责任编辑而言,他所获得的对稿件的修改权主要并不应当看作是著作权人赋予的,而首先是其本职的赋予。因为责任编辑并不是跑到著作权人家里去修改其藏之深阁的作品,而正是在修改其已经授权出版社/责任编辑处理从而使之用于出版成书的作品——我在此提出与强调的"责任编辑的修改权"所针对的作品当然正是也只是指这样的作品。

这里,从理论上说,其实就是一种"修改权的转移"。"修改权的转移"包括两种情况:

一种是著作权人主动提出与要求将修改权转移到能替他将作品稿件编印成书的责任编辑手中。虽说著作权人事前充分利用与享有了自己的修改权,早已对自己的作品一遍又一遍地反复做过修改,但要出版成书,需要更加慎重,说实在的,他自己还把握不定,也觉得出版社的责任编辑更专业更懂行,所以诚心地请求编辑先生对自己的"拙作""不吝赐教"并予以"斧正",这算是明白地交出了"修改权"。的确,这一"作品"最初在出版社/责任编辑的眼里不过只是"来稿"或"手稿",因为从一本书的角度来看还很少有谁会认为它是"作品"或"成品",就连这一类著作权人自己也是这么看的。一般有点出版常识的人也都明白,一件踏入出版社门槛的作品稿件,都必然要过包含着对稿件修改的责任编辑的"编辑加工整理"这一关。当然,即令是获得了这种授权,责任编辑也只会在其"编辑加工整理"的这一职责范围内去进行修改,决不会自己去"大动干戈",一旦真有此需要的,也只会向作者提出修改的建议,让修改由作者自行去实施。这里需要声明一点:广义地说,责任编辑对著作权人的作品不管是否直接在其稿面上用笔做出改动,只要能提出比较具体的口头或书面的修改意见并被作者所接受,就应当被视为实施了责任编辑的修改权,虽然单就这一点而言,还不能说是已经进入了"编辑加工整理"的操作阶段。

另一种著作权人却相反,他们可能是很自信,可能是"著作权"意识很强,往往并不主动提出将修改权转移到将替他出书的责任编辑手里。对此,如果你面对的作品真的是完美无缺,你当然无须再提什么修改意见或实施什么修改。然而一件作品,尤其是文字作品,能够做到如此滴水不漏,使责任编辑不消去改动一字一词甚至一个标点符号,除非其作者本身就兼有高水平的编辑审稿素质或本身就是一个懂行的高级编辑。然而其概率几乎等于零。其实,责任编辑是否具有修改权,并不是靠著作权人或其他什么人的授权,而是凭借自己高素质的职业水准与忠于职守、严谨把关的职业态度,一个高明又机敏的职业编辑,必然是勇于也善于从那些自命为完美无缺、无须改动一字一词的作品中检查出须作修改的地方来,哪怕它们是深深地潜在的,须花大海捞针的气力也在所不惜。当著作权人对作品自认为无须修改的时候,恰恰意味着他此时此地对此作品是放弃了他的修改权,所以也正是高明的责任编辑大有作为并赢得修改权的时候——对于这一种著作权人,"修改权的转移"就是如此发生的,它的转移如此自然,一点也不生硬不做作,但这的的确确是一个高明的作者与一个高明的编辑之间的一场"谁战胜谁"的没有硝烟的战争!谁更高明,谁就赢得了修改权;谁更能在貌似正确无误中发现差错,谁就赢得了修改权;归根到底一句话,谁更多地掌握了真理,谁就赢得了修改权;在作者与编辑之间,修改权归于谁的问题,本质上并不来自于权与法,而是来自于真理,服从于真理——在真理面前人人平等!所以对于这一种著作权人,责任编辑也并非就无所作为。

有人一听说编辑的"修改",就认为是"侵权"。其实,"修改"的"修"是修正,"修改"的"改"是改正或改进,它绝对不是对作品的歪曲与篡改,这与《著作权法》第十条(四)确认著作权人具有的"保护作品完整权"[9]的要求并不矛盾,因为它恰恰是帮助著作权人做到他想做而没有来得及做或没有能力做的事情,这也正是一个自谦而通情达理的作者求之不得的事情;一个高明的作者与一个高明的编辑之间固然常常会因为对作品中一些问题的看法的不同而发生争执,但最终,高明的作者认可了高明的编辑的修改意见也不在少数,我们因此也常常听说作者认可编辑为"一字之师"的佳话,这些实际都是作者认可编辑的修改权的例子。因为哪一个作者会拒绝使自己的作品达到"五个更"、一个"消除"与一个"防止"而趋于更完整、更完美这样于人于己都有利的好事呢!反之,对于所有拒绝责任编辑进行任何修改与"编辑加工整理"的作品稿件,出版社/责任编辑也都有理由拒绝接受出版,因为这样情况下出版的作品,出版社/责任编辑是不能最终保证它一定不属于"依法禁止出版、传播的作品"的,而同样根据"著作权法"第四条,这样的作品又是"不受本法保护"[10]的——既然如此,对它们当然也就根本不存在什么"侵权"与否的问题了。因此,一定意义上可以说,责任编辑的修改权与著作权人的修改权一样也是自主的、法定的;如果说责任编辑要实施《著作权法》所确认的这一修改权依法仍然需经著作权人授权,那么这一授权也事实上是带强制性质的——换言之,对于责任编辑对作品稿件的具体修改意见作者是否认同尽管仍是可商量的(即仍须"经作者许可"),但责任编辑实施修改权这一点本身却是没商量的。在实际操作中,只要责任编辑此时与著作权人不是面对面(或正在通电话),实施的方式总是"先斩后奏"(即总是实施修改之后方可交著作权人过目)也是无可改变的。

### 三、责任编辑的转型权

"转型"这个词在我们今天的社会与媒体上被用得很频繁,差不多也算是一个很"酷"的词。在本文中,我取用"转型"这个词是有着很明确很具体的所指的,即是把经由责任编辑按既定意图做过了"编辑加工整理"(包括其后所涉的相关程序),从而导致著作权人的来稿作品从其"原作"的第一次"成型"形态转换为印装成册的图书出版物这个"成品"的第二次"成型"形态的变化过程及其结果称作"转型"(为区别著作权人的作品在成书前后所具体表现出来的两种不同形态,下文将专用"原作"与"成品"这两个概念来加以指认区分)。无疑,先行有了从选题到"原作"所构成的第一次"成型",进而又有了从"原作"到"成品"所构成的第二次"成型",对于在这两次不同"成型"之间发生的转换与演进,就不能不说是一种"转型"了。它的取用实在是很贴切的。

对照责任编辑的三项基本权利来看,如果说责任编辑的动议权是体现在图书出版物处在"前原作"的选题策划阶段,这是基本属于精神性的阶段(其中真正物化的东西可能只有一两页写有选题提纲的纸片),而责任编辑的修改权则体现在图书出版物处在"原作"的加工整理阶段,这是基本属于准物化或原生态物化的阶段(以稿纸为物化载体的原作尚被称作"手稿",加工整理也基本是在"手稿"上进行),那么,责任编辑的转型权则是体现在图书出版物完工为"成品"的转型阶段,它也成为图书出版物整个成书流程的终结。

需要指出的是,责任编辑的动议权、修改权与转型权不但分别处在并象征着上述成书流程的不同阶段,而且这三项基本权利本身的内涵含量也是有分别的。动议权中的策划力度或策划成分在不同选题的提出中或有不同;当你策划或提出的选题遭到否决,动议权还会丧失。修改权更是奇妙地周旋于作者与编辑两方之间,只有更高明的一方才能赢得它;当它转移到编辑手中的时候,又总是被限定在"编辑加工整理"的范围内。惟有转型权,即实施把著作权人的"原作"书稿转型为"成品"图书的时候,才是责任编辑在其职权实施领地真正获得全权的时候。

不难发现,在责任编辑实施其转型权的过程中,往往还会体现出他的一些其他的权利,比如前述的动议权(如对图书装帧设计的构想与策划)、修改权(根据自己构想的新发展要求被委托担任装帧设计的美术编辑修改某些乃至全部设计),甚至是某种著作权(自己兼任装帧设计,或撰写必要的编者前言后语,等等)。责任编辑的转型权的全权性质,也许更应从这样的另一层含义上去把握。

把"转型"简单地视为是对"原作"的复制,如此的看法,不说是无知也绝对是一种大大的误解。"转型"中可能包含着对"原作"的复制的成分(例如文字的内容,假定它未经编辑作一定的修改),但已经全然没有了复制(拷贝/copy)本身,原因就在于它主要是经过了一种创造性的(而不是复制性成分的)"转型"——蓝色墨水的钢笔字手迹转换成了黑色油墨的缩小为五号宋体的印刷字迹,16开 $20\times15$ 的方格稿纸转换成了 32 开本的 $27\times27$ 的版式页面……诸如此类的转换的具体形态,我们还可以一一罗列出几十种来。由于"成品"图书是一种批量印刷的出版物,我们当然可以说它是一种复制品,但这只是意味着这些批量出版物相互之间并相对于同一个印刷版本来说是复制品[11],并非指它们是"原作"的复制品。更值得注意的,是"转型"创造性地增加了"原作"所根本没有的、全新的东西,如包括封面(含封四、书脊、勒口)、扉页、环衬、插图、插页与正文版式在内的整体的装帧设计;而在大致由"原作"转换而来的正文前后,更可能有责任编辑自己撰写的"编者的话"、"编者前言"、"编后记"以及通常位于四封或勒口上的"出版说明"、"内容提要"等等文字性东西(其中有的很可能是一篇很有价值的编辑散记或学术性的书评,它们本身也享有著作权)。至于说一本正规的图书出版物必然会有也必须有的置于正文之前(或之后)的书名页(俗称版权页)及其载有的丰富的版本信息,则根本不可能在此前的"原作"中出现,其中的国际标准书号、图书条码、图书在版编目(CIP)数据乃至明码标价的定价,都是"原作"惟一只有在责任编辑手中"转型"为"成品"图书的条件下方可获得并成为使"原作"提升至权威档次的基本标志——显然,它们同时也最终成为体现责任编辑基本权利的标志,责任编辑从事这项劳动职业所包含的创造价值与创造意义的标志——因为正是责任编辑以他的劳动将著作权人的"原作"有尊严地、体面地保存在他所具体创造的"成品"图书这一既可公诸于世又能传之久远的独特的文化实现形式的载体里。凭着这一点,责任编辑可以毫无愧色地说,他自己与著作权人一样是一个创造者:前者是有价值的"原作"的创造者;自己则是有效地表现了"原作"及其价值的图书作品的创造者,一个新的创造者,一件新的作品的创造者。

注释:

① 笔者手边随意找到的最早的一个例子是1979年4月人民美术出版社出版的美术技法译著《画手百图》,在版权页著译者署名之后署有的责任编辑名字是平野。责任编辑的名字有的也会有署于封底或同时署于版权页与封底的。其实,依我之见,将责任编辑的名字署于封面或扉页的适当位置也未尝不可,只是至今未见先例。

② 韩愈:《进学解》。

③ 浙江省出版总社编:《重点图书编校人员研修班学习材料》(内部资料),1998年11月版第43页。

④ 浙江省出版总社编:《重点图书编校人员研修班学习材料》(内部资料),1998年11月版第43页。

⑤ 江平、沈仁干等主讲:《中华人民共和国著作权法讲析》第8页。

⑥ 江平、沈仁干等主讲:《中华人民共和国著作权法讲析》第3页。

⑦ 江平、沈仁干等主讲:《中华人民共和国著作权法讲析》第8页。

⑧ 浙江省出版总社编:《重点图书编校人员研修班学习材料》(内部资料),1998年11月版第44页。

⑨ 江平、沈仁干等主讲:《中华人民共和国著作权法讲析》第3页。

⑩ 江平、沈仁干等主讲:《中华人民共和国著作权法讲析》第2页。

⑪ 供印刷的制版胶片可能只相对于印刷大样才具有被复制与复制的关系(只限于黑白或单色印刷的1∶1关系,至于电子分色的彩印则将构成4∶1的复杂关系),而印刷大样与"成品"图书之间由于还经有折样、装订、裁切等多道转换工序的"转型",两者的视觉外观几乎大相径庭(除非是单张的单色的出版物)。

(作者单位:浙江摄影出版社)

# 试论面向市场
# 图书责任编辑的赢利性思路

郑 行 栋

市场经济对于生产经营者而言,其实质是追求赢利的经济,无利可图者的最终结局只能是破产。社会主义市场经济对一部分生产经营者即使在利益上有政策性调整,但从总体上说,赢利仍然是各业生存的资格;图书出版业也不能例外。

在图书出版赢利过程中,图书责任编辑始终处于前哨和基础的地位,充当着特殊的角色。一本图书的出版发行能否获利,一个出版单位在图书市场激烈的竞争中能否生存发展,与责任编辑是否具备统揽全局、顾及环节的整体赢利性思路息息相关。本文试就责任编辑在保证图书社会效益基础上的赢利性思路作些探讨。

## 赢利性思路之一:以"双赢"要求选择作者

书要人写,作者是图书责任编辑亲密的合作者。但在传统的图书出版运作中,作者与责任编辑(出版社)之间在经济效益上往往是"单赢"的。也就是作者出书拿稿酬天经地义,责任编辑为人作嫁(出版社)贴钱理所当然。如果从一家出版社的社会和文化积累责任来说,出现"单赢"是难免的,只要从宏观上调控在一部分或一定比例的图书范围内,不至于影响本社的生存发展,便无可厚非;但作为责任编辑个人,则应当适应市场经济的要求,努力突破"单赢"的藩篱,把赢利视作维系本社生存发展的重要职责,以及处理与作者关系的重要准则。在具体运作中,必须千方百计地变"单赢"为"双赢",亦即变"你拿稿费我贴钱"为"你拿稿费我获利润"。为了达到这个目的,以"双赢"的要求选择作者至关重要。

首先,图书责任编辑必须理直气壮地向作者灌输"双赢"的观念。因为"双赢"从大处看,是图书市场赖以发育的基础,从小处看,是责任编辑与作者合作的基本条件。作者与责任编辑只有形成利益(效益)上的共识,才能为双方合作奠定良好的基础。从深一层次理解,作者著书立说是行使个人著作权利的过程,而一旦将书稿交给出版社,与责任编辑开始合作后,著作者在维护自己各方面利益的同时,从道义上说,也有义务维护合作者相应的利益(经济效益)。因此,"双赢"是符合市场经济道德的选择。当作者确立了这种观念后,才可能避免在权衡书稿质量时重于自我能力的发散,轻于对读者阅读欣赏的关照,重于对学术水平的探究,轻于对市场前景的思考的倾向,在专注书稿质量的同时,把读者需要、市场需求和出版社生存给予合适的定位。

其次,图书责任编辑必须不失时机地与作者调整彼此的"位置"。在传统图书出版运作中,作者与责任编辑之间所处的是"主动"与"被动"的位置,作者是双方合作的原动力,责任编辑是双方合作的助动力,没有作者的著述,双方合作便无从谈起。在通常情况下,作者交稿后,责任编辑大多成为被动的"文字匠"。这实质上是作为主动者的作者在选择作为被动者的责任编辑的过程。这样的选择过程,在今后图书的出版活动中仍将是不可或缺的。但这样选择的结果总是使责任编辑处于被动地位,无法掌握"双赢"的主动权和创造"双赢"的条件。要扭转这种被动局面,责任编辑必须不失时机地调整自己的位置,使自己处于以"双赢"标准主动去选择作者的位置上。实践表明,作者有许多类型,其中极具"双赢"活力和潜力的,主要有擅长根据命题撰述市场需要书稿的"枪手"型,有对政治或社会热点问题反应敏锐出手不凡的"抢滩"型,有用以往的著作在读者心目中确立了位置的"名家"型,有沉稳老道轻易不发、一发便举世瞩目的"轰动"型,有新涉书坛初试牛刀的"拓荒"型等等。这几类作者不啻是出版单位潜在的财富创造者,责任编辑要通过主动、艰苦的选择过程,建立起这样几类作者队伍,并且时刻掌握他们的活动信息,根据图书市场需求,主动采取"命题"(出题约稿)、"买青苗"(开笔买断)、"催生"(腹稿兑现)、"结环"(一书打响,再约一书)、"定亲"(介入科研,独享成果)等方式,从他们手中获得源源不断的书稿。只有这样,才能为赢利奠定丰厚的稿源基础。

### 赢利性思路之二:以四种眼光审视书稿

审读书稿是图书责任编辑的基本职责。对于这项图书出版的基础性工作,胜任的责任编辑一般都具有敏锐的审视眼光。他们既要审视书稿的整体框架结构,更要审视书稿的内质:即是否具有求异创新的特色,或填补学术空白,是否具有深刻的文化内涵,或厚重的知识积累;他们还要审视书稿的文字功底及写作风格等等。

但面对图书市场的激烈竞争,面对赢利的压力,图书责任编辑在审读书稿时单有上述的眼光是不够的,因为它没有跳出编辑"职业性"眼光的窠臼,缺乏"社会性"、"评判性"、"商品性"眼光多维的立体审视。

所谓社会性眼光,就是读者的眼光。缺乏这种眼光,图书责任编辑在审视书稿时就缺少将心比心的体验。试想,如果责任编辑在审读书稿时有捧卷如盹的感受,那么读者能手不释卷吗?由此看来,具有这种眼光,对于触摸广大读者或某一读者群的脉搏是必不可少的。准确运用这种眼光,责任编辑就能在审读书稿时,如同与读者面对面交流,似乎能听到他们肯定或否定的心声。

所谓评判性眼光,就是书评者的眼光。缺乏这种眼光,图书责任编辑在审视书稿时就缺少超脱文本的气度,不能以更高的视野透析书稿的潜质,以及由个别而一般的普遍意义。而具备这种眼光,对评估书稿的特殊价值,并从中体会它可能给予广大读者或某一读者群在精神上、知识上或生活经验上的启迪。这样,责任编辑在审读书稿过程中,就容易领悟到人们谈书论文的神韵。

所谓商品性眼光,就是销售者的眼光。缺乏这种眼光,图书责任编辑在审视书稿时就缺少对市场容量的预测。倘若责任编辑从意象上感觉到所审书稿出版后问津者可能寥寥,要指望该书热销或常销,其概率应该是很低的。因此,具备这种眼光,对于决断书稿开印与否以及起印数量必不可少。准确运用这种眼光,责任编辑在审读书稿时,就会使市场的映像较为清晰地折射在自己眼前。

上述表明，面对市场，图书责任编辑必须把审视书稿的眼光，从职业性扩展为职业性与社会性、评判性和商品性四种眼光的综合。它需要用心通过相当时间的读者调查、书店蹲点、评论实践等过程的刻苦训练。只要责任编辑练就运用四种眼光综合审视书稿的能力，就能更有效地审读过程中，从赢利出发，决定对某一书稿的取舍。

**赢利性思路之三：以"专利"标准开拓选题**

开拓图书选题是图书责任编辑的重要职责，也是一项极具创意的工作。面对图书市场的激烈竞争，能开拓出具有长久市场吸引力和上佳市场卖点的选题，应当是责任编辑不懈追求的目标。但怎样才能步入这一佳境呢？可以从分析"专利"产品的市场效应中得到启迪。

所谓"专利"，指法律保障创造发明者在一定时期内由于创造发明而独自享有的利益。撇开发明者"独自享有"这一层面，就其发明创造的东西而言，一般具备"独有"的特性。在市场上，任何一种"独有"、"独家经营"的商品，在一个时期内它的市场前景是极为广阔的，因为还没有争夺顾客的对手。联系到图书这种特殊的商品，如果是平庸的、雷同的、随大流的，在市场上就不会得到读者青睐；而新奇的，有特色的，尤其是"惟我独有"的，往往会大受读者欢迎。可以说，图书市场上热销品种的命运，与"专利"产品是十分相似的。因此，责任编辑在开拓图书选题中，若能用"专利"的标准来衡量，在"独有"上下功夫，就可能使所开拓的图书在市场上获得令人称羡的占有率。

那么怎样在开拓图书选题中模拟"专利"呢？可以从以下四个层次着手：

第一层次：我有人无。这是模拟"专利"开拓图书选题获得的最理想的层次。其特点是独家出版，成功率几乎达到百分之百。这样的例子不胜枚举。江苏人民社的《拉贝日记》、浙江教育社的《中国少年儿童百科全书》等均属这一层次。

第二层次:人有我新。这是模拟"专利"开拓图书选题变动较快的层次。其特点是以新取胜,往往可以获得良好的市场占有率。例如党的十一届三中全会后,反映无产阶级革命领袖风貌的传记类图书陆续上市,产生了较好的市场效果。在这种情况下,浙江人民社却推出了一套"伟人之初丛书",从新的视角揭示时势造就领袖人物的过程,让人耳目一新。此套书不仅获得"五个一工程"好书奖,也深得读者喜爱。

第三层次:人新我变。这是模拟"专利"开拓图书选题极有心计的层次。其心计表现在充分摸准市场同类图书出版和销售状况,以及找准变数的点,一旦有谱,就变得果断,变得突然,让读者刮目相看。比如,在一段时间内,演艺界明星的自述性图书从多家出版社推出,一时间星促书、书扬星蛮有新意,且热闹了好一阵。但不久便有偃旗息鼓之势。恰在此时,上海人民社却改变花样,闯入新闻界,推出了中央电视台资深节目主持人赵忠祥自述性随笔《岁月随想》,产生了意想不到的市场卖点。随后,同类书不少,但无一可与老赵的相伯仲。这就是由"新"而"变"的魔力。

第四层次:人变我高。这是模拟"专利"开拓图书选题难度最大的层次。如同在千山万壑中找出制高点,以鸟瞰的气魄,俯视群雄,进而以鹤立鸡群之势,推出似有未有、似见未见、高人一招的成果,让人见之在扼腕长叹之后不能不服。广东旅游社近年推出的全彩色"中国之旅热线丛书"当属此类。随着长假制度的实施,全国旅游热潮此起彼伏。为此,旅游类图书多如牛毛,从景点、景区到旅游路线的介绍无所不包。然而,与这些书相比,广东之所以脱颖而出,在于把"自助旅游"融于书中。"自助",这是人所未及的内容,确实站到了高处。因此该套书尽管价位较高,但销路尚佳。

当然,模拟"专利"开拓图书选题是个变数,不可能仅局限于这四个层面上。但模拟"专利"开拓图书选题,让图书成为如同"专利"产品一般的市场骄子,对于获取赢利性成果,当是大有裨益的。

(作者单位:福建人民出版社)

# 亟待改善的责编工作现状

侯 颖

责任编辑工作是出版社工作的关键,一本书、一期刊物能否出精品、创名牌,取得好的经济效益和社会效益,是与责任编辑工作的努力息息相关的。然而,由于社会经济的大背景,出版社的小环境,和编辑自身的文化知识、思想素质,编辑业务等等因素的影响,责任编辑工作陷入困境。

## 一、责任编辑工作现状堪忧

笔者最近对不同地区、不同年龄、不同学历、不同性别的编辑做了一个简要的调查,发现责任编辑工作令人堪忧。

第一,有30%的人不安于本职工作,急于跳槽、或出国、或考研、或去三资企业等等。造成了他们对本职工作不热心,也更谈不上积极性和奉献精神了。

第二,有32%的人在搞第二职业,所谓的一脚门里一脚门外,有的做买卖、有的炒股票、有的在为个体书商做书等等,严重地妨碍了在出版社内的正常工作。

第三,有29.7%的人在尽心竭力为出版社策划选题、出书、发行,为出版社挣得好的经济效益的同时,自己获得经济效益或晋升职称。

第四,有8.3%的人在把出版事业当成一种崇高的事业来做,在为人类文化的积累和社会主义精神文明在做贡献。

第一种和第二种人,他们也不是不为出版社出书,但他们应该说是出版社编辑中的"另类",然而,这一部分人却占到了62%的数字,实在是让人痛心疾首。第三种人可以说是编辑中最朴实的一族,也是出版社的基础,他们在集体利益不受到伤害时,想到个人的利益,他们的做法是完全可以理解的。而第四种人虽然占的比例不大,却有人在做,他们是编辑队伍中的灵魂,也是出版社的脊梁和希望所在。近几年,大量平庸书的出版,差错率上升,重复出书严重,精品书难浮水平,出版社效益滑坡,编辑人员的收入越来越少。这一切,可以说与现在编辑的工作态度有相当大的关系。

那么,是什么原因造成了责任编辑的工作现状呢?

## 二、造成责任编辑工作现状的原因种种

第一,编辑工作是一种奉献的职业,是"为人做嫁衣裳"的工作,如果没有强烈的自我牺牲的精神,是很难做大编辑的,有一位编龄近30年的老编辑深有感触地说:"我责编的图书有上百种,培养的文学新人有几十个,其中有几个现在成了大作家,拥有成千上万的读者。而我自己呢,没有几个人知道我,如果我自己坚持写作近30年,不成为大作家,也是一个很著名的学者了。"这位老编的话是值得人深思的,还有一个浅显的原因,一个作家只要能写,有他自己的读者群,就没有退休的年龄,一个编辑如果在60岁退休了,离开出版社,他便很难有自己的事业了,从这个意义上说,编辑的"青春"也是短暂的。所以,现在有些编辑学"聪明"了,一边为作者做"嫁衣裳",一边自己从事第二职业,为自己留"后路"。

第二,由计划经济向市场经济转轨,有大量的编辑不适应市场经济的形势,靠天吃饭,旱涝保收的日子过惯了,自己不会打食吃,有的人曾给出版社编辑能力排队,第一是人民社的编辑,他们接触社会面广,最早与市场打交道,也就最快地锻炼了自己的能力。第二是文艺社的编辑,他们出的文艺作品要紧扣读者的脉搏才能卖出去,否则便成垃圾一堆。第三是少儿社的编辑,他们有一部分教材教辅,还有一部分靠自己去打食,能力有所锻炼。最末一等是教育出版社的编辑,他们过惯了"衣来伸手,饭来张口"的好日子,一下子把他们推向市场,有些编辑手足无措,策划选题、组织书稿、宣传发行都有困难,在偌大的图书市场无立足之地,完不成出版社的利润指标,市场经济的残酷现实,使一些编辑逐步被淘汰出局。

第三,出版社内部机制上不合理,造成了责任编辑责权利的分离,许多编辑在社内的地位最低,收入最少,工作最累,心理最不平

衡,严重地影响编辑工作的开展,也极大地挫伤了编辑人员的积极性。许多出版社在研究图书选题时,都是发行人员最有发言权,编辑人员精心策划的选题往往被发行人员以"卖不出去"给否决了,其不知大量的发行人员知识水平低,他们只简单地从是否挣钱的角度来考虑一本书的选题,而不是从文化积累和读者需要方面来考虑,编辑和发行考虑选题的两个层面,促使编辑的许多好选题不能通过。在图书印制过程中,出版人员对纸张装帧的"垄断经营",也使现任编辑的编辑思想得不到实现。最后,出来的图书卖不出去,在算账时不算到行政管理人员的账上,却都算到编辑账上,许多编辑经常发出这样的感慨:"精心策划的选题,认真组织的书稿,仔细看的修改过了的书稿交到出版社,至于书出的什么样,装帧、纸张、定价,怎么销货与我无关了,图书出了差错或赔了钱就算到我的账上。"这种社内管理的不合理,严重挫伤了编辑人员的积极性,也阻碍了出版社精品书的出版。

第四,编辑人员自身素质低、学识水平差、不思进职、不敬业爱岗的现象,也严重阻碍了编辑工作的开展,使责任编辑工作往往是名不符实,对自己所编的图书不负责任,有的不审稿,有的也看不懂稿。只知道对市场上卖得好的图书实行"克隆",确实是给出版社赚了钱,自己也得了实惠,但这样的图书会给文化市场和读者带来极恶劣的影响,其中有一位会计出身初中文化水平的编辑,因为会"克隆"图书,每年给出版社赚上百万的利润,自己也得十几万元的奖金,可他的一本30多万字的小学语文知识方面的图书有200多处错误,就是这样的编辑还照常拿奖金。有的编辑精心策划的书稿,图书出版之后,一旦卖不动,编辑的一切努力都付之东流了,若是卖得好,就有大量的"克隆",甚至还有许多人来盗版,责任编辑靠自身的努力很难解决这一问题。

### 三、改善编辑工作现状的对策

做好责任编辑的工作,改善工作现状,应从主客观两方面来解决,笔者在大量调查的基础上,归纳出以下五个方面的具体办法。

第一,在思想观念上,对编辑实行职业道德教育,培养编辑爱岗敬业和敢于自我牺牲的奉献精神,在编辑心目中树立一种远大的理想和目标,为社会主义精神文明建设和文化的积累与传播做贡献。

第二,在法律上,制定"编辑权益保护法",对一些融入大量编辑劳动的图书和选题要予以保护,便那些靠"克隆"别人图书选题的编辑没有市场。更要加大打击盗版的力度,这样才能使编辑的劳动得到保护。

第三,在行业管理上,要严格整顿编辑队伍,对那些不安于本职工作,"一脚门里一脚门外",对出版社造成损失的编辑要坚决清除出去,决不姑息养奸。与此同时,在出版社内部管理上,实行独立发稿人制度,责权利统一,让每个责任编辑切切实实地对他所编的书负责任。

第四,在效益分配上,要加大奖惩力度,重奖那些对出版社有突出贡献的责任编辑,对图书出版不负责任,给社会和读者带来不利影响的编辑,要严加处理。而对一些以"克隆"别人劳动成果为生的责任编辑也要批评教育。

第五,在编辑能力培养上,要经常地组织各种形式、各种内容的学习班,在编辑当中养成一种好的学风,编辑要不断"充电",否则就会被社会淘汰。如果每年一次对编辑的知识与实践能力进行考核,把编辑的能力作为出版社的无形资产好好管理起来,那么,这种对编辑业务能力的重视,将会最大程度地调动编辑人员的积极性,把期刊与图书的责编工作做好。

总之,认清现在编辑工作的现状,重视产生这些不利因素的原因,用最科学的方法来管理责编队伍,责编工作就会摆脱现阶段工作的困境。那么,作为"人类灵魂工程师"的编辑们,就会从每一本书、每一期刊物,甚至每一段文字入手,为出版事业的辉煌奉献自己的光和热。

(作者单位:北方妇女儿童出版社)

# 责任编辑工作环境的营造

田 平

在知识经济社会里,人才是企业持续发展最根本的保证。任何企业都应学会识才、用才、养才。识才就是企业学会将人才凝聚在企业之中;用才就是企业学会将人才的潜能激发出来;养才就是企业学会培养成名之才。责任编辑是构成出版企业人才群体的最基本的元素,因此出版企业要做好识才、用才、养才,就必须要给责任编辑营造一个良好的工作环境。责任编辑的工作环境是由五部分组成,这就是人才理念环境、人才管理环境、资源信息环境、科学技术环境、市场营销环境。

**人才理念环境的营造** 人才理念环境就是要求出版企业要有一个正确的人才观。正确对待人才,就是正确对待责任编辑。不同的人才观作用于责任编辑身上,责任编辑就会产生不同的工作效果。在知识经济社会条件下,并非是以知识为本,而是以人为本,人是体,才是用。无视人,不尊重人,无异是舍本求末。正确的人才理念就是尊重人的尊严和价值,尊重人的创造力,尊重人的劳动成果。要彻底打破旧观念对人的自由和创造性的限制,要彻底清除"外部压制、内部消耗"的旧体制。要尊重责任编辑的人格,要尊重责任编辑的编辑思想,要尊重责任编辑的创造性劳动,对责任编辑的工作成果要给予客观而又科学的认可。对责任编辑不同的编辑思想不要一杠子打死,要提倡百花齐放;对责任编辑的创造性劳动不要进行无端的压制,要允许他们标新立异;对编辑的工作成果,只要得到社会与市场的认可,都应给予赞誉。对人的尊重,对责任编辑的尊重,是人才理念的根本。只有坚持这个根本才会营造出责任编辑良好的工作环境。

**人才管理环境的营造** 人才管理环境的营造离不开四种机制的建立,它们是人才竞争机制、人才激励机制、人才科研机制、人才培养机制。

人才竞争机制的核心是人才的流动。人才流动可用十六个字来概括,那就是公开聘用、平等竞争、、优化组合、最佳配置。公开聘用、平等竞争可以确保责任编辑,人尽其才,才尽其用。优者上、庸者让、劣者下的竞争机制,能让责任编辑永葆工作活力。优化组合、最佳配置能实现众多责任编辑合力的最大值。平等竞争和优化组合是人才流动的两个方面,平等竞争是人才流动的前提,优化组合是人才流动的目的,没有前提何以达到目的。可以说没有人才竞争的机制,人才就会退化,事业终归失败。

人才激励机制可激发人才的创造力。责任编辑的分配制度要改革,大锅饭要打破,报酬要与书刊质量经济效益挂钩,采用评议、奖惩、监督等一系列管理机制保证责任编辑的经济利益。另一方面奖励机制要关注精神奖励与物质奖励的互动。奖励的目的是促进责任编辑在工作中不断进取,而非让责任编辑满足现状、固步自封。

科研机制是提高责任编辑业务能力的重要途径。抓好科研要从三个方面入手:一要确立明确的科研目标;二要建立强有力的科研队伍;三要制定行之有效的科研规划。制定规划要有两个侧重点:一是制定科研规划要注意科研课题的层次性和广泛性,做到远期目标与近期目标的紧密结合,重大课题与一般课题的合理搭配。二是制定科研成果的转化规划,避免将科研成果束之高阁,要让科研成果在实践中开花结果。

培养机制是提高人才含金量的重要手段。人才的标准是一个动态标准,随着社会的发展和科技的进步,必然要求人才不断充实自己,培养机制就是为人才的不断充实提供条件。培养机制的建立还有一个目的,那就是让出版企业有计划、有步骤地将自己的责任编辑培养成名编辑,让责任编辑在事业中脱颖而出,创造名编辑效应。

**资源信息环境的营造**　在当今的信息时代中,如果没有良好的资源信息环境,责任编辑就无法把工作做好。资源信息环境的营造要体现在两方面:一是搜集信息;二是处理信息。

搜集信息,首先要确定搜集信息的范围。结合责任编辑工作的需要,资源信息大体可分为五个方面,即读者信息、作者信息、文化信息、科技信息、市场信息。

读者信息就要搜集读者对书刊选题、书名、装帧、写作风格的基本要求,了解读者的阅读兴趣。同时也要搜集各类图书不同读者群体的阅读状况,读者群体的变化趋势。

作者信息就是要搜集作者的创作动态,了解作者创作思想和写作风格的变化,了解作者的创作状况,是否存在创作的时间与空间。同时也要了解作者在自身事业中的工作状况,判断是否有新的创作冲动。作者群体状况也很值得搜集。

文化信息就是搜集文化发展的动态。书刊的发展依附在文化发展之中,文化的发展为书刊创造良好的生存氛围,书刊只有立在文化发展的潮头,才会创作出代表新时代的新的好的作品。

科技信息是指了解出版科学技术的发展动态,特别是对出版业将产生重大影响的科学技术更应加以关注,否则出版企业会被社会的发展所淘汰。

市场信息就是要搜集书刊市场的动态,包括书市的行情、书刊发行渠道的现状、书刊宣传的特色,以及同类书刊之间竞争的状况。市场信息是责任编辑工作的路标。

信息的搜集要把握好两个尺度,一是要准确、二是要全面。准确是信息的生命线,不准确信息的危害性是无法估量的。信息的全面能提高信息的质量。信息的全面也包含着两个方面:一是信息范围的广泛性;二是信息视角的多样性。不同视角可得到不同信息,这些来自不同视角的信息,可以确保获得更准确、更有效的信息。

处理信息包括分类、研究、应用三部分。这三部分是一环扣一环,有一个环节出现故障,都会影响到信息的准确性和可靠性。

信息的分类就是把杂乱无章的信息,根据责任编辑工作的需要进行科学的分类。科学的信息分类有二种好处:一是容易发现有价值的信息。二是能提高信息的实用价值。

信息的研究就是从毫无头绪的信息中找出规律性的东西,也就是挖掘信息自身的价值。孤单的信息有时说不出多少道理,但是众多的信息,通过理性地分析和研究,就可以获得具有高度价值的信息。信息的研究是一门科学,只有重视对信息的研究,责任编辑的工作才会立于不败之地。

信息的应用是处理信息的重要环节。任何具有重要价值的信息,不被采用都如同垃圾一样。一定要重视对信息的应用,信息应用要冲破旧习惯、旧势力、旧框框,要善于创新、善于完善、善于改进,没有进取心的责任编辑才会对信息无动于衷。

**科学技术环境的营造** 科学技术能使责任编辑的工作效率产生质的变化。当今社会,科学技术的发展可谓是日新月异。先进的科学技术正不断地渗透到编辑工作之中。如果编辑工作不进行技术革命,就会落伍。实践证明,功能强大的信息网络正给社会带来进步,也给出版业带来冲击,责任编辑利用计算机搜集、显示、分析、处理、加工、编辑稿件,迅速地提高了工作的效率。营造科学技术环境要做好两个方面的工作:一是科学技术的引进;二是科学技术的开发和应用。

科学技术的引进就是要求出版企业要关注科学技术的发展,了解科学技术发展对出版业的影响。凡是对责任编辑工作有利的科学技术要细心地研究,该引进的一定不要放过,先走一步往往伴随着效益的增加。

科学技术的开发和应用不但要关注科学技术在编辑工作中的再开发,还要培养责任编辑熟练地掌握科学技术的技能。例如,计算机虽已进入责任编辑的工作中,但还有许多编辑工作的软件亟待开发,责任编辑使用计算机的技巧还需不断完善。

**市场营销环境的营造** 市场经济正在不断的完善和发展。经济效益正影响着出版企业的生存环境。责任编辑的工作也毫无例外地受到市场经济的影响。良好的市场营销环境有利于提高责任编辑的工作效率。营造市场营销环境要做好两方面的工作:一是强化责任编辑市场经济的意识。让责任编辑真正懂得什么是市场经济,其规律是什么,责任编辑在市场经济的条件下应如何改进工作。二是让责任编辑步入书市,有计划、有步骤、有目的地组织责任编辑参与书刊营销,让他亲自在市场经济中漫游。这对转变责任编辑的编辑思想、改进工作作风大有益处。

只要努力为责任编辑营造良好的工作环境,出版企业才会获得丰厚的社会效益和经济效益。

(作者单位:《试题研究》编辑部)

# 责编工作中的困惑和疑问

张 德 玲

《中华人民共和国标准化法》的颁布与实施,标志着我国的标准化工作进入了法制建设的轨道。不论哪一个行业都有一整套的行业标准,即生产标准和产品标准。作为精神产品的图书、期刊与其他产品一样,也有一整套与编辑出版工作密切相关的国家标准。以此为据,我们才能生产出高质量的图书,才能使我们的图书产品规范、统一。

责任编辑是每本图书的制作者、生产者,也是每本图书的责任者、把关者,因为图书编辑加工的好坏,取决于责任编辑,图书质量的高低,也取决于责任编辑。所以在图书的编辑加工过程中,责任编辑首先要了解和掌握判断正误的标准,其次要根据标准生产图书,纠正差错。一般我们在工作中经常使用的标准和规定有:对于版面编排格式的判别,要以《图书书名页》(GB12450—90)、《文后参考文献著录规定》(GB7714—87)等国家标准为依据。标点符号正误的判别,要以《标点符号用法》(GB/T15834—1995)为依据。数字用法正误的判别,要以《出版物上数字用法的规定》(GB/T15835—1995)为依据。规范用字正误的判别,要以国家语言文字工作委员会1986年重新发表的《简化字总表》、1955年文化部和文字改革委员会联合发布的《第一批异体字整理表》(少数字后来有调整)、1988年国家语言文字工作委员会和中华人民共和国新闻出版署联合发布的《现代汉语通用字表》为依据。汉语拼音拼写正误的判别,要以《汉语拼音正词法基本规则》(GB/T16159—1996)、《中文书刊名称汉语拼音拼写法》(GB3259—92)、《中国人名汉语拼音字母拼写法》和《中国地名汉语拼音字母拼写规则(汉语地名部分)》等为依据。自然科学名词正误的判别,要以1990年国家科委、中国科学院、国家教委、新闻出版署联合发布的《关于使用全国自然科学名词审定委员会公布的科技名词的通知》为依据。量和单位正误的判别,要以

1993年国家技术监督局公布的国家标准《量和单位》(GB3100～3102—93)为依据。语言文字正误的判别,要以《现代汉语词典》(1996年修订第三版)、《新华字典》(1998年修订本)等常用工具书为参考依据。

但是在我们担任图书责任编辑的工作中常常会遇到许多情况,有些是标准、规则中没有涉及到的问题,有些是与标准、规则相悖的问题,有些是模棱两可的问题等等。在此就本人在工作中遇到的一些困惑和疑问提出来供大家讨论。

### 一、标点符号使用中的疑惑

1. 顿号用于西文中是否规范

中文中的标点符号有句号、问号、叹号、逗号、顿号、分号、冒号、引号、省略号等等;西文中(如英文)的标点符号有的与中文相同,如句号、逗号、问号、叹号等,有的却不同,如省略号,中文为6个圆点,西文为3个圆点;还有的符号在西文中是没有的,如顿号等。所以在文稿中标点符号的使用往往很乱,特别是有的文稿中既有中文,又有西文,标点符号的使用就更不规范了。例如,平时我们在编辑书稿时,尤其是编辑科技类图书时,往往会遇到文稿中出现一串阿拉伯数字,或一串英文字母,或其他西文。如果这些数字或字母之间需要停顿时,有的书籍或刊物中就用顿号将其断开,如1、2、3、4、5或A、B、C、D、E、F或$x_1$、$x_2$、$x_3$、$x_4$。我认为,西文中没有顿号,将顿号用于西文之间的停顿是不合适的。这里最好用逗号,在西文中一般停顿都用逗号,所以最好写成1,2,3,4,5或A,B,C,D,E,F或$x_1$,$x_2$,$x_3$,$x_4$,这样将更规范些。

2. 引文中使用圆点是否恰当

在标点符号使用中,我们知道句号可以有两种形式,一般文稿中使用"。",在一些科技文献中才使用"."。但是在引文的著录方式中却出现了两种情况:在国家标准《文后参考文献著录规则》(GB7714—87)中,规定著录格式为:刘少奇.论共产党员的修养.修订2版.北京:人民出版社,1962.76页.

在国家标准《出版物上数字用法的规定》(国家标准局 1995—12—13 发布)中的一节引文标注的文例里:刘少奇:《论共产党员的修养》,修订 2 版,76 页,北京,人民出版社,1992。

一个内容,在列定的两个国家标准中表示的方式却截然不同,标点符号使用很不一致。我认为,从标点符号使用的规范性上来讲,第一种方式用小圆点将主要责任者、书名、版本、出版项分开,不是太合适。因为西文中句号用小圆点,而中文中只是科技文献中才使用,这也是由于科技文献中出现的西文比较多,有时句号"。"与数字下标容易混淆,如 $x_{13}$,$x_{12}$,$x_{11}$,$x_{10}$。有时下标中的零会误认为是句号,所以使用小圆点"."作为句号能有效的分辨。但是在第一种引文使用方式中用小圆点来分隔各项目总感到不合适,最好采用第二种方式。

3. 翻译外国人名时中圆点如何处理

中文标点符号中,中圆点"·"也是一个特殊的符号,英文中是没有的。所以在一般文稿中外国人名的翻译时,中圆点"·"的使用也比较乱。比如,A.C.Frank,翻译起来就比较乱,有的写成 A·C·弗兰克,有的写成 A.C.弗兰克;如 Gordon A.Craig,有的写成戈登·A·克雷克,有的写成戈登·A.克雷克,有的写成戈登 A.克雷克。由于没有具体的规定和标准,所以编辑在处理时往往各持己见。我们在一些国家标准中只能找到这样的例子,如 Adam Smith 翻译成中文就是亚当·史密斯,这里外文中的空格译成中文就变成了中圆点。而在第一个例子中,A 与 C 与 Frank 之间是英文缩写点,翻译成中文把 A 和 C 及弗兰克之间放上中圆点,合适吗? 与亚当·史密斯的原文形式不同,怎么翻译出来的中文形式却是一样的。第二个例子中,翻译成的中文的形式就更乱了。我认为,外国人名的翻译最好是能翻译成中文的就翻译成中文,如亚当·史密斯;如果一些带英文缩写的翻译不了中文,那么最好用原文。译成一半是中文,一半是英文,符号用得再不规范,那就更糟糕了。

## 二、计量单位的表述是否应贴近实际

我国的法定计量单位是以国际单位制的单位为基础,根据我国的情况,适当增加了一些其他单位构成的。法定的计量单位有利于与国际接轨,适用于文化教育、经济建设和科学技术的各个领域。但是我们在编辑书稿中往往会遇到一些问题。例如,有关一些史料性的图书,由于年代的问题,当时使用的计量单位是丈、尺、寸……石、斗、升……担、斤、两……如果把"十担八斤七两的米"改用千克来作单位,首先数字上就不精确了,一般转化后多数为约数。而且这种表示方法与书稿或文章中的年代和内容不尽相符,给人的感觉脱离了原时代的实际。所以我认为对于计量单位在使用时还要结合书稿的内容,考虑那个时代所使用的计量单位,不要生硬地将其变更过来,让史料性书籍变得不伦不类。

别外,还有一些贴近生活、贴近百姓的计量单位,如亩、亩产量等。用得太广泛、太深入,还不能立刻废除掉,特别是一些农村读物,用"平方米"替代"亩",有些农民还不会换算,读起书来很吃力。所以具体问题要具体分析,要结合实际来考虑问题,贴近生活来处理问题。

随着国家关于编辑出版工作方面的标准的颁布和实施,极大地推动了我国图书、期刊编辑和出版工作的标准化、规范化。标准化、规范化已经成为提高图书质量,提高编辑水平,促进信息交流,更好地与国际接轨的重要手段。但是在实际运用中,我们也感觉到,有些标准还不够全面,有些标准还不贴近实际。随着时间的推移,科学的发展,新的东西层出不穷,有些旧的标准未必能适应时代的要求,因此需要不断的更新,不断的补充,不断的完善。

(作者单位:南京出版社)

# 责任编辑工作中存在的问题及对策

张 惠 芳

## 一、问题的提出

责任编辑(以下简称责编)是出版社最重要的组成力量。他们联系着广大作者和读者,是出版社形象的代表。责编的工作涉及图书出版的各个环节,是出版社的业务骨干,本应该如鱼得水,活动自如。然而在实际工作中,责编却有太多的无奈。

1.身心负荷过重。现在,一个责编年发稿量一二百万字是很平常的,达到三五百万字的也不少见,甚至还有更多的。造成责编超量工作的原因是多方面的:(1)随着图书市场竞争加剧,为了追求最大限度的利润,出版社普遍采用了广种薄收的办法,使图书品种急剧增长。(2)责编人数过少。一个百人左右的出版社,专职发稿责编一般只有20个左右。其中许多中、高职称编辑还兼任行政职务,难以专心当责编。这些年,一些出版社建公司、办企业,抽调年富力强的编辑去搞经营,他们原有的工作便转嫁到别的责编身上。(3)中国是一个人情大国,各种关系稿、行政命令稿自然免不了。这些"文化垃圾"不仅严重浪费出版社的财力物力,也给责编增加了额外负担。(4)出版社对选题规划不当、对出版周期安排不周等,也容易造成责编为了赶"工期"而超时限地工作。

随着市场经济体制的建立和加入世贸组织的日渐临近,出版业加快了改革的步伐。出版社内部的改革,责编首当其冲。利润承包、人员优化组合、机构结构调整、严格质量管理等等,每一项似乎都是针对责编的,每一项似乎都不利于责编。改革使责编承受的心理和精神压力越来越大。

责编身心负荷过重导致的直接结果便是工作质量下降,差错增多,身体健康也随之滑坡,职业性、心理性疾病有增多趋势。

2. 责任和待遇失衡。在出版活动中,责编的责任是最重的。如果没有他们创造性地提出选题,组织高质量的书稿,出版社的其他活动就会失去存在的基础。同时,图书出版又是出版社内部编辑、校对、装帧、印制等链条相互协作的结果,其中的任何一个环节出了问题,都会影响图书的整体质量。但是,现实情况却是责编独自对图书质量负全责。实际上,造成图书质量问题的许多因素都是责编无法控制的。比如:美编设计的封面未经责编校阅文字就直接送去制作;校样及校对质量过差,超过责编的通读负荷;印制人员不执行责编提出的要求,不改正责编指出的错误,或自作主张等等……由于自行其是造成的质量事故,有关部门往往借口查无实据(出版社普遍存在除了文字原稿,其余档案多数保存不完整的情况)而将责任一推了之,挨罚的只剩下责编。与此相反,如果一本书得了奖,则谁都可以来分一块"蛋糕",留给责编的又所剩无几。由于对责编的工作缺乏恰当的评价,就导致了奖惩比重的失调。例如,差错少或几乎无差错、"双效"高的书奖得少,出了差错又罚得多。在奖金分配、福利性休假等方面,往往较多地照顾方方面面,而较少考虑到责编的特殊劳动和价值。有些分配政策名义上向责编倾斜,事实上责编所得并不多,而且有"分母"(工作量)越大,"得数"(收入)越少的现象。责任和待遇的失衡,严重挫伤了责编的自尊心和工作积极性,多干不如少干、不干最好的恶性情绪有滋长的迹象。

3. 各方面关系顺畅难。责编在日常工作也遇到了来自出版社内部的各种阻力。例如,责编提出的选题经常会因为得不到社领导的理解与支持而流产。有些选题即使付诸实施,也会由于运作经费不足,宣传发行不力,或装帧印制不理想而流于平庸。责编对装帧和印制的意见往往得不到美编、出版科的重视;责编对图书出版周期的安排没有自主权,经常被总编办、出版科支使得团团转;责编对图书宣传的美好设想大多没有经费和机会得以实施,并且经常会由于宣传发行部门的无能使心血付诸东流;对于图书成本计算等财务问题,责编更没有发言权;在交通等物质方面,责编也很难得到行政办公室的配合。非编辑部门本应为图书的编辑活动提供服务,保证其高效运转,但许多部门反而用种种不合理的规章制度给责编设置障碍,而行政人员素质和效率的低下,则严重浪费责编的时间和精力,使责编感到做事太难。

4. 信息不灵,工作手段落后。出版社虽然引进了电脑等设备,但大多还未实现微机联网或社内微机系统联网。多数出版社缺少健全的资料库,在一些图书馆等文化设施不够发达的城市,责编连查资料都难。不少出版社用死板的管理方法把责编圈在办公室内。责编出不去,见不多,识不广,便成了"瞎子"、"聋子",思维不敏捷,视野不开阔,就抓不到好选题好作者好书稿。有时一个选题酝酿了许久,准备实施时,才发现别人早已捷足先登,枉费了许多功夫。重复出版现象除了有意而为之外,信息不通也是原因之一。接收信息的渠道不畅,加上传统的剪刀加糨糊式的落后工作手段,责编的工作效率极低。许多责编对国内外书业、对网络出版、电子商务等不甚了了,深感落后于飞速发展的信息时代。

5. 继续教育难。目前,几乎所有的责编都无法进行有组织、有目的的继续教育。新编辑连字体字号还没弄清楚就编上了稿子,"老"编辑也"充电"无门。其原因主要有几方面:(1)出版社领导观念上未予重视。他们更多的是考虑如何宣传、树立出版社的形象,如何把发行量提高,如何把人员管起来,而无暇顾及责编要否进行继续教育。(2)没有固定的培训机构。虽然一些高校有编辑学专业,但规模有限,专业学习过于系统而漫长,也不接收在职人员,对新老责编都不适合。(3)无制度和时间保证。无论是出版管理部门还是出版社自身,均无关于责任编辑继续教育的规定。许多出版社用打卡、签到、查岗等方式把责任编辑封锁在办公室内,使他们动弹不得。而繁忙的工作,使责编连读书看报的时间都很有限。有些出版社曾制定过"一二九"(一年中一个月休息,两个月学习,九个月工作)制度,但从未兑现过——因为大家都没有时间。(4)内容不够具体。从未有专门机构和人员系统地研究过责编的继续教育问题,这就使得继续教育失去了目标和方向,随意性太大。如近年来出版管理部门办过的一些短训班,都因数量少、时间短、内容单调——多为时政理论学习而收效甚微。责编得不到继续教育,道德水准、学识水平就容易滑坡,会导致责编队伍整体素质下降,从而经受不住市场竞争的冲击和考验。

## 二、应对之策

1. 采取切实措施,减轻责编的工作负担和心理压力。要通过加强选题规划和出版管理,保证责编的工作按照出版规律正常运行;改变图书结构,控制品种数量,减少"垃圾"稿,降低责编的发稿量,以质量促效益;聘请一批兼职外编,让责编腾出时间和精力去开发新选题;配备现代办公设备,提高责编的工作效率。在进行内部改革时,应重视责编的意见,考虑他们的切身利益,调动他们干事业的积极性。要关心责编的身心健康,让他们有休养生息的机会。通过养老、医疗保险,解决住房、子女入学等措施,解除责编的后顾之忧和生存危机感,使他们全身心地投入工作之中。

2. 充分尊重并正确评价责编的劳动,奖优罚劣。一方面,要使责编所得到的利益与其所承担的责任相一致。在工资、福利、奖金上应切实向责编倾斜;出了好书、干得多做得好的,要予以重奖,不搞平均主义。要加强图书档案管理,从原稿到各次校样、签付样都要完整保存,既可作为重要的史料,又便于一旦出现差错,可以作为区分责任的依据,赏罚得当,改变责编负全责、互相推诿责任的状况。要建立责任制,督促图书各生产环节严格按出版规律办事,减少责任事故。

另一方面,要让各生产环节与责编、与图书共存共荣。比如,校对质量差,除了专职校对少、工作量大、业务不熟等原因外,更主要的是由于对校对人员的工作要求不明确,缺少监督,使其缺乏责任心,马虎应付所致。因此,要建立责任校对制、校对署名制,对一~三校提出明确的质量要求,如错误检出率等,奖优罚劣,促使校对人员树立光荣感责任感,如责编一样关心图书质量。

3. 协调内部关系,为责编多出书、快出书、出好书开绿灯。首先,要增加责编与社领导之间的沟通,求同存异,促进相互理解与支持。其次,要强化管理,增强非编辑部门的服务意识,提高其办事效率。各部门在制定规章制度时,应尽量征求编辑部的意见,决不能以不必要的条条框框妨碍编辑工作。可通过定期或不定期的联席会议等,互相通气,化解矛盾,协调关系,达成共识。再次,采用工作室制、项目责任人制等灵活方式,让责编有更多自主权参与印制、宣传、发行等环节的工作,充分发挥责编的才华和优势,提高图书"双效"的实现率。

4.科学管理责编队伍,增强责编的活力和创新能力。在现代社会,信息不灵就意味着落后,意味着失败。应当使责编成为千里眼、顺风耳、千里马。对责编的管理要灵活,要给予更多自由活动的空间。要鼓励责编接触社会,广闻博见,参加各种活动,与各行各业的人交朋友;提供机会和经费,让责编参加重要学术活动、出版行业的各级研讨与交流活动、大型书展书市等,掌握学术动态和出版行情。要舍得财力物力进行资料建设,为责编配备先进的通讯器材,增加对外联络的渠道,至少应有一些上网的电脑供责编自由使用。责编耳聪目明了,才能有所创新,有所建树。

5.制订并落实培训制度,培养高素质的责编队伍。应把责编的继续教育列入工作日程,使其经常化、制度化。在方式上可灵活多样,短期的、专题性的短训班是比较符合实际的一种。利用设有编辑学专业的院校,在假期举办在职责编短训班,也不失为一个好办法。省级出版管理部门应定期有计划地组织一些培训活动,为更多责编提供学习的机会。出版社可采用请进来、派出去的方式培训责编,制订一些课题,利用各种渠道,邀请有关专家来讲学,大面积培训人员。应鼓励责编结合工作实践自学成才,支持责编著书立说,通过写论文、开研讨会等,营造浓郁的学习氛围。应允许责编代购一部分需要的图书资料,经登记后借阅。在内容方面,除了对新责编的基本业务知识技能训练、政治理论、职业道德教育外,当前重点应放在高新科技和现代出版技术知识、出版管理知识、外语、版权贸易知识、国际出版态势、出版改革等方面。责编不断地补充、更新知识,就能保持旺盛的创造力,使出版之树长青。

(作者单位:福建教育出版社)

# 责任编辑思想素质与编辑原创

薛 正 昌

责任编辑,是接受作者书稿的第一人;责任编辑所从事的工作,又是整个出版过程中的关键环节。关于责任编辑及其相关的讨论,近年来专家和同行们都作过有益的、全方位的探讨,但就责任编辑的思想素质与编辑原创性的问题而言,还没有引起足够的重视,有些问题还需要继续深入讨论和不断研究。思想素质与编辑原创,二者是一个问题的两个方面,前者是原创性得以实现的深层次背景,后者是文化积淀与传播的必然要求;前者是做好责任编辑工作的思想理念原则,后者是做好责任编辑工作及其价值取向的具体体现。本文试就此谈些工作过程中的粗略想法。

## 一、编辑思想素质

面对负责具体书稿的责任编辑来讲,其编辑思想素质的具备及其程度,不是一种可有可无、无足轻重的空谈,而是必须具备的一定层次上的思想文化内涵的体现,它是做好责任编辑工作必须具备的,而且是一种潜在的深层次的东西。具体说,编辑思想是有其基本范畴的,主要是指自己所从事的编辑出版活动的性质、规律、原则、职责及意义等方面所体现出来的积极而崇高的思想理念和价值取向。通常意义上,这种思想理念和价值取向应包括三个方面的内容:

一是编辑的使命感。从历史文化发展的角度看,每个时代都有其独特的历史文化精华,每个时代者都必然产生影响当代和后人的新科学和伟大的历史文献。处在出版与读者之间的编辑,其使命感是将这些代表当代文化的科学精品和历史文献,以尽可能快的书刊的形式送入传播渠道,让世人了解中国和世界所发生和正在发生的变化,以此促进人类文化的传播和发展。尤其是高科技发展的当代,一个具有使命感的责任编辑,他总是在深切地关注着时代,把握着时代的脉搏,力图反映时代的巨变,包括自然科学和社会科学研究、发展的前沿,世界范围内技术革命和科学发展的现实和大趋势……其实,这就是时代和社会赋予责任编辑的神圣使命。生逢盛世的编辑,不要因经济利益的驱动而失去了为当代和后人积淀和传播文化财富的良机。既要有功于当代,也要泽惠于后人。

二是文化积淀与传播的职责。纵观古今,编辑出版活动的根本目的就是积累和传播思想文化知识,为后人留下灿烂的历史文化,以促进社会文明进步及其发展。而人类文化的发展史,就是一个不断汰除糟粕,去伪存真,择取精华的过程,出版的过程就是选择的过程,五千年的中国历史文化积淀早已回答了这个问题。中国是这样,世界范围内也无不是如此。足以传世的文化精品,就是时代文化的精华,也是有文化积淀价值的精品。文化精品的整理与传世,还需要有文化积淀与传播思想的编辑来完成。正是从这个意义上,编辑不仅是文化的积淀者,更是文化的传播者。一个具有历史责任感和深厚文化意识的编辑,应该是在自觉承担传播思想文化知识职责的同时,能站在历史的高度,用一种高瞻远瞩的大视野、大文化的眼光,以极大的热忱和积极进取的精神来关注最能揭示社会进步和文化发展本质的文化精品,最能代表时代艺术价值的艺术精品。

三是强烈的责任感。这就要求编辑具有强烈的责任意识,要以文化神圣感和社会使命感来要求编辑的全过程,推出文化精品。责任感,对于编辑书刊(稿)的人来讲,应该说古今是一以贯之的,只是时代不同罢了。历史地看,历代上为文化积淀与传播做出过贡献的人,其主体构成大体上都是为社会立德、立言的文化人。从现代编辑史上看,尤其如是,诸如张元济、陈独秀、鲁迅、邹韬奋、叶圣陶、胡愈之等人,他们或关注社会发展,或关心民生疾苦,或弘扬民族文化和域外文化的传播,或为民族的振兴和进步、国家的独立和强盛而倾注了心血,这一切都再现了编辑职业的社会历史责任感。当新的世纪到来之际,我们面对数千年的历史文化,面对上一个世纪百年间天翻地覆的变化过程中的编辑文化人,我们应该继承他们的优良传统。今天,站在新世纪的起跑线上,作为新时代文化事业选择和传播的代言人,我们要从对民族、社会和时代负责的高度,发现和推出有价值的科学精品和文化精品,这是责任编辑必须具备的责任感和崇高的职业道德。而事实一再证实,能否以高度的责任感选择和推出有价值的优秀的文化精品,在很大程度上与责任编辑的胸襟和历史责任感有直接关系。

以上三点,是责任编辑思想素质必备之大要。看起来属老生常谈,没有多少新鲜感,但在具体编辑审稿过程中实在是显得要紧,尤其是在目前"三审制"的体制下,在经济利益的驱动下,对编辑思想素质的重视程度如何,应该引起出版界各个方面的高度重视。出版,原本是一种选择。这种选择对于编辑来说,实际上是一种思想的选择、常识的选择。有了高素质的编辑思想,再加上全方位的知识结构,伴以原创性高要求,才能从较高层次上谈编辑审稿,也才能谈编辑的文化选择与文化积累,这是做好责任编辑的思想基础。最终落脚点,编辑的独特思想必须转化成实实在在的出版思想。具体表现在:首先,这种高境界的编辑思想,推出的是文化精品,它不允许粗制滥造的出版物面世。其次,这种高境界的编辑思想倡导的是"创新"和"特色",而不允许平庸、低层次之类的出版物面世。第三,这种高境界的编辑思想,往往超越时代,有超前意识,为书刊出版带来生气和活力,显示一种积极上进的追求。

## 二、责任编辑与编辑原创

作为责任编辑,不但要在众多的来稿中选择能体现编辑思想和有价值的学术文稿,而且还要具备文化积累与文化传播的长远眼光。文化创新,就是一种文化积累,书稿的原创与否就显得特别重要。从这个意义上说,有价值的文稿与作者的原创要求是相一致。这里至少应包涵两个方面的内容。

首先,在讨论责任编辑与书稿的原创性时,有必要谈一下责任编辑与"三审制"的深层运转问题,这虽是近年来讨论较多的问题,但在实际工作中仍得不到有效解决。我们要谈责任编辑严格把关,在审稿过程中充分调动责编的积极性,并最大限度地体现责编的编辑思想,就必须处理好这层关系。目前,从各方面的出版信息可知,这仍是一个亟待解决的问题。通常认为,现行的"三审制",一是职责不明,责任不清,由于多方面的原因,各审稿层面上都存在敷衍塞责的现象,显得责任感不强;二是"三审制"有名无实,流于形式;三是审非所学,如同隔靴搔痒。这些现象的存在,自然影响了出版过程中书刊质量的提高,尤其是责任编辑的积极性没有得到充分发挥,书稿的原创性更是无从谈起。

责任编辑,顾名思义是要编辑承担责任的,这一点谁都清楚。但必须给责任编辑以"责任和权力"。有研究者提出"倒三审制"(《编辑学刊》2000年第2期郭丽云《倒三审制》),变换了责任编辑的角色——责编复审。愚意,这种提法既欠科学,也不符合编辑工作实际。这样做实质是变相地限制了责任编辑的"责任"和"责任权力",不能很好地调动责编的积极性,也体现不了责编把关的作用,无助于原创性的实施。实际一点看,应该是一靠作者,二靠编辑,尤其是责任编辑。"责任编辑制",是指编辑出版机构内部劳动分工负责的一种管理机制,重要的是指责任编辑对出版物内容的高度负责。责编学识素养高,信息源宽泛,才、学、识、德齐备,具备实施原创性内外在素质。只有这样,才能把责任编辑的编辑思想和编辑理念、编辑的学术判断力、学术道德等多重因素体现到编辑过程中,刊物质量与原创性自在其中。

其次,是编辑的原创性问题。

原创的提法,是近年的事。就连这"原创"一词,也是后人新创的,先前的字、辞典里是找不到原创这个词的。由于出版界书刊质量的下滑,也由于书刊内容低层次的重复,甚者是变相的抄袭等原因所致,书刊的原创问题早已引起了出版界有识之士的高度重视。原创,有两层含意:一是指初始的原生态;二是指对旧事物的否定并推陈出新。通俗地讲,原创就是要突破旧有的框框,破除旧有的陈腐观念。编辑原创,应该是指责任编辑在审理书稿的过程中,凭借自己新颖的编辑思想和编辑理念、学术判断力、学术道德原则,对书稿进行全方位的审视,通过创造性思维筛选出来的具有独到见地、且颇具学术价值的原创性成果。

原创性,对作者和编辑都提出了高层次的要求。对于作者来说,看撰写的书稿有没有原创性,对社会的进步和文化的提升有无益处;对于编辑来讲,原创性是编辑劳动的职业要求,推向社会的成品,必须要有原创性,同样要有益于社会进步和文化的提升。尤其要紧的是,毫无原创性的产品,制约着文化的积累与传播。从这个意义上说,作者的原创与编辑的原创是一致的。所以有人说:出版物的原创=编辑的原创+作者的原创。

责任编辑的原创性,就是要靠创新主体之一的责任编辑来承担和实施。即靠责任编辑的学识素养、信息源、编辑思想和编辑理念,还有把握出版潮流的能力等来实施其原创性的原则。主要体现在:一是要靠选题创新取胜。即责任编辑要充分发挥自己已有的知识、能力和经验,运用创造性思维,从构建大文化背景的空间和高度来审视选题,要体现选题的新颖和独到,要体现选题的先锋意识和个性特色,使选题真正有原创性可言。二是必须对选题和书稿的原创性价值作出准确的鉴别和判断。这种宏观上的原创性价值判断,也不是轻而易举的事,而是要调动责任编辑自身多元文化的能力、知识和经验,准确地鉴别书稿是否原创,原创的程度多大。越是知识含量高,文化内涵丰富,颇具真知灼见者自当为原创成果。人类历史上的优秀科学和文化成果无不是如此。三是编辑自身的原创意识。结合前面我们论述的一些思路看,由于各种原因,一些编辑的原创意识是很淡薄的。从严格意义上讲,如果编辑缺乏原创意识或原创水平低下,书刊的质量就无从谈起,文化的积淀和传播就很遥远。因此,必须加强编辑从业的原创性意识。如果从编辑的角度打一个比方,把"原创"二字的内涵分成两块,如果"原"属作者范畴的话,"创"就属编辑的范畴了。"原"是"创"的条件,"创"是"原"的深化,二者是相辅相成的,但必须以有无原创性为衡量的价值尺度。

原创性或者说创新意识,对编辑尤其是责任编辑十分重要。在进入新世纪这个挑战与机遇并存的时代,如果责任编辑还四平八稳,或不求进取,或为经济利益所驱动,不能顺应和迎合这种时代要求,不能为社会的发展和文化的提升、创造和提供创新的文化,不能为文化的积累与传播增砖加瓦,真正意义上的原创或创新就将无从谈起。

(作者单位:宁夏固原师专学报编辑部)

# 浅谈责任编辑的思想素质

裴 慎 勤

编辑若按工作职务来分,可分为总编辑、编辑室主任、编辑等几个层次,这是与书稿三审制相对应的。一般来说,编辑是一审(初审)的承担者和责任人,编辑室主任是二审(复审)的承担者和责任人,总编辑是三审(终审)的承担者和责任人。

习惯上,把负责具体的某本书初审的编辑叫作该书的"责任编辑",并将其姓名印在该书的封底。但是,"责任编辑"并不等同于初审编辑。编辑室主任,甚至总编辑担任"责任编辑"的情况也很常见。因此,用"责任编辑"来作为初审编辑的代称并不准确。"责任编辑"不能脱离具体的某本书而抽象存在,它只是指对具体的某本书负编辑责任的编辑人员。不过,"责任编辑"虽说不能等同于初审编辑,但具体某一本书的"责任编辑"应该是该部书稿三审制中初审的承担者和负责人,应该没有疑问。

由于分工不同,各层次编辑人员其职责、任务有所差异,所要求的职业素质也各有侧重。作为具体一本书的责任编辑,提出选题计划,经批准列选后,开展组稿、约稿,进行审稿;对稿件进行退修、编辑加工,做到发稿齐、清、定;在稿件发稿后,关心图书的出版、发行,参与宣传以及信息反馈等工作,都是其职责和任务。

责任编辑要完成好上述任务,光有一定的文化,没有与编辑工作相适应的思想素质、知识结构、职业道德和工作作风是不行的。尤其是在当前市场经济的条件下,作为一个责任编辑,全面提高自身的思想素质,更显得十分重要。

本文拟就责任编辑应有的思想素质,谈谈自己的看法,不当之处,祈请方家批评指正。

## 一、正确的世界观

我国的出版事业,与资本文义国家的出版事业根本不同,是党领导的社会主义事业的一个组成部分,图书出版工作必须坚持贯彻党的路线方针政策,努力以科学的理论武装人,以正确的舆论引导人,以高尚的精神塑造人,以优秀的作品鼓舞人,为改革开放和现代化建设提供有力的思想舆论保证。

这一艰巨而光荣的任务,就规定了从事图书出版工作的责任编辑,要认真学习,严于律己,具有较高的思想素质。要担负起这个任务,责任编辑首先自己要深入学习邓小平理论和党的基本路线,学习马克思主义的唯物论、无神论和科学精神,树立正确的理想信念,树立正确的世界观、人生观、价值观,讲学习、讲政治、讲正气,反对迷信愚昧、抵制各种歪理邪说。只有这样,面对一本本书稿的时候,才能牢牢把握正确舆论导向,适应形势发展的要求,做好初审工作。"以其昏昏,使人昭昭"是行不通的。

## 二、强烈的社会责任感

图书编辑工作是一种参与文化创造、文化积累、文化传播的工作,也是一种参与塑造人的灵魂的工作,意义重大,影响深远。

由于编辑在编辑活动中始终扮演着"选择者"这样一个社会重要角色,这就决定了它肩负着两种社会职责,既要杜绝"黄"、"黑"、伪劣产品及某些错误的出现,又要肩负起发现、挖掘、加工、出版大量优秀文化产品的历史使命。图书作为文化和观念形态的载体,其导向作用是一种客观存在。图书中所蕴含的思想、文化、道德、价值、审美等方面的内容,都会对读者长期起着一种潜移默化的影响作用。好书的作用与坏书的作用是截然不同的,前者对社会进步起促进作用,而后者则起促退作用。而且,图书和报刊有所不同,不仅要传播文化,还要积累文化,各个时代的优秀文化成果载入图书之后,便能成为人类的共同的精神财富,长期流传,造福后世,这是图书的特殊功能。图书责任编辑应该认识到自己所担负的社会责任,产生一种强烈的社会责任感,不断增强政策意识,不断提高文化素质,认真做好在文化传播、文化积累过程中的"选择者"和"把关人"的工作。

### 三、坚持"两为"方针

我们的出版事业，作为党领导的社会主义事业的一个组成部分，必须坚持为人民服务、为社会主义服务的方针。

为人民服务、为社会主义服务，就是要求图书编辑多编辑质量高的好书，多贡献给人民群众优秀的精神食粮。作为责任编辑，要自觉围绕出版工作的基本任务开展编辑工作，编辑宣传马克思主义、毛泽东思想和邓小平理论的读物，编辑传播科学文化的书籍，编辑健康的、丰富人们精神生活的书籍。在任何时候都要把社会效益放在首位，都要反对资产阶级自由化，抵制拜金主义。

坚持为人民服务、为社会主义服务，是每一个图书编辑做好本职工作必须具备的职业意识。只有坚持为人民服务、为社会主义服务，图书编辑人员才不会在市场经济的大潮中迷失正确的方向。

### 四、编辑职业的中介意识

编辑工作是一种中介性的工作。即将作者的书稿经过编辑工作使之内容完整、适于物化后传播给广大读者，编辑在作者与读者这之起中介作用。

责任编辑如果缺乏中介意识，势必不能做好"编辑"这份中介性的工作。比如，对选题策划、作者选择、书稿审读等等工作不尽用心，编辑加工时却喜欢按自己的主观意图对书稿随意增删，甚至把文稿改得面目全非，这就是缺乏中介意识的一种表现。书稿遇到这样的"责任编辑"，无疑是一种灾难。

为了促进有中国特色社会主义建设的发展和文化的繁荣，在科学和文学艺术领域应该坚持实行百花齐放、百家争鸣。责任编辑更不能凭借手中的权力，把自己的观点强加于人，以个人的好恶来作为取舍书稿的标准。大到学术观点，小到行文风格，都要尽可能尊重作者，可改可不改的地方尽量不改，"文责自负"的原则应得到充分尊重。

但是，思想无禁区，出版有纪律，责任编辑的责任就是要使书稿适合于出版发行。编辑工作不是一般意义上的"搬运"、"来稿照登",责任编辑面对书稿也不是不要进行编辑加工。正好相反,编辑工作是一种中介性的工作,又是一种积极的、创造性的工作。它的积极性和创造性不是像作者那样创作书稿,而是体现在其发现、判断、筛选、完善以及使之物化以供传播等一系列工作之中。

### 五、热爱本职工作,提倡无私奉献

"为他人作嫁衣裳",常常被用来称赞编辑工作的无私奉献精神。作为一种比喻,也未尝不可。的确有许多作者就是经编辑发现、培养、关心、鼓励,倾注了编辑的许多心血之后,而逐步走向成功的。当成功的作者面对鲜花和赞美的时候,栽培他的编辑们仍旧默默无闻地终日伏案在做他们的编辑工作。但是,我认为,我们要称赞编辑这种无私的奉献精神,更要赞美编辑这种对本职工作的执着和热爱。因为实际上,任何一种有益于人民的工作,任何一个不是刻意追求名利而努力工作的人,都是在为他人奉献着自己的心力,或者从某种意义上说,也是"为他人作嫁衣裳",只是工作内容各有不同罢了。这里所说的"无私奉献",正是他们(包括编辑)应该做好的"本职工作"。所以,作为一个责任编辑,首先就是要把自己负责的这本书的编辑工作负责好,热爱本职工作,认认真真做好本职工作。书成功了,作者成名了,就是责任编辑工作的成绩。

当然,的确也有编辑,为做好编辑工作、培养作者,影响甚至放弃了自己的写作,放弃了自己成名成家的机会。这种无私奉献的精神,特别值得我们敬佩和提倡。

顺便提一下,我们应该提倡和鼓励编辑写作,因为文字能力是编辑工作最基本的业务能力,而写作有助于文字能力的提高。且编辑若能创作出有价值的作品,无疑也是一种贡献。但是,编辑写作只能是一种业余性的工作,切不可因写作而影响本职工作。

### 六、明确的市场意识

过去,出版工作在计划经济体制下运行,编辑书稿是编辑人员的事,发行图书是发行人员的事。因此,责任编辑只管编书稿,其他事情可以不管。可是,随着市场经济的到来,当市场经济冲击出版业的时候,市场是检验图书优劣的重要标准,脱离市场搞选题,关起门来埋头编书,已经无法适应时代要求。这就要求责任编辑应当具有强烈的市场意识,走向市场,了解市场,在市场中论证选题,并把得来的信息用于选题策划,并跟踪关注出版发行的每一个环节。只有这样,才能使自己责编的图书走向市场,占领市场。

### 七、自觉的管理意识

为了保证图书出版工作所担负的伟大任务的实现,保证出版事业健康繁荣,党和政府出台了一系列有关图书出版管理的法律、法规和政策规定。

毫无疑问,作为一个责任编辑,学习有关图书出版管理的法律、法规和政策规定是必需的。但是在学习禁止如何如何、不得怎样怎样的各种法规条文时,往往责任编辑在不知不觉中,容易将自己定位于被管理的对象。于是,联系到编辑工作实际,往往就不是事前主动地用有关出版法规作准绳,认真衡量哪些是对的、可以做的,哪些是不对的、不可以做的,而是事后被动地去对照这点有否违反法规,那点有否违反政策,甚至千方百计修修补补,想方设法"打擦边球",和出版管理专职部门玩"捉迷藏",以期通过出版管理人员的"关卡"。

实践表明,这种被动地把自己定位于管理对象的心态和由此产生的种种消极现象,是异常错误的。

责任编辑,因他所从事的编辑工作,接受出版法规的监督与管理,这是理所当然的事情。重要的问题是,责任编辑应该具有自觉的管理意识,也做一个图书出版的管理者,而且是第一个到位的管理者。这样,才能变事后为事先,变被动为主动,变消极为积极,真正以主人翁的态度用有关的出版法规认真规范编辑出版工作的全过程。

### 八、廉洁正派

我们所从事的编辑工作是为我们为人民服务的一种职业,而不是为个人谋取名利的手段,时时事事均应注意廉洁正派。一方面,应该努力发现质量高的书稿,另一方面不应该徇私情、媚上峰而为质量差的人情稿、关系稿开绿灯。至于极个别责任编辑要求与作者共享著作权,向作者索要钱物,甚至利用职业之便剽窃书稿内容等,更是十分恶劣的不道德行为,应该受到应有的谴责和处罚。

责任编辑应该与作者交朋友,但应是诤友、益友,不能庸俗化为酒肉朋友。

随着改革开放新形势的发展,责任编辑与社会各方面交往增加,这是必然趋势。但责任编辑在与各方面的交往中,同样要做到廉洁正派、大公无私,切不可助长社会不正之风,降低自己的人格和"社格"。

责任编辑应有的思想素质也许不仅仅是上面所列出的这些,但以上所叙,应是责任编辑必须具备的基本思想素质,是每一个从事编辑工作的人都应该努力去达到的目标。

(作者单位:鹭江出版社)

# 编辑职业个性与责编图书风格

张 希 玉

人们有一句共识的话:文如其人。

在编辑业界,我认为:图书风格代表着或者蕴涵着责任编辑的职业个性特点,编辑职业个性特点往往在他所责编的图书风格中显现出来。可以这样说,图书风格如编辑其人。放大一点说,总编辑个性特点代表着出版社整体出书风格。也可以说,出版社出书风格如总编辑其人。总之,可以肯定,如果编辑能自主确定选题的话,这个人的个性特点会在确定选题、选取作者、对书稿内容的取舍增添方面。肯定会自觉或不自觉地顽强的表现自己的个性特点。不让他表现似乎是不可能的。

林薛是红楼梦中的主要人物,是当时的知识女性,如果让她们俩当编辑,编出来的书,风格会是截然不同的。林黛玉当编辑,她编出的书肯定是具有忧郁型、富于叛逆性特色,出的书会对当时的主流思想流露出批判意向,对当时的意识形态的悖逆或挑战,应当符合她的个性特点。让薛宝钗当编辑编书,照着她和性格特点,她只能对当时的社会大唱赞歌,尽心尽力地诠释主流社会意识形态,绝不可能对当时的意识形态和社会制度提出非议和挑战,恰恰相反,她会成为一个出色的卫道士,如果作者思想解放一点,写出了一点"出格"的话,她也会毫不留性给予删除。之所以如此,完全与她俩的个性特点不同所使然。

真是编辑有什么样的职业个性,就会编辑出什么样风格的图书,就有什么样的工作作风。

我有许多编辑朋友,是先认识其人,后见其责编的图书,在与他们交往中,深深地体会到他们的个性特点与他们责编的图书风格竟是惊人的一致。

如,我有一个编辑朋友,他思想解放,富有激情、神气、昂扬、抖擞,对民族的命运、人民的疾苦,有发自内心深处"时时喷发的一团圣火",敢想敢干,胆儿大,他编的书,也多半是紧追热点,敢于围绕敏感问题出书,对社会深层次的问题组稿编书,出书风格多是开拓超前,常常是图书市场的卖点与焦点所在,其人其书,倍受注目。因此,也常常打出几个擦边球,也有可能受到黄牌警告,在出版界常常掀起一阵阵漩涡。我看他的书,总是有一种感叹涌心头:只有他才能出这种书。书成了他的名片,成了他个性的真实写照。

另一个朋友,他的思想比较保守,谨小慎微,胆儿小,他责编的图书,多数学术性很强,不追逐热点问题,远离敏感地带。因此,出书风格是稳健的。他编的书从不领风气之先,从没有发生过争议。他的编书特点与他的个性特点之间,真是见其书如见其人啊。

有些编辑朋友豪爽、大气,策划的选题,责编的图书,也多显得大气磅礴;性格内向,小家子气的编辑,在不知不觉之中编出了一种小巧与玲珑风格的书。

有些朋友,是先看其书后识其人的。由于某一本书打了擦边球,惹了麻烦,受到查禁,或是出版了一本标新立异、发聋振聩的书受到读者青睐,或是出了一本敢为天下先的书,就想拿来看一看,先睹为快,看完之后,脑中就常常揣摸着这位编辑的个性特点,觉得他应该是具有"这样一个个性"的人,他只能是"这一个"。终于有了机会,认识了,了解了,发现他们的个性特点与他们所编的书的风格是如出一辙的。不能不发出"有其父必有其子"之感叹。真乃有其编辑必有其书。

因此,可以说编辑职业个性特点与图书风格密切相关,两者之间,有着内在的必然的不可分割的联系。

知道这一点,很有必要,也很重要。

人人有个性,个性各不同,个性有长短,个性难改变。

对于编辑本人,掌握好自己的个性特点,深知自己的个性特点,发挥自己的个性特点,才有可能全心投入,把编书真正当成事业,每编一本书,都是一种快乐的体验,都是一次幸福的经历,时时有一种"我要编书,我一定要编好这本书"的冲动涌上心头,这是当编辑所达到的一种高境界。责编好自己应该编好的书应该是顺理成章的事;否则的话,与自己个性的特点相悖,编书成了一种负担,一种痛苦,不是"我要编书",而是"要我编书",硬着头皮干,或者在利益驱动下编书,这种编书似乎是在应付一桩苦差事,书又怎能编得好呢？不想当将军的士兵,不是好的士兵;不想编出一本有轰动效应、经得起时间考验的书,绝不是好编辑。

对于总编辑来说,掌握好下属编辑的个性特点,更是重要。手下的编辑,每一个人都有不同的个性特点,每一种个性特点所善长的编书风格,总编辑都应该了若指掌,心中有数,分毫不差,知人善任,指派好责编,编好应编好的书;否则,可能就会干出打鸭子上架的蠢事。适合绣花的编辑让他去打铁,再努力也是白搭,费力不讨好的。当然,对敢想敢干式的编辑也要格外注意,因为这种编辑往往是麻烦制造者。但是,出版社又绝不可缺少这样的编辑。因为,这样的编辑也往往是轰动效应发动者,出版社图书卖点与热点的领头羊,是出版社理念与制度、编印发操作方法创新的探险者。要知道,麻烦制造者与轰动效应发动者、领头羊、探险者之间,经常是随着此时彼时、此地彼地、此事彼事、此人彼人的变化,而造成界线难分、变换不定、好坏换位,彼此只差半步。

现在人事制度改革,进人大权一般总编说了算。为了确立本社的出书风格,或是为了巩固和发展本社的出书风格,使之个性风格得到强化、细化、深化,当然要贯彻总编自己的出书风格,形成确定的品牌定位。这在选人进人时,除了学历学识之外,总编对聘者的个性特点要有一个清晰的了解和准确的判断,要选聘那些个性特点与品牌风格相适应的人,就显得十分必要和重要。否则,可能就会出现南辕北辙,愿望与结果背道而驰。

对于掌握总编任用权的人,掌握总编辑的个性特点,更加重要。总编辑作为全体编辑的首脑,编辑部的主管,全社出版选题规划的总设计师总工程师,应有出色的个案策划自不必说,同时必须有较高的总体策划,还必须有对编辑的个案策划做出评估、优化、重塑的高超本领,从全社的意义上全靠他形成出版社的出书风格,创造出含金量高的品牌效应,对这样事关大局、成败系于集团的总编辑,不掌握他的个性特点,不发挥他的个性优势如何得了!真是一损俱损,一荣皆荣。兵熊熊一个,将熊熊一窝。有什么样的将,就有什么样的兵。所以,只有有的放矢地选拔或选聘好总编辑,才能有效地塑造出出版社出书风格,保持、加强出版社传统出书风格。

否则,这些目的一个也不会达到。

总而言之,要掌握个性特点,发挥个性特点,让责任编辑的个性特点在编辑图书中发挥更大作用。

个性特点,有长有短。合理使用,扬长避短,利用个性,发挥强项,尽量使个性特点与图书风格相谐调。只有这样,才能策划出有特点的图书选题,才能找到适合写这类图书的作者,才能编辑出风格独特的图书。

我以为不可错用。比如,让一个生性胆儿小的人去编一本热点的书稿,恐怕在编辑过程中有意无意之间便会成为降温能手。原本是热点的书,摆在市场上恐怕已不再热,多数要成一本"温吞吞"的书。反之,让一个胆儿大敢为的人,去编一本冷僻的书稿,这个人肯定是编不好这本书的,因为,他不会有多大的精神投入。

这里所说的个性,应当包括心理、思想、爱好、胆识、性格、气质、情趣等等。而决定图书风格的个性特点,不是单一性格决定的,而是综合这些特点后,形成的一个人的本质的鲜明个性所决定的。

有的编辑所编之书,仿佛与他的个性特点相差甚远。是不是违背了个性特点与图书风格相一致的规律呢?我认为不是。这主要是有几个原因造成的。其一,总编指派的书稿。这种书稿不是编辑发自内心的自主之作,当然不会以个人的个性加以选择,也就体现不出一贯风格。其二,为了某种目的而应急编稿。这自然不是他的主流风格。

人的个性是人的一种心理特征。这种与遗传因素有关的生理素质,能使每个人的个性特点带有鲜明性和稳定性。然而,人的个性也是可以改变的。人生活在社会生活中,受社会环境制约、家庭熏陶、学校教育等诸因素的共同作用,都会对人的个性起着不可估量的雕塑作用。经过特别的磨炼,人是可以改变自己的个性的。

特别值得注意的是,磨炼时,千万别把个性中的锋芒磨去。一个没有了鲜明的个性特点,没有了棱棱角角,成了一个"球体"的编辑,别指望他能编出经得起考验的好书。环视一下我国不少出色的编辑家出版家,虽经过炼狱般的心理素质的磨炼,可是最终形成的职业个性,却是棱角分明,思想锐利,胆识照人,编成了一本本编辑史上留名的书。当然,也有一些人在受到"打磨"之后,棱角全无,全没了"自己",因此,原先能编出好书,以后却再也编不出来了,这是一种悲剧。这种通过社会实践,在后天条件下塑造自己的职业个性的经验教训,永远不忘记。

职业个性,是一种长期的锤炼与陶冶。18世纪的欧洲人常常爱说:"三天可以出一个暴发户,可是三年也出不了一个绅士。"绅士在英文里含有优雅、上品、可爱、宽大、稳健、亲切、有礼等含义。一位有着上述品格的男士便可称为绅士。所以,我们说职业个性是一种文化积淀、是一种思想长期陶冶的结晶,是一种精神的积累和升华,是一种独特的人格魅力,是出色完成责编图书的一种无形的又是巨大的力量。就像火焰一样,火苗是有形的,热是无状的。一个编辑,个性是无形的,感受却是实在的,把一股醉人的清香浸入所责编的书中,体现出催人奋进的动力,含有一种锐气,一种追求,一种胆识,一种胸怀,一种境界,一种精神气质。

编辑这个工作的性质,更是决定了职业个性的重要性。编辑是为他人做嫁衣的人,当然要有一个发现"新娘"的敏锐眼光。当你为想着发现人才,培养人才而工作着,你在组稿出书的不经意之间,可能正在把还不出名时的爱迪生、牛顿、爱因斯坦送上成功的峰顶;你在完成积累思想、科学、文化的历史重任中,可能会经你之手把犹如《论语》、《圣经》、《相对论》一类影响人类生活的巨著,推向世界,流芳永远;你驾驶的书籍集装箱快车,装载的新思想新文化新科技,在驶向新世纪中可能会对人类社会、世界面貌发生重大影响。如此等等,皆出自我们的职业个性,我们不重视怎么得了呢?

努力塑造最佳的职业个性,有没有一个现成的、快捷的,又是简单明了的公式呢?没有。

古希腊哲学家柏拉图在《理想国》一书中说,即使只有两个人,也不会完全一样,每个人都有自己的自然天赋。就如同世界上没有完全相同的两片树叶一样,每个的人内心都是一个与众人不同的神秘世界,都有自己独特的精神家园,都会闪耀着有别于他人的个性之光。

然而,每个人获得所有"这些不同",都有自己的途径。发掘自己的不凡之处,创造充满魅力的个性特点,大胆运用自己的优势个性,只要自己的编书活动中所闪烁着的个性锋芒,是建立在正确的人生观与价值观的基础之上,是独具个人色彩的理性判断,那么这一过程,既是最佳的职业个性的养成之道,也是个性塑造没有公式的真正含义所在。

(作者单位:黑龙江教育出版社)

# 论责任编辑的形象塑造

卞 葆

为多次获得诺贝尔文学奖的作品担任过责任编辑的美国著名编辑家萨克斯·康明斯说过一段发人深省的话语：

"一个编辑是干什么的呢？要弄清一个编辑的职责，就必须先问一问，他干的都是些什么工作，他要成为怎样的人，他首先是一个工人，对自己的行为感到自豪。对各种各样的思想要很敏感，并做出反应；他看不起办事无能、不求准确、道听途说、废话连篇、吹牛骗人；他为发现人才，为自由交换意见和最广泛地传播知识而奋斗。他在使用各种现有印刷技术和各种通讯手段方面要很有办法；而在思考问题和预测未来方面则头脑敏捷，力求自由交好运。编辑应该发挥多方面的作用，因为每处理一部新的文稿，他就会遇到一系列新的思想，遇到新的个性产物，他就必须使自己适应一种新的形式。因此，他头脑要灵活，一时一刻都不能忘记，他所处理的每一本新书都是一个崭新的实体。"

上述一段绝妙的文字从德才学识方面勾画出了责任编辑的直观形象：有着强烈的责任意识、高尚的人格魅力、出色的职业敏感、良好的业务素养。笔者从这四个方面阐述责任编辑的形象塑造，企盼起到抛砖引玉的作用。

## 强烈的责任意识

"责任编辑"不是职称，而是对编辑工作实施者的固定称谓。"责任编辑"通常是指承担书稿的组织、审读、加工、整理和对书稿负全责的编辑人员，并且作为图书质量的责任人而被署名在图书版权页上。

作为图书运作主体的责任编辑，具有承担民族文化的积累与继承、担当起具有鲜明时代特征的新文化建构重任的历史使命。"这种使命感可以使一个责任编辑超越世俗，超越功利乃至超越自我,将自己的理性、情感和能力最大限度地发挥出来,使图书达到高品位的升华。不难看出,责任编辑的地位、作用和责任多么重大。正如新闻出版署副署长杨牧之所说,"编辑是代表党和政府掌握出版权力的人"。因此,责任编辑必须义不容辞地树立起强烈的责任意识,对经过手中的每一个选题、每一部书稿、每一本图书,都要负起应有的政治责任、法律责任、道德责任、经济责任、质量责任和知识责任。

所谓政治责任,是指图书内容要与党和国家的有关方针、政策保持一致,不得出现任何与之相违背的政治差错;所谓法律责任,是指图书内容要符合国家的法律、法规;所谓道德责任,是指图书内容要体现健康向上的道德情感和道德理想,不得出现任何宣扬腐朽伦理道德的字句;所谓经济责任,是指图书运作要讲求资金投入、生产成本和经济效益,切实把好投入产出的经济关;所谓质量责任,是指图书的内容和形式都要体现"质量第一"的思想,不得以牺牲质量而追求数量、周期和成本;所谓知识责任,是指图书所传授的知识应该是科学的、正确无误的,使读者感到体例严谨、文字通达、逻辑严密,而不会产生任何误解或歧义。

## 高尚的人格魅力

著名英国哲学家培根说过:"书籍是思想的航船,在时代的波涛中破浪前行。它满载贵重的货物,运送给一代又一代。"图书的责任编辑则被喻为思想航船的舵手,足见其工作的崇高、责任的重大。塑造责任编辑高尚的人格魅力则具有十分深刻的意义。

人格一般是指人的性格、气质、能力等特征的总和,而个人的道德则是人格魅力的灵魂之所在。因此,责任编辑高尚的人格魅力应该主要集中表现为:

1.爱岗敬业,忠于职守。这是人格魅力的激情境界。责任编辑从事着"以正确的理论武装人,以正确的舆论引导人,以优秀的作品鼓舞人,以高尚的精神塑造人"的人类灵魂工程师的工作,必须如著名编辑出版家邹韬奋所说的"视事业如生命",充满激情、守土有责、不辱使命,这样才能淡泊名利、乐此不疲,干出第一等的工作来。

2.廉洁自律,诚实守信。这是人格魅力的理性境界。责任编辑作为人类文明成果的传播者,工作是神圣的,任务是严肃的,决不能干出有悖于清廉和真诚的不良行为:以职谋私,放弃原则;见利忘义,权钱交易;沽名钓誉,蒙骗读者。责任编辑只有从理性上有所感悟,才能做到不义之财不取,不义之物不收,不义之名不追,不义之利不沾。

3.尊重作者,服务读者。这是人格魅力的价值境界。美国出版家贝利博士认为"为了确立一种形象,出版社在用右手抬着作者的同时,又用左手擎着读者,这就需要高度的平衡技巧。"显然,发挥平衡作用的则是作为作者与读者的"桥梁"和"纽带"的责任编辑。为了实现图书的编辑出版价值,责任编辑必须尊重作者的创造性劳动和作者的合法权益;满足读者的知识需求和审美需求。

## 出色的职业敏感

我国著名出版家陈原说过:"必须有敏感,必须具备很高的敏感力。一个成功的出版家——或者说一个有重大建树的出版家,必须养孕出超人的敏感,甚至比炒股票还要更高的敏感!"前苏联著名编辑伏尤科娃也说过一段很有意蕴的话:"一个把自己的职业当作自己使命的编辑,会经常关心自己的工作,他们身上就像带着一个敏感的仪器,专门捕捉他所感兴趣的信息。"不论"敏感力"说,还是"敏感仪器"说,都道出了责任编辑具备职业敏感的迫切性和重要性。

责任编辑的职业敏感体现在编辑工作的全过程,渗透在编辑工作的方方面面,归纳起来可概括为:

1.对政治的敏感。事实上,出版不仅是经济现象,尤其重要的是它将科学、文化、传播等诸因素进行了融合交汇,因而其导向作用更为突出。对责任编辑而言,"政治方向、政治立场、政治观点、政治纪律、政治鉴别力、政治敏锐性",必须要首先认真关注。因为只有具备了政治敏感性,才能洞察形势发展趋势,准确把握住反映时代本质的要点和"热点",从而开发出高质量的选题。对于同党的方针、政策及国家的出版法律、法规相违背的;对于政治倾向不好、思想观点存在明显错误、内容平庸的书;对于宣扬唯心主义、愚昧迷信和伪科学的书;对于借科学招牌掩盖荒诞谬论,宣扬神秘主义、虚无主义、宿命论的书;对于观点偏激、自由化倾向明显、政治导向存在问题的书,都要敏感察觉,及早反应,果断处理,决不放行。

2. 对市场的敏感。前苏联著名编辑家米利钦认为:"编辑工作的实质到底是什么? 从最一般的意义上说,其实质是对稿件传给读者带来多大益处做一次特殊的预测性检验。"责任编辑的预测性即前瞻性如何,主要取决于对市场的敏感程度。图书市场犹如天气一样,在发生任何变化前总会有某些征兆出现,"月晕而风,础润而雨"。这就要求责任编辑必须具有敏捷的思维、敏锐的目光,洞悉市场变化规律,并从种种迹象中抓住征候和苗头,超前把握、果断运作,从而策划出能够占领市场并引导市场的优秀选题来。

3. 对作者的敏感。作者是出版社稿件之源,是出版市场竞争的重要对象。一个细心而敏感的责任编辑,必须把对作者的把握放在及其重要的位置。责任编辑要"知己知彼",善于掌握作者的脉膊,了解其所想所思,真正通过自己的真诚和执着去感召作者、凝聚作者;要通过参加必要的学术会议与作者群"有心"地接触,努力从学术交流中叩开合作的大门。此外责任编辑还要以特有的眼力和敏感,去发现有潜力的新作者,并重视对他们的培养。

## 良好的业务素养

随着科技的不断进步,社会的不断发展,交叉学科的不断涌现,书稿的科技含量和人文含量亦愈来愈重,作者的个性化和创造性愈来愈强烈。这就对责任编辑的业务素养,提出了新的要求:

第一,责任编辑要具有科学专业、编辑业务和语言文字的三元知识结构。责任编辑只有对某一门学科有较深的研究和造诣,具备前沿性的学识水平,并且培养了相应的科学思想、科学方法,才能有资格对相应学科的书稿水平,作出准确的判断。责任编辑还需要"博",因为只有"博"才能厚发,才能激发自己的想象力,从而可以站得高、看得远、得心应手地驾驭不断翻新的书稿内容。责任编辑应该是一种复合型人才,除了掌握某一门学科的专业知识外,还要掌握编辑业务知识,主要包括编辑工作基本内容、基本概念、基本规律及编辑方法与规范。另外有必要掌握一些出版、发行知识,力求使编辑业务知识向深度和广度扩展。语言文字的驾驭水平,则是责任编辑的基本功。因为要去鉴别、发现书稿中的语言文字是否符合语法规范,是否确切地表达科学内容,并且进行增删、修改、润色,倘若没有较高的文字水平,则是无法胜任的。

第二,责任编辑要具有较强的选题策划能力、组稿能力和审稿能力。责任编辑的选题策划能力主要表现为掌握方针政策的能力、掌握法律法规的能力、掌握学术信息的能力、掌握出版信息的能力和对市场预测的能力,它是几方面能力汇集而成的综合能力。组稿能力主要表现为物色作者、组织作者的能力。它要求责任编辑要乐于沉到孕育优秀书稿的"沃土"中去,真正以文会友、以文取人,组织到符合策划意图的双效益书稿来。审稿能力则主要表现在对书稿的审阅和指导上。老一辈无产阶级革命家刘少奇同志说过:"编辑工作是一种高级创造",著名编辑出版家邹韬奋认为编辑"最要紧的是要有创造精神"。责任编辑的创造性除了体现在选题策划上,另一个不可忽视的是体现在审稿上。它要求责任编辑比作者有更新的视角、更深邃的目光、更缜密的思维,对书稿准确把握、客观判断、科学创意,从而对书稿提出中肯的、富有指导性和建设性的意见来,真正使书稿达到"化平板为起伏、化松散为缜密、化朦胧为清晰、化平淡为生动、化模糊为鲜明,化深奥为通俗、化杂乱为条理,化浅露为深刻。"

责任编辑的形象除了上述四个方面外,还可以包含缜密的逻辑思维、严谨的治学精神、强烈的精品意识、一定的经营能力等等,其内涵十分丰富。事实上,责任编辑的形象是其思想品质、价值取向、知识结构、心理状态和行为习惯的综合反映。著名数学家华罗庚说过:"聪明在于学习,天才在于积累。"同样,责任编辑的形象塑造也离不开勤奋学习和经验积累。责任编辑只有在反复的实践中不断学习、用心揣摩、虚心求教、经受磨练,才能不辱使命,以其美好的形象伫立在广大读者的心目中。

(作者单位:中国纺织出版社)

# 责任编辑的主动意识

倪 颖 生

## 一、引言

如何提高图书的质量是出版业的一个重要的研究课题。多出好书,多出精品书是时代的要求,市场的需要。整体的图书质量保障是由具体每一本书的质量保障所组成的,每本书的质量保障(从选题到组稿、编辑加工、出版印制乃至宣传发行)皆是一个系统工程。我们现在采用的方法是项目负责人制——责任编辑制。这就要求对责任编辑的责任、作用、角色、意识、行为、态度等以及由此构成的客观能力、客观效果进行深入地探讨。本文试图对责任编辑的主动性意识进行一些探讨,不妥之处敬请各位老师、朋友予以指正。

一本书的社会、经济效果的好坏是由其综合因素决定的。由图书内容的正确性、新颖性,内容表达形式的紧凑性、连贯性、可读性,对读者感觉、知觉的有效刺激,图书定价的可竞争性,图书宣传的范围和力度等等因素所构成。

何谓责任编辑的主动性意识? 在过去计划经济的条件下,编辑往往是等书稿加工为多,作者多是专家,编辑多半是文字加工,而对内容,常常是文责自负。现在是市场经济,图书选题的 98% 来自出版社的策划,这就要求编辑对内容及其表达方式要有更多的把握,确定编撰宗旨,参与图书写作的大纲拟定,以确保图书的可读性、逻辑性、紧凑性,编辑不仅仅是为他人作嫁衣裳,而是更多地参与了内容,加入了自己的思想,这就要求编辑有更多的能动意识,以提供符合时代、社会和技术发展的精神产品,这是我们工作的永恒主题。

## 二、责任编辑在选题策划中的主动意识

1. 主动地熟悉图书市场,发挥自己的强项去思考,去选题

抓住市场需求,进行选题,这是市场的要求,但市场需求多种多样,我们不能都选,要尽量发挥自己的特长、出版社的优势,做到人无我有,人有我好,人好我优,人优我专,现代的编辑不仅仅要求是杂家,而且要求是专家。如我们编辑室要发展科普图书这块市场领地,根据科普图书的编写目的、宗旨,它是要培养读者的科学精神,让读者了解科学家的科学态度、科学精神,让读者学习到科学概念、科学知识,掌握一般的科学方法,我们了解到目前关于等离子的科普图书很少,高中文化程度的读者对此了解较少,而在此文化程度上进行普及有可能,同时,把等离子体这种物质第四态的知识普及开来,很有意义。因此我们就以《物质的第四态——等离子态》为图书选题,进行申报。

2. 主动地去精选作者,为高质量的图书问世打下坚实的基础

科普书首先要宣传正确的科学知识。如果谬误百出,造成误导,那就不好了,因此我们要选择行家里手,且有志于科普事业的作者,但科普书必须要有趣味性,要立意活泼,行文浅易,它不同于科学专著,这恰是一些专家不擅长的。尤其现在科普作者贫乏,将专家和作家结合起来不容易。因此我们做编辑的要善于引导,善于对文稿进行修饰性加工。在这里,我还想讲一讲选择作者要注意利用地域优势,这样,一是交流比较方便、二是经济投入较少。如对"等离子体"一书而言,合肥有中国科学院等离子体物理研究所,有中国科技大学核物理系等离子物理专业。因此,优秀作者的选择面,相对来说就比较宽。

3. 主动去熟悉相关领域的内容

这样才能从整体上把握图书内容,才能和作者密切配合,保证图书的可读性,保证把最精华的内容写进去。对于我们做编辑的来说,事事都精通,这是不现实的、不必要的,也是不可能的。但是只要选题立项,就要尽自己所能来了解这个学科的动向,相关大的事件,这有利于提醒作者,帮助作者写出好书,因为出了一本不好的书,应该说是编辑工作(出版工作)的一个失误。比如说,对《物质的第四态——等离子态》一书,在了解到这个学科的起源,大的

事件,典型代表人物后,我就在与作者讨论的基础之上,帮助作者拟定了一个大纲。

(物质的第四态——等离子态(自然界的物质状态,分子的引力,分子的热运动)

追述气体放电(朗缪尔,上世纪上半叶气体放电,现在为固体)

马可尼的电磁波传到了大洋彼岸(马可尼试验,电离层)

太空物态(99%的星体都处于等离子态,太阳风,日冕,日珥,黑子,耀斑)

一条重要的途径(环保,能源,受控热核聚变)

保密和解密的启示(原子弹到氢弹,保密氢弹过后,宣布解密,技术共享)

以此提醒和引导作者,主要的目的,还是要写出好书。

## 三、责任编辑在编辑加工中的主动意识

1. 主动关心图书内容,关心大纲

编辑加工的内容包括:

A(1)书稿内容与书名的把握,政治合格,科学正确,可读性强,条理性强,紧凑性强,不关心内容的编辑现在是不行的。在了解内容的基础之上,简洁,明了,有寓意,有宣传性地起好书名。

B 传统意义上的编辑加工包括(2)对文字的把握,字,词,句。无错字,错词,病句,段落清楚,条理分明(3)对版式的把握,封面、封底、封三、四、勒口,书眉,页码,扉页,版权页,字体、字号,正斜体,插图,插表等(4)对符号的把握,标点符号,各种符号,上下角标,尤其是连字符等(5)计量单位的规范表达。

C 印制与成书后的宣传(6)印制的节约,成本考虑(7)创意广告词的确定。

2. 注意不断调整编辑的角色,注意正确处理好同作者的关系

编辑是思想者,他考虑的是大纲,编撰宗旨,图书的整体内容,表现形式的紧凑性,连贯性,文字的可读性,考虑的是选题及其通过,图书及其出书时间,封面,内容,定价,读者反映。

编辑是协调者，他是出版活动中最积极的因素，为了优秀图书的及时问世，他要在各个环节进行协调，进行沟通。

编辑是图书的第一位读者，编辑应该热爱所加工的图书，喜欢它，去读它，知道它的长处和短处。

编辑是质量检查官，对图书的不足之处严加挑剔，严格把关，对质量不高的图书，编辑有责任有义务进行修改，直至质量高了再出。

编辑如同接生婆，他满怀激动、喜悦的心情，欢迎他所编辑的新书的问世。

在书的荣誉面前，作者是鲜花，编辑就是绿叶，要尊重作者，善待作者，著作权和署名权是作者的。作者是出版的衣食父母，就问题同作者展开对话，一交谈，一讨论，思路的条理性、正确性就出来了，就事论事，让作者尽量了解出版的内容，站在读者的角度去写，不能只把自己的东西写出来完事，要让自己所著写所编辑的书发挥最大的社会、经济效益，则必须尽自己所能把最好的内容用最好的方式表达出来。而且编辑还要有奉献精神，要用心去做书。编辑不能替代作者，否则，就完成不了繁重的出版任务。

编辑是商者，合同签约人，他要考虑出版社的利益，考虑出版社的投资风险，投资回报。

编辑是装潢设计师，图书经过他巧妙的设计，加工，包装，就变得很受用了(前辈的许多老编辑，都是文字的裁减大师)。我在《金牌奥林匹克丛书——化学素质强化训练》一书中，就试图做了这样的工作，作者负责安徽省的化学奥林匹克竞赛多年，工作很有成绩，水平很高，但交来的书稿只是10余年的考题及解答，为了提高本书的实用性，可读性，发挥作者的水平，扩大读者面，我建议作者加了要题的评点以及对提高素质的一些独到的看法，使该书增色不少。

3. 注重审稿

对于有疑问的书稿，对于把握不准的内容，编辑一定要注意请作者再三地检查自己的书稿，除此以外，由于个人的知识面有限，还要请相关领域的专家审稿,如对《原子世界探险》这一科普书(初中程度的读者),作者的创意很好,功底也不错,但对汤姆生的描写,对 X 射线的产生条件叙述有误,这样,科普书就产生了误导,此时,就必须请专家审稿,不能写上去了事,以保证图书的正确性。

### 四、责任编辑在图书面市后的主动意识

1. 主动关心自己的图书的市场反映

向社会提供精美的精神产品,是编辑的神圣使命,编辑的命运与自己所编辑图书的命运连在一起,因此编辑应该比作者更加关心自己编辑图书的市场反映,对于销售不好的图书,责任编辑应该找找原因,避免再犯类似的错误,根据自己编辑图书的市场反映可以查找出自己的不足,有针对性地进行学习,或扬长避短。

2. 主动去关心图书的修订和报废

科技图书是反映科技知识和技术的,它应该随着科技的发展而发展,不能以陈旧的东西去引导读者。因此,书稿的内容要注意更新,以保证其新颖性。如我编辑的《常用建筑技术质量手册》一书,因为这几年经济发展很快,且建筑质量事故较多,因此,新的建筑规范提高了建筑等级的要求,针对这一情况,在该书再印时,我就修改了部分片子。对于市场反映确实很差的图书,要舍得报废。

(作者单位:安徽科学技术出版社)

# 谈谈做优秀责任编辑的努力方向

魏 京 燕

图书编辑工作是将人们的学习、欣赏等阅读需求,通过选题策划、寻找作者、审稿加工及一系列工作,物化为一部可以投入工业生产进行大量复制和发行的书稿的活动。这项活动不仅参与社会文化缔构、文化传播、培育人才,为社会效益、文化责任的完成创造了可供使用的前提条件,而且是出版产业化的龙头,追求市场和效益的最大化。

随着中国"入世"步伐和中国出版业改革步伐的日益加快,每个出版社都将面临新的出版环境和激烈的出版竞争。面临严峻的挑战和巨大的机遇,要求我们的编辑工作必须是出色的、创新的、有特色有个性的,否则就不能完成时代赋予我们的使命,甚至会被淘汰出局。

出版社推出的每一本书,其价值很大程度上取决于编辑工作的质量,也就是每一位责任编辑的工作质量。因此,对每一本书的每一位责任编辑的要求越来越高,编辑的负担越来越重,传统的编辑职能显然已不适应形势发展的需要。在出版业改革尚未到位之前,我们每一位编辑应该做好充分的准备,在思想观念、知识结构、综合能力方面做出努力,使自己成为一名优秀的责任编辑。

我认为一名优秀的责任编辑应该给自己提出"至高要求"——既是学识渊博的"教授"、设计创新的"高级工程师"、高瞻远瞩的"行业主管",又是善于交际的"社会活动家"和长于经营的"企业家"。优秀的责任编辑就应当朝这种综合型人才努力。

1. 所谓"学知渊博的'教授'",是指编辑要对本专业及相关专业的学术水平有一定深度的了解,应该达到教授的水平,尤其要掌握国内外最新的发展动态;对科技编辑来说,不但应对本行业的新技术、新工艺、技术设备的使用情况、领导部门的各项政策及打算等有比较全面的了解,而且要有较高的社会科学方面的知识水平。

不言而喻,策划高水平的好选题以及高质量的审稿加工工作,都与编辑的学识水平直接相关,那些令人羡慕的"前瞻能力"、"眼力"、"灵感"、"机遇"均来源于"学识渊博",这是作好编辑工作的基本条件。例如,我们在策划和编辑《中国铁路技术创新工程》(2000年3月版)一书的过程中,就深感学识的不足。这本书涉及铁路技术、经济、改革、管理等各个方面,不仅需要铁路各专业的技术学识,而且需要人文社科方面的学识。为了编好这本书,我们数次召开专家座谈会商讨这本书的编写内容,通过向各方面专家请教,并与几位主编一起确定了编写大纲,初稿写好后,又经过数次的修改,定稿后校样又请了4位资深编审把关,结果出书后仍把一个地名写错了。通过这本书我们体会到:尽管学识不足可以通过各种方法来弥补,但这需要在时间、经费、人力等方面付出较大的代价,倘若条件不具备,如时间不允许,或经费不允许,就有可能出现工作的失误,留下难以弥补的遗憾。因此,编辑必须努力汲取各方面的知识,决不能让谬误通过我们的书籍流传于世,保证出版物的高质量是责任编辑的基本责任。

2. 所谓"设计创新的'高级工程师'",是指我们对每一本书所进行的选题策划、选题实施、审稿加工、排版校对、装帧设计以及销售发行工作就如同是一个工程项目,能否出新、有特色,有赖于工程师的创新、设计和周密的组织,因此要求编辑有创新的头脑,细致的工作作风,通过我们的策划、组织及精心的编校,拿出满足人们学习、欣赏等阅读需求的高质量书稿。

例如我社1995年10月出版的《铁路科技新知识》一书,是责任编辑从某铁路局的一本"新知识半小时"的宣传材料获得的灵感,恰巧编辑又获得了"今年10月要召开全路科技大会"信息。于是编辑向社总编汇报选题的想法,并与总编一起制订了编书的方案和时间表以及发行计划:请刚刚退居二线的原部总工程师和现任部总工程师挂帅,请北方交大等几十位专家学者担任撰稿,由部科技司技术人员把关,采用问答方式编写。书稿排出后,审稿和校对、装帧设计、发行征订同时进行。在各方面同仁的支持努力下,这本书(45万字)在4个多月的时间内如期出版了,第一次印刷50000册,两个月后又加印5000册,成为全路许多干部和技术人员摆在案头的工具书。从这本书的选题策划到最终出书乃至后来的大量销售,编辑始终是这项工程的设计者、实施者兼"总调度",为确保在规定的时间内高质量地完成此项工程而努力着。因此,编辑必需培养创新能力、组织能力以及周密细致的工作作风。

3. 所谓"高瞻远瞩的'行业主管'",是指编辑的视野要宽,所站的位置要高,如我是铁道出版社的编辑,我要站在铁道部长的位置关心全铁路的发展,关心世界铁路的发展,关心整个交通行业的发展。站在这样的高度,来选取促进铁路事业和整个交通事业发展的选题,选取各部门交叉、矛盾的问题作为切入点。

我社1997年4月出版的《既有铁路列车提速》(获全国优秀科技图书奖)以及上面提到的《中国铁路技术创新工程》就是站在铁道部长的位置来考虑策划的选题。1998年11月出版的《铁道线路养修工电配合》是站在铁路局局长的位置来策划的选题。铁路现场工务和电务是两大部门,像更换道岔等很多工作需要两家相互协助,配合工作,尤其是铁路提速道岔上道后,两家需密切配合,才能养护好铁道线路。但多年来,经常由于一方的设备出问题而影响另一方的设备使用,相互推委、扯皮的事时有发生,这是直接威胁行车安全的大事。为此铁道部要求各铁路局工电部门一定要作好联合整治道岔的工作。但如何作好配合,一直是个难题。我们抓住这个难点,请工电两个专业的专家共同研究各自的分工、技术标准,相互如何检查等方面写出各自不同的要求和双方必需共同执行的任务。在铁道部有关部门的参与、协助下,经过多次开会交流研究成果,终于写成了这本书。受到了铁道部、铁路局广泛的好评。

4. 所谓"善于交际的'社会活动家'",是指编辑应活跃于各种学术交流会、技术鉴定会等活动场合,并应参与举办一些活动。应经常到各单位调研,看望老朋友,结交新朋友,尽可能多地让人们认识自己。这样能够及时获取信息,了解最新的和较全面的情况。

同时,编辑要善于协调、处理好各方面的关系,如做好多作者之间、作者与审稿人之间的协调工作,使我们的书稿编辑工作顺利进行。

我们都会有这样的体会,交际活动是我们获取信息的重要来源,没有信息来源就等于是聋子或瞎子。我本人通过参加各种会议及活动,获得了不少信息,有的被及时转化为选题,有的信息贮存在脑子里,说不定哪一天就派上了用场。前面提到的几本书,都是通过参加会议时获得的信息,经过分析、综合,最终产生了"灵感",就又变成了选题。另外,编辑必须处理好各方面的关系,这包括主编与协编、作者与审稿、编辑与作者、编辑与出版、编辑与发行以及编辑与读者、作者与读者等等。这些关系处理得好,我们的工作就可进入良性循环,越做越大,越做越好,倘若处理不好,不但眼前的工作受到影响,很可能还会影响到将来。所以,编辑一定要重视这些关系问题,有些关系的处理可能会棘手一些,但我们多想想、多听听,真诚地对待,是能够处理好的。

5. 所谓"长于经营的'企业家'",是指编辑不但要善于发现市场、发现需求,还应努力扩大市场,引导市场需求,使我们出版的每一本书不但对社会文化缔构做出贡献,而且获得的经济效益最大。之所以要求编辑这样做,是市场经济条件下出版社生存的必需,这要求编辑有更好的综合素质,在策划选题的同时作好销售计划等工作。

总之,成为综合型人才应该作为图书编辑的努力方向。尽管还不是一朝一夕就能达到的,但只要我们热爱自己的事业,从一本一本书稿的勤奋工作中积累经验,时时做个有心人,多抽出时间来充实自己,我们就能离"至高要求"越来越近。出版社更应在这方面下大力培养自己的编辑队伍,创造条件使出版社拥有众多的这类人才,这样的出版社才能在未来出版环境发生较大变化时跟上时代的变化,适应时代发展的要求。

(作者单位:中国铁道出版社)

# 责任编辑的主编意识

赵 运 通

1996年我在《合格编辑的智能培养》(载《河南大学学报》当年第三期)文中提到合格编辑有三个层面：一是准确初选可资采用稿件的能力，二是胜任对具体采用稿的编辑加工能力，三是掌握版面、结构栏目的能力。结论是，"选稿准确、编稿合格、发稿到位，是对编辑的基本要求"。说是基本要求，其实是书报刊工作对责任编辑的综合业务能力的全部需要，是一个高起点的合格编辑标准。联系到近些年多种媒体的"本期执行编辑"、"栏目主持"、"丛书策划"纷纷亮相，很有必要在理论上肯定责任编辑的"越位"创造价值。这里提出的"责任编辑的主编意识"命题，认为普通编辑工作者只要担负责任编辑的工作任务，就要自觉地代表编辑集体，全面贯彻出版编辑组织对采用稿件的编辑加工要求。

责任编辑是具体著作物实施出版发表的责任工作，与责任人自身的职务职称没有绝对的关系，而且两者在本质上不属于同一个概念范畴。主编或其他形式的领导职务，是社会对编辑主体作用于社会文化生产的组织安排。主编以编辑组织机构的主要责任人身份，对外向社会组织负责。著作稿出版发表的编辑工作制度，以三级审稿责任制的形式，分别赋予编辑机构内部相关编辑工作者的不同职责，是确保出版质量标准的组织化措施。其目的既有工作的责任界限明确，也是为了发挥集体智慧，充分体现编辑劳动创造的科学态度。在具体的编辑工作中，责任编辑的责任人确定，专业水平是第一要素，职务职称是附属条件。出版管理规定中的技术职务条件，是保障编辑工作质量的下限规定，要求应具有中级技术职务、初级技术职务的要在他人指导下进行。实践中，编辑机构在执行这个规定的前提下，总是在根据著作稿的学术内容和编辑出版目标，尽量选择恰当人选。实际工作中的责任编辑，既可以是职称不高的普通编辑工作者，也往往是高职称或编辑部门的领导者,主编和总编辑直接担任责任编辑工作也是常有的事情。不论个人的身份怎样,在责任编辑的职责要求方面都是统一的一个标准,并不因为具体责任人的职务职称高低而有所差别。

需要指出的是,有些同志自觉不自觉地将责任编辑作为一种职务来看待。反映在编辑工作上,认为自己是一般编辑,对稿件的审理加工理所当然地比主管领导有差别,大到内容审定,小至文字技术订正。这一方面向领导提出专业内行的高要求,另一方面反映出这些责任编辑工作者对工作职责的误识,不利于自己达到合格编辑的技能要求。反映在日常生活中,不仅局外一部分人将责任编辑等同于"无职无权"的一般编辑工作者,而且有个别编辑工作者,与人交往中也用"责任编辑"表示自己的身份,甚至在"责任编辑"之外加注技术职务,以表明非一般编辑工作者的职务身份。其实,编辑个人的社会价值,编辑作品的社会文化价值是惟一的评价依据。许多著名的编辑家一生并未担任过主编或总编辑职务,只是一位兢兢业业、恪尽职守的责任编辑,以其编辑业绩享誉社会。

如果不拘泥于编辑机构的具体组织形式来认识,"主编"只是著作物单位出版发表的编辑责任人,起决定出版发表的作用。刊物和报纸专版(专刊)编辑工作的主要负责人称作主编,因其编辑成果的出版形式就是一个单位出版物。它们各有固定的名称、内容范围、载体形态,即使连续出版或作为某一个出版物的构件,但在表现形式上都有稳定的个体标识。出版社、报社、电台、电视台的编辑工作总负责有人称作"总编辑",而不叫主编,因为他们各自负责的传媒内容均以综合的形式构成,由众多的单位载体构成,各自相对独立,固定结体,而且编辑业务的专业化程度高。总编辑实际上是诸多主编的领导人。因此,在没有多个单位出版物主编设置的期刊社,总编辑名称便没有实质性的意义。依单位出版物的概念延伸,编辑出版工作以外的著作组织活动,丛书或编纂性质著作物的主要责任人,也就通行"主编"称谓。

从科学行为上界定"主编"的概念,有利于辨明书报刊编辑工作中"责任编辑"的责任意义,最大限度地调动责任编辑责任者的负责精神,创造性地开展工作。前面已经说过,在编辑成果的质量准则面前,责任者的职务身份不应影响责任编辑工作的内在要求。这一理论认定,事实上要求每一位普通编辑工作者,必须具有总揽全局的实际工作能力,即主编的思想文化品格,不仅熟悉编辑出版的一般规律,而且要熟知本单位的编辑出版的特殊要求。只有这样,无论由谁担任责任编辑,初选的稿件才不致于因与复审、终审的认识差距而被否决,编辑加工后的劳动成果才能最终合格。作为责任标志的编辑定稿,应是一个彻底的编辑工作成品,完整地体现编辑机构对稿件发表的各种要求。复审、终审的责任性质把关,从工作性质讲,不具有指导或辅导责任编辑业务技能提高的任务。因此,从一定程度上说,后续审稿环节中对责任编辑提交的编辑定稿提出了真有道理的修改意见,都说明责任编辑工作环节的实际缺陷。

那些认为初审环节的责任编辑工作是比较低级的劳动,只是整个编辑工作系统中的基础部分,本身就是供复审和终审选择使用的基础性准备工作,只能是消极的被动的责任编辑工作概念。责任编辑工作中,选稿盲目性,编辑定稿不彻底,不仅会加重复审责任者的低效劳动,为终审后发排稿件埋下差错隐患,而且客观上损害了责任编辑的自我价值。责任编辑工作需要主编以外的人选,一是编辑工作劳动量的承受原因,二是专业技术问题。"长官意志"在出版科学不可取,关键在于编辑工作的专业性、技术性、艰苦性都很强,而且集中体现在责任编辑的具体工作中。责任编辑既然是对具体著作物的出版发表全面负责,责任者有具备全面负责的业务能力,那么,完全合格的责任编辑定稿也就没理由在终审环节被否决。因为出版准则同一,审定对象同一,效益原则同一,主编没必要否定目标一致的编辑生产成品。

编辑工作属于精神劳动,精神劳动创造具有个体特点。统属精神文化劳动生产,编辑家与著作家的分水岭,不在于编辑工作者不熟悉著作活动规律(否则他不可能正确地选择著作稿),而在于他们不是以个体化的精神文化原创为劳动对象的。这就是编辑主体的能动创造,只能以他人劳动创造的成果为劳动对象,编辑策划只能借助于著作成果而成为编辑行为的全部奥秘。联系到本文的论题,编辑工作的组织化原则,实质上是对编辑个体创造智能的集中运用。在同一编辑出版目标下,责任编辑富有主编的责任意识,不仅能保证质量地完成应当承担的编辑工作任务,而且可以积极主动地进行编辑创意,并通过自己的一系列努力,实现崭新的编辑创造。图书出版中的"拳头"产品、报刊上的特色专栏,多数是常规编辑计划之外的普通编辑工作者的"越位"创新。即使是经过主编策划的项目,其编辑质量保障和延续发展也需要责任编辑的决策性实践创造。推而广之,常规性的编辑工作中,有目的地主动出击、组织稿件,也是保障编辑出版工作计划运行的基本措施。一般编辑工作者没有总揽全局的主体意识,也不能卓有成效地开展工作。现代编辑出版工作者,编辑加工的案头工作在编辑工作者的业务结构中位置下降,不再是编辑工作的惟一标志。文化价值判断、文化消费市场预测、稿源开发、出版创意乃至发行促销等等,都是每一位编辑工作者不能不关心的事情,并程度不同地直接构成责任编辑的工作内容。在现代出版竞争中,一个合格的、尽职尽责的普通编辑工作者,迫切需要"不在其位,要谋其政"的主编责任意识,如同古人评价孔子为"素王"一样,虽无圣王的名分却有圣王的德行,以德施政、教化一方。

"责任编辑的主编意识"的核心意义,在于无职无权的一般编辑工作者要以创造性的工作实绩,顺利接受各级复审的科学检验。脱离科学意义的编辑决定权力,不可避免地要受到社会效益的制裁。以决定权力为形式完成的编辑劳动产品,如果没有文化科学的准则作为内在力量,就不可能为经济行为的出版生产所积极接受,"编辑工作是整个出版工作的中心环节"也就失去了坚实的客观基础。任何一个编辑出版单位,均需要一批业务技术过硬、有集体事业心、有全局责任感的普通编辑工作者。强手云集,力及主编,甚至高于主编,这是主编的幸事。主编既可以为自己解脱琐碎的编务之累,又可以把自己的主要精力真正用于主编当务,开拓全局工作。

(作者单位:洛阳师范学院学报编辑部)

# 论责任编辑的责任意识

熊穆葛

在新的历史时期,责任编辑作为出版社编辑出版活动的主体,对我国社会主义精神文明建设和物质文明建设发挥着举足轻重的作用。因此,有人说编辑是文化工程师,是两个文明建设的主力军,从这个意义上说,编辑的使命是神圣的,但其责任也是重大的。下面就责任编辑的责任意识,谈点个人的认识和看法,以请教同行们。

## 一、政治意识——责编的首要责任

所谓政治意识,是指编辑的政治思想和政治观念,是统帅编辑一切思维活动和行动指南的最高准则。没有正确的政治观点和政治意识,就等于没有正确的出版观点和出版意识,就等于没有正确的出版方向和出版导向,就等于没有正确的出版思维和选题思路,也就谈不上正确的出版行为和正常的出版活动。最终导致偏离社会主义出版航向,走上歪门邪道。据报道,有的出版社曾组织出版了贬低少数民族、诋毁改革开放政策和宣扬伪科学等方面的图书,就是责任编辑政治意识不强的表现。因此,在编辑出版活动中,我们的责任编辑一定要讲政治,讲方向,讲学习,讲导向;坚持四项基本原则,坚持党的路线和方针政策,坚持为人民服务、为社会主义服务的出版方针。通过不断学习,增强政治意识,把正确的政治观点和政治观念贯穿于编辑出版活动的始终。多出好书、优书,不出坏书、庸书,为广大读者提供健康向上和生产生活所需的良好的精神食粮。

## 二、社会意识——责编的导向责任

出版社是社会大环境的重要组成部分,而编辑又是出版社的重要成员之一,因此,编辑的活动成果,直接或间接地对社会产生重大影响。比如,一本马克思的《资本论》,促进资本主义社会的形成和发展,一本《钢铁是怎样炼成的》,激励世界上许多国家的几代年轻人为正义的事业不懈努力,奋斗终身;一本《杂交水稻育种栽培学》,引发了80年代以来世界范围内的第二次"绿色革命",等等说明,一本好书的出版发行,直接影响到社会的变革,人类的进步,科技的发展,文化的繁荣,所产生的社会效益之巨大是无法估量的。但是,一本坏书,也能使某些人走上犯罪,甚至自杀身亡的道路。这是因为,图书作为当今世界的重要信息载体,其内容直接影响读者的精神世界和思想行动,其传播功能之强和传播范围之广,在传媒领域有着特殊的地位和作用。正是这样,编辑的劳动,通过他们所编辑出版的图书在社会上产生的影响(好的或坏的),而体现出编辑工作的社会价值。从这一点出发,编辑应具有很强的社会意识。

所谓社会意识,简单说来,就是指编辑的社会责任感和社会时代感。在编辑出版活动中,我们的责任编辑,要抱着对社会负责,对时代负责的精神,确定自己的出书理念和出版思维,在选题思考和编辑行为中,要多出与当今社会相谐调、相适应,又急需的好书、优书,不出污染社会环境、阻碍社会发展的坏书、庸书,指导或引导读者购书、读书、增知、增智。帮助读者树立科学的世界观,革命的人生观,奉献的价值观。这就是责任编辑不可推卸的导向责任。

## 三、文化意识——责编的历史责任

出版事业本来就是一项文化事业,编辑工作本来就是一项文化建设工作,是社会主义精神文明建设的重要组成部分。编辑工作的成效,体现在图书的文化积累价值上,高积累价值的图书能流芳百世,代代相传,否则,就失去了图书的文化意义,责任编辑也就徒劳而无功。所谓图书的文化品位高,应该是指该书能给人以振奋、鼓舞和知识,读者从中领悟到人生价值的真谛和知识海洋的富饶,使人终生难忘而成为传世之作。如萨缪尔森的《经济学》,成为几代世人必读的经济学宝典,李时珍的《本草纲目》和司马迁的《史记》等堪称我国的文化瑰宝,被广为传诵。等等这些书,无论是社会科学的,还是自然科学的;无论是历史上的,还是现当代的;无论是国外的,还是国内的;无论是政治的,还是经济的,都能广为流传,其根本所在,是其文化品位高。用现在的时髦话来说,就是其"信息的含金量高"。

所以,在新的历史时期,出版事业越繁荣,就要求我们的责任编辑越要有很强的文化意识和历史责任感。在选题策划和编辑出版活动中,一定要考虑图书的文化品位和文化积累价值,要经得起历史的检验。这就是说,责任编辑所策划的选题,出版的图书,一定要与国家的政治、经济、社会、文化等背景相适应,才能体现出一定时期的文化品位和文化积累价值。那种选题赶时髦,出书赶浪头的做法,是很难有高品位图书的出版成果出现的。昙花一现的编辑工作是我们每位责任编辑应当摒弃的,也是责任编辑应当明确的历史责任。

### 四、精品意识——责编的时代责任

所谓图书精品,应该是指社会效益、经济效益、出版质量三者最佳结合、最佳体现、最佳统一的图书。

精品,是出版社的品牌,出版社的形象,出版社的资产;也是编辑的成果,编辑的思想,编辑的风格。因此,责任编辑的精品意识,与出版社的生存和兴衰密切相关;也与社会主义出版事业的繁荣与否紧密相连;也与编辑自身的价值体现密不可分。这些年来,我国精品图书层出不穷,为我国社会主义现代化建设事业的总结和发展做出了积极贡献,广大编辑功不可没。但目前市场上时有非精品,甚至劣质图书出现。这说明增强责任编辑的精品意识,对于繁荣和发展我国社会主义出版事业具有深远的历史意义和巨大的现实意义。我们的责任编辑一定要牢固树立精品观念,不断增强精品意识。在编辑出版活动中,从选题组稿到出版发行,按照精品图书的出版观运作,不断开发和出版更多更好的门类纷呈的精品图书应市。每个编辑、每个出版社都形成了自己的品牌和特色,那么,我们国家的出版事业就能健康平稳地向前发展,责任编辑也就承担起了时代所赋予的光荣责任。

## 五、质量意识——责编的基本责任

如果说品牌是出版社生存和发展的基础,那么,质量应是出版社生存和发展的保证。任何一个出版社,没有质量,读者就没有信任感,就会失去读者,从而失去市场。因此说质量是出版社的生命,这并不为过。在我国,有的出版社受查处,倒牌子,甚至被撤销,多是由于忽视图书质量造成的。事实也是如此,一本内容低下,或差错百处,或缺页少行,或字迹模糊的图书,确实贻害读者,误人子弟,既砸出版社的牌子,也砸编辑自己的饭碗。不仅严重影响出版社和责任编辑的声誉,而且还败坏整个出版界的形象。那种"无错不成书"的观点是极端错误的,因此,任何一个出版人都不可把质量当儿戏。

在编辑出版活动中,我们的责任编辑一定要牢固树立质量观念,增强质量意识,全身心地投入到图书生产的全过程,精心策划,全心组织,多编辑出版一些内容健康向上,又为社会生产生活所需,且印装精美,读者喜爱的图书应市。

## 六、经济意识——责编的目标责任

图书出版,一定要讲求社会效益和经济效益,实现二者的最佳结合,并力争在保证社会效益的前提下,尽可能获得更大的经济效益,这是由我国出版社的性质所决定的。我们知道,目前我国绝大多数出版社实行的是"事业单位,企业化管理"。况且,出版社本身就是一个产业部门。与其他产业部门一样,出版社所从事的生产也是商品生产,只是其所生产的商品——图书,具有其特殊性,即精神产品,是满足消费者的精神需要,而不是物质需要。但图书本身也是物质产品。在编辑出版活动中,我们的责任编辑一定要有经济意识。在市场经济条件下,较强的经济意识,就是要有很强的市场观念、读者观念和效益观念。讲求效益,提高效益,增强经济实力,是出版社生存和发展的基础,是出版事业繁荣和发展的条件,也是责任编辑的责任目标。但绝不可也决不容许以牺牲社会效益去追求经济效益。

编辑的经济意识,主要体现在市场意识、读者意识和经营意识三个方面。在编辑出版活动中,从选题组稿,到出版发行,从图书定价到宣传推介等图书生产销售的全过程,责任编辑要认真细致地做好整体策划工作。深入读者群体,加强市场调研,精心策划选题,出版精品图书,满足读者需要,实现双效益的最佳结合。

(作者单位:湖南科学技术出版社)

# 责任编辑的宏观责任

蒋才喜

责任编辑不是固定的岗位职称,在编辑序列中编审、副编审、编辑、助理编辑,凡承担具体书稿的编辑工作,均在书上署名责任编辑,以示负责。即使社长、总编辑、室主任也不例外。从这个意义上讲,它是一本书的编辑责任人。笔者认为,作为编辑群体,包括社长、总编辑,编辑一本书固然要对内容、形式、文字、技术负全面责任。与其相关的社会责任更应引起重视。为了叙述方便,本文暂且把一本书的责任定为微观责任,与之相关的社会责任定为宏观责任。

一

责任编辑的责任是动态的。随着出版形势的变化及出版社对编辑要求的不同而不断变化。责任编辑称谓在我国最早见诸于文件是1954年4月出版总署公布的《关于图书版本记录的规定》,文中指出:"除著作者、编辑者、翻译者姓名外,需要时可以载明负责的校订者、责任编辑、优秀的装帧设计者、插图者及校对者的姓名"。自此责任编辑称谓沿袭至今,但它的责任是在不断增加的。在计划经济年代,出版社属事业单位,编辑行为以书稿列入出版社选题计划为依据,由编辑室主任指定编辑担任书稿的初审(三审制),署名责任编辑。主要职责是审读和加工。至于选题策划、市场需求、经济盈亏,编辑是没有责任的。

改革开放以来,我国社会主义市场经济体制逐步建立和完善,出版业的外部环境发生新的变化。为了适应市场需求,出版社普遍定格为事业单位企业管理,在出版机制上也作了相应的改革。由于传统出版机制只要求编辑对书稿审读加工,其主观能动性和创造精神在无形中受到限制。出版机制的改革,不仅要求编辑增强市场意识,关注经济效益,还向前延伸了编辑责任,赋予编辑开发和设计选题的责职。这一新举措有利于激发编辑的创新精神,也为优质图书的生产在机制上提供了保障,从而改变了以往那种"作者写什么,编辑编什么"的来料加工旧模式,适销对路的优秀图书唱了图书市场的主角。选题是出版社的生命线,编辑掌握选题的主动权,以"编辑工作为中心环节"的科学论断更显神威。尤其是重点书、套书、丛书的选题策划,不仅是重点图书工程的策划,而且还是重大投资项目的效益策划,有利于集中人力、财力、物力,实施整体操作,使出版社的社会效益和经济效益的结合达到最佳状况。当然,选题策划是有限度的,不宜过于强化。如一些重要学术成果是学者数十年心血凝成的,并非编辑策划;还有一些推荐稿,是档案馆、博物馆秘不示人的珍藏品,诸如名人手迹、信函、文物、古书画等,编辑未经推荐也无从策划。更不用说上级党政领导的交办选题,如《毛泽东选集》、《邓小平文集》等等,是由中央领导研究决定的,更无需编辑费神策划。即使编辑能达到的策划范围,也不能代替作者的创造性劳动。编辑是精神产品生产的参与者,其创造性的发挥,是靠对作者及其书稿的智力投入而得以实现。这一界限是不可跨越的。

90年代,随着信息时代的到来,出版业成了第三产业的支柱产业。过去那种事业单位企业管理的定格,显得有点不伦不类,它犹如正在演变尚未长翅的蝉欲飞不能。出版作为文化产业,既具有产业的本质属性,又具有传播和积累文化的社会功能。产业属性要求责任编辑必须把获得最佳经济效益的注意力放到选题创意上,认真研究不同层次的读者需求,策划出既有文化品位,又能适销对路的好选题,从而创造尽可能多的利润,增强出版社的综合实力。优秀人才的引进,出版条件的改善,为传播和积累先进文化创造更为广阔的空间。以往那种具有较高科研价值的学术著作,由于经济原因,编辑望而却步,爱莫能助。如今有经济实力的出版社大多设立了专项出版基金,鼓励编辑策划和组织高水平的学术著作和文化艺术精品,为繁荣我国科学、文化事业作出贡献。

纵观我国实施责任编辑制的历程,编辑的微观责任显而易见。

从选题组稿到审读加工乃至校样处理,一整套编辑流程已逐步完善,只要编辑能抓好每个环节,恪尽职守,一本书的社会效益和经济效益是能够实现的。

## 二

责任编辑的责任并不局限于具体处理书稿,也不限于一本书的两个效益,它的责任贯穿于文化传播和文化创新的全过程。作为编辑群体把视野拓展到这个广阔的空间,投入更多智慧和智力,发现新问题,研究分析解决问题的方法和途径,更能推进我国文化出版的繁荣。

### (一)文化传播需要编辑导向

对书稿进行筛选、优化,表明编辑的价值取向,本身就是一种文化导向。若编辑将进步的思想文化成批推向市场,引起社会关注,掀起读书热点其作用更大。尤其是涉及国家民族的大事。如日本发动侵华战争,残杀无辜平民,至今仍有少数右翼势力不承认其战争罪行,妄图为南京大屠杀翻案。江苏出版业在1997年纪念侵华日军南京大屠杀60周年之际,由人民、古籍、音像三家出版社出版了《拉贝日记》、《侵华日军南京大屠杀图集》、《史稿》、《史料》、《档案》和光盘,以无可争辩的事实揭露日军的战争罪行,痛击了日本右翼势力,伸张了正义,维护了民族尊严。这批书出版后社会反响很大,中央电视台新闻联播节目、新华社、《文汇报》等国内各大报纸,香港《大公报》等新闻单位以及日本的通讯社、电视台均作了报道和评论。《拉贝日记》、《侵华日军南京大屠杀图集》荣获江苏省精神文明建设"五个一工程"奖,《南京大屠杀》光盘获全国优秀音像制品奖,并推荐参加巴黎的国际评奖活动。又如,改革开放形势下,社会上出现各种思潮,鱼龙混杂,一些腐朽的社会思潮还腐蚀人们的灵魂,破坏社会的稳定。在多样思潮并存的条件下,发展社会主义的主流文化,弘扬时代的主旋律,及时出版一批有独特视角又能联系实际具有真知灼见的邓小平理论学习读物,并根据不同层次读者水平出版一批语言生动活泼的通俗理论读物,让邓小平理论成为全社会的共同理想和精神支柱,从而增强创造美好生活的信念,为建设有中国特色的社会主义道路而努力。再如,随着我国进一步开放,世界各种文化思潮汹涌而来,使我国直面世界文化的融汇和激荡。世界文化的多样性和互补性使世界显得丰富多彩,尤其是优秀的文明成果,更能造福于全人类。但必须指出,在世界文化面前,每个国家都有自己的选择标准,中国出版业也不例外,在吸引外来文化和发展民族文化方面必须有自己鲜明的立场和态度。开放的中国欢迎世界上一切进步文化,但决不能失去自我。因为民族文化是维持民族凝聚力和向心力的纽带。编辑在组织翻译出版外来文化载体时,在量的把握上要坚持适度,为我所用。拒绝吸收是不对的,若让外来文化充斥中国图书市场也是不可取的。在外来文化蜂拥而入的形势下,编辑有责任弘扬民族文化,大力普及推广人民群众喜闻乐见的健康的精神产品,积极整理出版传统文化的精华,坚决杜绝那些宣扬封建迷信,唯心主义的文化糟粕。

### (二)文化创新需要编辑扶持

文化创新主要依靠作者,而作者是多层次的。如何发现作者,培养作者,挖掘作者的创新潜能,这就需要编辑热情扶持。在通常情况下,出版社的作者是稳定的,每个编辑周围都团结一批作者,编辑设计的选题大多由这批人完成。这是确保出版特色和图书内在质量的重要途径,也是创造经济效益的主要源泉。可以说,有了稳定的作者就有稳定的声誉,稳定的财源。出版社为了稳定这批队伍,不遗余力在财力、物力、感情上大量投资,这是十分必要的。然而,编辑对自投稿的作者就不那么亲近,作者慕名而来之时,也是拒之门外之日,三言两语就被打发走了。有的编辑稍有礼貌,凡上门的作者总得倒上一杯茶,寒暄几句,将书稿留下,美其名曰"研究研究",待以时日,以不宜出版为由将原稿奉还,是否审读只有天知道。有的编辑处理自投稿初始也很认真,实因投入大量精力成效甚微,见别人那么潇洒,略有醒悟也就随大流了。上述种种现象反映扶持作者并不容易,说到底是编辑的责任意识问题。有事业心的编辑对待自投稿的作者是十分谨慎的,惟恐好作品失之交臂。须知慕名而来的作者情况各异。如有的作者"十年磨一剑",甚至积数十年心血才写成书稿。积累厚、功底深,文化品位高,只是不常跟编辑周旋,也未知出版社深浅。这类作者的自投稿可能与出版社要求有距离,大多为技术性的,只要编辑稍加指点,作一番修改,投入市场便一鸣惊人,给出版社带来声誉。还有一类作者本有建树,在原出版社也是常客,只是不满足固有的成果或兴趣转移,跨学科、跨领域研究新课题,创作新作品,自然要改换门庭寻找新出版社。遇到这类主动上门的作者是出版社的万幸,编辑必须紧追不舍,为之提供信息,给予必要的支持。如苏叔阳以写《丹心谱》、《夕阳街》等戏剧、电影成名的。人民文学出版社编辑发现他有创作长篇小说的才能和兴趣,就主动与他接触,鼓励他从事长篇小说的创作并提供一定的创作条件,于是他的第一部长篇小说《故土》就诞生了。诸如此类兴趣转移的作者不胜枚举。近年来,在科教兴国战略推动下,原本以撰写学术著作见长的一批自然科学家,为了普及推广科学,提高国民素质,决心撰写科普读物,这种精神确实难能可贵,作为编辑更应主动热情为他们提供最好的服务。文化创新最有潜能的是一批年轻作者,他们虽名不见经传,却朝气蓬勃,有创新精神,是萌芽状态中的新秀,新世纪的希望之星。尤其是文学新人激情澎湃,生活积累初次喷发,加之反复斟酌,必将生产出令人耳目一新的充满锐气和活力的一流作品。"长江后浪推前浪",前辈的辉煌终将为新生力量所取代,这是新陈代谢不可抗拒的自然规律。编辑要发现他们,扶持他们,促使尽快成长。著名作家巴金曾说过:"编辑的成绩不在发表名人作品,而在于发现新的作家,推荐新的作品"。巴金一席话大概是肺腑之言吧!

**(三)文化消费需要编辑关心**

精神生产与消费是矛盾的统一体。生产的目的是为了消费,而读者消费不是无偿的,需要具备一定的支付能力。编辑对读者的关心往往是内容的适应性。作市场调查,着重点是各类不同层次读者的需求、阅读兴趣、阅读习惯和接受方式,以便有针对性地将优质精神产品投入市场。至于读者的经济承受能力,编辑关心甚少。由于编辑对读者购买力的疏忽,一些优质图书在市场上寻找不到预想中的目标读者。比如,近几年读者反映最多的是书价偏高,虽爱不释手,由于缺乏支付能力,只好望书兴叹了。是谁造成这一尴尬局面呢?除读者收入偏低外,恐怕编辑不能不反思一下。不少情况是编辑造成的。表现之一,编辑片面追求出大部头的书,书价定得太离谱,一套书就上千元,甚至上万元、几万元。这类书的目标读者大多是研究人员、教师、专业干部等等。策划者在选题设计前,是否调查过工薪阶层的实际收入和支出,即便是大款、名演员、外资企业的白领阶层,购上万元的书也要盘算一下是否值得。就算集体购买力吧,除国家图书馆经费较充足外,省市县一级图书馆有效购买力十分有限,恐怕一年只能购一两部这类大书,其他书难道不购买吗?可见,离开读者的经济承受能力一味出大部头书,选题策划者不能推其咎了。表现之二,以精品战略为名,片面追求豪华。有的书内容平平,靠"装帧精美,印制精良"撑台面,加大了成本,抬高了书价,虽不说"金玉其外,败絮其中",至少可说打肿脸充胖子。结果是编辑要面子,读者加倍掏票子。有的书质量可谓上乘,文化品位也很高,应该受读者欢迎。但为了评奖,编辑不惜工本,大搞外包装,选用高档材料制作,成本数倍甚至数十倍翻番,结果奖虽评上,由于书价高无人问津,只落得库房效益。表现之三,吹大泡沫。一部书稿50万字,若作者精心修改,编辑精编,30万字即可,浓缩后也能提高内在质量。由于作者求稿酬,编辑求奖金,共同放弃"精"字,任其泡沫膨胀,无形中让读者增加货币支出,又浪费阅读时间和精力。

仅举三例,说明减轻读者经济负担,编辑是有责任的。如果编辑能关心读者,尽量降低成本,把偏高的书价压下来,让更多文化品位高的精神产品供读者消费,岂不是两全其美吗?

**(四)文化积累需要编辑奋斗**

"江山代有才人出"。我国历代都有自己杰出的代表人物,他们的伟大成就记载在文化典籍上代代相传,创造了灿烂的中华文明，为子孙后代留下宝贵的精神财富。当笔者整理出版古籍之时，不由想起现在我们享受着先辈留下的文化遗产，我们这一代编辑能为后代留下些什么？这就是积累型图书。

积累型图书是精品图书中具有永久生命力的图书，它有着丰富学术文化内涵和极高的审美价值或者深深打着时代的烙印，是时代的精华。它能在当代读者中流传，也能超越时空成为人类精神文化瑰宝。编辑出版这类图书是时代的需要。我国有12亿人口，新中国成立50年来各个领域都有杰出人才，创造了新的辉煌，他们取得每一个成就都是新中国发展的里程碑，应当载入史册，流传后世。这是当代编辑光荣的历史使命。然而，编辑出版积累型图书并非易事，编辑要站在时代的高度进行筛选，要有眼力、有胆识。因为它不是自封的，也不是权威机构评议确定的，它要经得起时代风雨的冲刷和科学实践反复验证。一些为传媒炒作，名声红极一时的图书，由于不具备积累素质，往往是过眼烟云，随时光流逝。恰恰一些集毕生精力默默无闻地探索未知新天地的专家学者，则写成不朽著作，光照人间。如李四光的《中国地质学》，发行量较少，却成了新中国发现大油田的科学依据，大庆、胜利油田相继发现，从此中国甩掉被一些外国人强加的"贫油国"帽子。李四光为振光中华作了杰出贡献。积累文化还需要奋斗精神。这类图书对社会是无形的财富，是为社会释放光热的持久性能源，但在经济上它是天生的弱者，不像出版畅销书那样经济效益立竿见影，出版社的利润，编辑的奖金令人眼红。在经济上它的本质是多投入少回报。在精力上也是编辑投入大量智力和艰辛，较长时间才见成果。一部打上时代烙印的大型资料书可以使编辑从青春焕发编到两鬓银白。如我社出版的中国第二历史档案馆藏《中华民国史档案资料汇编》，(1911年至1949年)排印本5000万字，从1979年开始至2000年完成，几位编辑投入力量，历时20年编完。若让一位编辑承担，每年以发稿100万字计算工作量，需要编辑50年。这部书经济投入甚大，由于读者面窄，印数少，成本回收率很低，根本谈不上创造利润。但它确实是研究中华民国史必备的资料宝库。

　　人类是靠文化积累来延续和发展自己的事业。文化积累犹如中华民族走向繁荣富强的铺路石,我们将它坚实地一块块埋下去,不断延伸,虽然艰辛,遥望光辉的未来感到值得！愿与编辑同仁共勉。

（作者单位:江苏古籍出版社）

# 角色兼容
## ——现代责任编辑谈

**文 慧 云**

出版工作是一个复杂的系统工程,涵盖着图书生产与经营的组、编、印发等一系列环节。现代出版技术,一方面,使图书责任编辑工作的地位、含义、职责和功能出现了很大的提升和延伸:现代责任编辑既要对书稿的内容和形式负责,又要对图书的市场效益负责;另一方面,使责任编辑与其他有关工序和环节的关系也出现了新的变化和特点:原来作为独立环节的审改、加工、装帧设计、编排、校对、发行等工序,现在都可在计算机上完成,责任编辑既要进行图书的选题策划、编辑加工等工作,要又懂得美术、装帧设计的基本原理和方法,有时校对也在编辑加工中完成。这些,使得现代责任编辑出现了角色兼容的趋势,即他们在完成其传统意义上的编辑角色的职责(选题策划、编辑加工等)的同时,还要兼容其他有关多重角色(技术编辑、封面装帧设计、校对、印装、发行等)的功能和责任,而且在兼容角色间的转换与交融上,使自身升华到一个高层次,成为一种复合型编辑人才。

笔者作为一个专职编辑,对现代责任编辑的角色兼容,有一定的体验和体会,现就其有关的几个问题谈点肤浅的认识和思考。

## 一、角色兼容的主体条件——素质

现代责任编辑要能够兼容多重角色,必须具备较强的综合素质:

1.具有较全面的知识结构。现代责任编辑在知识结构上,应是多学科全方位地纵横交叉发展,即所谓上知天文,下通地理,特别是应注意新知识、新技术的学习和掌握,以适应现代出版的需要。

2.具有过硬的业务能力。现代责任编辑应是本职工作中的

"多面手"：在我国社会主义市场经济条件下，责任编辑应首先是优秀的社会活动家，是作者队伍的有效组织者，应善于捕捉市场信息，有较强的选题开发能力和对市场的应变能力，对方针、政策和法律法规熟稔，而不是只知道埋首案头的"文字匠"；特别是面对知识经济和现代出版技术的日新月异的发展，责任编辑还要具有出色的创新能力，掌握一流的创新方法，熟练电脑操作，处理信息的能力较强，并具备良好的协作精神和沟通协调的能力等等。也就是说，现代责任编辑应该有对文字、图像、创意、装帧设计、电脑、制作以及编辑流程、书装效果等等的处理能力和处理方案，应该认识和熟悉现代出版"前期"、"实际运作"、"后期"的各阶段工作概念。

3. 具有较强的八种意识：一是现代出版意识。现代责任编辑要正视传统出版与现代出版的关系，根据现代出版已将传统的出版模式"出版社—发行部—书店—读者"倒置过来的新情况，调整好自己的出版思路，建立应对之策，重建与其他出版环节新的协调关系。二是产业意识。现代责任编辑须面向市场，投身出版业的改革浪潮，推进出版业的产业化进程。特别是要充分利用现代出版业的高科技手段及现代经营方式，实现出版的快捷、优质、高效，使出版业的运行更加有序、灵活。三是市场意识。现代责任编辑应掌握市场规律，提高图书出版的经营管理能力，增强在市场中搏击的本领。四是效益意识。现代责任编辑应具备在现代出版技术与出版业之间搭桥的能力，将计算机技术与出版效益挂钩，使其结合后产生巨大的市场效益。五是读者意识。现代出版使读者、出版人、作者三方双向交流变得非常直接、方便、快捷，现代责任编辑要强化读者意识，形成一种读者参与出版的"市场引导型"的出版新型机制。六是精品意识。现代出版技术的应用，为精品书的出版创造了很好的条件，现代责任编辑，要充分利用新形式、新材料、新工艺，提高出版水准。七是变形意识。随着多媒体出版物和网上出版的快速发展，传统的纸质图书及出版业出现了变形，它要求目前出版人才的类型也要相应地变形。现代责任编辑应有这种"变形"意识，便自己适应和满足现代出版业的需要。八是创新意识。现代责任编辑应具备一种对新生事物自觉和深刻的认识,自觉提高创新能力,使自身及行业共同保持着一种常新长盛的可持续发展。

## 二、角色兼容的关键之举——参与

现代责任编辑要能兼容多重角色,并实现兼容角色间的转换和交融,关键是要行之有效地参与其中,做一个活跃的实践者。而现代出版技术也为责任编辑的这种参与提供了广泛的必要性、可能性与可行性:

1.责任编辑在"三审制"中的责任性。责任编辑,顾名思义,体现了其对所责编的书负有责任,这也是"三审制"中最关键的一环。在以往的纸质编辑加工中,责任编辑的编辑加工情况大体上可一目了然,这可方便编辑室主任复审、总编终审。电脑编辑操作系统的应用,编辑工作软件的开发、利用,在为责任编辑加工书稿提供许多便利的同时,也给复审和终审带来了新的情况。因为电脑编辑不能像纸质编辑那样对原稿加工的细枝末节直观表现出来,不便于编辑室主任和总编对原稿及责编加工情况的充分了解和掌握。因此,电脑编辑加重了责任编辑在"三审"制中的责任性,要求:(1)责任编辑对责编的书要称职,独立负责,对其职责中的工作独立承担责任,这可使图书质量保证落到实处;(2)责任编辑在加工中遇到难题时,要与编辑室主任或总编共同商议解决,这既利于攻克难题,保证质量,也可使大家都"心中有数";(3)责任编辑填写审读意见和编辑加工情况时,要尽可能地详实,使责任编辑对书稿的总体意见、编辑加工的基本过程、主要加工处理情况都得到反映,便于复审和终审。

2.责任编辑在技术编排上的灵活性。现代出版技术,使原来由印刷厂承担的排版、改版工作,现在都可放到出版社来完成。各种组版软件使得图文混排变得易于操作,版面效果明显改善,责任编辑在版式规划上可更加灵活多样;而且,责任编辑可直接在电脑上设计、比较、选择,以各种版式来适应图书内容。当然,责任编辑参与这项工作的质量,与其自身的生活经历、思想观念、知识素养直接有关。

3. 责任编辑在装帧设计上的合作性。电脑参与制作,各种图形制作、图像处理、特效字制作软件,使过去由美术编辑单独构图设计、完全手绘完成的封面装帧设计,变得得心应手。这样,责任编辑可以与美术编辑一起边设计、边修改,直至满意为止,可避免美术编辑不了解全书内容,致使封面装帧设计与图书内容脱节的现象。而且,其表现手段更加先进、多样,在设计中,可调动各种视觉符号与要素,为设计酿造合适的形式与神韵。当然,这要求责任编辑必须掌握必要的相关知识和技能。

4. 责任编辑在校对上的同一性。在纸质编辑出版过程中,校对工序是其中一个独立的环节。但在当今的无纸编辑作业过程中,计算机上编辑加工后的稿件,已无需再排版,这使编辑工作的功能扩大了,编辑加工后的校样改样这一后工序简化了,责任编辑自然兼容了校对角色。而校对在其工作过程中,重在发现原稿中的差错或责任编辑的"疏漏",并及时提请责任编辑进行处理。这使得责任编辑与校对的分工界线变得模糊了,校对成为对责任编辑"疏漏"的一个重要补充环节,二者具有很大程度的同一性。同时,由于责任编辑是在电脑上编辑加工,既要注意书稿,又要操作电脑,难免出现编辑疏漏或因操作失误导致的差错。为此,一方面责任编辑要熟练掌握新的技能与知识;另一方面,对于磁盘稿,在编辑加工之前,应打印一份或要求作者在交磁盘稿时附上打印稿,供校对人员校阅,以确保出书质量。

5. 责任编辑在营销上的重要性。在现代出版中,营销,是从选题策划开始一直贯穿到图书销售的全过程。现代出版技术使出版周期大大缩短,市场竞争使出版进入营销时代。可以说,现代出版把责任编辑推向了图书营销的前沿阵地,使他们进入了市场竞争的主战场,要义不容辞地去冲锋陷阵。这要求现代责代编辑应确立营销理念,具备基本的图书经营管理知识和图书市场营销的策划能力,从策划选题开始,就要以市场经济规律为准则,以消费者为导向,准确定位市场,选择最佳的经营方式和最有利的发行手段,实现图书的最佳效益。

从以上可看出,现代责任编辑兼容其他角色,是现代出版业发展之使然。但这并不是说现代责任编辑要越俎代庖完全替代了其他出版工序和环节的工作,且这样也不免有些强人所难。因此,我们强调责任编辑的角色兼容,是重在参与,而且也只有参与、渗透到其他环节之中,现代责任编辑才能顺应当今出版潮流,才能适应新形势对责任编辑工作的要求,从某种意义说,这可能也是作为现代责任编辑的必由之路。

### 三、影响角色兼容的因素及对策

1. 责编素质。素质不同的责任编辑兼容其他角色的能力和效果肯定不一样。因此,责任编辑要行之有效地兼容其他角色,实现其兼容角色是的转换和交融,必须要加强自身素质的提高,不断自我完善,这点在第一部分已作讨论,此处不赘述。

2. 相互关系。责任编辑与其他方面的关系怎样,也在一定程度上影响着其角色兼容。如果没有相关工序、环节及方方面面的配合,责任编辑是很难完成角色兼容的。因此,责任编辑还要注意处理好与其他有关方面的关系,搞好工作协调,把握好角色转换原则,增加交往的密切性,与之形成一种积极的配合关系,以保证其角色兼容的顺利实现。

3. 出版技术。出版社吸收和应用现代出版技术的能力,拥有现代出版技术的数量和质量,编辑队伍掌握和应用技术的状况,也直接影响着责任编辑兼容其他角色的效果,其相互之间是一种正比关系。出版社拥有先进技术,是责任编辑实现角色兼容及其转换与交融的前提和手段;编辑队伍的整体技术水平,是其重要的基础。因此,出版社应注意吸收和引进现代高新出版技术,注重编辑人力资源管理和人才培训,增加出版全程的科技水平,改善编辑环境,为现代责任编辑的角色兼容,创造更好的条件。

4. 出版体制。长期以来,我国出版社编辑过程中不同的工作

(如文字编辑、美术编辑、技术编辑、校对等)职责分工明确,划分为不同的职能部门,工作相对独立,有些还各自为政、各司其职。在现代出版过程中,这些明确分工的界线变得模糊了,责任编辑的功能扩大了。原先的那种组织形式已不适应现代出版的发展要求,也在一定程度上影响了责任编辑职能的充分发挥。因此,而对新的形势,有必要对出版体制重点是编辑体制、编辑工作方式及出版社运行机制进行相应的改革、创新。其主要内容可有如下:一是对图书编辑过程中的固定的前后工序进行灵活划分,以充分发挥编辑的整体优势和综合实力,如在实践中新出现的"工作室"、"项目组",即是这样,而且已经取得了好的效果,得到了大家的认可;二是对出版社原有部门的职能重新界定,改原来的各自为政、各行其道为相应渗透、相互交融,从而相互协调发展;三是使图书出版过程中的各环节风险同担、利益共享,使编辑由原来的"八仙过海,各显神通"而形成内部新的团队精神和合作精神;四是对编辑队伍进行科学建设,加强其知识与技能的"武装",使其既是编辑加工的专家,又是具有多种能力的潜质、张力和弹性的"杂家"。

  影响现代责任编辑角色兼容的因素和对策还包括出版机构、出版结构、出版业的所有制形式、出版管理体制等及其相关的改革等等。对此本文不一一论述。

(作者单位:厦门大学出版社)

# 关于责任编辑的责任区划

李 大 星

责任编辑,顾名思义,即是指对出版物"负责"的编辑人员。不过,所谓负责,从中国编辑行业传统的原则意义说,更多的原本是指对出版物内容的负责。这一点,也在实质上与中国编辑体系的重要组成部分——三审制正相契合。在进入市场经济之后,我们的责任编辑的"责任"权限,从大的方面看,应该是指:

1. 对出版物的选题进行策划;
2. 对出版物的作者进行物色、甄别和确定;
3. 对出版物的著作风格、体例等进行定位;
4. 对出版物的内容进行全方位的审核、修改、确定,并以齐清定的完成形式将出版物的文本导入出版物的成型制作流程;
5. 对出版物的宣传提供文案帮助;
6. 对出版物的市场状况予以关注和信息反馈,并对其他出版物的选题运作循环等相关问题给以互动性的刺激。

以上叙述,也许或有遗漏,但应该说不会有原则的缺项。当然,也还有一些潜性的工作嵌接在以上"责任"权限内,如对出版物的选题策划中,不仅包含对选题的智力性、市场性投入和判断,也还有不少其他的但却不可或缺的付出,比如将设计中的选题变为计划内的项目,就需要与作者、出版单位主管者等进行大量的交涉与切磋,付出智力与体力上的劳动,而人际关系的处理与斡旋也是颇为复杂的,而这些付出只有在选题能够成为计划内项目时才具有意义,否则就只能是付诸东流了。但这些付出其实在责任编辑身上,都是实在的劳动,只是由于种种并非仅仅责任编辑个人的原因而在"成本"上计算为零而已。但是,当那些选题没有能够成为计划内的"真实"项目时,责任编辑起码也还要进行某些并不轻松的善后,如对原定作者的相关解释,这是绝不轻松的事情,总不能一个项目没有促成就失去这个作者,合作的长远既需要责任编辑的眼光,也需要责任编辑圆润的人际弥缝技巧。即便当选题有幸成为计划内的"真实"时,除了上述六项明确的工作外,也仍然还有诸如签约时的"讨价还价"、写作中的催促进度等等反复、繁复的投入,这同样是并不轻松的事情。

自然,由于出版物的许多具体情况,也不是说任何出版物的运作都需要将以上诸项程序全部涵盖。

旁观域外出版业的情况,大约他们的编辑更专注于"负责"选题的策划、拟订和市场确认,而作为中国出版业最为重视的特色性的案头审核,他们更多的是委之于社会分工下的专门机构,而不是编辑本人。这样看来,我们的责任编辑的"责任"范围,比之别人要大得多。当然,域外人士的范围虽然偏"小",但其具体项目的内涵和纵深、力度,要比我们想像的复杂得多。

仍然回到本题,应该说,在一定意义上说,我们的责任编辑的责任工作,并不为少。但是,就目前的状况而言,还有某些出入。在出版社内部,似乎有这样一个"共识",就是责任编辑的责任,是"笼盖四野"的全方位,除上述所言的责任编辑的"本义"项目之外,他们还要负责出版物流程的进度把握,与各相关职能部门进行协调,以保障出版物的顺利制成,比如,与校对人员、出版人员、发行人员沟通,及时、耐心而多频次地进行流程进度的催促,而且这些必须是低姿态的,因为责任编辑是一线的"责任者",因而所处地位便不由的最低,工作上的协调便只能采取这种姿态;此外还有,负责出版物的所有文字介绍,包括报表、档案等的撰述,而且其中包含大量的内容相同或相近但名目各异的重复性劳动;还要负责出版物出版之后的所有善后工作,比如版权纠纷、版权贸易等;要负责出版物的市场相关项目,比如订货时向出版商进行出版物的介绍、宣传,出版物的销售账目核对;等等。从某种意义上说,责任编辑更像是出版物的虽非名义上的却是实际上的"不管部长",该自己负责的要负责,不该自己负责的也要负责,尽管这"负责"并没有权力职责上的制约意义,但因为那出版物上面"责任编辑"栏目上的名字,也就意味着责任编辑不尽的义务,而且如果责任编辑不去"负责",那就可能会由于无人负责而发生许多问题,而这是任何具有职业精神的责任编辑所不愿看到的。于是,就只能陷入了这许多的责权不清的事务之中。

如此看来,不论是"本义"的"责任",还是旁及的"权限",我们的责任编辑的"负责",确实显得过于"博大",却很不够"专门"。

从出版业总的发展趋势看,应该是分工更为细致,同时也更为专业化。这不仅是大势所在,而且也完全符合进化的规律。从这个角度看来,责任编辑的责任,起码不应当飘向于"博大"而应当归向于"精深"。

当然,由于目前体制上国情上诸多因素的制约,将我们责任编辑的本义性责任仿照域外模式,分解给另外的专业人员或相关社会化机构,可能不是短期内所能做到的事情。但将责任编辑身上原本不应该"具有"的旁及性"权限"拆除,复位于原本应当负其责任的相关职能部门,则是可以做到并且应当做到的。因此,首要的问题,是应当明确责任编辑的"责任区划"。

所谓"责任区划",就是所要负责的"区划"范围。从我们的具体环境看,文前所提到的本义性"权限",应当是约定俗成的。但似乎不应该再有所扩延。重要的和主要的问题,还是在于将其从制度上进行明确,使过去责权不清的相关职责,各自以规定的形式责权明晰地归属于相应的人员和部门(包括责任编辑和其他职能部门人员),这才是富有建设性意义的措置。

这种明确,具有以下意义:

一、定性意义。从分工角度而言,这些本题之外的"工作"原本是相关的职能部门的职责所在。如果能从制度上将其"归属"复位,则就在定性上明确了责任编辑和其他相关职能部门各自的"势力范围",可以减少责权不明所带来的推诿和延误,保障出版物流程的顺利衔接,相对减少出版社内部的耗损,因为如前所述,责权不清势必将许多额外的公务转移到责任编辑身上,而责任编辑为使出版物出版,就不得不去打理,而这打理,除了给责任编辑本身带来心理上的不平、压力和生理上的重负之外,还要耗费他们的相关精力,比如许多人际上的斡旋和调谐,而这些所占用的时间、精力等等,比之他们的本职工作绝不为少,有时甚至还要为多,而且对其的本职工作也不能不产生消极的影响。

二、定量意义。"区划"和责权定性之后,必将给责任编辑的本职在定量上带来利好,除了在时间、精力等方面的节能外,更使他们在心理上感觉到相关的自我意识,过去的一揽子形成的大锅饭以及额外大锅饭,对他们的自我意识具有相当的杀伤力,而制度上的明晰、确定,则将使上述负面伤害得到修复,对保障和提高他们的职业意识具有相当意义。

三、管理意义。由于上述定性和定量两个方面的确立,也会给出版单位对其他相关部门人员的管理提供有利环境。众所周知,出版单位内部比较突出的一个矛盾,就是编辑人员与非编辑人员之间,从工作项目到市场风险再到经济收入分配等等的均衡比较上。而上述在制度上的相关明晰、确定,将会对这些矛盾的解决提供一种环境和保障推力,还有助于增强出版单位内部的凝聚力。

四、保障意义。随着责任编辑和其他相关部门"区划"和责权在制度上的明晰和确定,就使得出版物内部循环之间得以顺利衔接,从而能保障出版物流程的顺畅进行,相应缩短出版周期,拉升出版物的质量,提高出版单位出版物的市场竞争力,还相应带来出版单位形象的良性改善,有利于塑造自己的品牌。

五、专业化意义。相对而言,我们的业务人员的专业化是比较薄弱的,而责权的含混,对这种薄弱更起着推波助澜的作用。因此,在制度上对责任编辑以及其他相关部门人员的区划进行明确,在时间、精力、心理等方面予以改善,改善责任编辑的疲于应付状态,改变责权不清可能带来的责任编辑消极对待工作现象,如对审稿质量、选题建立意识等方面的淡化,规避其本不应该的繁重的任务,将其定量的精力和时间专注于其本身的专业领域——毕竟,"又要马儿跑得好,又要马儿不吃草"的挖潜式办法总不是长久之计。

六、改善意义。目前出版业存在两个比较突出的征候,这也是出版物质量下降的两个原因:即(1)差错率的攀升和普遍化;(2)选题的大面积平庸化。差错率问题的原因中,当然包括责任编辑审读的粗率。本来,审读是保障出版物内容质量的第一道关口,我国出版业一向注重案头工作,三审制正是强调这一点的体现。但责任编辑的责权含混和额外义务"扩大化",势必影响他们审读的精力和心态,因而负面的作用难免产生。职业精神确实要提倡,但提倡的同时也应该提供一种环境上的保障。与域外编辑的项目少而项目内容深刻比较,我们的责任编辑需要旁顾的东西实在是太多了。选题的平庸化原因也在这里,旁顾过多,有限的精力就会被分散,而选题的产生是需要责任编辑花费较大精力和较多时间的,同时还需要专注力,这些方面没有了保障,选题自然就会滑向平庸。所以,责任编辑责权区划的制度化,必将改善原来的局面,其对出版业两大征候的诊治,对出版物质量的改善,是具有积极的意义的。

(作者单位:河北人民出版社)

# 重塑一个你和我
## ——新形势下图书编校过程的新调整

高 哲 峰

新千年新形势,文化、教育、科研不断发展,市场经济对图书出版业的影响越来越深入,高新技术也毫不迟疑地跟进,在这种情况下,图书出版的生产力发生了深刻的变化,从而使生产关系也发生着变革。下面就图书编校过程的调整趋势做一前瞻,可以看出,划分策划编辑制和文字编辑制是历史的必然。

### 一、编辑策划功能发挥着越来越大的作用

市场经济的切入,使图书成为货真价实的商品,编辑工作空间扩大,策划功能加强。而信息大爆炸,也使编辑策划的选择与把关作用突出。

1. 编辑策划功能的凸现

1996年以来,"策划"一词频繁地挂在编辑的口头、出现在编辑的脑海。编辑们之所以对"策划"情有独钟,并非否定过去编辑活动中就存在着策划活动,而是在新形势下,编辑策划的内容、范围和强度都发生了深刻的变化。

在书荒年代过去以后,改革开放将市场经济全面引入社会生活中,图书市场也产生了巨大的变化,逐渐由卖方市场转为买方市场。这时书稿的竞争是出版社竞争的重心。一直侧重于编辑加工的编辑们开始让市场意识进驻自己的大脑,不再坐等书稿上门,而是主动出击,从组稿上、找作者上下苦功,市场意识的体现是找一个好作者、组一本好稿子,就能让市场朝这本好书倾斜。策划的落脚点在组稿,组稿编辑就在那时浮出水面。

随着图书出版的不断发展,出版社数量在增加,规模在扩大,出书品种也在增多,竞争环境变严峻了。出版社竞争的核心实力转向选题开发。编辑们要收集图书市场信息,绞尽脑汁地提出有

特色的选题。"人无我有,人有我新,人新我特"是编辑策划选题心态的形象表述。图书市场也因为确实有许多空白需要填补,使编辑策划出来的选题不断爆出卖点。

出版社进一步得到发展,读者也逐渐变得成熟起来,竞争更加激烈了。图书的销售已经不完全靠选题的独特和内容的高质量,编辑策划的范围进一步扩大,读者意识开始深入编辑心中,策划尽管还是围绕着书稿进行,策划的重点在于如何把读者需要的推到他们跟前,把需要读者掌握的让他们有兴趣接受,创造读者群。图书的内容质量依旧是策划的先决条件,但有关内容的表述方式、结构形式如何能够适应与满足读者的需求与要求,成为策划的新重点。

再往后,酒香不怕巷子深已经成为回首往事的羡慕,策划的范围再一次扩大,营销的口号喊了起来,以销定产开始全面否定过去的以产定销,编辑们不仅要注意到开头,找好选题,组到合意的稿子,进行精心的包装,还要关注后继的活动,图书卖到读者手里才是真格的。定价、宣传、销售方式、销售时机、印数等等都进入了编辑策划的视野。

对书稿的选择又进了一步,已经不止于对现有的书稿或作者现成的研究成果进行开发、挖潜,而是引导作者对自己所拥有的信息资源和研究成果进行不同主题的组合,或者干脆,就让编辑策划的选题成为作者的科研课题;同时也引导读者去有意识地关注某个主题内容,并全方位地提供该主题的各种信息资源。这也是现今丛书、套书多且吸引读者的一个重要原因。

因此编辑策划不仅扩大了编辑活动的空间,而且大大加重了编辑的工作量,有必要实行必要的分工,设立策划编辑制。

2. 策划编辑室的尝试

因为编辑策划对出版社太重要了,有些出版社开始或小心翼翼或雄心勃勃地设立策划编辑,进而组建策划编辑室。但在策划编辑制度的确立上,很多出版社走过曲曲弯弯的路,有成功的,有失败的。总结以往的经验教训,失败的主要原因有以下几种:

（1）对策划编辑不能很好地定位。让策划编辑对图书的盈亏负全部责任,把选题、组稿、审稿、发稿和印制、发行的全部拍板权交到策划编辑手里,结果赋予他们的权力太大,搞成了编印发一条龙,使策划编辑实际成为变相的社长、总编辑,从而失去对他们的监督和控制,一方面造成社里管理上的混乱,各种矛盾爆发;另一方面,放弃了把关功能,使图书质量从思想内容到编校都在下滑。策划编辑被片面的经济利益追求淹没。

（2）对策划编辑寄予过高的期望。一些出版社只是从全部编辑中选拔几个策划能力拔尖的编辑担任策划编辑,组建策划编辑室,指望少数的这些策划编辑能担负起全社的编辑策划工作。希望他们能策划出重点图书让出版社打两个效益上的翻身仗,或是把出版社的整体选题规划任务交到他们手上。结果,策划编辑在短期内可以策划出几个好选题,但时间一长,对跨专业的选题策划无能为力,不能为社里提供各个图书领域的选题策划;同时策划编辑没有社长、总编辑的全局眼光和相应的责权,根本无法胜任全社的选题规划工作。在实施了策划编辑一个阶段之后,逐渐丧失了自身的优势而走了下坡路。

（3）把策划编辑与文字编辑对立起来。不是从社会化大生产的分工角度去考虑,而是把编辑分成两类:一类坐得住,擅长案头工作,但社会交往能力差,一类案头工作差,但社会交往能力强。一静一动,后者作策划编辑,前者因能力差,做文字编辑,自觉低人一等,人为地造成编辑之间的诸多矛盾。同时,出版社对策划编辑的过分倚重,不仅忽视了文字编辑工作,更有将其视为可有可无的岗位,甚至认为文字编辑的工作无论做好做坏都是浪费时间和精力,更加剧了编辑之间的矛盾,人人争做策划编辑,而不安心于文字编辑工作。从而不是真正从提高效率、发挥特长出发,使建立策划编辑制的工作受到挫折。

（4）设立策划编辑室只是一种孤立的改革行为。设立策划编辑室后,原来的编辑室依然保留,其间编辑们仍然做着选题策划和编辑加工工作。这种孤立的改革,使策划编辑室无法与编辑室严格区别开来;而且没有后续的保障,与其他部门也难以协调。新旧体制在同时运作,发生冲突,于是策划编辑就逐渐地又回到原来的起点,使策划编辑室的工作举步维艰。

如何使编辑策划功能充分发挥出来,为策划编辑们营造一个良好的外部环境,使策划编辑室能够稳定地实施下去,都是值得进一步深思的问题。

## 二、编辑辨是非的功能重新加以突出

1. 编辑加工地位的重新确认

编辑加工是将作者优秀书稿转换成优质图书的保障手段,也是完善和提升书稿质量的重要手段,使转换成的图书质量高于作者书稿质量,并使之更适合于传播和阅读的要求。在日益加剧的竞争中,图书质量是不可缺少的一种竞争实力。在利用所有外在的手段将读者的注意力吸引过来,促进读者的购买行为之后,图书本身的内在质量是拴住读者的心的唯一力量,也为读者未来的购买倾向埋下了优笔。若取得读者的信赖,认为是物有所值,将提高出版社美誉度;若遭读者反感,不忍卒读,则会逐渐失去出版社的发展空间;若读者感觉平平,出版社在读者眼里如过眼烟云,可有可无。

但是,在编辑策划功能凸现后,编辑加工被忽视了。曾有一度一些编辑认为有了好的选题就可以抢占市场,编辑加工只会拖延时机,是费力不讨好的事。结果,有些好的选题被白白糟蹋了,不是缩短了其应有的生命周期,如昙花一现,就是没有生命力、竞争力,甚至有的造成不良的影响,反而使读者和作者疏远了出版社。而有更多的编辑却是一脸的无奈,策划活动占去了他们大量的时间和精力,对编辑加工已经是心有余而力不足了。有的为了赶时间、赶任务,只能眼睁睁地看着图书不尽如人意地发出去了。

因此把编辑加工由文字编辑专门来做是一种明智的选择。

2. 核读——编后印前质量保障环节新形式

编后印前环节是指图书出版过程中,介于编辑加工发稿后和图书印刷之间的环节,在这个环节里,存在着排版和校对两种活动。而校对就是传统编后印前质量保障环节中唯一的一种具体保障形式。

在计算机介入写作与编辑过程之后,传统的编后印前质量保障环节受到挑战。纸介质书稿不再占有一统天下的地位,磁介质书稿后来者居上,使编校活动必然发生变革。针对不同介质的书稿,编辑采取不同的编辑方式。对磁介质书稿,编辑也采取了两种加工方式,从而使编后印前质量保障环节中,产生了一种新的质量保障形式——核读。

对作者用软盘拷贝的,或用电子信箱传送的磁介质书稿,编辑采取以下两种编辑加工方式:一是编辑将磁介质书稿打印成纸样稿,在纸样稿上进行审读和编辑加工,然后发稿,由排版人员根据纸样稿上的标注进行改版。二是编辑直接在电脑上对磁介质书稿进行审读、加工、排版、发稿、改版。

在第一种方式中,需要部分的传统校对,也就是那些编辑修改标红的地方,要进行校对。这时校对已经没有必要将全部书稿逐字逐句地校对,工作量明显减少。在这种情况下,需不需要专职校对了?是否需要通读校样了?通读校样起什么样的作用?

在第二种方式中,已经没有校样,校对完全消失了。那么,如何避免编辑对书稿一捅到底的加工方式,在编后印前质量保障环节中对图书质量给予保障呢?

因此,在编后印前质量保障环节中就出现了核读这种新形式,也即对编辑加工发稿后的改定稿进行1~2次审核式的通读,着重从字、词和版式上进行辨是非,找出编辑加工遗漏的错误。对核读人员的素质要求较校对人员要高,他们必须具备相应的专业知识,因此由编辑人员承担比较合适。

3. 编辑加工与核读的统一

编辑加工中有一部分内容就是辨别和判断原稿中的是非问题,消除原稿中的各种错误和不恰当的地方,提高书稿的质量;进行版式设计,使原稿符合图书出版的要求。核读是通过阅读编辑改定稿而发现其中编辑加工之后遗留的各种错误和不妥之处,尽力完善出版物的质量。按理说,核读人员辨别出来的这些"非",本来应由编辑人员在编辑加工中完成,但由于编辑人员的疏忽而没有发觉。从本质上讲,编辑加工的一部分功能与核读的功能是一致的。所以,我们可以把编辑加工和核读统一起来,同时把它们都认为是文字加工的内容。

### 三、编校过程的重新划分

#### (一)旧的编校制度势必要改革

现行的编校制度已经不适应新形势的发展,遇到许多难题,因此编校制度的改革有其必然性。具体分析如下:

(1)出版产业化的必然趋势,要求图书的经济效益和社会效益达到内在的统一,这使每个出版社都要建立与之相应的制度给予保证。因此,在新的条件下和变化了的环境中,出版社内部的各种制度改革势在必行,编校制度的改革就是其中的一个重要内容,编校制度的改革将与出版产业化互动发展。

(2)市场经济浪潮的冲击,使出版社逐渐成熟起来,真正意识到管理的重要性。加强经济核算、加强成本核算,使整个出版社的人财物合理配置,提高利用效率、获得利润最大化、从粗放式经营转向集约化经营转变,无不要求在出版活动的初始就加强编辑策划。整个出版活动全过程的统一性和整体性,要求出版运作的精细化,不仅必须有整体行动的方案,而且每一本书的运作都要有完整的方案,按照方案严格地实施。从反面讲,目前各种工作室和书商对图书市场信息的敏锐感触和快速的操作,灵活的机制,成为出版社竞争不可忽视的对手,促使出版社加强编辑的策划功能,改革现行的编校制度。

(3)1999年"退货没商量"的狂潮席卷了诸多出版社,各社图书库存量急剧上升。这说明整个行业都面临着产品结构和质量的升级换代。在这种紧要关头,选题结构的优化和产品质量的提高是摆在我们面前的双重任务;品牌的塑造也离不开优秀的选题策划和对产品精雕细刻的打磨、优化。这要求我们重新正视编辑策划与编辑加工是两种都不可忽视的重要环节。

(4)国际化、全球化发展趋势,要求中国出版业要不断加强自身的竞争力,充分利用国内外各种出版资源。从一种快捷的使用,即引进国外各种版本图书,到原创式的使用,如直接寻找国外的作者与书稿资源给予首家出版,版权贸易的深度、广度都在不断地发展。编辑的前期策划更加繁重,而后期的制作,包括编辑加工也绝不可忽视。

实行编校制度改革,划分出策划编辑制与文字编辑制的直接好处是,能够加强出版社的整体实力、竞争能力。主要表现在:①优化人的能力,优化人的素质,调整人才结构,加速人才的成长,适应新形势新条件的逼临。②培育和提升出版理念,剔除浮躁,加强专业知识的配备,扎扎实实地做每一项工作,形成本社出书方向、风格和特色。③强调人的主观能动性,充分进行创新,拓宽出版手段和出书领域,在图书市场上牢牢占有自己的份额。④有助于出版社抛弃小生产者的做法,真正实现现代化大生产的运作方式。

## (二)建立策划编辑制

### 1.策划编辑制的特点

策划编辑制的组织形式是策划编辑室。策划编辑的职责简单地说,就是选题、组稿、审稿、监督。他要收集各种信息,制定出选题方案,并要物色合适的作者,进行组稿、审稿,认为书稿合适了,就交给后面的各个环节进行操作,自己则行使监督的职责。实行策划编辑制要强调如下特点:

(1)对选题的重新界定

编辑策划的结果就是选题方案的制定,也即选题的立项。这时的选题已不仅仅指要出书的书名、内容简介、作者情况,这里的选题是指一个方案,活动的方案,这个方案全面地设想该书内容、表述方式、装帧、排印、营销、宣传所做的事,尤其以塑造书稿→图书分阶段的方案最为详细,也就是编辑过程的方案最为详细,对以后环节的描述,根据自己所掌握的书稿情况、社会关系和整体环境,以及对该书的各种判断,可以详可以略。选题方案经过社里论证评估、社领导批准后,各部门就要遵照实施。对装帧、营销、宣传等,出版和发行部门要把原方案中有关自己部门的工作步骤细化、具体化,完善和提高。对这些其他人员和其他部门实施的环节,策划编辑进行监督,必要时可向策划编辑室主任和社领导提出协调的要求。

(2) 编辑策划的常规化、普遍化

所谓编辑策划的常规化、普遍化,指的是出版社对每一本书的出版都要经过编辑策划,都要有完整的选题方案,根据批准的方案规范以后的所有出版活动,各环节依照流程由制度保证进行。

以往策划编辑和策划编辑室的设立遭到失败的一个重要原因,就是没有使编辑策划常规化、普遍化。这样,要使策划编辑的方案得以实施,没有配套的制度去保证,只能赋予策划编辑对编印发的特殊权力,否则方案就无法实行下去,从而使出版社陷入左右为难的境地。

当然,编辑策划的常规化、普遍化并不排斥项目负责制的实行。项目负责制是一种特殊化的制度,采用纵横重新组合人员的方式,项目的负责人可以是策划编辑,也可以是其他的人员,如社领导、营销人员等。对于大的出版活动和有特殊意义的出版活动(如对出版社发展有至关重要的作用),实行项目负责制是可以的,但在一定时期内,这种项目的实施不能多和滥,否则会造成管理上的混乱。

(3) 出版的专业化

出版专业化是策划编辑制的内在要求。一个策划编辑要始终能够制定出高水平且可行的选题,必须有自己相对稳定的专业领域,对这个专业领域的学术界情况、图书市场、读者与社会需求都有长期的跟踪,并最好有能力跟专业领域的专家、学者、作家等进行高水平的对话。因而,他必须有一定程度的专业化学识,绝不是只要交往能力强就能做好策划工作,对跨专业领域策划他会感到力不从心。

各个策划编辑的专业领域组合起来,就形成了出版社图书出版的专业方向和特色,出版社的专业化、特色化与策划编辑的专业化是相互制约、互动发展的。出版社已有的专业虽然在某种程度上曾经是行政指定的,但多年来由此引导着策划编辑的专业方向,是不可抛弃的,而应以此为基础扩张、发展。

2. 总编辑的总体策划和组织管理能力是编辑策划制实行的保证

策划编辑制的建立,对总编辑的能力和作用提出了更高的要求。首先,要求总编辑能够在全社策划编辑策划的基础上,选择和培育本社的出书方向、特色、风格,并精选好选题进行品牌的塑造。其次,总编辑要有能力组织策划编辑进行团队作战,策划大型选题、跨学科的选题,充分发挥多兵种作战的优势,体现社会化大生产的特点。第三,总编辑要有神圣的文化责任感,从全社的总体上把握好社会效益和经济效益的统一。在每一本书的两个效益选择上,总会有所侧重,但就全社而言,除了要创造再生产的条件外,还要永远不忘记自身所担负的文化责任。第四,总编辑要能够引导策划编辑把全部精力投入社里的总体策划方向,并且能够协调策划编辑室与文字编辑室,协调与其他部门的协作。第五,总编辑要全面掌握图书质量的监控与管理。

(三)建立文字编辑制

1. 文字编辑制是"编校合一"吗?

文字编辑制的组织形式是文字编辑室。文字编辑的职责是对书稿进行编辑加工、发稿,并承担核读的工作。文字编辑制不是"编校合一"。

对"编校合一"可以做两个层次的理解。一是主体合一,也就是编辑与校对的工作内容没有变化,只是由同一个人员来承担了。这种"编校合一"对编校分工来说是一种退步,一般是不提倡甚至是不允许的,它不太容易保证图书的编校质量。主体上的"编校合一"是纸介质书稿条件下的一种特殊编校形式。二是功能合一,也就是编辑的功能和校对的功能重合了。这种可能性是不存在的。校对的重要功能是"校异同","校异同"的前提是书稿录排转化的存在,当这个前提消失后,校对也就消失了,根本不存在编辑加工与校对功能合一的情况。在磁介质书稿的条件下,校对不存在了,而由核读来进行质量保障。只是在现阶段纸介质书稿与磁介质书稿并存,所以校对与核读并存于编后印前质量保障环节。将来,磁介质书稿一统天下的时候,核读也将一统天下。那时的编辑过程所做的划分,就是本文所划分的策划编辑制和文字编辑制。

2. 文字编辑制营造了文字编辑的象牙塔么?

如果说策划编辑要承担每本书的经济责任,承担着市场风险,还要承担该书的社会效益,是否意味着文字编辑就不需要关心图书市场、读者需求,不需要关心图书的发行情况? 其实不然。

对文字编辑的约束,仅仅用图书质量检查是不够的。文字编辑对书稿的加工整理、完善提高,决定了图书产品的质量,图书产品质量在一定程度上影响着图书的销售。因此,也可以用图书销售状况来制约文字编辑。这种制约尽管是软性的、间接的,却是必要的,比较多地体现为策划编辑对文字编辑的选择上。策划编辑总会选择工作负责、态度认真、关心市场的文字编辑,从而将那些不合格的文字编辑晾在一边,无事可做,最终下岗。这就促使文字编辑根据书稿的读者定位、市场状况,对原有书稿不仅在内容质量上辨是非、把关,而且在书稿的内在形式(表述方式、内容结构及目录、附录、注释等)和外在形式(版式、装帧等)方面也用心加工,为策划编辑的方案实施锦上添花。文字编辑无象牙塔可躲。

### 四、新的编辑制度下要解决的几个问题

**(一)谁是责任编辑**

1. 传统的责任编辑

责任编辑最一般的意义是指对某一本具体的书负责任的编辑。责作编辑都是由出版社的编辑来承担的。传统责任编辑的确定主要看他是否做了该书的审读和编辑加工工作。在组稿编辑、策划编辑出现的时候,有些出版社就规定,对组稿编辑和策划编辑组来的书稿,可以由自己担任责任编辑,也可以请其他的编辑来任

责任编辑。版权页或封底上,也分别署上组稿编辑或策划编辑和责任编辑。可见,这里的责任编辑仅指对图书进行审读和编辑加工的编辑,他所负的责任仅仅限于图书本身的质量,如内容的政治性、学术性、创新性以及语言文字、版式等是否达到出版要求,并通过对书稿的优化整理,使之符合出版要求。那时的最大一个特点就是:责任编辑无须承担经济责任。而一些责任编辑需要承担经济责任,也是因为他本身就是组稿编辑或策划编辑。

2.策划编辑制下的责任编辑

《图书质量保障体系》对责任编辑做出这样的规定:"图书的责任编辑由出版社指定,一般由初审者担任,除负责初审工作外,还要负责稿件的编辑加工整理和付印样的通读工作,……并负责对编辑、设计、排版、校对、印刷等出版环节的质量进行监督。"这里已经意识到责任编辑对出版全过程的关注是必要的。

策划编辑制下的责任编辑,有一点是没有变化的,还是对一本具体的书负责任。但其负责的范围有所扩大,担子也加重了。他要负责这个选题是否到位,书稿是否合乎意愿,还要负责这本书的装帧设计,负责这本书的市场情况,尽管他所负责的东西不一定是事必躬亲,但却必须要监督到位。这时的责任编辑就是该书的策划编辑,而不是该书的文字编辑。

(二)三审制与发稿审批

策划编辑制下要强调策划编辑审稿。因为策划编辑的所有设想都要有一个承载体,这就是书稿,选题方案中的所有步骤和活动都是围绕书稿进行的,有了合意的书稿,就有了落实策划编辑思想和方案的基础,书稿合不合意,决定整个选题策划方案是否要修改,是否要重新做策划。

策划编辑要组来合乎本意的书稿,并审稿,判断取舍,或退作者进行大的修改,严格进行三审,然后转给文字编辑。三审的承担者分别是:初审,策划编辑;复审,策划编辑室主任;终审,总编辑(或总编授权的其他编辑)。

对每本书稿的文字编辑,可以由责任编辑即策划编辑提出建议,连同书稿一起交给文字编辑室主任,由文字编辑室主任根据建议,最后指定文字编辑承担该书的编辑加工和核读任务。

文字编辑的发稿,可以由策划编辑来做审批,策划编辑认为书稿达到发稿要求就签字,然后由文字编辑室主任、总编审批。发稿就由原来的二级审批,变成三级审批。

**(三)编校制度改革是一个实践问题**

在实际工作中,编校制度改革是牵一发而动全局的事情,要慎重行事。是用休克疗法,进行一步到位的配置;还是渐近式地改革,逐渐过渡,要看每个出版社具体的情况,不能一刀切。人事制度的改革是解决编校过程新划分的关键。此外,还要加快出版社的现代化建设,建立信息库,建立局域网,利于管理与监控,为编校制度的改革提供技术上的准备。

实行策划编辑制和文字编辑制,与过去相比,可能会略微增加编辑的人数,使人均创利额下降。但这是增加出版社竞争实力的重要途径,这也是出版业微利化发展趋势的一个表现,是势在必行的。

(作者单位:中国科学技术大学出版社)

# "精品工程"与编辑工作的中心地位

张俊超 高璐

一

时下,出版界有一喜一忧两种现象似乎应引起重视:所喜者,在"五个一工程"的带动下,精品意识越来越深入人心,与"五个一工程"的评选相配合,一些颇有地方特色的精品工程也应运而生,为出版界开出了一派新气象;所忧者,当出版社由生产型转向生产经营型而面向市场之时,不少人对编辑工作的中心地位问题表示怀疑,认为精神产品同物质产品全然一样,既然要参与市场的竞争,就应该以市场为中心,以经营为中心,编辑工作的核心内容也就是以市场的需要为转移。这两种现象貌似各不相干,而其实却又是紧密地结合在一起的。如果编辑工作的中心地位问题不能解决,或者说,"编辑工作是整个出版工作的中心环节"这一方针不能真正成为出版工作之魂,那么,"精品工程"的目标能否实现,一时出现的新气象能否持久,则仍是令人担忧的,即是说,喜中亦隐含着忧。

这种担忧当然决非多余,因为"精品工程"这一术语本身就潜存着某种危险,它毕竟是从物质生产部门借用的一个术语,如果忽视精神生产的固有规律,将它同物质生产的"工程"一样对待,就很难保证精神产品本身所固有的基本特征,难免导致精神产品失去它所应有的精神价值。这或许是一个最为突出也是最为令人担忧的问题。

再者,担忧之二,作为精品,就必然做到质量上乘并富有创造性,还必须与我们的出版业性质相联系,决不能悖离"二为"的方向。如果脱离编辑工作这个中心环节,不通过优化选题来加强其创造性,不通过加工提炼等编辑技术来提高其质量,不在编辑过程中严格把关以规范其方向,则所谓的精品生产也就因失去了具体有效的保障而将成为一厢情愿的美妙幻想,精品工程也就成了失去根基的海市蜃楼。

当然,经过编辑工作的中心环节进行了严格过滤和提炼的精神产品是否就是真正的精品,这仍然要到市场上去经受检验,但这种检验已经是一种自觉的检验。如果以市场为中心,经过市场竞争的浪里淘沙,虽然也可淘出精品,但却是一种近乎盲目的淘选。这种淘选方式危害甚大,决不可取,它既可能造成人力物力的大量浪费,又可能泥沙俱下地造成不良的社会效果,更有违于精品工程的初衷。市场竞争的规律虽说不以人的主观意志为转移,其运作也往往带有盲目性,但市场竞争的参与者则必须是自觉的,否则,断难在竞争中获胜。精品工程的可贵之处就在于它是带着明确的目的来参与市场竞争的,而要保障其目的的顺利实现,就必须确定编辑工作的中心地位,因为只有通过编辑工作这一中心环节的精心筛选和提炼,才能有效地保证生产出来的精神产品是精品,才能将精品工程的目的自觉地贯彻到底。

但具体说来,编辑工作将如何保障精品工程达到目标,这是一个更为值得探讨的问题。

二

首先得解决精神生产的规律性问题。

根据马克思主义的观点,精神生产决不能忽视它的个性化特点。马克思曾指出,在生产力当中,包含有两种因素,"既有表现为个人特性的主观的生产力,也有客观的生产力",物质生产以客观的生产力占主导地位,精神生产则主要体现为个人特性的主观的生产力。因为,精神生产从根本上说是一种个性化的生产,主观的生产力、生产力的个性在精神生产中始终居于主导地位;没有个性,精神产品也就失去了它的应有价值,精神生产也就难免要归于失败。这可以说是精神生产的一条铁的规律。同时,在精神生产中,生产主体对客体的感知领域和感知方式也是带有强烈的个性特征的,"以我的感觉为限",客观事物中凡不为精神生产主体所感知、所把握的东西,就不能成为精神生产的客体,或者说,就不能成为思想家和艺术家的创作对象,因此,如果按照物质生产的办法强行分配任务,同样会导致精神生产的失败。这可以说是精神生产又一铁的规律。

但另一方面,个人归根结底又总是依赖于社会整体的,这正如马克思所说的:"人是最名副其实的动物,不仅是一种合群的动物,而且是只有在社会中才能独立的动物。"尽管在精神生产过程中其生产主体完全采取个体方式进行,看似与社会无关,但仍然脱离不了社会性:"甚至当我们从事科学之类的活动,即从事一种我只是在很少情况下才能同别人直接交往的活动的时候,我也是社会的,因为我是作为人活动的。不仅我的活动所需的材料,甚至思想家用来进行活动的语言本身,都是作为社会的产品给予我的,而且我本身的存在就是社会的活动;因此,我从自身所做出的东西,是我从自身为社会做出的,并且意识到我自己是社会存在物。"事实上,主体的个性也只有在与社会的联系中才能形成和发展,才能表现出与众不同的特征,脱离了社会的参照系,所谓个性也就无从体现。再者,从生产与消费的关系来看,精神产品的生产也同样受到消费需求的制约,"消费在观念上提出生产的对象,作为内心的意象,作为需要,作为动力和目的"。即是说,精神产品本身必须包含社会性,必须适应社会的需要,才能为社会所接受和欢迎。

由此看来,精神生产要想不归于失败,就必须将相互矛盾的两个极端很好地结合起来。一方面,个性化是精神产品的生命,它要求精神生产决不能像物质生产那样模式化、标准化,而应当尽量突出其鲜明独特的个性。从精神产品的创造性要求出发,其个性应该是越鲜明越独特就越好。另一方面,社会化又是精神产品的价值所在,因而它不能只是一味地个性化,还必须具有广泛丰富的社会性。从精神产品可以反复持久地进行消费的特点出发,则它的社会性也应该是越广泛越丰富就越好。这对矛盾的两极似乎是背道而驰的,要结合起来确实颇不容易,但精神生产要想获得成功,要想推出精品,又必须实现这种结合;只有做到将这两极统一于同一产品,实现"优化组合",才能炼出精品,精神生产才能收到最佳效果。实现这一目标,自然离不开编辑工作这一中心环节,因为个性化与社会化的程度如何,仅凭单个的产品是很难判断的,作者从自己的作品出发,往往不免当局者迷,而编辑以客观的眼光并通过与其他作品的比较,往往能得出更中肯的评价,能判断其真正的价值。因此,遵循并利用精神生产的客观规律,谋求精神产品的个性化与社会化的优化结合,以实现精神生产的最佳效果,这是编辑工作的应尽职责和分内任务。自觉地承担起这一职责,圆满地完成这一任务,才能真正确立编辑工作的中心地位。

## 三

从理论上讲,作为精品的精神产品必须实现个性化与社会化的优化结合,对这一问题的理解和证明并不困难;困难的是,在编辑过程中如何保证"优化结合"的实现。据笔者所知,一些精品工程对其产品的推选和生产,往往将编辑工作推向社会,并通过三个步骤来一步步地提炼精品。这三个步骤可以说是保证优化结合的具体措施,或许还具有普遍性的指导意义。

第一步是社会调查、广泛甄选。具有强烈个性化特征的精神生产不能强行分派任务,但要高速高效地催生精品又很难凭个人的力量所能奏效,故而进行广泛的社会调查,从众多的作品中去发现好的胚芽,这是保证个性化的基础。在这一环节,编辑的识辨能力显得尤为重要,如果识辨有误,就可能与"和氏璧"失之交臂。为避免这种失误,精品工程的甄选工作往往是社会化的,动员众多的力量进行多层次、反复地甄选,在众目昭彰的情况下,也就为精品的面世提供了最大的可能,为精品工程的顺利实施奠下了良好的基础。这种做法,就编辑劳动而言,是编辑选择的个人行为与广泛甄选的社会机制相结合;就精神生产而言,则既注意到了作者的个性,也隐含了编辑的个性,同时,在众人的目光里又必然包含有广泛的社会性。因此,这种做法的本身也就是个性化与社会化的优化结合。

第二步领导综合，宏观调控。这是将个性化与社会化均衡调配的重要一环。宣传出版部门的领导对初选上来的作品进行综合分析，然后在题材、样式等方面进行宏观调控，以保证题材、样式的多样化，避免因偏题材、偏样式而导致精神生产的畸形发展。从保证多样化和均衡化方面说，这一环节既是个性化的进一步深化，又是个性化向社会化的有效转化，还是促使精神生产健康协调发展的有效制衡机制。

第三步是专家会诊，重点培养。精神产品的创作凭个人的力量"十年磨一剑"，自然也可以推出精品。但我国的经济建设要快速高效地发展，要求精神文明建设也应同步快速高效地发展，那么"十年磨一剑"的效率就似乎低了些。邀请相应的专家，对重点作品进行会诊，集中内行的眼光和众人的智慧，这不仅可以提高效率，更重要的是，作为内行的专家既可从作者的角度去突出作品的个性特征，又可从编辑的角度去贯彻编辑意图和审稿原则，以加强作品的社会性因素，因此，这是促成优化结合、提高精品质量的重要手段。

以上三个步骤的具体操作过程，自然已超出职业编辑的范畴，但又均不脱离编辑工作的领域。既然精品工程已自然而然地将编辑工作从编辑出版部门推向了更广阔的社会，需要动员广泛的社会力量参与编辑工作才能完成任务，这一行为的本身就足以说明编辑工作这一环节不能削弱只能加强，编辑工作的中心地位必然始终不渝地坚持。

## 四

以上以精品工程为例，说明了确立编辑工作中心地位的重要性。其实，将这一结论运用到整个精神生产领域也同样是适用的。虽说一般的精神生产不可能像精品工程那样动员众多的社会力量，但在编辑工作的过程中有效地促成个性化与社会化的优化结合，则是并无二致的。事实上，以"五个一工程"为代表的精品工程也正是为矫正时弊、以点带面而设的。回顾前些年的文化市场，宣扬资产阶级自由化各种错误思想和封建迷信的读物伴随着"痞子文艺"和"黄色文艺"的浪潮曾盛行一时,给思想界、文艺界乃至整个社会生活造成了很大的混乱,甚或导致时代的主旋律也一度失落,这其中的教训,在很大程度上就是因为忽视了编辑工作这一中心环节的作用,不作严格的把关,放松质量的要求,让不健康的和劣质的产品流向了市场。近几年来随着"五个一工程"的影响扩大以及其他精品工程不断地将优质精神产品投放市场,形势已大有改观,但仅有现在的成果显然是不够的。我们要全面推动精神生产的高速高效发展,那么也就必须在整个精神生产领域确立编辑工作的中心地位。

  人类文化的发展,经过了数千年的选择,由著编合一到著编分离而终于有了编辑的行业,这种历史的必然选择赋予了编辑以独特的使命;文化市场的竞争,必须凭精品立足,这又给编辑提出了现实的要求,这二者都是不能回避的,都必须要认真而负责地对待。因此,作为编辑界的同仁,切不可妄自菲薄,将编辑工作的中心地位轻易地让给了市场,以免有辱历史的使命,有负现实的需求。

(作者单位:武汉大学出版社)

# 我对精品之管见

覃承勤

近些年来,在中央关于优化选题、压缩品种、提高质量的指示精神指引下,在社会对图书质量的强烈呼唤声中,精品图书普遍引起出版界重视,各出版社都积极行动起来,建立精品工程,并通过精心实施,取得了相当喜人的成果。然而,从社会效益与经济效益高度统一的标准和加入世贸组织的形势来衡量,我们的精品意识是否已经到位了呢?精品的定位是否准确呢?精品的实施方法是否正确呢?笔者实在不敢肯定。现根据一些现象加以思考和分析,提出个人之管见,以征求同仁的批评指正。

## 一、精品界说

"精品"这一概念的提出已经有好多年了,它早已成为出版界的口头禅了。然而,我至今还未见到精品的定义,还未见人给它做出科学的界说。它的内涵是什么?它的逻辑方法怎样?它所反映的对象和本质如何?这些问题我实在不清楚。也许有人会说我孤陋寡闻,如果真的这样,我甘心接受,因为我还未从辞书和有关报刊上找到精品的界说。

先哲孔夫子主张凡事必先正名,他说"名不正则言不顺,言不顺则事不成"。精品之名未正,其事何以得成呢?工人要加工一颗螺丝,得先有图纸;铁匠要铸一口铁锅,也得先有模型,不然的话,选出来的东西就难免非驴非马了。螺丝、铁锅如此,图书难道可以例外吗?不可能,精品更不可能。这些年精品吃香,大家一哄而起,都想搞,都在搞,然而搞什么?怎么搞?不见得都很明确,大多是前犬吠人后犬吠影的,大家都在蒙,蒙对了算是好运;蒙不对说是无缘,其实这是若明若暗的缘故。举个例子说明,广西是歌海,民歌文化的底蕴十分丰厚,但关于歌圩研究的专著却从未见过,有一年,一位专家写了一部论著——《广西歌圩……》,大家一听纷纷叫好,一致认为,这是开歌圩研究之先河,填歌海专著之空白,于是仓促付梓。然而出书之后,大家又深感遗憾。这部书共有五章,对歌圩的起源、演变、发展及其在壮族文化生活中的地位和作用都阐述得十分详尽,但对歌师歌手只字未提。殊不知,歌师歌手是歌圩的主体,按理应该设立一个专章来介绍,遗漏了这一问题,本身就是一个缺陷,它怎能"填补空白"呢?如果在此之前有了精品的标准,能按精品的模型去铸造的话,这部书便是精品无疑了。

在尚未找到精品的定义之前,我们不妨先来看看好书的定义。作家出版社社长张胜友曾经给好书下了这样的定义:"好书就是好的思想内容+好的艺术品格+好的市场占有率。"他还强调说:"这三项指标缺少任何一项都不能算是真正意义上的好书。"这个定义对好书的界说十分完整、全面而准确,三项指标分别体现了好书的文化内涵、艺术档次和存在价值,是值得推崇的。在弄清好书定义之后,精品的定义就不言而喻了。精品应该是好中之好,如果把好书按其层次垒成一个宝塔的话,那么,宝塔尖上的那种书便是精品了。于是,笔者照葫芦画瓢给精品下个定义,精品就是上好的思想内容+上好的艺术品格+上好的市场占有率。

## 二、精品导向

要出精品,必须依靠正确的导向。历来至今,在诸多的导向动力中,作用最大的是方针政策和获奖图书。

以上这两大动力,前者是最重要的,它是精品产生的前提和保证。《出版管理条例·总则》第四条规定:"从事出版活动,应当将社会效益放在首位,实现社会效益与经济效益的最佳结合。"这是精品活动的方针政策和理论基础,无疑是正确的。关键在于我们的理解和实行。目前,在道理上大家似乎都懂,但执行起来又难免偏差,举个例子说明:在选题论证会上,常常听到这样的发言:"这批选题不错,准备冲奖的有了;打算攒钱的也有了⋯⋯"这话乍听起来很有道理,因为它兼顾了两个效益,其实细想起来是不正确的。《条例》要求把两个效益紧密地结合到最佳的程度,而他却把两者割裂开来。在这种思想指导下,选题分开设立,效益分开追求,队伍分道扬镳,一帮人抱起"重点选题"直奔大奖,另一帮人挑起"一般选题"面向市场。而领导者往往是"重点选题"的领衔人,不惜把财力和人力都压在获奖的筹码上,无暇顾及"一般选题"。这样一来,必然产生两种后果:一种是没有获奖,扁担无钉两头塌,另一种是获了奖,讨得金碗无饭盛。这两种结果对出版社的发展都是不利的。由此看来,学习党的出版方针政策,不能停留在口头上,必须落实到具体行动中去,才不偏离正确导向。

导向的第二大动力是获奖图书。获奖图书是出版物的样板,是精品的典范,这是从常理的角度和长远的观点来说的,遗憾的是,目前的获奖书还有愧于这种殊荣,还不能起到榜样的作用。这不是危言耸听,是现实告诉我们的。在出版社,历来有两块金榜,一块是获奖图书榜;另一块是畅销图书榜。这两块榜虽然挂在一处,但榜上的两类图书却犹如天壤之别。在畅销书的头上没有获奖的光环;在获奖书的身上也没有市场的灵气。同样都是图书,但楚河汉界分明,双方功用各异,一方可以在庄重的殿堂里令人垂青,另一方可以在喧嚣的市场上叫人垂涎。在这两者之间,谁是谁的榜样呢?能说得过去吗?造成这种隔阂的原因,是因为获奖书没有具备市场竞争的实力,而畅销书又缺乏登堂入殿的品格。这原因归根结底还是人,是出版界的人造成的,尤其是图书评奖委员会的先生们,他们负有更大的责任。他们根本不把"上好的市场占有率"这项指标列为图书获奖的条件之一,才使那些只印几百册的书也堂而皇之地获奖了。也许他们会说,评奖的条件是以社会效益为主的。对,这话一点没错,但我不禁要问,社会效益靠什么来实现呢?难道只是几位评委吗?不对吧?应该靠社会上的广大读者吧。那么,只印几百册的书,它能拥有多大的记者面呢?它能产生多大的社会效益呢?实在令人费解。诚然,获奖图书在思想内容和艺术品格上无疑是一般图书的榜样,但它缺少流通价值,只能珍藏于高档书架之上,叫人可敬而不可学,因为出版社离不开人间烟火呀!时至今日,获奖图书的作用只是充当出版社的门面和一些人的脸面罢了,只有到了获奖金榜和畅销金榜合为一块的那一天,它才真正起到正确导向的作用。

## 三、精品的实施

精品是出版社综合产力的体现,是选题策划能力、组稿能力、编辑加工能力,以及出版发行能力的总和,这五种能力缺一不可。《中国大百科全书》从民国时期开始酝酿,那时,国民党中央政府见到许多国家有大百科全书,认为中国也该有一部,但在落后的旧中国是不可能成此大业的,只有在新中国成立后,才逐步具备条件,直到1978年党的十一届三中全会之后条件基本成熟,这一精品工程才开始上马。上马后的《中国大百科全书》,前后共花了十五年时间,工程才基本告竣。这一成功的经验告诉我们,精品实施必须量体裁衣,慎重行事,切不可仓促上马,草率行事。尤其是国家拨款扶植的精品工程,更应该慎之又慎,以稳为上。不然的话,很难对得起天地良心。

对照《中国大百科全书》工程的经验,实施精品工程,必须认识和解决以下三个问题:一是领导政绩问题。将精品工程特别是获奖图书直接与出版社领导政绩挂钩,容易产生急功近利和操之过急的情绪,其结果往往是事与愿违,欲速而不达。出版社是铁打的营盘流水的官,一届领导多则七八年,少则二三年就更换了,人事升迁,犹如走马。千年铁树,花开尚待百年,怎能届届出精品,届届获大奖呢?这种以精品和获奖作为领导政绩的硬性指标的做法,不甚切合实际。二是个人名利问题。大多精品工程由于文化含量大,涉及范围广,个人作者和个人责编是不足以承担的,必须依靠集体的力量去完成。因此,在精品面前,个人名利思想切勿露头,应该从集体荣誉的角度去考虑,不然的话,稿子容易半生不熟,加工也会补不胜补,结果往往是油去灯不亮,白费功夫;三是单纯社会效益问题。精品工程的实施,必须从读者的角度出发,以两个效益的最佳结合点为目标,改变过去那种"阿爷出钱儿子请客"和"社里出油一人点灯"的做法,努力做到精品工程双效双丰收,使精品名副其实。

要解决以上三个问题,必须建立详细的规章制度。例如,把精品工程分为策划、组稿、加工、出版等几个阶段,根据各阶段的实施情况,记为当任领导的政绩,以保证精品工程的连续实施,避免换届换工程和短期效应的现象;再如,建立精品工程质量把关制度,课题要有专家指导,稿件的审理和加工,也要有著名编辑指导和参与,以保证书稿质量的优化;又如,建立精品工程双效目标责任制。搞精品工程的人,也要有一定的经济指标,不能慷国家之慨,慷社里之慨,化公财为个人名誉,这样的奖项是难以服众的,也不符合双效要求的。

精品工程的实施,要有战略眼光,不能急于求成,盲目上马,必须根据科研动态和出版信息,反复论证选题。选题既定,就要积极组织人力物力,全方位投入,高质量产出,做到人无我有,人有我优,人优我特。切实保证做到,不鸣则已,一鸣则惊人。实施精品工程,要把战略思想和战术方法紧密结合起来,长计划,短安排。定下一个三年、五年、十年,甚至二十年的宏伟目标,一代接一代地做下去,孜孜不倦地追求。到整个工程获奖的那一天,几代人一起登台,甚至有些老编辑只能叫人代为领奖。这样的构想才是精品的战略、战术。

综上所述,精品是好书中之佼佼者,是好中之好。坚持精品的正确导向,必须坚定不移地贯彻执行党的出版方针,必须改革图书评奖制度和方法,执行开门评比、社会读者与评委相结合的办法。实施精品工程,要有战略思想,彻底克服以往那种短期效应和精品不值钱的现象,努力创造出无愧于党的重托,无愧于人民的期望和时代要求的名副其实的精品。

(作者单位:广西民族出版社)

# 报与桃花一处开
## ——浅谈非重点图书出精品、创"双效"
### 蓝柏坚

改革开放特别是建立社会主义市场经济体制以来,中国出版业与其他经济行业一样,被毫无例外地推向市场经济的前沿。图书出版由原来纯粹的生产型向生产经营型转变,以社会效益为主,讲究社会效益与经济效益的统一,成为社会主义市场经济条件下中国出版业的方向。在这样的条件下,出版业如何求存图强,成为每一家出版社共同关心的命题。不少业内人士对此提出各自的见解,他们或从宏观着眼,或从微观入手,仁者见仁,智者见智,探讨范围涉及出版的方方面面。但有一点大家意见高度一致,就是抓精品图书,讲社会效益与经济效益。抓精品、讲"双效"成为每一家出版社的办社宗旨。

怎样抓精品,创"双效"?涉及到具体做法,各出版社有很大区别。有人明确提出:"抓精品就是抓创牌子拿大奖的图书"。并据此制定出以大部头为主攻方向,盯紧国内泰斗的巨著,把目光瞄准省级甚至国家级图书奖,以求做到"双效"丰收的出版方针。从实践的结果看,确实有的出版社出版了许多中外名篇巨著,也获得了省部级和国家级大奖。但是我们也应该看到,除了少数创造了较好的社会效益与经济效益,多数并不理想,甚至"赔了夫人又折兵",既没有获得任何大奖,还把本钱都赔了进去。这个沉重的现实,至少可以给我们两个启迪——

## 一、两个理性启迪

### (一)社会效益≠"拿大奖"

什么是社会效益?是不是社会效益就等于拿大奖?笔者个人的理解,所谓社会效益,一是图书必须具备思想教育、道德教化、或传播知识、积累文化、陶冶性情等功能,对读者起到普及或提高思想道德素质与文化素质的作用。二是一本书出版后还要适销对路,深受读者欢迎。现在有一种值得忧虑的倾向,一提到社会效益,就是拿大奖,好像社会效益就是拿大奖,拿大奖是图书的惟一功能。我的意思并非反对获奖,而是应该对获奖有一个健康的心态,不应本末倒置,把获奖作为图书出版的惟一目的。另一个倾向是把"双效"截然分开,孤立地看待社会效益与经济效益。其实社会效益与经济效益是一个有机的整体,是一个事物的两个方面,试想,一本书虽然获了奖却一册也卖不出去,难道是获得了良好的社会效益?

### (二)精品图书≠大部头

什么是精品?是不是只有中外名篇巨著才能作为精品?非名篇巨著是否也可以成为精品?中外名篇巨著是人类文化的精髓,理所当然应该成为图书出版的精品,这是出版社的文化积累功能的需要。但是出版社的功能不仅仅是文化积累,还要进行新文化、新知识的传播,因此对于那些尚未成为名篇、尚未形成巨著的普通图书亦应作具体分析,其中有不少的新创作既有传播价值,也有积累价值,这样的新作理应作为图书出版的精品来对待。在知识经济条件下,传播新知识是图书出版的根本任务,因此,传播新知识也应该成为精品图书的重点。

## 二、一个战略思考

由此得出一个战略思考,就是:精品图书的重点,应当放在非名篇巨著的优秀图书上。理由有三:

### (一)精品书是出版总方针的体现

"两为"方针的实质包含两方面的意思:为人民服务是指为大多数人民服务,为社会主义服务是指为人民的根本利益服务。普通图书直接为社会主义的物质文明建设和精神文明建设服务,发行量大,服务面广,虽然尚未达到名篇巨著的水平,其中优秀之作给人们带来新的信息,新的知识,虽然图书部头不大,作者名气不高,但它成为引导学术方向的读物,对推动时代的变革,促进科学的进步起着领先的作用,应该成为重点。

**(二)知识经济条件下图书精品应以非名篇巨著的优秀作品为重点**

知识经济的特点是建立在高素质的经济管理人才和高素质的劳动者基础上的。而高素质的经济管理人才与高素质的劳动者的形成,主要靠两个条件:一是高质量的教育;二是高质量的图书。人才成长的途径一是学校教育,一是自我教育,无论学校教育还是自我教育,都需要高质量的图书。所以把广大读者迫切需要的传播新知识的优秀图书作为精品的重点,既是知识经济的需求,也是出版为知识经济服务的表现。通过出精品书,把出版社办成无形的优秀学校和无声的优秀教师。

**(三)以非名篇巨著为精品图书的重点 是创"双效"与实现"以精品养精品"良性出版循环的有效途径**

图书出版是一种微利经营行为,图书的生产成本与发行量关系极大,发行量越少,每本书的成本就越高,不但无利可盈,甚至还会亏本;反之成本越低,盈利就越可观。所以出版社的"双效"不是靠粗制滥造普通图书来获得,也不能靠少数名篇巨著来实现,而应当靠非名篇巨著的优秀之作,把优秀的内容与精美的形式统一起来,使其成为适销对路、受读者欢迎的精品读物,使精品图书越出越多,从而实现以精品图书养精品图书的良性出版循环,创造较好的社会效益与经济效益

## 三、四条战术措施

为实现以非名篇巨著为重点的精品战略,必须实施四个战术措施:

**(一)注重市场调研 了解读者的需要**

非名篇巨著的优秀图书出精品一定要注重市场调研,了解读者需要,针对不同的读者群与读者层面,有的放矢地制定选题。选题的质量决定着图书的质量,没有好的选题,就没有高质量的图书,因此在制定选题时,应当注意优化选题。例如笔者责编的美术

类工具书《素描人像步骤》的成书过程,就说明了这一点。1994年,在作市场调研时,了解到全国各美院与设有美术专业的高校逾百所,每年考生达数十万,市场上美术类工具书虽多如牛毛,但为这一读者群度身定做的却十分鲜见。素描是美术专业的必考科目,有着巨大的读者群。为此策划出版《素描人像步骤》一书。读者定位为美术专业考生与业余美术爱好者,本着"深入浅出,循序渐进"的宗旨,着重步骤演示,以求达到立竿见影的效果。并请高校有丰富美术教学经验与扎实素描功底的作者编写。由于市场调研细致,定位准确,并注重图书质量,该书问世后即销售一空,当年再版。到目前为止,6年间该书已重版14次,在1999年与2000年两届北京春季图书订货会上,仍分别获得5000多册、12000多册订数,居两次订货会广西美术出版社图书订数和码洋之首。

其实只要书好,在获得良好经济效益的同时,获奖也并非不可能。例如笔者责编的《小学看图作文》丛书。该丛书既针对小学生特点,又不限于课本内容,通过有趣的画面和科学的指导,激发他们的作文兴趣。在培养小学生作文能力的同时,潜移默化地培养他们健康向上的思想道德情操。该丛书1993年问世后,先后重版12次,累计200余万册,并荣获广西区政府与广西新闻出版局"广西第三届桂版图书奖"三等奖。

## (二)建立高素质作者队伍 获取优秀书稿

没有好的选题,就没有高质量的图书,没有高素质的作者队伍,同样出不了高水平的书稿。因此,建立高素质的作者队伍尤为重要。作为一个编辑,只要具有精品意识和创精品的素质,就会意识到高素质作者队伍的重要性,从而自觉地注意物色优秀作者,逐步建立起优秀的作者队伍。在物色作者时,有两个方面值得注意:一是不要囿于自己熟悉的小圈子,登高临远,方能视野开阔。二是不要囿于"远来的和尚会念经"偏颇观念,忽视身边的优秀人才。我的作者遍布全国各地,多年来,他们给予我的业务以极大支持。例如由外地七位作者合著的《中国装饰艺术丛书》,该丛书史料翔实,图文并茂,对中国传统装饰艺术的形成、发展、流变、影响与文化意蕴详加叙述与评析,既有较高的学术水平,又有较强的可欣赏性。受到不少著名学者的好评。

### (三)注重编校质量　确保图书质量

选题与作者队伍固然重要,稿件质量亦不例外。因此作为图书编辑,还应该本着对读者负责的精神,对所编书稿严格把关,以免贻误后人。例如《中国装饰艺术丛书》,全书共七本(《中国神话装饰》、《中国花鸟装饰》、《中国云纹装饰》、《中国佛教装饰》、《中国几何形装饰》、《中国吉祥装饰》、《中国兽纹装饰》),约35万字,插图1400余幅。本丛书学术性、史料性强,涉及范围广,内容涵盖了上下五千年中华文明史。在编辑过程中,既要对文章增删修改,使其符合丛书体例,又要对文字润色,使各本之间风格相对接近,还要对每本书中的引文逐一核查,以免出现学术上的疏漏。由于作者散居全国各地,往往为了一个字的取舍,一幅插图的确认,一个典故的来源或一段引文的考证,都要通过长话反复核实。虽然笔者对文稿一丝不苟,有些内容仍觉心中无数,为了保证图书质量,便求助于著名文史学者毛水清先生。经过毛先生严谨的审读,发现确实存在部分史料引文欠精确,有些观点与经过考证的定论有出入,并一一加以纠正。从而确保了学术著作的严肃性。

### (四)注重装帧设计　务求内容与形式的统一

有了优秀的书稿,并不意味着就有了优秀的图书。还应该注重图书的装帧设计。图书装帧设计并非仅是为书设计一个漂亮的脸蛋,而是图书整体的有机组成部分。只有漂亮的装潢而无实际内容的"绣花枕头"固然不可取,反之,只有优秀的内容而无精美的装帧设计同样不可取。

综上所述,只要注重市场调研,尊重读者需要,注意图书质量,往精品上花力气、下功夫,非名篇巨著的优秀图书同样可以取得良好的社会效益与经济效益。

(作者单位:广西美术出版社)

# 从战略高度重视畅销书问题

韩 敏

畅销书是伴随着我国图书出版业的市场化步伐而逐渐进入出版者的视野的。在图书匮乏、几乎每本书都有着在今天看来近乎天文数字的可观发行量的图书卖方时代,出版者无需为图书的销售问题操心(这个时代逝去得并不遥远),但随着图书市场竞争的日趋激烈,一般图书出版开始面临越来越严峻的形势。突出问题是我国在出版业取得巨大进步的同时,教材、教辅等政策指令性出版物在出版发行总量中所占比例依然偏大,出版社(包括新华书店)依赖教材、教辅的局面未发生根本转变。一般图书选题的低水平撞车、雷同等虚胖现象严重,单本图书的发行量偏低并有日渐下滑之势。出版社库存严重,少数出版社甚至面临着"不出不亏、少出少亏、多出多亏"的尴尬局面。而出版社中一直存在的变相出卖书号(如协作出版)也在不知不觉中培养壮大了一支可怕的竞争对手,即二渠道。在出版社一般图书经营步履维艰之时,二渠道却正在对一般图书市场进行大规模蚕食。有调查显示,在我国的一般图书中,已有约50%不是由出版社操作的,畅销书中,更有高达80%是由二渠道操作的。一些成功的二渠道,其年生产经营额已不亚于一家小型出版社。可以说,二渠道现已羽翼渐丰,在市场化运作方面积累了丰富的经验,在人才、资金方面甚至占据了部分优势,成为一支不可小觑的出版力量。一旦实行出版登记制度,出版社失去出版资源垄断权,也不再享有政策性的倾斜、扶持和保护,那么这些现在以"工作室"等形式存在的实际出版人将能够公平参与竞争,并给出版社带来很大压力。与此同时,随着其他行业被允许参与出版,以及中国加入世贸组织后,人才、资金、管理等方面均占优势的域外出版集团的逐步渗入,出版社的生存环境将更加恶化。

正是在这种背景之下,我国出版界加强了对一般图书的开发与投入,同时也成功策划、出版了部分畅销书。但笔者以为,出版界对畅销书的工作有待进一步加强,并应该从战略高度来重视畅销书问题。

## 一、畅销书的基本特征

畅销书产生于一般图书之中而又有其自身特点。首先是它的销量特征。畅销书具有相当可观的发行量,数倍数十倍甚至数百倍于其他一般图书,国外的一些畅销书往往还被译成多种文字,在许多国家发行。这是一本书成为畅销书的基本前提;二是畅销书是一个市场概念。即畅销书的发行量是通过市场来实现的,是出版社围绕市场进行选题策划、组稿、包装制作、宣传营销等一系列市场行为的必然结果,这使其有别于教材、教辅、政治、法律普及读物等虽然发行量可观、但却是通过指令性或计划性方式来实现其发行量的图书;三是畅销书还有一定的时效性,能够在较短时期内通过市场行为来实现较大的发行量。

由此我们看到,一本图书要成长为畅销书,需要一定的内外部条件。

首先,该书的内容必须具备成为畅销书的潜质。这是一本书能否成长为畅销书的内因。正如商品的使用价值是其价值实现的前提,图书的内容决定着该书在市场上能否以及在多大程度上实现其价值。无论是快餐式休闲类畅销书,抑或精品畅销书,其内容在满足读者阅读需求方面,必定自有其出众之处。如快餐式休闲类畅销书,是出版者抓住某种时事、时尚或人为制造的某类图书消费热点,及时组织生产与销售的结果,能够满足读者一时的阅读需求。而精品畅销书具有较高的阅读、学习及收藏价值,能够满足读者较深层次的需要。它是出版社瞄准市场,长期准备,精心制作,以求一鸣惊人的必然结果,有较强的市场生命力,在成为畅销书的同时往往也能成为常销书。

其次,畅销书是出版社有目的地进行较大市场投入的结果。这是一部书成长为畅销书的必要条件。"酒好也怕巷子深",在竞争激烈、图书品种浩如烟海的图书市场上,一本书要想浮出"海"面,为更多的读者所知晓,吸引更多购买者的目光,除了在市场调研、选题策划等方面需要作更大投入以外,出版者还必须在后期的包装制作、营销宣传方面比一般图书投入更多的人力财力。而且从某种意义上讲,畅销书是"炒作"出来的,是出版者有意识引导读者的阅读趋向、逐渐培育市场、不断为市场"加温"到一定程度的总"爆发"。如《学习的革命》原本销路平平,但经过科利华公司投巨资进行连续炒作,该书便一下子国人皆知,发行数百万册,并带动了一批《革命》的摹仿者。

  在具体实践中,出版社也存在推出畅销书的现实需要。由于出版社在资金、人力等方面毕竟有限,不可能对每一种图书选题平均用力,因此有必要对具有畅销书潜质的选题进行适当倾斜,努力使其成长为畅销书。

  其三,畅销书还必须在较短的时间周期内完成。畅销书的市场反应时间短,其时效性特征要求出版者在尽可能短的时间内完成从制作、包装到宣传营销方面的一系列工作。特别是在目前市场管理不规范,盗版猖獗,盗版手段先进,盗版速度更快的市场环境下,出版者只有尽量缩短图书从制作、宣传到送达终端消费者手中的时间,才能更好地抓住市场最佳销售时机,不给盗版分子以可乘之机。可以说,时间就是畅销书的生命,若贻误时机,畅销书也可能变成滞销书。尤其是基本属于快餐性消费的畅销书,其畅销时间短,要求出版社快产快销,一次性覆盖市场。国外这种时间意识非常强。据有关资料,在东邻日本,出版者能够在 24 小时内将图书送达读者手中,一星期左右获得市场的准确反馈。这其中当然离不开交通、运输、书店等其他部门的配合,但首先在于出版者本身具有很强的时间观念及高工作效率。

## 二、现实中不利于畅销书成长的因素浅析

  虽然出版界逐渐意识到抓畅销书的重要性,并已有所作为,但总的看来,还不尽如人意。我国拥有世界上最庞大的潜在读者人

口,但真正称得上畅销书的品种少之又少,这与我国的出版大国地位颇不相称。同时在畅销书问题上,即使与二渠道相比,出版社也落在了后面。个中原因,笔者以为主要有以下数方面。

一是出版界普遍生存压力不大,危机感不强,畅销书意识淡薄。勿庸置疑,改革开放二十多年来我国的出版发行业发展迅速,从规模、品种、发行总量等指标衡量,我国称得上世界出版大国。同时我国图书的市场化步伐也在逐年加快,图书市场的竞争日趋激烈,部分思想保守,经营不得法,缺乏政策倾斜的出版社在竞争中处于劣势,并出现了生存危机。但是相对于其他行业,图书行业的市场化程度仍然比较低。由于有国家的行业政策保护及利益均衡政策(如书号的专有,各地教材、教辅等利润稳定、无风险出版物在各出版社的平均分配等),出版社(包括新华书店)在图书市场竞争中占据着绝对优势甚至处于垄断地位,这使我国的出版发行业在人事、分配、生产经营活动等方面保留了较多计划经济的色彩,也因此成为一个生存环境相对优裕,令人"羡慕"的行业(至今尚未有一家出版社因经营不善而破产的)。尽管大家都已清醒地认识到,国家必将在加强宏观管理的同时,进一步开放图书市场,同时随着我国加入世贸组织后,境外跨国出版集团的渗入,以及已成气候的二渠道更多地参与出版发行,图书市场的竞争将更加严酷,但是,感受到"狼来了"威胁的出版界毕竟少有切肤之痛,现实的生存危机感并不强烈。生存环境的相对优裕使出版社存在一定的经营惰性,墨守成规,操作畅销书(包括一般图书)的意识比较淡薄,或者即便有这种意识,也未能及时有效地落实到实际经营活动中。

二是风险意识与激励机制缺乏。畅销书由于在操作上有一定特殊性,特别是需要较高的投入,而这种投入不一定就能达到投资预期,因此有一定风险性,需要决策者具有一定的胆略与魄力。而在生存相对"安逸"的出版界,许多人仍存有"不求有功,但求无过"的思想,缺乏冒险精神,也不愿承担风险与责任。而且出版社在分配上仍然存在着较强的平均色彩,"干的不如站的,站的不如看的",未能完全体现"按劳分配"的原则,也不能有效地调动有关人员运作畅销书的积极性。风险激励机制的缺乏,使出版社往往失去了抓住畅销书的良好机遇。

三是现行的出版发行管理体制不太利于畅销书的操作。畅销书具有较强的时效性特征。市场瞬息万变,因此要求出版者在最短的时间内生产出图书商品,尽快占领市场。同时畅销书也是一项协作性较强的系统性工程,涉及到出版社内编、排、校、印、发等横向联系的各个环节,并要求这些部门围绕同一个市场目标,最大程度地提高工作效率,有时甚至不得不打破正常的作息时间,在短时期内超负荷工作。但这一点在定位为"事业单位"的出版社很难做到。出版社的某些本为生产经营管理性质的环节和部门,在现有体制下,却沾染上了"衙门"作风,习惯于按部就班地工作,而且这种观念深入人心。在正常情况下,这种相互联系、相互制约并构成图书出产经营有机整体的模式,有利于保证图书出版质量,而在面对时间要求高的畅销书时,却显得捉襟见肘,行动迟缓,很难形成高效的合力。二渠道据说能在一个星期甚至更短时间内便完成一本图书,这对于出版社来说近乎天方夜谭。而在现行人事及分配制度下,管理者也很难进行有效的杠杆调节来实现出版社的市场目标(如出版社并未有完全的人事自主权,不能完全根据自己的意愿聘用或解聘某位正式职工。分配杠杆的调节作用也比较有限)。由于调度失灵,导致畅销变滞销的教训,在出版社并不乏其例。

畅销书的另一个"瓶颈"来自发行渠道的不畅。作为出版社发行主要依靠对象的新华书店主渠道,同样存在严重依赖教材、教辅,一般图书经营积极性不高或经营不善,市场反应迟钝等问题,由此影响到畅销书迅速占领市场的时间及市场覆盖率,使畅销不"畅",迫使出版社在畅销书发行上不得不转而主要依赖二渠道。

由以上分析可见,这些不利于畅销书成长的因素,其实也是制约出版社整个一般图书生产与经营的不利因素,只是这些问题与矛盾,在操作畅销书的过程中,显得更为集中与突出罢了。有鉴于此,出版社(包括国营新华书店)有必要根据图书市场的发展变化,逐步进行人事、分配等方面的改革,建立适应市场需要的风险激励机制,提高出版社一般图书的市场竞争力,同时也为出版社建立畅销书机制开辟通道。

### 三、出版社运作畅销书的战略意义

对于目前生存环境尚可的出版社来说,研究重视和运作畅销书,其意义并不仅仅在于立竿见影地获取一本书的现实经济利益,更在于它能够有效地促进、带动出版社一般图书的整体生产与经营能力的提高,有利于出版社培养人才,转变观念,积累市场竞争经验,在促进人事、分配制度改革方面都有积极作用,对于最终提高整个出版社的市场竞争力,促成我国由出版大国迈向出版强国,也有一定的战略意义。

1. 畅销书可以为出版社带来显著的社会经济效益。一般来说,畅销书往往具有比较好的市场潜力,只要操作得当,较高的市场投入必能获得相应的市场回报。尤其在现阶段,我国的畅销书尚处于起步阶段,有待开拓的空间很大,可以说谁走在前面,谁就有可能占领市场先机。

2. 畅销书有利于树立出版社的品牌与形象。在市场竞争中,品牌是一笔巨大的无形资产,可以使出版社在竞争中处于有利位置。畅销书产生的社会效应,将加强该出版社在发行商、读者及新闻媒体中的印象。而畅销书的连续操作,将更加不断地强化这一印象,形成出版社"社好书好"的企业形象与声誉,从而带动出版社图书的整体销售。如果说目前出版社的人为设置(如几乎每个省都设有人民、少儿、文艺、美术、教育等出版社)使每家出版社都是"名牌",因而这种"品牌"效应还只是初显端倪的话,那么,随着图书经营的更加市场化和出版社在市场基础上的分化组合,它的作用将越来越明显。

3. 有利于出版社转变观念,培养人才。出版社的竞争,归根到底同样是人才的竞争,尤其是编辑与发行人才的竞争。畅销书要求出版社从策划、编辑、制作,到宣传、营销等各方面都必须以市场为导向,围绕市场做文章,这必然有利于出版社的编辑、发行等各方面人员牢固树立市场观念,深入研究市场,改变由于在选题策划、市场开发等方面的惰性与盲目性而导致的生产与市场脱节的矛盾,为迎接更加激烈的市场竞争培养和储备人才。

4.有利于出版社未雨绸缪,积累市场竞争的经验,提高应对更加激烈的市场竞争的能力。我国出版业的发展与进步是伴随着图书的市场化过程实现的。在此过程中,出版社进步很大,但几乎徒手起家的二渠道发展更快。从无到有,二渠道快速成长为一支几乎可与出版社抗衡的出版发行力量,其中有许多教训值得出版界思索。也许可以说,是墨守成规、体制僵化、不思进取的"主渠道"在市场竞争中的软弱成就了二渠道(当然还有宏观管理等其他方面的原因)。要在市场化程度进一步加深、竞争更加激烈的未来图书市场上占据主动,出版社必须利用现在政策上赋予的某些有利条件和竞争优势,及时培植和提升自己的市场竞争能力。而完全按照市场规律来运作的畅销书,堪谓图书市场竞争的典型与极致,恰好为出版社提供了这种积累市场竞争经验的练兵机会。

5.有利于促进出版社为适应市场竞争的需要,进行人事、分配等方面的改革。畅销书作为一种比较完全的市场行为,要求出版社必须按照市场规律来组织、安排图书的生产与销售活动,也就必然要求出版社改变现行人事、分配等方面不符合市场规律、不适应市场竞争的有关规章制度,使出版社在人事用工、劳动分配方面有更大的自主权,在分配中更进一步"体现效率,兼顾公平",使出版社的兴衰荣辱与每一位员工的命运、前途更紧密地联系在一起,充分调动每一位员工的积极性与创造力,从而逐步扭转出版社在一般图书竞争中的被动局面,增强出版社在未来图书市场的竞争实力。

(作者单位:长江文艺出版社)

# 图书编辑的基本任务和职责

杨 小 岩

《中共中央、国务院关于加强出版工作的决定》明确指出:"编辑工作是整个出版工作的中心环节,是政治性、思想性、科学性、专业性很强的工作,又是艰苦、细致的创造性劳动。"作为整个出版工作的中心环节的图书编辑工作,它的基本任务和职责是什么呢?社会上的认识并不是很一致的,就是在图书编辑同仁之间也存在不同的看法,本文拟就这个问题谈一点自己的体会以向同志们求教。

一

图书编辑的基本任务是什么呢?要回答这个问题,本来并不是一个很复杂的事情。概括起来说,无非就是编辑图书,为广大人民群众提供更多更好的高知识含量的精神产品,不断满足他们日益增长的物质文化生活的需要,促进社会主义物质文明建设和精神文明建设的深入发展。

编辑出版更多更好的高知识含量的精神产品,是一个系统工程,这里包括了从选题策划、编辑审读和编辑加工的全过程。如果说,选题策划是图书编辑工作的基础,那么,编辑审读和编辑加工就是基础的基础。离开了编辑审读和编辑加工,就谈不上图书编辑工作,也谈不上编辑出版图书。按照《现代汉语词典》、《汉语大字典》的概念释义,所谓图书,均为"装订成册的著作"。而《牛津大词典》1989年第二版对图书下的定义,是:"用多页纸张或其他材料书写或印刷并装订在一起以构成一个物质整体的一篇或一组作品。"应该说,这个释义和定义是比较全面,也比较准确的。但是我总以为这主要还是从形式上或外观上进行的概括,它忽略了,或者说漏掉了其中一个内含的十分重要的环节,那就是作为出版工作的中心环节的编辑工作,它忽略了,或者说漏掉了体现图书编辑的创造性劳动的编辑审读和编辑加工。从严格的科学意义上来说，作者的书稿，并不是图书。对作者来说，书稿是劳动的结晶，是成品；但对编辑来说，书稿是劳动的对象，是半成品。由书稿到图书，必须经过一个具有决定意义的步骤，那就是编辑的步骤，也就是体现编辑创造性劳动的编辑审读和编辑加工的步骤。完全可以这样说，只有当编辑的劳动作用于编辑劳动的对象——书稿之中并胜利完工变成物化成果的时候，作者的书稿才变成为图书。同样的道理，我们也可以这样说，当作者的书稿变成图书之日，也就是编辑胜利完成自己的任务之时。从这个意义上来看，我们就不难认识图书编辑在图书出版工作中的重要地位和作用，也不难认识编辑审读和编辑加工在图书出版工作中的重要意义和价值。所以，我以为将图书的定义改为"用多页纸张或其他材料经过编辑或印刷并装订在一起以构成一个物质整体的一篇或一组作品"，是比较合适的。

二

编辑审读和编辑加工的重要性已经弄清，勿庸置疑了，那么它的必要性又何在呢？

第一，图书的编辑出版，作为一种精神产品的生产，它的劳动对象——书稿，是通过个体的脑力劳动者的劳动才能得以形成，而这种个体的脑力劳动又是在一定的物质和精神条件的制约下进行的，它所赖以进行生产劳动的深度和广度在很大程度上又取决于劳动者对社会的信息和知识资源掌握的深度和广度。从实际情况来看，任何一个精神生产者，即使天才的人物，也不可避免地在精力，智力乃至知识结构方面存在一定的局限性，难免在精神生产过程中陷入一定的盲目性。为了克服和避免精神生产过程中个体脑力劳动者的局限性和盲目性，就需要在进行这种生产之前或进行生产的过程之中，有一个社会职能部门对此进行必要的调节，就需要在生产出成果之后，有一个社会职能部门对其成果进行及时的检验。而行使这个社会调节和社会检验的又只能是一些具有较高的政治素质和专业知识的人员,这一些人员就是图书编辑。只有通过图书编辑的创造性劳动,通过编辑审读和编辑加工,才能帮助个体精神生产者克服局限性,避免盲目性,保证精神生产能有效地顺利地进行。

　　第二,精神生产劳动的个体性决定了精神产品的个性特点。每一个作者,总是按照个人的理想信念和价值取向去搜集、选择和整理社会信息和知识资源,这种搜集、选择和整理工作又总是会深深打上个人思想和感情的烙印而带上独特的个性特色。这种个性特色既是精神产品丰富多彩、博大精深的创造魅力的源泉,又是某些精神产品生产者容易把个人思想的偏见和感情的偏执强加于人而使精神产品出现问题和失误的根源。而这些问题和失误指望依靠个体精神生产者自我察觉和自我排除是不现实的。因此通过社会的分工,由一部分具有较高政治素质和专业知识的人员,即编辑来帮助个体精神生产劳动者尽可能地发扬自己优良的个性特色和创造精神,最大限度地克服和消除他们思想上的偏见和感情上的偏执,不断突破各种思维定势,实现自我超越,无疑是十分必要的。这从另一个侧面证明了编辑劳动,编辑审读和编辑加工对精神生产力的提高和发展有着不可低估的作用。

　　第三,从精神产品的生产的实际情况来看,编辑审读和编辑加工也是不可或缺的重要环节。前面说过,作者的书稿并不是图书,只有通过编辑审读和编辑加工,书稿才能变成图书。这倒不是因为作者水平不高,他们在学术上、艺术上的某一个领域的水平和造诣无疑是比编辑要高的。但是,他们除了在掌握社会信息和知识资源方面和在克服与消除思想的偏见和感情的偏执方面需要编辑进行友善的提醒和帮助之外,他们还需要编辑在编辑加工的许多具体细节上给予他们必要的规范和补充,他们毕竟对编辑工作的规律、规程和规范不很了解,甚至很不了解。只有通过编辑审读和编辑加工,通过编辑的创造性劳动来使他们的劳动成果最大限度地完善和完美起来,成为奉献给读者的从内容到形式都是高水平、高质量的文化精品。

## 三

如何进行编辑审读和编辑加工,如何履行编辑的职责呢?要做的工作很多。但主要的职责可以概括成三条:思想政治把关,文化学术评判和编辑规范润色。

所谓思想政治把关,就是坚持以马克思列宁主义、毛泽东思想、邓小平理论为指导,对书稿进行全面审视和具体修改,使之符合四项基本原则,符合党的路线、方针和政策,努力和党中央在思想上、政治上保持高度一致。

一般来说,经过严格的选题论证、审批,涉及党的路线、方针、政策和党的基本政治理论方面的问题是基本上解决了的。但是,从选题到书稿是一个复杂的脑力劳动过程,这里既有作者创造性劳动的高度发挥,又可能有作者某些思想上的偏见和感情上的偏执的自然流露,从而不可避免地使书稿出现一定的思想上政治上的差错和失误。从编辑加工的实际情况来看,无论是社会科学类书稿,还是自然科学类书稿,都可能出现一些思想政治内容方面的差错和失误。其中比较常见的有涉及党的路线、方针、政策方面的问题,有违反党的基本政治理论原则方面的问题,也有关系到党的民族宗教政策方面的问题。而在这些失误和差错中,故意闯红灯、捅娄子的少见,大多数是由于不认真、不负责的态度造成的。有一本书稿是论述儒学思想发展史的,不仅观点鲜明,内容丰富,而且多有创见。可是,由于作者对历史文献和引文资料没有认真进行分析,让那些反映封建官僚地主阶级立场的历史文献资料牵着自己的鼻子走,把本来是王阳明镇压赣、闽、粤、湘边境的农民起义和广西思恩、田州的少数民族起义的历史事实,加以歪曲,错误地表述为王阳明"剿灭了盘踞在赣、闽、粤、湘边境多年的盗贼","平定"了广西思恩、田州少数民族的"叛乱"。这就成了政治立场方面的错误了。如果我们的作者在引用这些历史文献时,坚持用辩证唯物主义和历史唯物主义的观点进行认真的辨析,这个差错是完全可以避免的。如果对书稿中出现的这种错误,我们的编辑在加工时再不认真而又严格地把关,让它从我们的鼻尖下溜过去,那就会造成更大的错误。

思想政治把关是一个十分艰苦复杂的劳动,它涉及的范围是很宽广的,凡是容易出现政治差错的地方,都属我们把关的范围。特别是关于政治理论、党史和军史方面的书稿,往往最容易出现政治差错,应该说,这是思想政治把关的重点所在。比如,有的书稿侧重于"揭密",把属于保密性质的档案资料公开出版;有的采取极不严肃的态度撰写党史、军史、政史,有的一窝蜂地集中描写党内斗争和冤假错案,强调史料的所谓真实性,而忽视作为出版物可能产生的负面影响;有的涉及重大历史事件和重要历史人物的评价,结论与中共中央两个关于若干历史问题的决议精神不符;有的书稿违背党的宗族、民族政策,出现损害公民宗教信仰自由的权利,伤害信教群众的宗教感情和少数民族的风俗习惯的内容;有的则以学术研究相标榜,公然宣扬封建迷信。所有这些问题都应当引起我们的高度重视,在编辑加工过程中严把思想政治关,把问题消灭在萌芽状态之中。

如果说思想政治把关是对书稿编辑加工的根本职责,那么,文化学术评判则是对书稿编辑加工的主要职责,它是判定一部书稿是否有价值、价值大小以及能否出版的又一重要关键。这就要求我们的编辑既要有较高的马克思主义的理论水平,又要有广博的科学文化知识,并能及时了解和把握书稿内容所反映的学科领域的研究前沿最新进展的能力,这样才能作出科学的、实事求是的结论。

一般来说,书稿的作者,都是某一学科领域学有专长的学者、专家,他们对自己撰写的书稿从内容到形式都是进行过认真的思考和研究的,是比较成熟的。因此,在进行编辑加工和文化学术评判时一定要谨慎小心,尊重作者和作者的劳动。具体来说,对书稿的观点和材料,只要不违背四项基本原则,不要轻易删削,要尽量维持原貌,这是对作者的学术观点和思想的尊重,也是贯彻"双百"方针所应当采取的正确态度。当然,书稿中如果出现了明显的失误和差错以及表述不当的观点或者反映失真的材料,就必须加以修改,甚至删削。二是书稿的文字修改要尽量保持作者语言风格的完整,切切不可离开作者的语言风格另搞一套。三是在必要的结构加工时应尽量保留作者原稿的合理的框架,切切不可伤筋动骨,一定要修改或调整时,必须首先征求作者的意见,或者请作者自己动手修改,或者经作者授意编辑修改后请作者过目认可。

编辑规范润色,这是编辑加工的最后一道工序,也是对编辑加工的最基本的职责。在这里,重要的问题是要坚持科学性的原则。一是注意书稿中所涉及的概念和观点是否准确,含含糊糊不行,似是而非不行,表述错误更不行;二是要注意所使用的材料是否真实可靠,推理分析是否真有道理,确凿无误;三是分析和论证是否实事求是,科学就是真理,掺假不行,伪证更不行,必须按照客观事物的本来面貌来加以分析和论证;四是看书稿提供的材料数据、公式、图表以及实验和调查结果是否准确可靠,引文一定要全面,符合原作本意,切切不可断章取义、望文生义;五是看书稿的体例、格式是否规范,一定要符合图书体例、格式的规范要求,统一有序,干净整洁。

图书编辑,任重道远。要胜利地完成自己的任务,圆满地覆行自己的职责,重要的问题在善于学习,不仅对刚刚走上工作岗位的年轻编辑,而且对在编辑工作岗位上埋头苦干、辛勤耕耘多年的老编辑,都要学习;不仅要学习科学文化知识,而且要学习马克思主义理论,学习一切有用的新知识。特别是在当今知识经济时代到来之时,我们更是要努力学习。不会学习,就不会工作;没有知识,就没有发言权;不努力更新知识,就不会继续保持发言权。

(作者单位:武汉大学出版社)

# 编辑加工的"精"与"细"

张 健

在当前的出版界,对图书质量抱着一种"坦荡"与"宽容"的态度。"无错不成书"似乎成了一种潮流,成了掩饰图书中的错误与瑕漏的最好的遁词,也似乎演变成了一条定律。但是,我们应该清醒地认识到,正如产品质量是一个企业的经济支柱一样,图书质量也是出版业的兴衰所在。为实现图书出版从扩大规模数量为主向提高质量效益为主的转变,1997年3月,新闻出版署颁布了《图书质量管理规定》,1997年6月新闻出版署颁布《图书质量保障体系》。保障图书质量是一项系统工程。在这项系统工程中,如果可以说,选题质量是保障图书质量的前提条件,那么,编辑加工环节的"精"与"细"就是保障图书质量的必要条件。

## 一、何谓编辑加工的"精"与"细"

本文所说的"精"即指编辑对书稿无论从内容上还是从形式上都要严格把关,精益求精;"细"即指在对书稿总体宏观把握的基础上,对书稿的每一个细节,甚至是小至一个标点、一个数字,都要仔细辨析。简而言之,编辑加工的"精"与"细"就是指在细节上的精益求精。"编辑工作无小事。"只有做到编辑加工的"精"与"细",才有可能出精品,树名牌。

## 二、"精"与"细"对编辑素质的要求

1. 编辑必须具有良好的职业道德素质。按《中国出版工作者职业道德准则》自律,是对一个编辑的最基本要求。编辑要充分认识到自己职业的性质和工作特点,对自己所从事的职业要具有极高的荣誉感。正如很多编辑形容的那样,手里捧着凝聚着自己的辛苦和汗水的书,就像捧着自己的孩子,那份喜悦不由分说,顿感所有的付出都是值得的。

2.编辑必须具有较强的业务能力。编辑的业务能力是在将所掌握的业务知识运用于具体的工作实践的过程中而逐渐锻炼和培养出来的。一个编辑不仅要熟悉编辑业务,了解出版相关知识,还要在工作中不断总结,摸索规律,改进方法。

3.编辑必须具有扎实的专业根底和合理的知识结构,并具备将知本(即知识资本)加以整合的能力。扎实的专业根底和合理的知识结构是编辑的知识积淀,编辑不只是一个专家,还要成为一个杂家。但只具有知识还不够,这只是一种静态存在,并不具有创造性价值。在知识经济的时代,知识的作用在于将知识加以整合,让知识"明心智",具体在编辑加工中,就是说,知识可以帮助编辑判断、辨析,从而对书稿进行修正。

### 三、"精"与"细"在具体工作中的体现

编辑在总体上把握书稿的思想性、科学性、可读性的前提下,对一部书稿进行加工整理,除了一般意义上的技术性能修改和常识性订正,还应在以下诸方面做到"精"与"细"。

#### (一)错别字

错别字历来是图书差错中最主要的"硬伤",错别字与正确的字要么形近,要么音同或音近,要么义近,或者其中的两方甚至三方面兼而有之。正因为如此,错别字才具有相当的迷惑性,才使人不那么容易识别。编辑在加工时,要格外注意因形近而误的错别字(如爱屋及鸟——爱屋及乌)、因音形近而误的错别字(如按装——安装)、因音义近而误的错别字(如化装——化妆)、因音形义近而误的错别字(如安祥——安详)。对以海外人士为读者对象的繁体字版图书进行加工时,要注意大陆繁体字与台湾繁体字的差异,如體——軆、綠——緑、東——柬、够——夠;还要注意有些简体字虽为一字,但却包含有不同的语素义,是由不同的古汉字合成简化而来,如"复",在古繁体字中有"復"和"複"两个字。"復":①又;更。如:日复一日。②还;返。《左传·宣公二年》:"宣子未出山而复。"③恢复。《史记·平原君列传》:"三去相,三复位。"④告;回答。《管子·中

匡》:"管仲惧而复之。"⑤报复。《左传·定公四年》:"(伍员)谓申包胥曰:'我必复楚国。'"⑥免除徭役。⑦古代丧礼称招魂为"复"。《礼记·檀弓下》:"复,尽爱之道也。"⑧通"覆"。累土为室。⑨六十四卦之一,震下坤上。⑩姓。"複":①夹衣。《释名·释衣服》:"有里曰复,无里曰单。"②重复;繁复游《游山西村》诗:"山重水复疑无路,柳岸花明又一村。"(《辞海》,辞海编辑委员会编,上海辞书出版社,1980年第1版,204)

## (二)量和单位及字符

为规范使用量和单位,国家先后发布了GB3100~3102—93《量和单位》,并规定其为强制性标准。在编辑加工过程中,尤其是在科技专著的加工过程中,使用规范的单位名称易做到,但各类单位符号的书写包括字母的大小写、字体的正斜体或黑白体(字体的错误有时会导致概念的错误),常常易被忽视,遗漏过去。这就要求编辑不但要熟记各量和单位正确的书写符号,还要在工作中不断积累,总结规律,如一般单位符号均采用拉丁字母或希腊字母小写,其他来源于人名的单位符号首字母应大写;矢量、张量、矩阵符号一般用黑斜体,像矢量 $\boldsymbol{A}$、磁场 $\boldsymbol{H}$、矩阵 $\boldsymbol{A}$ 等;使用白斜体的一般有表示数学量的 $x$、$y$、$z$、$a$、$b$、$c$、$A$ 等,表示物理量的 $F$(力)、$V$(体积)、$v$(速度)、$c$(真空中的光速)等,生物学属及以下的拉丁学名部分,下标中代表序数或物理量的字母,化学中旋光柱、构型、取代型的位置等符号,$d$-、$r$-、$l$-等,用外文字符代表的点弧线段 $O$(原点)等,特征数 $Re$(雷诺数)、$Fo$(傅里叶数),及其他 $f(x)$ 对加工过程中遇到的每一个量和单位符号都要认真辨析,力求准确,以体现科技专著的科学性。

## (三)数字与标点符号

对稿件中遇到的各类数字,应仔细辨析并核对数字准确性。在数字问题上,常常被忽视的一个问题就是,在先总括后分述或先分述后总括的内容上,分述的每一项内容在文字、语法上没有任何差错,但分述的项目数却与总括中提到的项目数不一致。比如笔者目前看的一部稿子在谈到人类语言学研究的领域时,这样写道:

"人类语言学研究的兴趣领域之广泛,……可划分为7小类:评价各处语言的异同(特别是外国语与本族语);民族词语与其他兴趣领域之间的关系;语言模式对一个民族基本观念的意义;介入人与人之间相互作用的话语规范;戏剧和艺术动机如何以言语表现;言语层次间或变体间的关系,社区各种类型及其界限。"细数分述项目只有6项。

出版物的标点差错比文字差错多,这是个带普遍性的问题。近年新闻出版单位对出版物编校质量组织过多次抽查。检查发现在各类差错(错别字、语病、知识性与事实性差错、技术规格不统一或不规范等)中占第1位的是标点差错。当标题为问句时是否用问号;当小标题为句子,句末是否用点号;当几个书名号(《》)、引号(""或'')连用,表并列关系时,中间是否加顿号(、);引文后标点的用法,尤其是中英文混排时,句中或句末引文是否加点号,是用中文点号还是用英文点号等细节,都是易出错和易被忽略的地方,须格外注意。

### (四)引文及注释

对文稿中的引文,编辑也须认真核对,不仅要看文字是否符合原意,有无断章取义,歪曲原意或张冠李戴,还要在尽可能的条件下核对原文,对一些重要的引文,还要在校样上再核对一次,因为校样有可能把字、字体、标点、注码、页码等排错。如,表示着重的黑体字没有照排,上引号或下引号脱漏,末尾的句号误排在引号内或引号外,出处的书名或页码不对等。

对注释一要注意注释的体例是否符合国家标准,二要核对注释项在文中的位置,有无多注或注。

### (五)其他

除以上提到的诸方面,在编辑加工中做到"精"与"细"还有很多方面。对系列丛书,要保持各本书间总体例结构的一致性,在加工第一本书时就应将体例结构写在另外一张纸上,作为加工其他书的参照。对教材后附的各类索引,如词汇索引,要核对每一个词是否文中出现过的或是否有遗漏,对附着的答案或对习题答案的注释,要核对答案是否正确,注释得是否合适、合理。对文中涉及到的国外人名和地名,要用较为常用的译名,并在第一次出现时附以外文全称。对表格较多的书稿,要将表格编号,把书稿正文的"见下表"这类字样改为"见表1"或"见表2",以防录排时出错。对书稿的一些特殊版式要求,一定要在正文中标注清楚,等。

(六)编辑加工的后续工作

编辑加工只是图书生产流程的一环。编辑加工完书稿,还必须填写"图书在版编目(CIP)数据"和供各生产流程作为工作依据的各种流程单,如给出版部、总编室、发行部的发稿单、录排单,给美编的装帧设计单等。在填写各种单子时,对各项内容都应认真仔细地填写,不能以为只是一种形式,无关紧要,敷衍了事。其中特别要注意书名(包括丛书名和副书名)、作者名的准确性,要与发稿后确定的书名、作者名保持一致。

### 参考文献

1. 阙道隆,徐柏容,林穗芳著.书籍编辑学概论.沈阳:辽宁教育出版社,1990年。
2. 《中国编辑研究》编辑委员会.中国编辑研究(1997).北京:人民教育出版社,1998年。
3. 新闻出版署教育培训中心编.学习文件资料汇编(Ⅰ、Ⅱ、Ⅲ、Ⅳ)。

(作者单位:北京语言文化大学出版社)

# 谈谈成书前编后工作的作用

潘 宜 玲

编后工作是指编辑在发稿后还要继续进行的工作,包括提出对装帧设计的意见,跟踪校对,检查作者的校样,通读终校样,检查胶片和样书,参与书籍的宣传工作,收集反馈信息,组织重印和修订再版等。编后工作是整个编辑工作的必要组成部分,不仅影响着图书质量,也对图书的社会效益和经济效益有着重要的影响。但由于编后工作比较零散,故往往容易被人忽视。本文主要谈谈成书前编后工作对提高图书编校质量的作用,以引起各位编辑的重视。

成书前的编后工作包括:跟踪校对,检查作者的校样,通读终校样,检查胶片。以下逐一进行分析。

## 一、跟踪校对

跟踪校对是指责任编辑对校对人员每次校对完后的校样都进行翻阅、检查。其作用如下:

(1)解决校对人员在不同校次中提出的疑问。校对工作的任务主要是检查、发现和改正排版中的错误。但校对只能对原稿负责,在校对过程中校对人员常常会发现一些与内容有关的疑难问题,有的可能就是原稿不清或编辑加工的疏忽,这就需要编辑协助解决。因此,每次校对完后责任编辑都要翻阅校样,及时解决校对人员提出的疑问。

(2)检查版式是否符合要求及版面是否合理美观。主要是检查图表是否在合适的位置。一般情况下,图表均应靠近有关正文,并先见文,后见图表。对原安排串文的插图,若无文可串,或跨标题串文时,应调整为通栏排;对同页近距离串文的两个插图也应调整为并排通栏排。另外,还要检查是否有标题居于最后一行,或第一行只有几个文字而下面跟着节标题。若有的话,就要进行处理。方法是在不影响原意的情况下删改一些可有可无的字,如将"如果"改成"若",将"所以"改成"故",将"可以"删去"以"等,以使行数减少,从而使版面合理美观。

**二、检查作者的校样**

给作者看校样的目的是让作者发现和改正原稿的笔误,并核实编辑对书稿的修改是否正确。通常给作者看二校样,因为一校样排版差错相对较多,容易分散作者的注意力,而三校样后不宜再做较大的改动。若作者看三校样后再删改,一移动版面势必影响出版周期。对于不是很急的书稿,一般可在校对人员二校完后连同原稿一并送与作者,并提请作者注意,只能改正错漏,不能做大的删改,同时要求作者使用与校对人员不同颜色的笔,且对校样改动后应在原稿上做相应改动。

作者二校完后,责任编辑应及时检查校样,可能的话最好当面检查。检查校样的作用主要有以下两方面:

(1)检查作者对校样的改动是否是原则性的,并进行处理。对作者非原则性的修改,如影响版面,应与作者商量保留原样。对公式、图表排得较好的理工科类书稿,若作者的改动对版面影响较大且又非改不可时,责任编辑应进行版面处理,以使版面的移动范围尽量缩小。

(2)进一步确认自己对原稿的修改是否正确。如果责任编辑对原稿的意思没有完全领会,或对一些专业名词术语不太了解时可能会发生误改。通过检查作者的校样,从作者的改动中就可以知道自己到底有无改错,从而避免下次再犯同样的错误。

值得注意的是,如果在检查作者的校样时发现作者把责任编辑修改正确的又改回原来错误的,责任编辑再次改回后应向作者解释清楚修改的原因,让作者心服口服。

**三、通读终校样**

通读终校样是编后工作中最重要的一项工作,对图书的编校质量起着最后把关的作用。通读就是责任编辑对终校样一字一句地进行审读,并改正编辑加工遗留下来的原稿问题,以及校对遗留下来的排版差错。如果说校对是编辑工作的延续，那么通读则是编辑加工和校对工作的完善。

**(一)通读的方法**

(1)社科类图书校样的通读。社科类图书一般以文字为主，因此通读时可不必对原稿，只须一字一句地读下去，但须把原稿放在旁边，以便有疑问时可以随时查阅。

(2)理工科类图书校样的通读。理工科类图书的特点是公式、符号、图表较多，若按社科类图书校样的通读方法是行不通的。因除了那些有规律的数据表格外，一般的公式、符号、图表是无法通读的。因此，通读理工科类图书校样时除文字部分可不必对原稿而直接通读外，遇到公式、符号、图表等无法通读的内容时最好能核对原稿，以确保无误。

**(二)通读的作用**

1.进一步完善编辑加工

编辑加工的任务是对决定采用的书稿进行全面的检查、修改、润饰和整理，使书稿达到"齐、清、定"的出版要求。书稿编辑加工质量符合要求，是指经编辑加工后的书稿无政治和科学内容上的差错；文字通顺，表达准确、简练；结构严谨，体例一致；数字、计量单位统一无误；标点正确，无错别字；图表完整清晰；版式设计合理等。但由于受责任编辑素质、编辑加工时间及原稿质量的影响，有些编辑加工后的书稿达不到这个要求，而免不了遗留某些问题。如果这些问题没有被复审、终审及校对人员发现，通读环节就成了发现这些问题的最后一道"关卡"。

责任编辑通读校样时一般可发现原稿中存在的下述问题：

(1)内容前后重复或名词、术语前后表达不一致。这类问题本来是不应该发生的，但如果责任编辑在编辑加工时穿插一些急稿而使编辑加工工作被中断过，或者书稿编辑加工的时间拉得过长，就可能会发生这类问题。

(2)文字差错。据本社近几年图书编校质量的抽检结果表明，编校质量不合格图书的差错大多都是文字的差错，包括原稿差错和校对差错。按规定编辑加工后原稿的差错率应控制在0.7/万以内,但由于各种因素的影响,有时达不到这个要求。而责任编辑通读校样时因为思维和精力的高度集中,故比较容易发现原稿中的文字差错。

(3)遣词造句上的缺陷。由于责任编辑通读校样时比较注重句子意思的前后连贯性,因此也比较容易发现原稿中某些遣词造句上的缺陷。

需要注意的是,因为通读并不是编辑加工的继续,且责任编辑通读的校样是经过终校后的校样,可以说是"大局已定",不宜再做较大的改动,只限于改正错漏和十分不妥的地方。那种编辑加工时马马虎虎而等到通读校样时来拣漏把关的做法是错误的。

2."终校"

校对的职责之一是对原稿负责,消灭排版过程的差错。但由于受排版质量、校对人员的素质及校对负荷等因素的影响,责任编辑通读的终校样不可避免地存在一些排版差错。

由于校对是校对人员对照原稿一字一句地校,既要看原稿,又要看校样,一些与原稿字形相同的错别字就很容易被忽略过去。而责任编辑通读校样时思维和注意力主要集中在句子的意思上,一些在校对时不易发现的形同错别字,特别是一些形同而音不同的错别字一读就较容易发现出来。如:已——己,货——贷,析——折,遣——遗,勺——匀,侍——待,未——末,呜——鸣,灸——炙,哀——衷,徒——陡,栗——粟,的——和,特——持,没——设,元——无,或——成,断——继,冶——治,笼——宠,等等。

由于责任编辑通读校样时思维的连贯性,还容易发现理工科类图书校样中一些有规律的公式、数据中的排版错误。如 $\sin a + \sin \beta + \sin Q$(实为 $\sin \alpha + \sin \beta + \sin \theta$);$a_1, a_2, a_2, \cdots, a_n$(实为 $a_1, a_2, a_3, \cdots, a_n$)等。

一般责任编辑通读社科类图书校样检查出来的差错主要是一些字形相近的错别字,特别是一些形同而音不同的错别字。而通读理工科类图书校样检查出来的差错主要是一些标点、数字、符号和字母正斜体、大小写、上下标的错误。

本人随机抽取了本社1999年出版的20种新书责任编辑对校样的通读结果,发现经责任编辑通读检查出来的差错率:社科类图书(8种)为0.3~0.92/万,平均为0.67/万;理工科类图书(12种)为0.24~0.8/万,平均为0.5/万。可见,责任编辑通读的"终校"作用不容忽视。

### 四、检查胶片

胶片出来后责任编辑要对红,并对胶片进行检查。这是付印前把握图书编校质量的最后一个环节。检查胶片主要是检查有无影响印刷效果的发黄胶片;每一页胶片是否有移版,即每页胶片的第一个字和最后一个字是否移动,再浏览中间内容是否有乱码;胶片是否有脏污;有无文字缺少笔画;卧排表的页码是否在规定的位置上;等等。对有问题的胶片要进行处理。全部检查完毕后,再检查所有页码是否齐全,确认无误后方可下厂付印。

质量的图书的生命,提高图书质量是每一个编辑人员的神圣职责。而在图书内容质量符合要求的前提下图书的编校质量是衡量图书质量的一个重要指标。要提高图书的编校质量,除了提高书稿的编辑加工质量和校对质量外,成书前的编后工作是提高图书的编校质量必不可少的环节。因此,每一位编辑人员在发稿后都要积极、主动、认真地做好成书前的编后工作,为提高图书的编校质量而努力

**参考文献**

庞家驹主编.科技书籍编辑学教程.沈阳:辽宁教育出版社,1996

(作者单位:广州华南理工大学出版社)

# 学术著作书稿初审中的结构意蕴

唐流德

学术著作书稿,指的是有系统的比较专门的学问的书稿。

在书籍编辑活动中,每个初审人员,或多或少都会面对学术著作书稿。

面对各学科多姿多彩的学术著作书稿,初审人员怎样着手编辑的职业审稿工作,或者说,从哪个环节开始切入编辑工作过程?

笔者以为,从学述著作书稿的结构着手开展分析、研究和判别,进行初审编辑活动,是行之有效的方法。

近两年里,笔者在担任《东西差距与社会稳定》、《贵州六百年经济史》这两部重要学术著作初审工作的过程中,就是自觉地这样做的,并且都取得了较好的效果。《东西差距与社会稳定》是一部国家级社科课题研究报告,全文15万字。接到这部书稿后,笔者首先对其整体结构进行逻辑分析,发现书稿的总报告中第四部分与第一份分报告,都是论述"对策研究"的,明显地存在着重复之处。于是建议作者进行调整:前者研究保持稳定的战略对策,后者研究实现稳定的对策。两者各有侧重,又都围绕缩小东西差距展开,较好地解决了书稿存在的问题。这部著作成书后,被评为贵州省1997~1998社科研究成果一等奖。68万字的《贵州六百年经济史》是十多位专家历时两年的研究成果,书稿以贵州自明朝初年建行省至20世纪末共六百年间经济发展为线索,以古代经济、近代经济、当代经济等几大历时过程为层面,分析了一个行省范围内的经济活动及其变化、发展规律。对书稿进行审读时,笔者从系统结构分析着手,发现书稿在分析生产力与生产关系这个基本的矛盾运动时,无论对贵州古代经济和近代经济,还是对贵州当代经济,从生产关系角度分析较充分,而对生产力的分析则比较笼统,使书稿存在着严重缺憾。于是,建议专家们充实补足。这部著作成书后,也被评为贵州省1997~1998社科研究成果一等奖。

从学术著作书稿的结构分析,切入初审编辑过程,的确是不可小视的重要方法。

结构学说创始人,瑞士大学问家皮亚杰认为结构是一个整体、一个系统、一个集合,是能够运用数理逻辑公式来表示并进行运算的科学方法。他在著名的《结构主义》一书中,这样写道:

"结构的研究不能是排它性的,特别是在人文科学和一般生命科学范围内,结构主义并不取消任何其他方面的研究。结构主义的研究趋向于把所有这些研究整合进来,而且整合的方式是和科学思维中任何整合的方式是一样的,即在互反和相互作用的方式上进行整合。"

结构作为一种方法,它包含着某种技术性、强制性、智慧上的诚实性,也包含着某种逻辑关系的运算技艺和可操作的特点。当然,这种操作也存在着客观上的某种程度的限制性。结构方法的运算使用是逻辑式的,它本身不能取代研究内容及主体的存在与变化。但是,结构方法的正确应用可以作为强有力的手段加强研究内容与主体深化。显然,结构方法具有开放性的意蕴。

编辑工作是出版工作的中心环节。编辑工作中的初审环节,又是整个编辑工作的基础。因为初审活动在编辑工作诸流程中,工作量大,又极其具体,往往决定着某部学术著作稿件的取舍。可以说,初审工作,事关书稿的生死存亡,事关出书质量的优劣,其重要性怎样估价都不过分。

初审工作也是一种创造性活动,它要求具备科学精神和认真态度的有机统一。对一部书稿进行初审时,有的初审人员习惯逐章、逐节、逐段、逐句地审读,有的初审人员喜欢先读书稿的目录、了解布局情形,有的初审人员则选择先看序、前言、后记、跋等文字。这些审稿方法,都是为了对书稿作大致情形的了解。当然,这种了解还只是粗略的。

一般地说,要做好初审工作,对书稿直接关联的学科知识的学习和把握是必需的,对同类出版物水准的基本了解也是必需的。其目的是为了减少或杜绝盲目性。

但是,笔者以为,仅仅做到这些,还不够。甚至可以说,还远远地不够。初审人员还必须学习和掌握结构方法。只有具备浓郁的结构意蕴,善于运用整体的、系统的、集合的结构方法来进行审稿工作,才可能从整体结构和总体布局上来对书稿进行宏观意义上的比较和鉴别,提出科学的审稿报告(意见)来。

某一部书稿能否采用,主要地不是凭借书稿本身还存在着多少缺陷与差误来决定,而是依据其在总体上的质量如何来定夺。如果总体上站得住,而只是局部不足,可以请著者修改。如果书稿在全局上意义不大,细枝末节再精致,也不能采用。习惯上,书稿的主要内容、学术质量,是带全局性的重大问题。要对书稿作出总体把握,自然就要应用结构方法。这是千万不可忽略的。要对书稿进行结构分析,不具备结构方法的基本知识,是难以胜任的。因为对书稿进行审读的结果,是要写出审读报告来。审读报告的重要内容,是对书稿进行评判。评判就必须涉及思想倾向、学术质量、内容材料、章节布局等方面的问题。被评判对象及评判本身,都需要一定的结构方法的若干知识来作指导。

历经二百多年的现代科学史说明,经过各种各样的实验、归纳、统计与分析,许多学科都呈现出这样一种情形:把研究对象分解为若干组成部分进行研究的办法并非最佳办法;整体并不是各个成分的简单总和,整体比全部成分的总和还要多一些,即整体还有整体作为整体本身的数量与质量,这就需要从整体出发来认识部分。对学术著作书稿进行初审,往往一开始就要从整体来研究,才能把握其全局。这就是结构方法的研究。结构方法就是整体性、系统性、集合性的统一。

可以说,初审人员良好的结构意蕴,是书稿审读工作事半功倍重要前提。

怎样才能养成良好的结构意蕴,提高学术著作书稿初审的水平呢?

要尽可能提高结构方法的知识素养。概括地说,结构方法包含三个基本原则:不矛盾律,同一律,目的不因通过的路径而改变。

与此同时,结构方法也具有转换规律、逻辑规律、因果规律、平衡规律、历时规律、共时规律等方面的诸多知识概念与原理。编辑工作者,尤其是初审人员,学习并掌握这些知识,对学术著作的书稿进行初审工作,无疑是极端重要的。

要努力培养大局观念。结构作为一种方法,旨在从整体出发研究整体及组成部分。大局观念如何,对学习和使用结构方法至关重要。这就如同高水平的九段棋手,面对围棋棋盘上天元、九个星座、361个投放点的茫茫天地,大局观无疑是争夺主动权的第一要素一样。初审人员面对十万、数十万甚至上百万字数的学术著作书稿,不具备相当程度的大局观,难免不出现束手无策、无从下手的困惑情形。

要悉心锻炼综合分析能力。一部学术著作书稿,既是由若干部分构成的,又是有其系统效应的。初审中,要对其进行一般到特殊,又由特殊到一般的综合分析。这就需具备相当水平的综合分析能力。这也是应用结构方法所需要的基本功之一。只有长期坚持不懈地悉心努力,才有可能磨炼出较高水平的综合分析能力。在这个方面,试图一蹴而就,只能是幻想。

要善于捕捉相关学科学术发展动态。这是准确把握其结构要领,正确应用结构方法的重要环节。在我们的生活中,在我们所接触到的学术著作书稿中,无论自然科学,还是社会科学,甚至还有思维科学,所包容和概括的学科门类及其知识体系,浩若星辰,不可究尽与终极。这就需要初审人员对相关学科的学术发展情形,进行科学的跟踪与预测,以便对其进行总体和数学的、逻辑的、物理学的、生物学的、心理学的、语言学的、社会学的各个部分的分析与综合,为准确审读书稿服务。

人类生活在结构之中。

结构方法是研究人类活动的基本方法。

初审、复审、终审书稿,也都概莫能外。

(作者单位:贵州人民出版社)

# 编辑工作中的理想与现实

王 静 萍

今天的编辑应该具备什么样的素质,有关这方面的讨论从未间断过。有人认为编辑应该专家化,有人主张编辑应该是杂家,编辑应该是出版家,要有商人意识,编辑应该是……林林总总,都各有各的道理,我们给自己设计了许多理想模式,理想归理想,现实却是实实在在的。

## 编辑是专家

编辑是编辑学的主体。目前编辑界一直在为编辑是否应该学者化的问题争论不休。还记得在我们刚成为编辑队伍中的一员的时候,老编辑们在给我们上课时就说,"你们要努力成为你们所学专业那一学科的专家。"于是我们信了,朝着这一方向去努力,几年下来,发现自己不但没有成为专家,一不留神连自己专业学科的最新动态都不知道了,知识急剧老化。于是,吓出了一身冷汗,以为自己疏于学习。静下心来之后看看周围,诸君均燃烧了自己,照亮了专家,自己仍在光影下的黑暗中。

以前的作家当了编辑之后,再也写不出好作品,大作品来了,不是不能,而是……以前一些小有名气的学科带头人当了编辑之后,天文地理,物理化学样样都得编。碰到同行时只能说:"我调出版社之前也搞过这个课题。"即便是有的编辑有这样那样的头衔,那也是人家给你的,想想你能拿得出什么真东西来呢?这就是现实。

在某个领域成为学者、专家,不仅要掌握大量的理论,而且要大量地实践,建立起自己的观点、方法、理论,有创新、有突破,才能成学、成家。这一目标是许多科技工作者倾其毕生精力所达不到的。两届诺贝尔奖得主莱纳期·波林是本世纪最杰出的化学家。他从上大学起就知道氙是一种完全不发生化学反应的稀有气体,要使氙发生化学反应必须有某种激活能,同时他还预测,可能存在一种氙化物。他的一位同事曾试图生成这种激活能,但都失败了。直到30年后,人们才合成了一种氙化物。这可是30年不断的实践啊。

这里不排除少数几个编辑成了某个学科的专家,但对众多的编辑来说,成为专家只是一种梦想,一种理想。没有讲台你成不了教授,没有临床实践你当不了好医生,没有实验室,你成不了科学家。就算是搞理论研究,你也得有时间,全身心地专注于你的研究领域。作家有专业与业余之分。如果你有份别的工作,抽点时间去搞创作,那你顶多也只能是个业余的。

### 编辑是杂家

20世纪下半叶以来,一场静悄悄的人类文化上的革命正在世界范围内兴起,其特征是人类两种文化,即科学文化与人文文化的接近、对话、互求和整合。科学文化与人文文化之间不再有明显的界限。专家预言未来大学不再有文理科之分,中学中的学科分类也会打破现行的模式。科学文化与人文文化将融为一体衍生出一种新的文化。人类将从这种新的文化中吸取更丰富的文化营养,获得更高的聪明才智。这两种文化的互补性以及编辑活动兼具两种文化的性质,决定了编辑在两种文化的协调发展中的特殊作用。编辑可以通过自己编辑活动,借助出版物,经由提高认识,普及方法,丰富语言等途径对两种文化的整合产生积极影响。

科学文化和人文文化是两个大范畴,它涵盖了所有的学科,天文地理、物理化学、政治、经济、文化文艺等等,要在这些知识与读者之间架桥,就要求编辑有杂家的本领,对各学科都要有所涉足才知道怎样取舍,才知道每一部作品的分量,才能在编著关系模式中的理想模式——共同参与模式中发挥自己的积极性,造就一部成功的作品,否则只能被动地接受,作者说什么,就是什么,编辑的活动成了单一的改错字。

图书编辑的领域很广,要求编辑有广博的知识。这是理想。

而现实是,每个编辑都带着自己所学的专业当了编辑,相当于带着某种标签,对自己本专业领域内的各种动向,学者情况都比较了解,因此,在策划、编辑这一学科的书稿时就比较得心应手,也有自己相对稳定的作者队伍。但对自己不熟悉的领域,无论是选题的敏锐性还是选题的取舍都要差得多。

1998年本人与编室的另一位同事合作策划了幼儿素质教育丛书,大大小小共42本。这套丛书实际上是幼儿园的教材,因为以前贵州省还没有一套自己的幼儿园教材,省教委也很支持。为了避开门户之见,我们决定到北京去组稿。去北京之前翻阅了一些有关的资料。给本丛书作了一些大框架,以为把这些东西给作者,再说明我们的意图,就可以搞定了,小儿科嘛。跟作者一交谈,他们马上提出,你们要做领域目标吗?发展目标怎么做?用目标呢,目标分解到什么层次上,周安排还要吗?好家伙,这一大堆目标给我们扔过来,我们傻了。只好说你们定吧,可作者说:"你们都没定下来让我们怎么弄呢?"

回到贵阳后我们又只好语无伦次地跟省教委组织的专家组说了北京的意见。专家们又是一大堆这个目标呀那个目标的给我们讲了一大通,我们云里雾里地又把话传到北京,来回折腾了好久才算搞清楚。不懂这一专业连传话都传不好,就算原封不动地把话传到了,人家一提问题我们又傻眼了,更别提给作者提出有创见性的建议了。要学习一门专业,你非得花时间,花精力不可。现实是我花几年时间弄懂了幼儿园这一套,可几年后也许是几个月后我又得去应付其他的东西了。等哪一年又回过头来搞幼儿园的书,又发现以前的知识早过时了。

另一个制约因素是现在专业社的分工,选题范围的不可逾越性决定了编辑只能在一个比较狭小的范围内发挥。久而久之,编辑熟悉的范围越来越小。有一怪现象是,出版社是学历越高的编辑成为杂家的可能性越小,除了上述原因外,还有一点可能是因为他们不愿意丢掉自己的专业,生怕到后来不知道自己是谁了。相反,学历低的,所学专业标志不是很明显的,在换了几个编室之后,他们的知识所涉面要相对广些。但只要在一个固定的地方呆下去,这种优势就会退化。

因此,要求这些在传统的教育模式下成长,在现行的这种社会结构中生存的编辑去实现新世纪对编辑的要求是不现实的。

## 策划编辑什么都能做

近年来,出版物的宣传已被列入各出版社的议事日程。图书的包装日趋重要。宣传攻势是图书是否能占领市场的重要因素,那种好酒不怕巷子深的理论已经落伍,散兵游勇式的单本书已被奔腾而来的丛书、套书挤得透不过气来,由此,选题的策划有了其必要性和必然性。成功的策划会带来意想不到的社会效益和经济效益,不乏这方面的成功例子。如此这般,选题的策划作用就被放大了,策划编辑的能力也被放大了,他们被捧到了救世主的位置上去。认为一切选题都能由策划编辑去策划,只有策划编辑策划出来的选题才是好选题。

然而,策划也有它的局限性。首先是学科的限制,策划编辑策划的往往是本学科、本专业的选题,要超出自己的专业学科,策划起来就比较困难。其次是特殊书稿的限制,专业性很强的学术研究论著,个人创作的文学作品,不是哪一个编辑能策划出来的。最终,也是最要命的一项是落实的限制。有了好的选题思路,能否落实还要受作者,出版社财力,宣传是否得力,销售的预期等多种因素的限制。选题策划的成功是多方面配合的结果,否则只能是纸上谈兵。

出版社现行的利润考核制度也是制约选题策划成功的重要因素。有些选题从策划到实施到实现利润需要几年有时是十几年的时间。而且前期需要一定的投入。出版社对利润的考核是一年一次,一年下来即便是你有的书创利了,但扣除这些先期投入的数额外,利润所剩无几,或等于零,也许还会是负数。而出版社的政策相对不稳定决定了编辑只能调整自己以适应不停变化的政策,编辑很怕,也不愿意背上一身的债,这样,大家都把重点放在短期效益上,而不愿去作一些长期的规划。

出版社决策层的经营思想和工作作风也是编辑策划选题的制约因素。编辑的选题策划往往带有初创性和基础性,有些选题只是一些想法而已,这时就需要领导的热心关注,积极支持和热情鼓励,还需要正确、有见地的引导,否则这种选题终究成不了气候。当然,也有一些自己成熟起来的选题。如果出版社的决策层让这些初始的想法处于自生自灭的状态中的话,大多数是要夭折的。

现行的体系,决定了要想让一个选题最终得以实现,编辑必须在出版社各部门之间进行协调。这就要求他有良好的人际关系。各部门有各部门自身的利益关系。如果编辑协调不好各方的关系,就会出现各环节工作无法衔接,部门之间互相扯皮,甚致相互掣肘。

过分夸大策划编辑的作用,给策划编辑太多的希望值,认为他们是万能的,是不现实的。

### 编辑应是出版家、商人

编辑的位置处在制造者、总结者、归纳者、阐述者、翻译者和消费者的中介区域。因而他应该学习知识消费心理学、知识制造心理学,了解知识消费市场结构;通晓出版物形式筛选技术,发行战略与技巧,出版物的制造与包装,编辑流程与技术,选题策划与运筹,等等。

作出版家必须有政治头脑,作商人必须有经济头脑,编辑必须兼具这两种头脑才能做出有双效益的书来。然而现实是这两个效益有时会发生冲突。要么就是舍经济效益保社会效益,要么干脆弄点经济效益(只要政治上不出问题)。只有社会效益没有经济效益的书做多了,贴的钱就多了,你就会失去你的店,店家没有店,还能做什么呢? 只有经济效益的书做多了(而且是小本生意)虽然赚了点小钱,可最后连自己姓什么都不知道了,人家也不会觉得你有多了不起。

对编辑来说,实现社会效益并不难,但要在不违反国家出版法规的前提下,在市场竞争日趋激烈的条件下创出一定的经济效益是很难的。多年受党的教育、党的培养的编辑们,政治素养都是比较高的,再加上职责所在,都知道自己该做什么,不该做什么,但要让他们去做商人,却没了章法。在商场上显得低能,甚至无能,无所适从。商场的风云突变、险恶是大多数知识分子不敢问津的,违法的事不敢做,不违法的不知道该怎样做。因此,要求现在的编辑既是出版家又是商人只能是一种愿望。

1996年海盗出版社推出的《乔万尼的礼物》原名《雪茄烟盒》获得了巨大的成功。海盗出版社的发行人巴巴拉·格罗斯是策划者,初稿出来后,她把它交给了年青的女编辑荷黛儿。她自己则去开展一系列的销售活动。这书的成本核算,给作者的预付稿酬、前期的销售宣传经费等等都是巴巴拉亲自决定的,而荷黛儿则负责书稿的编辑、加工、给作者提出修改意见、给图书进行包装。她别出心裁地把它包装成一只美丽的雪茄烟盒,打开烟盒,里面躺着这本神秘的小说。巴巴拉也好,荷黛儿也好,她们都把自己的角色扮演得非常到位,这样,这本《乔万尼的礼物》才获得了畅销书排行榜前面的座次。

全才是少数,即使你是全才,你也没有精力什么都做到,否则还要社会分工干嘛。人人都尽其才,尽其能,不亦乐乎。

(作者单位:贵州人民出版社)

# 市场——读者,读物出版的起点和目标

郭天翼

近两年,图书市场的情况发人深省;销售的不景气蕴藏着发展机遇,读物品种的重复要求出书须有自身的特色,读者的成熟促使出版人探寻创新思路,找准出书目标参与竞争,是市场经济对我们出版人的客观要求,本文试图从以下两方面作一概述。

一、市场——读者,显示出从未有过的理智和成熟,是推动少儿出版与发展的原动力。市场经济的规律表明:只有商业高潮没商业低潮,市场就会鱼目混杂,充塞过多的垃圾,低劣组织就会霸占过多的资源,因而经济活动的体制不可能增强,在市场高潮时什么都能销,读者短时间内分不清哪是优哪是劣。当经过相当一段时间的销售过热后,读者对书的选择从感知上升为理知后,会更加谨慎地评价图书,只有大多数人认为好的书,才会被抱回家去。少儿图书市场同样已随大的经济背景逐步纳入市场经济轨道,从出版品种的短缺变为结构性饱和和过剩,图书营销从卖方市场转为买方市场,一度出现销售下滑的态势。这使多年来许多少儿读物内容上,改编的多,重复现象严重,有创意的东西少;形式上,不顾少儿读者的认识能力和行为能力,书越出越厚,开本越来越大,装帧越来越豪华,价格越来越昂贵,这是以不变应万变的粗放式经营的结果。而在市场上则反映出:粗糙过剩的图书充斥市场,面对这种市场状况,迫使消费者的心理发生变化。消费者的预期与偏好发生改变,必然对充塞市场的读物采取谨慎态度,择优汰劣,这就导致读者消费意愿降低,购买力普遍下降。这实际是对出版界缺乏创新精神的否定,随之而来的是销售下滑,使订货码洋一降再降。书店库存不断增加,结果是大量退货。面对市场这突如其来的变化,出版社无论认识程度,还是产品准备都是不充分的。因为市场提出的要求是单一、即时的,而出版社的对策则需要综合的措施,长期的准备。于是又出现这样的倾向:靠品种支撑销售,市场依靠品种拉动,即市场越萧条,越是需要图书品种拉动。而书店方面为了适应读者选择需要,必须多品种经营,这就要求出版社多出书,用品种来提高周转率。而多种经营其市场效应是:市场对图书的选择更加从容,甚至苛刻,这就到了优胜劣汰的关键时刻。于是图书寄销制便自然成为事实。形成这种经济态势的特点有三:一是市场经济出了它的杀手锏,对上市的读物——靠读者来"验明正身",然后大浪淘沙,所有滥竽充数的、粗糙的、重复的图书都将被淘汰掉,这就形成"退货没商量"的事实。这无论从实际经营还是理论上思考,销售店没有那么大财力承受多品种的压力,更没有义务承担平庸选题带来的滞销经济结果;二是图书寄销制的最终结果是经读者检验的好书拥有了占有市场份额大,销售时间长,库存积压小的优势。那些读者认为好的书,可以在很短一个时间内在全国各大市场形成热销,并能相应持续一至二年的常销时间,如《新世纪版十万个为什么》、《唐诗三百首》、《动脑筋神秘历险故事大森林》便是例子。这使得出版社人在分享畅销书喜悦时不免又陡增几分压力:好书的销售周期有限,你不频频出招,推出新的好的品种,今年你拥有市场读者,明年你便被挤出市场。三是读者的成熟,并没有使减负后的少儿读物市场出现火爆局面,虽然少儿读物销售呈上升趋势,但读者仍是以十分谨慎的态度来选择图书,有书业内人士分析:减负后每年的两个假期,学生将从教辅读物转到一般读物上,销售淡季会变为销售旺季。认真分析市场情况,是否可以这样断定少年读者确实需要一批优秀的知识类、德育类和文学类读物,只不过由于读者的理智和成熟,他们仍在细心选择和等待。读者对阅读日益显现的个性化、多元化、理性化倾向,说明他们对图书文化内涵追求的要求在提升,这是一种极其可贵的现象,这使少儿读物出现发展良机,把握住这一机会,调整读物结构,优化读物内涵,美化读物形式,找准读物价位,做切合孩子们需要的书,这正是少儿出版业走向成熟的良好机会。

二、市场——读者,是我们出版人的出发点和终极目标。首先,"儿童本位"应成为我们出书的指导思想。因为市场经济的规律要求我们的少儿读物要回归少年儿童,即出版的读物是贴近少年儿童的,而不是疏远他们的。因此,我们要放低姿态,调整视点,深入到少年儿童中间去,以平等的身份了解小读者的情感、兴趣,寻找读物出版与少年儿童需要的最佳契合点。我们在策划选题时,要充分考虑他们的年龄因素,不要把各年龄段的知识都塞到一本书中去;考虑到他们注意力持续时间短,而且易分散的特点,尽量把本子出得薄一些,内容精练一些;考虑到他们兴趣广泛,一类内容可以出多册数;考虑到他们的阅读能力有限,绘画必须生动可感,考虑到他们的行为能力,书不能出得太重太豪华;最重要的是考虑到他们心灵需要快乐,书要做得有趣味,让他们在阅读中得到愉悦。总之,为孩子出好书,是我们应具有的基本职业水准。刘杲同志说:"编辑工作的最高追求是出版能够传世的优秀作品。"这是一种很高的目标追求。有这个目标和没有这个目标,我们的精神境界和工作状态会大不相同。有这个目标,我们才会在市场的转轨中不迷失方向,才能真正塌下心来,真诚地去面对读者,面对市场。决心不重复自己,不重复他人,要做最新的,最好的,最有特色的作品。要做到这一点,一定要真正领会"1年零1天"故事的含义:如果你只花1天时间去调查,那你做出的产品就要花漫长的一年去销;如果你肯花一年的时间去调查、去揣摩、去修改,那么你做出的产品1天就可卖出。如果我们横下心来,吃点苦,花七八分力气去调查市场,去研究在急速变化的时代孩子都在做什么,想什么,还将需要些什么,那么别人模仿你便有些困难,如果你肯下十分力气去开拓、创新,别人赶上你则不容易了,而你就有了新颖的图书内容和丰富的品种。

其次,把握住市场的脉搏,结合自身的出版优势,找准自己的出版定向,这是出版社在激烈市场竞争中立于不败之地的关键。市场竞争机制告诉我们,出版社选择的出书定向应始终把学科领域特色和图书预定的最终使用者结合在一起,即出版社打算为谁出书,出版什么样的书,选题、出版加工和图书销售都围绕这一点进行。尤其对专业出版社,而且是小型专业出版社应把经营范围限制在竞争对手已经饱和的类别以外。作者和市场需要的积累也应集中在自己的专业方面，形成自身的专业优势，否则，小出版社就有可能被大出版社垄断和挤垮。就投资而言，把资金集中在一个专业方面，尚难以做到收支平衡，但将眼睛同时盯着若干类书，不仅投资分散，有时会捉襟见肘，反而增加困难和复杂性。所以明智的出版社大多将注意力集中在自己最有专业优势的某一二类图书上，在此范围内，开拓若干小类的系列丛书，作为补充。这样，作为支柱的大类图书是有自己特色的东西，它是双效更好的统一与发展的结晶，一经推出，就能形成一定规模，产生品牌效应。一个出版社有了一定量的品牌，就必须让其产生连锁效应，不断扩大品牌的数量及种类，除了研究开发新品牌外，重要的是要发挥已有的品牌优势，在成功的名牌书上出版多种形式，多种开本的读物，如晨光社看图识字既成册出书，同时也可出识字卡片和识字挂图。要充分利用已占有的出版资源，将文章做足、做好，同时能大大降低出版成本，一个出版社能开发拓展出几个甚至十几个系列的品牌读物，并在无情的市场竞争中，作出无情的舍弃，精简图书品种，优化、扩充品牌系列。你就可以产生丰厚的附加值，你就会拥有更广泛的市场效应，你这家出版社就拥有他人无法与你竞争的特定的市场空间。

第三，创新，出版人永远追求的境界。江泽民同志说："创新是一个民族的灵魂。"人类的不断创新是整个社会和文明在不断发展的强大功力。今天，从出版人的素质上讲，最重要的是具备创新意识和创新方法。当今市场，信息量之大，流动之快，人们的需要及好奇心态，都要求出版物能有新产品问世，而这一点也是知识类产业所应有的特征。因此，出版人应广泛地应用新知识，创造出新产品，从而赢得读者和市场。创新意味着要冲破原有的观念和思维定势；创新，不能陶醉在以往的辉煌咀嚼着胜利的欢欣；创新，敢于超越，敢于树立新观念、新思维，探索新思路，创造新的表现方法。对于承担着少年儿童传播社会科学知识和自然科学知识的读物，就是要紧跟时代发展的步伐，及时地将大量的新出现的有价值的知识信息传播给小读者,这是时代赋予我们的崇高职责。要完成这个使用,知识读物的编辑必须不断地寻找新信息,酝酿构思新选题,编辑出版符合时代要求的知识读物。例如上少社出版的《克隆问答101》就是一套内容十分新颖的知识读物。它出版后反响强烈,这可以看出该书的编辑摒弃了以往那种专门依赖现有的资料,再加以汇编而成的工作方法和编辑思路,集中精力注意收集最新科学动态和科技信息,将近年来科学界最诱人的克隆技术再加工,较完整地展现给小读者。作为儿童文学读物要强调它的原创性,编者要勇于开掘一方题材,用个人的语言、个人的叙事方式创作,这就决定了它的鲜明特色,也足以引起读者的注目。例如《花季雨季》、《自画青春丛书》、《男生贾里》等书,都是一些少儿小作者自创的读物。这些小作者对自己这一代人的生活有着独特的体验,他们的素材也新鲜有趣,对同龄人具有极大的吸引力,他们产生独特的影响。特殊的作者、素材,书中渲染的气氛,张扬的精神形成了这些书的鲜明特色,也决定了它们有较好的双重效益。

当然,实事求是地讲,现在许多创新,从其源泉上看,未必是全新的。就出版产业的任务来讲,是进行知识传播的。既要及时传播新的信息,也要传播人类已积累的文化知识。特别是人类固有的文化知识渊远流长,小读者一代代的成长,每一代人都需要吸取文化知识精华,因此,我们在传播这些知识文化必须把握时代脉搏,用广大读者喜闻乐见的方式传播,即利用知识的组合性、嫁接性,科学的表现性以打破重复性、模仿性,形成一种时代感强烈的表现形式,这种方式也是一种创新。例如《花木兰》,利用电脑互动可感的创新绘画模型,让一个古老而熟悉的故事在国际市场产生巨大的效应。《唐诗三百首》,借用电脑合成古诗古画,古朴中张扬着鲜明时代色彩,同样也能赢得读者喜爱。晨光出版社低幼读物借用电脑绘画形式表现育儿知识的《宝宝看世界》、《色彩总动员》同样也取得了可喜的成绩。

总之,出版一本书,无论在选材、加工、制作和表现形式上都必须有一点创新,这是你的读物有别于他人的特色,有了这个特色,你的读物就有了吸引读者的地方,就不愁找不到卖点。综上所述,尊重读者意愿,遵循市场经济规律,以读者需要策划选题,并力求某一方面有所创新,那你出版的读物一定会拥有众多的读者,占有广阔的市场,你就能立于不败之地。

(作者单位:晨光出版社)

# 关于出版社以读者为中心开展工作的思考

明厚利　高勇群

当前，我国出版业已基本完成了由生产型向生产经营型的过渡。图书是消费品，其消费者是读者。编辑出版图书是为了通过市场交换去满足读者需求，要满足这种需求，不是看你编辑了什么，出版了什么，而是要看你通过市场交换，实现了多少购买实效。所以，为了实现出版工作的双效益，出版社必须重视市场的作用，必须以读者为中心开展工作。具体地讲，就是研究读者，服务读者，赢得读者。

下面就谈一谈我们对这个问题的几点思考。

**一、研究读者是出工版工作的基础，其有效途径是进行读者细分**

出版经营活动由"以生产为中心"转变为"以读者为中心"，即由"以产定销"变为"以销定产"，其前提基础是研究市场，研究读者，把握需求。读者是出版活动的出发点和归宿点。没有对读者的充分研究，出版工作就是盲目的，因而也必然是无效的。

研究读者的有效途径是进行读者细分。

读者细分就是根据读者对图书等出版物产品不同的欲望与需求，不同的购买行为与购买习惯，把整体读者群分割成不同类型的群体。这里，读者需求的差异是读者细分的内在依据。只要存在两个以上的读者，便可根据其需求、态度和购买行为的不同，对他们进行细分归类。同时，在正常情况下，任何一家出版社都不可能满足市场上所有读者的需求。况且在市场竞争中，一家出版社不可能在生产经营全过程中都占绝对优势。为了有效地进行竞争，出版社必须评价、选择并集中力量去赢得最可能的市场，这便是读者细分的外在强制。

对读者群进行细分，一般可以从两种途径着手。一种途径是从读者购买不同的书籍中，去发现和研究不同读者之间的区别。

例如,读者购书,有的是为了学习提高,有的是为了工作参考,有的是为了休闲娱乐,有的是为了送礼酬宾。出版社从读者所购买不同书籍中,发现他们需求的区别,在此基础上将他们分成不同的类群。另一种途径是从分析读者的特征去发现他们的需求与这些特征有何关系。比如可以从读者的性别、年龄、职业、文化水平、所属社会阶层、个性等进行分析,由这些特征去分析读者需求的特点。下图示意了通过这种途径细分读者的情况。

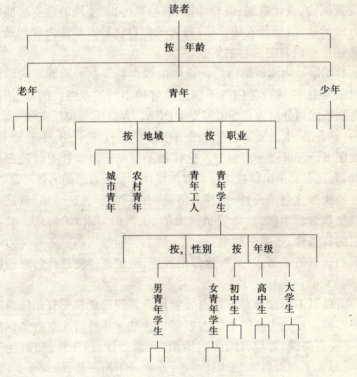

通过对读者特征的分析进行读者细分

显然,对读者进行细分的过程也就是分析、研究读者,了解、把握不同读者不同需求、不同行为的过程。细分是手段,弄清读者的不同品位、不同层次、不同种类的阅读需求,在此基础上组织相应的选题,定身而作,赢得不同的读者才是目的。现在各家出版社均十分强调编辑跑市场,营销人员反馈市场信息就是这个道理。坚持从读者中来,到读者中去是当代出版社成功的前提和基础。

## 二、服务读者是出版工作的关键

对读者市场进行研究、细分是为了更好、更有效地服务各类读者。"读者的需求就是我们的需求"是现代出版人应该持有的理念。出版部门在读者细分的基础上,以最好地为读者服务为目的来设置机构、设计选题、编辑印刷、装帧宣传,使不同的读者都能以最方便的途径,最便宜的价格,得到他们自己最需要的内容和最适合表述这些内容的悦目的形式。

1. 出版社内编辑部门的设置应由以学科专业为标准转向以读者对象为主,按读者类别的不同分类管理不同的业务。例如,依读者类别不同划分出大众图书和专业图书。大众图书包括文学书、艺术书、科普书、生活书等。专业图书包括专业书、教科书、工具书等。各类图书还可以进一步细分。这样做不仅便于出版社更好地服务读者,而且有利于出版社选题资源的深化和形成自己的名牌产品。

2. 出版选题的设计、选择必须是"有感而发",这个"感"就是有关某类读者需求(当然必须是健康的、正当的需求)的信息。减小出书的盲目性,压缩平庸书,减少人情书。同时出版社还要努力对明确的读者需求迅速、高效地作出反应,最快速地使这些需求得以满足。

3. 针对不同读者对象的出版物从内容到形式都要有相应的准确的定位。比如少儿图书的内容要适合某一年龄段儿童的知识范围,要通俗易懂,要尽可能多附插图,融通俗性、趣味性、知识性于一体;形式上则可做得"抢眼"一些:开本可不拘一格,版式要新颖。休闲书首先要注意形式上的"便携性",内容或适用或轻松,语言上尽可能用短句,以减轻阅读疲劳。教辅书则注意内容准确,使用方便,价格便宜,而无须刻意追求装帧的精美与华丽。而礼品书在注重内容的同时,着力考虑外在包装,以提高图书的品位,等等。总之,从读者利益出发,想读者之所想,是图书内容与形式定位的基本原则。

4.采取适当的方式宣传新书,让读者在尽可能短的时间内了解新书,认识新书,是出版社服务读者的一个重要方面,也是出版社的义务和责任。在这个过程中,出版社充分利用读者细分的结果,选择合适的媒体,采用合适的方式,有的放矢地把新书介绍给目标读者,费用要尽可能低,渠道要尽可能短,以降低图书成本,减轻读者的经济负担。

5.最后一点但并不是最不重要的一点,就是出版社要强化售后服务意识。良好的售后服务,是出版社工作的必要延伸,也是出版社与读者感情沟通的纽带,有利于形成自己稳定的读者队伍,是出版社的第二次竞争。出版社在为读者排忧解难、提供优质服务的同时,倾听读者对图书的评价、意见和建议,进一步了解需求,改正不足,完善形象。

另外,打击盗版和假冒伪劣图书,也是一种重要的售后服务。盗版书和假冒伪劣书,不仅使出版社的利益受到严重侵害,也损害了正版书读者的权益。

## 三、赢得读者是出版工作的目的

这里说赢得读者是出版工作的目的,这与我国社会主义新闻出版事业的目标是实现"双效"的提法并不矛盾。道理很简单,没有读者的图书何谈"双效"? 无论是社会效益,还是经济效益,都必须通过读者购书、读书、藏书的活动来实现。有了读者,出版工作获得"双效"才有了前提和保证。所以我们说,出版社研究读者,服务读者,目的就是为了最终赢得读者。

综上,如果我们能认真对本出版社的读者群进行细分归类,分析各读者群的不同需求,有效而又高效地为之服务,一定能赢得读者,从而赢得市场,取得出版工作的双效益。

(作者单位:中国地质大学出版社)

# 责任编辑应重视读者工作

## 郭 有 声

有位出版工作者曾说过这样一句话:"出版社好像电子装置中发送端与接受端之间的滤波器"。这个比喻,形象地表述了出版者在文化传播"三个要素"中的位置:作者为发送端;出版者为滤波器;读者为接受端。

以往,责任编辑对作者工作比较重视,而对读者工作重视不够。然而,进入社会主义市场经济后,读者的地位和作用越来越重要,责任编辑应增强读者意识,了解读者,适应读者,引导读者,真心实意地为读者服务。

## 一、了解读者

有些编辑一提选题就想到作者,一提发行就想到书店,而对读者重视不够。其实,书是给读者看的。出书不对路、销售不出去,主要是对读者不了解的缘故,说到底是一个读者对象不明确和出版物市场定位不准确的问题。所以,编辑应该重视"了解读者"的工作。了解读者的方式主要有:

•**直接向读者调查** 要真实地了解读者的情况,必须采取抽样调查、典型调查、发函调查、民意测验、登门拜访、建立基本读者卡等多种方式,直接向读者调查,深入研究读者的层次、心理和兴趣,这是使编辑工作适应读者的基础。

•**直接从读者中反馈信息** 其方法是多种多样的,如通过展销、直销等活动,来获取读者反馈信息。还有最常用的方法,就是从读者来信中获得信息,编辑对此应予以高度重视。巴金先生曾经说过:"没有读者就不会有我的今天","读者的信就是我的养料"。笔者认为,"读者来信是编辑的养料,是编辑了解读者的重要途径"。编辑对读者来信应该认真阅读,仔细分析,综合归纳,从读者来信中汲取对出书有用的信息。同时,编辑对读者来信要做到

"件件有答复"。这样做,会使出版社在读者中产生意想不到的影响。

• **注意资料的统计分析** 读者群的构成经常发生变化,编辑应及时对此进行统计和分析。例如,不同职业、年龄、文化程度的人口统计资料,本专业职工队伍变化情况资料,各类学校和学生数的消长情况资料等,都应运用现代科学的统计方法,进行归纳和分析。这是从宏观上了解读者情况的重要手段。

## 二、适应读者

了解读者,是为了适应读者。在这方面,结合当前实际归纳为以下三个方面。

• **出书结构上适应读者** 读者结构与出书结构之间,存在着相互适应和相互制约的动态关系。若出书结构失衡,就不能满足多层次读者的需要。在我国人口中,文化程度低层次者所占的比例很大,因此应该重视为这一文化层次的读者提供大众化的各类普及读物,总量大约可占50%。中间层次读者是一个过渡层,起着承上启下的作用,应针对这一层次读者的特点,深入浅出地编辑出版一些思想性、知识性、可读性较强的书刊,逐步提高这层读者思想理论和科学文化知识水平,使其层次逐渐上升。这类图书量可占30%左右。高层次读者目前仅占少数,但随着改革开放和现代化建设的进程,高层次读者群在不断扩大。这层读者迫切需要反映现代学术思想、学术水平和新理论、新方法、新成果的科学著作。但从现状来看,这类图书的比例不可能过大,大约只占20%左右。上述的结构比例,只是一个粗线条的界定,各出版社和编辑应根据各自的专业分工的不同,确定不同的出书结构比例,以适应本行业各类读者的需求。要做到"从长计议,合理布局,协调发展"。

• **编辑和印制工作上适应读者** 书籍的框架结构、主体内容、体例文风、装帧设计,以及书名的确定、开本的选择、字号的大小、标题的设置、插图的运用、附加的信息等,都应考虑适应读者的阅读口味和欣赏水平。

- **图书定价上适应读者** 在对图书进行定价时,一定要考虑大多数读者的经济承受能力,初版书的定价一定要适当。"初版书持平或亏损,重印书、再版书赢利",是图书出版业的一般规律。应该把功夫下在提高图书的重印率和再版率上。

### 三、引导读者

读者的层次结构、阅读兴趣等,并不是凝固不变的,而是随着时代的变迁、社会的进程,而相应地发展变化着。

- **读者层次变化规律** 一般规律是:"低层次读者是高层次读者存在的基础,制约着高层次读者发展的速度和规模;高层次读者代表着时代的潮流,指导着中层次和低层次读者的运动轨迹"。这就给我们出版工作者提出了一项任务,不仅要适应读者,而且要引导读者,使读者层次结构不断地由下向上运动,使读者的阅读兴趣和水平不断地升华。

- **引导读者的方法** 这项工作的方法是多种多样的。例如:组织书评;进行阅读辅导;召开读书研讨会等。这些活动,一定要实事求是,注重实效。一定要旗帜鲜明,观点正确。要以符合实际的见解,引导读者对某些书籍的关注;以编辑或作者的内心体验,唤起读者感情上的共鸣。从而,升华读者的阅读兴趣,指导读者进入高一级的层次。同时,编辑从中也可以探索读者阅读兴趣转移规律,及时地调整自己的出书思路和出书计划,更大限度地满足读者的需求。

(作者单位:人民卫生出版社)

# 认识策划局限,坚守出版理念

叶 宁

　　90年代的中国出版业,随着社会转型与市场观念的确立,注重图书的商业策划与热点炒作成为普遍的出版现象,成为愈来愈多出版人的自觉行为。必须承认,不少图书的商业策划确实在市场上取得成功,而一些热点图书的炒作也能在市场上风靡一时。于是,人们津津乐道策划与炒作,似乎这就是书市繁荣的秘密,似乎这就是出版业市场经营的魔力所在。与此同时,作为文化身份的出版人应树立并坚守出版理念,这个问题却被人淡化。笔者认为,当图书市场发展到相对成熟的阶段,当出版社面临进一步深化改革,转换经营机制之际,是否树立并坚守一种出版理念,将成为制约出版社能否在市场竞争中再上一个新台阶,形成特色和品牌的关键因素。

## 一、策划炒作的无序与资源的浪费

　　笔者首先认为,策划与炒作是图书商品生产过程中必然出现的产物,有其规律性与合理性。图书既然是商品,自然可以策划与炒作。其次,笔者认为策划与炒作虽有表面上的相似之处,但实质上仍然是两回事,是两种性质不同的东西。因为,真正的图书策划属市场营销性质,具有操作的科学性与长期实施的可行性;而图书炒作则属投机性质,即使是成功的个案也带有很大的偶然性与不确定性。然而,由于这几年图书市场上呈现出某种相对的无序状态,使人们在印象中把策划与炒作视为一回事,连不少编辑在谈论此类出版现象时,也把二者等同起来。

　　实际上,某些策划与炒作虽然带来了某一时期某种图书的畅销,但也带来了市场竞争的无序和"泡沫经济"。比如,市场上有了《绝对隐私》,紧跟着就产生一批"口述"类"隐私作品";香港女作家林燕妮的《告诉你一个真美国》畅销了,马上就有署名"林燕泥"的同类书出现;有了《格调》,不久也有了《情调》,连封面的版式设计、颜色、字号、字体都几乎一模一样,令人真假难分。这些图书炒作行为五花八门,令人眼花缭乱,有的甚至类同于盗版与侵权行为。这些策划与炒作,制造了不少"快餐"、"泡沫"和"垃圾",从局部看,也许赚了一些钱,但从市场整体上看,带来的更多的是无序、混乱、质劣和出版资源的巨大浪费。

## 二、策划的局限

这几年,不少人在对策划的认识上进入一个误区,即把策划、炒作等同于市场营销,认为商业策划是万能的。这不独在出版界,在其他产业界、商业界也有这种认同趋势,于是"策划大师"、"点子大王"成了时髦,他们似乎能够点石成金,所向披靡。实际上,策划在出版活动中是有局限的,并非所有的图书都适合进行策划。比如,学术性图书和原创文学作品就很难策划,出版这类作品更需要的是善于对话、等待、发现和把握。著名策划人春风文艺出版社总策划安波舜说:"策划仅仅是书业走向市场的表现之一,图书选题手段之一,并不是整个出版社安身立命的百年大计"。

热点图书与名人图书的策划炒作,成为这几年出版界火爆的标志性景观,这也成为人们视策划为万能的现实依据。但是,这是不是意味着热点炒作就可以长久地占据图书市场呢?是不是说明热点就是广大读者永久关心的主题呢?无论是从理论上还是从事实上看,都可以说并非如此。

最近半年多来,演艺界名人传记类图书就明显遭到冷落,这类策划已不再使读者"发烧"。随着出版产业化的推进与图书市场的进一步成熟,以追踪社会热点、注重贩卖资讯新闻为内容的热点图书,渐渐被市场淘汰出局。2000年1月的北京图书订货会上,出现了热点图书的没落与经典类图书的突围现象。在本次订货会上,热点图书"订货小,人气弱",明确显示了没落态势。相反,原来不畅销的经典类图书,如《西学基本经典》、《世界科普名著选》等,却意外热销起来,成为订货会上经典类图书畅销的代表。策划炒作的魔力开始消解,热点图书走向没落,这证明了策划的局限。

## 三、分清市场营销与商业炒作

笔者前面提到,笔者并不反对策划,而是反对把策划理解为单纯的炒作,把二者混为一谈。实际上,策划是出版业所需要的,但真正的策划应把它当作市场营销来做,而不能仅停留在拍脑袋想金点子,想一下挖一块金元宝,或为了蒙读者而搞一些花架子和虚张声势的东西。急功近利的态度是不符合市场营销原则的。市场营销的意义是指建立科学化、日常化的经营机制,树立"从小事做起"的全面为读者服务的思想,以出版富有特色的优质图书为目标,铸造品牌,寻找到图书与读者相契合的特定层面或特定通道,在编、印、发等各个出版环节上为读者服务。二者的重要区别在于,市场营销是贯穿在整个出版活动的各个环节中,以常规工作为重点;而炒作是东一榔头西一榔头,工作重点放在非常规的突发性和偶然性事件上。市场营销必须讲质量第一,而策划热点图书却不一定要做成精品,它们的出发点不一样。

图书出版是否进行市场营销,会产生两种完全不同的结果。这里可以举一个很有意思的例子。余华的长篇小说《活着》,1993年由长江文艺出版社出版。当时,出版社正处于由计划体制向市场经济体制过渡阶段,缺少市场营销意识,书出版后没做任何宣传。当时国内的纯文学市场正处于低迷状态,一般读者关注的是港台武侠与言情小说。因此,书出版五年后,虽然获得专家好评,但对普通读者来说仍是个陌生者。1998年5月,《活着》由南海出版公司重新出版,不到一年时间就卖出了20万本,被广大读者接受。同样一本书,在不同时间由两个出版社出版,为何会有两种命运?原因就在于,长江文艺出版社仅仅是出了一本书,没有市场营销措施;南海出版社出书后虽没有进行炒作,但在封面设计、版式装帧与宣传介绍等各个环节上做了较全面的营销策划,加上书本身所具有的较高的文学价值,以及电影《活着》的上映,终于使书畅销。

## 四、树立并坚守出版理念

当我们检讨了策划的局限与炒作的负面效应后,那么什么是现代出版业发展最重要的东西呢?笔者认为,无论是从作为整体形象的出版社还是从作为个体角色的编辑而言,最重要的是树立出版理念并长期地坚守下去。出版理念如何影响出版经营的各个环节,如何渗透在出版运作的各个层面?笔者认为大致表现在以下几个方面。

(一)从出版社整体看,出版理念决定图书结构和品牌形象。

这几年,出版界人士已形成共识:出版社发展成熟的标志不仅仅是要有经济效益,更重要的是必须形成出书的特色,创立品牌优势,这也正是党的十五大报告对新闻出版工作提出的"加强管理,优化结构,提高质量"的意义所在。出版社要做到这点,就必须根据本地本社的资源优势、地域特色、历史文化积累情况、市场品种分布等实际情况,制定长期的出书规划,这个规划就是具有某种特定内涵的出版理念。有了出版理念,才有一个出发点去优化结构,才有追求方向去创立品牌。必须放弃那种打一枪、放一炮的短期行为。树立出版理念还相对容易,困难和关键在于始终如一地坚守这种理念,只有坚守才能取得成功。

坚守理念而取得成功的例子不少。比如,文心出版社是一个地方小社,但在出版作文方面的书上却可以同全国许多出版社一争高下。他们原来并没有这方面的出版优势,也是看准方向,坚守下去,通过长期努力而形成品牌与规模。如今,他们出版的有关作文的图书已形成多品种、多层次、多系列,并不断重印再版,行销全国许多省市,享有较高声誉。

多年来,国内许多出版社在经营上呈现小而散、无优势、无品牌的格局,就是因为缺乏坚守理念的气魄与精神,满脑子只想靠单纯的商业策划与炒作捞金。这种急功近利的态度,是无法实现出版业向优质高效、集约经营的战略转移的。

(二)从编辑个体上看,商业思想不能代替编辑思想,坚守出版理念是多出原创作品与精品图书的根本保证。

这几年,靠策划炒作出版的拼凑性、重复性作品愈来愈多,靠编辑古人作品、经典名著和知识类作品的图书愈来愈多,因此,业界开始强调多出原创作品和精品图书。原创和精品图书文化含量高,它包含更多的思想性,要编出这样的作品,编辑本身就要具有较强的思想性,具有某种特定的思想品质——对作品和出版形成自己的价值观,也即形成出版理念,从而在编辑工作中表现出一种个性化的思想品位与追求。这就需要编辑的角色往学者化、专业化靠拢,不能仅停留于一般的商业操作与市场意识上。

关于这方面成功的个案,我们从老一代著名编辑家身上可以学到很多东西。一代编辑大家邹韬奋先生在白色恐怖时代,冒着生命危险大量出版进步文化书刊,在当时编辑家中以"红色"闻名。叶圣陶先生则注重对新一代国民素质的教育,他以饱学通家和优秀作家的双重身份介入少儿读物出版,编辑出版了《新少年》、《中学生》、《文学》等杂志和多种中小学教科书。从他们两人编辑的作品中,可以明显看出他们的编辑思想和对理想持之以恒的追求。这样的编辑已达到具有个人魅力的境界,他们的编辑实践不仅带来精品的产生,也在时间的长河中渐渐构成出版社的特色与品牌。一个出版社的名优产品,实际上是编辑思想的结晶。商务印书馆、中华书局、三联书店之所以能出一大批精品,就因为它们是编辑思想资源最为丰厚的出版社。如果以商业思想代替编辑思想,自然只能出品位平庸,甚至谬误百出的作品。

(三)树立出版理念是加强管理的保证,是建立市场营销机制的基础。

目前,不少出版社的经营环节仍是相对脱节、相对孤立的,没有形成一个有机整体。比如编辑与发行脱节,编辑人员与发行人员各干各的,缺乏互相交流与联合策划,这仍是典型现象。经常是,编辑怕吃苦,不爱跑市场,爱坐办公室想选题;发行人员跑发行,文化素质相对差,提不出高明意见。书卖不好,编辑说因为发行不力,发行员说因为编的书不对路,双方常常互相指责。确实,各个环节的工作性质有不同,各有相对特殊性,那如何把这些各个不同的环节联系起来呢?笔者认为,只有靠全体人员树立一种在观念上一致的出版精神去串连、统一各个环节,使各个环节的运作都服从于一个统一的出版理念。这样,不同岗位的出版人员在市场运作的价值观上才会一致。这方面,金盾出版社的成功很值得我们借鉴。

出版界曾经乃至现在都有一种看法,认为出农村书赔钱,但金盾出版社恰恰在这个"赔钱"项目上挖出金矿。"金盾"从建社起就建立了出"三农"图书的出版理念,为此,"金盾"的编、印、发等各个环节的人员统一了意识,选题内容注重实用性,通俗易懂,主题明确,操作性强;版面利用上"寸土必争";印刷上用纸一般,不求高档;定价压低,每印张8角左右,比当前平均定价低20%~30%;发行上,建立一支由20多位师团级退休干部组成的发行队伍,这支军队出身的队伍能打硬仗,他们深入农村,什么车都坐,什么饭都吃,有时甚至靠两条腿走,就这样跑遍了全国90%以上的基层店;在售后服务上,实行"三管",对邮购有求必应,来信必复。可以说,金盾人做到了"明知山有虎,偏向虎山行",在所有经营环节上切切实实为农民着想。金盾人正是靠十几年咬定"三农"不放松的出版理念,建立了自己独特的市场营销机制。

以上论述说明,在出版业进一步深化改革、建立现代企业制度的进程中,树立并坚守出版理念决不是一个形而上的务虚问题,而是一个和出版工作实际密切相关的务实问题。在出版业实现向优质高效的战略转移中,这个问题显得尤为重要。树立出版理念,才能找准出版人的文化定位,才能建立理想,使出版事业成为一种富有激情和创造性的事业,这正是出版业吸引人为之奋斗的魅力所在。

(作者单位:福建少年儿童出版社)

# 策划报告与初审报告:一个都不能少

杨 小 红

策划与加工是编辑工作的两项基本任务,也是两个最重要的环节。它们既能相互依赖,又相互促进。现阶段,这两项工作在大多数出版社由编辑人员同时承担。重选题策划,忽视对书稿的精心审编和整理加工或割裂两者联系,则策划目标难以实现,精品图书不能形成。安于"来料加工",忽视选题策划,只能被图书市场淘汰出局。因此,策划与编辑加工同等重要。

选题策划是富有创造性的智力活动,是编辑综合素质的体现。策划报告是编辑策划工作的总结,是选题立项的依据,也是编辑工作态度和工作能力的反映。撰写策划报告是编辑的基本功。它不仅有助于编辑廓清思路,提高选题通过率,也有助于提高编辑自身素质。策划报告一般由以下内容组成。

## 一、选题策划的基础——信息分析与判断

选题策划与构想不是奇思异想,一拍脑袋即能得之。它是编辑对各方面信息进行筛选梳理的结果。随着市场经济与科学技术的不断发展,和十多年前相比,图书选题的信息来源不仅渠道多,且丰富多彩。每年数次的大型书展、书市,很集中地将无数图书信息聚拢在一起。即便是在日常生活中,由于传媒的发达与进步,报刊杂志、书讯目录以及飞速发展的英特网,每天都向我们输送大量有关图书方面的信息。此外,在与作者读者的交流沟通中,以及相关领域的学术会议中,我们都能获得各种不同的信息。然而,面对令人眼花缭乱的图书信息,若无敏锐的专业目光与洞察力,一方面很容易与有创造性的选题策划擦肩而过,另一面又很容易或跟风走,或拣到篮里就是菜。

因此,仅仅获得信息是远远不够的,编辑必须有自己对所获信息的分析与判断。而将自己的分析与判断详尽具体地阐述于策划

报告中,既是对策划者学业知识、商业敏感性和联想能力的检验,又为选题决策者提供了有力的依据,也是选题策划的基础和第一步。

## 二、内容与形式的特点

近年来,图书市场可谓琳琅满目、色彩纷呈。要想避免低层次、低水平重复,脱颖而出,必须有创新意识。人无我有,人有我精,人精我特,才能获得双效;出别人没有出过的书,选别人没有选过的角度,用别人没有用过的形式,才能占领市场份额。海豚出版社的《无敌英语语法》就以其独特的编排方式、新颖的装帧设计,在中学英语教辅读物中一枝独秀,掀起了一股"无敌英语旋风"。一般来说,各类中学英语语法书的内容大同小异,而《无敌英语语法》的策划者则在形式上下功夫。他们很准确地把握了成长中的中学生的学习心理与学习兴趣,在形式上大胆创新。书中将特殊的语法重点进行了系统的归纳整理,以色块或"注意""必背""比较""句型转换"等专栏形式标出,重点更加突出,有助于增强记忆。它还配有活泼生动的漫画式插图,首先在视觉上给人以轻松感,一扫一般教辅读物板着面孔的沉闷,大大提高了时间紧张的中学生的学习效率。所以,虽然其价格昂贵,却一直畅销不衰。因此,策划报告第二部分应详尽阐述选题的内容与形式的特色以及其学术价值或实用价值,确定其内容与形式。

对内容与形式特色的确定,源于编辑深入细致的市场调研。编辑首先要对市场上同类书进行分析比较,找出其长处与不足,再根据读者需求确定选题的具体内容与形式。因此,策划报告反映了策划者对市场的了解程度与对市场的分析概括能力。

## 三、读者定位与图书设计

读者定位也是选题策划中极其重要的一环,它制约着图书写作与设计。不同读者群对图书的设计要求不同。例如,少儿科普类图书语言应简洁风趣,通俗易懂,并配以轻松活泼的插图;成人科普图书则更应考虑信息含量。同一读者群因其阅读目的不同,对图书的设计要求也不相同。例如,英语学习者大多备有几种不同的词典。精读时,他会选择权威性强,功能较多的词典,泛读时,他可能选择功能单一但查阅方便的小开本词典。因此,各种类型、各种版本的图书应运而生,有的读者对象不能兼顾。想面面俱到反而会因失去针对性而失去读者。只有明确读者对象,图书设计才更有针对性,图书也更具竞争力。

在策划报告中明确读者定位与图书设计要求(包括开本、体例、装帧、定价、印数等),不仅反映策划工作之深入细致程度,还可为检验选题成书后是否走样变形提供依据。

### 四、确定作者

要实现选题构想,找准合适作者至关重要。许多选题构想因作者不合适难以实现。同一选题,出自不同作者之手,成书效果完全两样。

作者的发现和作者队伍的建设是编辑工作的重要组成部分。编辑在发现作者的过程中,要有敏锐的观察力、判断力和较高的鉴赏能力。编辑素质的高低直接影响作者队伍的建设,因此做一个合格的编辑必须不断加强自身各方面的修养,这样才能更好地和作者沟通,相互信任,友好合作。有了强大的作者队伍作后盾,才能充分满足广大读者多层次的需要。

作者情况介绍除一般要求外,应侧重作者的专业水平、学术成果与文字能力。最重要的是作者是否是所策划选题的最合适的担纲人。有的选题需要较高的学术水平,而有的普及类选题所需要的则不是高深的研究水平,而是其文字表述的生动与否。对作者到位的介绍不仅为选题决策者判断能否实现选题设想提供依据,同时也可检验编辑的作者队伍建设情况。

### 五、双效益估测

每个选题都应有效益,否则便无开发价值。策划者应根据市场调查与分析对所策划选题进行社会效益、经济效益预测(包括学术价值或实用价值,预计发行册数和盈亏情况)。应充满自信、有理有据,切忌夸大其辞、模棱两可。客观估测可为选题决策者提供正确判断的依据。

### 六、确定发行渠道,宣传、促销计划与出书最佳时机

图书作为特殊商品也具有商品的属性,只有通过市场交换,才能实现其价值。在这"酒好也怕巷子深"的年代,图书同样需要宣传与促销。外研社的《新编大学英语》系列,采用商业运作手段进行发行、宣传、促销取得显著效益就是很好的例证。外研社除了在报纸上打广告外,还聘请全国英语界资深学者教授撰写评论文章。社领导与发行人员跑遍全国大部分省份的高等院校,与一线教师座谈。此外,每年暑假还对选用此教材的大学英语教师进行免费培训。这些举措吸引了众多用户,取得了双效。因此,在策划报告中确定发行渠道、出书最佳时机,制定宣传方案与促销计划有助于实现既定目标。

图书出版是一项系统工程,需要各个环节紧密配合。一个好选题要变成一本好书,责编对书稿的的精心审编和加工整理至关重要。好选题因编校质量差而未成精品者不乏其例。据报道,在第四届国家图书奖评选过程中,有几本初评入围图书的选题策划和创意均佳,作者也属一流学者教授,学术质量有保障,但因编校质量低劣而落选。

一般来说,责编加工书稿过程如下:首先通读,从而对书稿的框架结构、内容质量有个粗略了解与判定;其次是对内容和形式进行加工;主要包括消除政治思想、观点等差错,对学术性、知识性问题的处理和事实材料的订正,核对引文,消灭文字差错;最后进行技术加工(版式设计),即体例修正,标注各级标题及正文的字体字号,对辅文和图表进行设计处理。经过精心审编和认真加工整理后写出初审报告是责编的基本任务,它与撰写策划报告同等重要。笔者以为初审报告主要包括以下几部分。

◇介绍责编对书稿的编辑加工过程；

◇简述书稿内容与特点；

◇对书稿的政治性、学术性、实用性，编写特色，作者的文字水平作出评价；

◇鉴别书稿的内容与形式是否达到策划阶段的设计要求；

◇对其存在问题提出修改意见。

客观地说，书稿或多或少存在着这样那样的问题或不足。只有静下心来，反复推敲，认真加工，才能使书稿从内容到形式更臻完美，才有可能提出中肯的意见，写出具有分量的初审报告。因此，初审报告不仅是对编辑加工工作的总结，也可检验责编政治理论水平、工作态度、文化素养、学识功力、专业水平、分析判断能力。撰写初审报告还有助于落实"三审制"，沟通各环节。复审、终审者的工作性质及客观情况决定他们对书稿的审读角度不同且审读时间有限。初审报告可提供最直接的参考依据，有助于他们作出迅速而准确的判断。

策划报告，提出选题目标；初审报告，帮助实现策划目标。要想出好书，出精品，策划报告与初审报告一个都不能少。

(作者单位：安徽科学技术出版社)

# 倾注心血 策划选题
# 洞悉学界 物色作者

张惠芝 杨子江

我们责编的《教育投入与产出研究》一书获得第三届国家图书奖的原因是多方面的,但是最主要原因还在于我们做编辑的有比较强烈的政治意识和责任意识,不急功近利,尽心构筑高质量的选题,并不辞辛苦、精心组织。我们的体会是要做出精品图书,在很大程度要看编辑的选题策划意识及物色作者的能力了。

### 一、调查研究、完善自我是产生好选题的源泉

我们是教育出版社,出版一些教育理论专著是责无旁贷的。我们边学习、边探究这方面的选题,认识到目前我国的教育正处于转折性的改革时期。改革的根本宗旨是全面贯彻党的教育方针,从根本上提高全民族的素质,促进社会主义物质文明和精神文明的建设。就中小学教育而言,改革的关键是转变教育思想,要面向学生,由"应试教育"转向"素质教育",减轻不合理的过重的课业负担,使学生得以生动、活泼、主动、健康地全面发展。多年来,许多出版社相继出版了大量的教育类图书,但是各级新华书店的教育图书专柜里摆着的大多是同步训练、单元检测、升学指导等教辅读物,偶见一些教育家传记、教育大事典之类的书籍,而具有中国特色的社会主义教育理论著作却很难寻觅。于是我们决心开拓选题思路,寻找新视角出版一套教育理论图书[①]。我们的先天不足是没有一个出身于教育学专业的,且大多还未从事过教育工作。此时,我们作为一名编辑深知知识结构发生了严峻的问题,但是我们并不气馁,反而激发了从未有过的学习热情,"学识意识"从脚下悄然开始。我们认真地学习了《中国教育改革和发展纲要》、《中华人民共和国教育法》等有关的教育方针、政策和法规。同时找来不同

层次、不同时代、不同版本、不同国家的教育理论书籍,进行了大量的比较和阅览。更重要的是向教育学家、教育科学理论研究工作者、教学工作者学习,做广泛的调查研究,稍微完善自我。我们亲聆了著名教育学家、中国教育学会会长、前教育部副部长张承先的教诲,他语重心长地说:"江泽民总书记提出适应经济体制和经济增长方式的具有全局意义的'两个根本转变',我以为教育也面临着两个重大转变,要全面适应社会主义现代化建设的需要,要提高教育的质量与效益,这就涉及深层次的改革问题、进一步加强教育理论研究与教育改革实验的问题。你们应该组织专家学者撰写具有时代性、前沿性、独创性的理论研究丛书,为办好教育,提供高品味、高质量、高档次的精神食粮,促进我国经济发展和社会的进步。"张先生的一席话,使我们着实增加了不少使命感和责任感。此后,我们六次到外省市,登门请教了著名教育家顾明远、教育理论家汪永铨、滕纯、白月桥、郭永福、鲁洁、游铭钧等学者,得到许多具体指导。又先后到国家教委农村教育司、基教司、北京师范大学、华东师范大学、北京大学、中央教育科学研究所、人民教育出版社、《求是》杂志社走访。最可宝贵和欣慰的是我们在调查研究的过程之中,逐渐形成了四套选题方案:一是《当代中国最新教育成果丛书》,该书主要选自中国教育学会评选的优秀论著,虽不以教育分支为主线,但都属于最新研究成果;二是《现代课程·教材·教法丛书》,该书按中学教学科目分类,由全国教育学会各分科学会学术带头人、主要负责人撰稿;三是《现代中学学科教学论丛书》,该书带有学术研究特点,着重理论上的阐释;四是《现代教育丛书》,该书以教育理论分支为主线,作者分散,系全新的著作稿,组稿难度大。

由于编辑自身知识缺陷和学识水平所限,以及思维方式、学术追求的差异,对于以上四个方案只能取其一时,我们再次借助社会力量,进行了认真的论证和筛选。我们又一次全室出动,带着这四套方案到教育行政部门、教育科研部门、教学单位进行全方位的论证。大小论证会开了八九次。从石家庄开到北京,又从北京开回石家庄;从学者家开到我们下榻的住所,又从住所开到作者的家。时常议论到深夜,甚至在归途的火车上也没放弃喋喋不休的争论。越调查研究,越广泛论证,越深入讨论,越接近优秀选题的诞生。在孕育选题的几个月里,我们如同母亲十分注重胎儿生长发育那样,精心呵护着它的健康成长、企盼着它将是有震撼力和影响力的好选题、好作品。在这其中体现了我们编辑认真做事的责任意识和锲而不舍的执著精神。我们在整个选题策划过程中,从实际出发上升到理论,又从理论的高度回到实际当中去,也就是通过反复调查研究、论证分析、评估鉴别,也可说是经过聚沙成塔的艰辛,才使我们完成了从无到有,从多个雏形之中遴选出一个有较好定位的选题过程。即以第四方案——《现代教育丛书》方案为基础,搞一套《中国当代教育理论丛书》。这一选题很快得到局、社领导的支持,随后确定列入"九五"国家重点图书出版规划。尽管这套丛书要全部选择有独到见解的新作,包括《教育投入与产出研究》一书,组稿难度相当大。但是,我们认为这个选题方案产生于世纪之交,涵盖了教育科学的一些基本学科,全面系统地总结了改革开放以来的教育理论研究的最新成果,探讨了市场经济条件下我国教育理论研究和教育事业的发展方向,把握了时代脉搏,是直接应用于教育、服务于提高全民族素质的最佳方案。因此,不断强化了的职业道德,使我们知难而进,乐此不疲。

## 二、找准作者、驾驭选题是做好精品图书的关键

好的选题确立后,找准作者,对于做成精品图书来说,可算是完成了多一半任务。仅以《教育投入与产出研究》(《中国当代教育理论丛书》之一)一书为例说明我们是怎样精心组织、物色作者的。

"教育投入与产出研究"是教育经济学的核心问题。教育经济学这一学科,在本世纪60年代初创立于西方,70年代末、80年代初传入我国,是经济科学与教育管理科学交叉的新兴学科。它运用经济学的理论与方法,研究教育领域中的经济问题,提示其发展规律,对于政府、学校、企业乃至家庭决策与管理有着重要价值。

80年代,我国曾有不少学者投身于这一学科的教学和研究,出版和发表了一些著作和论文。进入90年代后,教育经济学的研究处于相对平静状态。经过多方调查、询问和有关专家推荐,得知有三四个学者可做这个题目,如北京师范大学教授、博士生导师、中国教育经济学学会会长王善迈先生在80年代出版过《教育经济学概论》一书,90年代有多篇重要论文发表,我们内定为首选对象。我们怀着忐忑不安的心情,走进王善迈先生的家门。王先生听了我们的想法后,滔滔不绝地谈起了他完成《概论》七八年来主要研究的方向是四方面的课题:

一是教育与市场的关系。王先生从教育产出的特点出发认为:义务教育是公共产品,其供求与资源配置不通过市场。义务教育产出不是商品,非义务教育,特别是高等教育和职业教育是准公共产品,学费不是非义务教育的价格而是一种成本补偿行为,因此非义务教育产出也不是商品。王先生还认为市场对非义务教育的作用主要不表现在收学费上,而主要表现在招生数量和结构以及教学内容等方面,政府、学校和求学者的决策都要受劳动力市场的影响。劳动力市场对非义务教育供求有一定的调节作用。这就从理论上回答了教育与市场的关系,明确了政府在教育资源配置中的主导作用,以及市场对非义务教育的调节作用。

二是教育融资的多元化以及政府投入的合理比例。王先生认为:教育只由政府出资还是应该形成多渠道融资体制,政府作为主渠道提供的经费是否应该有一定的合理比例,在我国争论了十多年,王先生时下研究的课题反映了这场争论的背景,并且从理论上作出系统阐述,为这场争论画上了圆满的句号。

三是教育投资的内部效益与外部效益。王先生把教育内部效益称为教育效率,是指教育投入资源与产出成果之比。把教育外部效益称为教育投资经济效益,是指教育投资所引起的国民收入增量与教育成本之比。王先生的这一研究成果为我国制定要素效率目标,调整高校规模,提供了实证的政策依据。

四是教育预算管理体制,我国教育经费管理体制受到整个教育管理体制中条块分割的影响,长期以来财权与事权相分离。王先生认为这就造成经费管理透明度低,事业发展与财政拨款脱节,教育部门无法利用财权实行有效的宏观管理调控。王先生还根据我国的实际情况,设计了一种具有可操作性的教育预算单列的改革方案,并从理论和实践上做了充分的阐述。

听罢王先生的研究课题,感觉与我们的选题内容非常对路,我们压住心头乐的涌动,继续与王先生沟通:看能否就他研究的课题和我们选题的要求,为我们撰写一部专著的问题。而且我们提出不必刻意追求学科的系统性、完整性,只要反映有关的最新研究成果就行。王先生沉思了片刻说:"那我可以写一部《教育投入与产出研究》的书。"稿子就算"功夫不负有心人"地组成了。

### 三、规范学术、编辑工作到位是出好精品图书的保证

王善迈先生是"大"专家,我们不过是"小"编辑,但我们仍然本着规范学术的精神和敏锐的精品意识,对于权威专家,也照样敢于提出撰稿要求和体例格式及数字规模的要求,请其提供编写提纲和样张。

精品优质图书的重要标志之一是编、校质量必须是上乘。这就要求编辑工作必须慎重细致、步步到位。我们在对《教育投入与产出研究》一书编辑和校对过程中做到了严把四关。第一关是认真阅读和研究作者交来的编写提纲和样张,并请专家进行审定;第二关是通读全稿,并就发现的内容、结构、文字、统计数字、资料来源等方面的问题与作者进行沟通、交流和商定,谋求作者与编辑对书稿各个组成部分认识上的一致;第三关是专家审读和会审,以保证全书无政治性、科学性、知识性、资料性差错。该书请陈良焜教授进行全面审读并写出审读报告,提交编委会顾明远、汪永铨等6位教育理论专家会审;第四关是增加三个校次和付印前的再次审读,使各种差错坚决消灭在出书前,力争不留或尽可能少留遗憾。由于我们以高度的责任心、全身心地投入编校工作,对差错步步为营,打了漂亮的歼灭战,最终使该书质量检查达到优质水准。

## 四、结语

《教育投入与产出研究》一书出版后,专家和同行们一致认为该书是 20 世纪 90 年代我国教育经济学中研究力度大、观点新,资料多、水平高的学术专著。北京师范大学经济学院、教育心理学院、教育管理学院、北京大学高等教育研究所都指定该书为硕士生、博士生教材,华南师范大学、澳门大学教育学院、上海教育科学研究院指定为本科生教材。国家教委、国家财政部、北京市教委等有关部门也纷纷索要该书,作为制订政策的参照依据。该书出版后,第一次仅印了 3000 册,很快购空,又连续重印两次,累积印数 1.2 万册,作为教育理论专著能有这样的社会需求,是我们始料不及的。1998 年又喜获国家图书奖,达到社会效益和经济效益比较完美的统一,应该说这是选题策划的成功,是作者与编辑通力合作的结晶,是编辑孜孜以求、一丝不苟的敬业、勤政、服务精神在职业道德和出版境界方面的最充分的体现。获奖后我们考虑更多的是:这部专著为什么能够得到如此殊荣?究其原因还是有赖于生动、活泼、良好的出版环境,给作者创造了在诸多研究领域中充分表达自己理论见地的机会。该书作者十几年来涉足于教育经济学的研究,回答了"教育与市场的关系"、"教育投资效益"、"教育预算管理体制"等一系列教育发展与改革所面临的重大理论问题,提出了穷国办大教育的许多政策主张,有的已经被政府采纳。因而使其具备学术价值和实践意义。由此使我们想到社会科学方面的学术著作选题的策划,还是优先定位在能够解决建设有中国特色的社会主义的实际问题为好。

注释:
① 《教育投入与产出研究》为本套丛书之一,有关选题策划方面的内容只能一并说清。

(作者单位:河北教育出版社)

# 编辑选题应注意四性

刘 斌 武

编辑选题活动作为精神生产的活动形式,有自身固有的规律和特征。本文仅从四个方面进行简单的阐述。

## 一、选题应根据读者的不同需求注重多元性

编辑选题活动的对象是读者,其精神生产的活动形式,是为满足读者的精神文化生活需要而存在的。可以说读者是编辑的上帝,选题是编辑为读者服务的基础。从目前我国读者的诸方面因素看,由于其文化水平、思想情趣、知识结构、兴趣爱好、追求目标、阅读欣赏能力的不同,加上其所处的社会地位、工作环境和扮演的社会角色不同,其需要的精神文化产品就不同。就同一类型的图书来讲,有的读者需要的是学术味强的作品,有的读者需要的是知识性强的作品,有的读者需要的是思想性强的作品,有的读者需要的是消遣性的作品,有的读者需要的是通俗性的作品,因而就构成了读者需求的多元性。

编辑在选题活动中,就应该根据读者需求的多元性,注重选题的多元性,这样才能满足读者的精神文化生活需要。所谓编辑选题的多元性,并不是简单地迎合读者的低级情调和消极思想,而应该根据读者多元性需求的特点,进行科学的分析,把住精神产品的质量,让精神文化产品真正起到教育人、鼓舞人、陶冶人、引导人的作用,把读者的思想情趣、目标追求引导到符合社会价值的观念上来。

同时,注重选题的多元性,也是提高编辑素养的一个重要途径。编辑能否编出好书,能否为社会和民族留下文化遗产,是由编辑的素养决定的,而编辑的素养又是通过实践活动的锻炼而形成和提高的。编辑注重了选题的多元性,不但能够丰富自己的知识,而且能够调整自己的知识结构,使自己的素养不断得到提高。如

果一个编辑,只注重某方面的知识运用,忽视整体知识结构的充实和调整,可能会在某方面创造出成绩,但也可能会造成其他方面的知识弱项,不适应即将到来的社会大文化形势,不能满足读者越来越丰富的精神文化生活需求。

## 二、选题应根据民族遗产和出版价值注重文化性

我国是一个具有五千年文化史的民族,文化遗产十分丰富,无论从思想道德、人生修养,还是从政治、经济、军事、科技等方面来看,都有较多的优秀文化遗产。优秀文化遗产,在我国的历史上曾发挥过较强的作用,是中华民族强盛振兴的瑰宝。就是社会发展到了今天,它们仍然有不可磨灭的作用。

但是,我们也应该看到,我国是从封建社会演变而来的,许多文化遗产是在封建统治下创造出来的,是为封建统治者服务的,属于糟粕文化,与我们提倡的社会主义文化是格格不入的,应在淘汰和摒弃之列。即便就是有些优秀的文化遗产,也难免在某些方面打有为封建统治者服务的痕迹,不符合社会主义所需要的文化品格。这就要求编辑在选题活动中,能够正确地分析文化遗产的时代性和服务性,对那些不利于社会主义精神文明建设的东西,大胆地割舍,不能打着继承和发扬文化遗产的幌子,确定有负面影响的选题。

在当前先进文化、先进思想与腐朽文化、腐朽思想,仍在进行较量的时刻,选题更应该注重文化遗产的出版价值。出版价值是决定选题正确与否的一个重要标志。如目前一些出版社出版的《厚黑学》、《反经》、《谋官术》等借用历史故事编撰的图书,就把封建统治者的谋官手段,当作文化遗产来宣扬,可以说根本就不具有什么出版价值。

是否属于民族文化遗产,是否具有出版价值,是决定图书是否具有文化性的前提。如果文化品格较低,不适应社会主义精神文明建设,那么,就肯定地说它不具有文化性。因我们提倡的文化,是先进文化,是能够为人民服务,为社会主义服务的文化。如果文

化产品丧失了这两个基本的功能,还仍然把它捧为文化,那就会造成文化的倒退。

### 三、选题应着眼社会发展进步的趋向注重时代性

社会的发展进步是一种历史的趋向,也是历史的规律。新的代替旧的,先进的代替落后的,无论是在任何社会条件下,都是一种社会特征。尤其是在社会主义条件下,这种特征就表现得更为明显。当前在自然科学方面,社会已经进入到高科技时代,不但对未知的自然现象,在进行着破译,而且运用现代科技知识向广阔的领域进军,取得了前所未有的成就,人类战胜自然的序幕已经拉开,许多未知的东西,将成为人们新的知识。在社会科学方面,许多重新认识社会人文的研究成果,正在以新的理论、观点、思维,代替旧的模式,成为促进社会发展进步的文化源泉。这就构成了它的时代性特点。

因此,编辑在选题时,就要根据这个时代性特点,用时代的眼光,来确定选题的内容和范围。如对未知的自然现象,人们热衷的是认识它、破解它、战胜它,这就需要在选题时,从知识的角度、科技的角度、创新思维的角度,确定写作的内容和体裁。现在科幻图书,受人们欢迎的原因,无疑与人们认识未知有极大的关系。再如在加强社会主义精神文明建设中,反腐败是一个重要的时代课题。那么这方面的作品,也就容易引起人们的重视,成为人们喜爱的读物。

任何时代,都应该有任何时代的作品,脱离了时代的作品,就会成为不受欢迎的作品。编辑在选题时就应该把握住时代的特征,以敏锐的眼光和清晰的头脑,看到时代的走向,选择时代前沿的题目,多编富有时代特点的作品。这样才能够使出版的图书不落入俗套,不被文化市场所淘汰。

### 四、选题应在调查研究的基础上决策注重创新性

编辑选题不能凭空想象,只能靠调查研究,才能做出正确的决

策,才能做出新意来。社会的变化是多维的,人们的思维方式和活动行为,也会随着多维的变化要求出现新的模式。如人们的阅读时间、阅读兴趣、阅读能力、阅读方式,随着工作生活的快节奏,个人价值观念的增强,理解、分析和联想能力的提高,影视、网络、光盘等媒体介质的出现,发生了很大的变化,可以说是一种全新的形式。那么,在选题时,如果不能按新的模式、思维、格调、品位去确定,就势必会影响到读者的文化消费兴趣,甚至会让读者生厌,降低读者对图书的欲望。

在调查研究的基础上确定选题,就要根据图书市场的走向,来把握读者购买图书的心理、欲望、喜好、兴趣、阅读能力、购买能力、读者层次等方面的情况,做出正确的决策。忽略了这个基础性的工作,就不会使选题富有出版价值,也就会使选题仍然徘徊在原有的水平和格局上,不会出现新的飞跃。

在调查研究的基础上确定选题的落脚点是创新。这就要求确定的选题要有新意,给人耳目一新的感觉。这方面包括新内容、新技术、新思路、新方法、新格调、新品位等多个方面。全新的创意是选题策划的灵魂。无论什么类型的图书,都应该根据时代的特点,做出新意来。少儿类的图书需要有新意,文化艺术类的图书也要有新意。即便是学术专著也不例外,更需要有新意。但在注重创新的同时,还要注重印刷质量、封面包装、用纸类型和图书价格、读者对象、购买能力等方面的切入点,不可一味地追求标新立异,而忽略图书的市场效应。

总之,选题既是一项艰苦细致的工作,又有它内在的规律和特性,应该结合实际工作,不断地探索,以取得选题的效益。

(作者单位:花山文艺出版社)

# 论出版选题资源的保护

韦启福

出版业是中国特色社会主义文化事业的支柱产业,在社会主义现代化建设中肩负着重要的使命。出版选题资源是出版产业资源的核心内容,它的利用的好坏,直接关系到出版业的兴衰和国家社会主义文化事业发展的进程。因而如何保护好选题资源,合理利用选题资源,是出版界不容忽视的问题。

出版选题资源是无形的文化资源,从一个方面反映着人类对物质和精神财富的创造水平和能力,又通过人的合理利用而对人类的物质和精神财富生产产生促进和推动作用。它与人类社会文明程度相关,文明程度越高,选题资源越丰富;文明程度越低,选题资源越贫乏。在人类社会发展的一定阶段中,选题资源是相应固定的,不是无穷无尽的。因而损害、浪费和滥用出版选题资源的社会后果是严重的。由于在一定时期内出版单位对选题资源的独占性以及出版选题资源自身在一般情况下的一次使用性,使得某一选题资源一旦被一个出版单位使用就难再还原,因此它所发挥的作用的大小以及产生的社会效果的好坏也难改变。如果在某些特别情况下要改变这种结果,而其他出版资源(如人力、财力、物力等)的浪费已成必然。因此,损害和浪费出版选题资源的后果实际上带有不可逆转性。可见合理利用这一资源,可以推动社会文明的进程;破坏、滥用或者浪费这一资源,就会影响甚至阻碍社会文明的发展。因此,我们在利用选题资源为人民服务,为社会主义服务的同时,一定要认真对待每一个选题,慎重使用每一个选题,使之资尽其用,为人类的文明进步作出最大的贡献。

## 一、出版选题资源浪费的现状

我国对出版选题资源的利用,总体情况应该说是好的,尤其是在改革开放后这一资源得到了广泛的开发利用,为社会主义的两个文明建设作出了重大的贡献。但是不尽人意的地方还多有存在,有些情况还是相当的严重。我国出版图书品种早已突破年10万大关,但这一巨大数据的含金量实际不高,极品更为少数。在许多漂亮的书名下往往包含着平庸的内容,而在这许许多多平庸的内容里面又反映出许多资源的浪费。突出表现在以下几方面。

### (一)出版物内容名不副实

人们经常遇到这样一种情况,一本书名非常吸引人的书,翻开一看却发现内容严重不足,令人大失所望。一方面出版物占有一个宝贵的选题,但该选题下蕴含的文化内涵没有得到充分积淀和全面体现,因而不能发挥应有的作用。另一方面读者在该选题下得不到相应的知识信息,又由于一般情况下选题的不重复使用使得他们不可能在别的地方获得该选题下应有的知识信息。因此,这种损害选题资源带来的危害是在虚浮的书名下阻碍了文化的积累,直接妨碍了人民对文化的接受和应用。

### (二)出版物内容包罗万象而面面不到

有些出版物选题立得很大,包含的内容很广,涉及的问题很多,但哪方面的内容都很空泛,哪方面的问题都说得不透,蜻蜓点水,敷衍而过,使读者看了不得要领,无益可言。这实际上是对选题资源的一种浪费。这种选题定得越大,资源损失越多。表面上是宏篇巨著,实际上是知识不足,严重贫血。这类书的出版,既浪费了选题资源,又浪费了其他的出版资源(包括人力、材料、时间等)。

### (三)取一毛而失千斤

本来一方资源自成一体,内涵丰厚,气势恢宏,可塑旷世奇物,但由于出版者智力或物力的原因而东咬一口西啃一把,取其皮而伤其肉,动其筋而败其骨。这种将板块选题资源人为支碎,使其面目全非而不能委以他用,实际上是对资源的破坏,结果是使资源失去了整体的内力,使它不能够发挥应有的更大的作用。

### (四)出版物编校质量差

"无错不成书"是当今中国图书的一大特色。即使是一个很好的选题,同时作者也赋予该选题以完好的内容,但由于编校质量低劣而不能够真实反映该选题的精神实质,因而不为读者接受或者对读者产生了误导,因此不能发挥应有的作用,甚至产生了负作用。这实际上是对选题资源的毒害。这种情况带有较大的普遍性,因而影响是十分严重的。

## 二、造成选题资源损失的原因

造成出版选题资源损失的原因是多方面的,但直接的主要有以下几方面。

### (一)急功近利行为造成的损害

在当今经济浪潮的冲击下,一些出版人的思想变得浮躁了,因而不可避免地出现行动上的急功近利。他们把出版阵地完全当作经济上创收的行业,而忽视了它为人民服务,为社会主义服务的宗旨;把选题资源当做摇钱树,而无视它的文化属性,为了金钱和名利的目的,他们可以毫不痛心地践踏出版资源。一个选题本来应该精心策划,严密论证,但为了占头风他们可以匆忙拍板;一本图书,本来应该约一流的作者完稿,但为了其他原因他们可以请不入流的作者东凑西拼;一本稿件本来应该认真审改,但为了抢时间他们可以草草而过。本来完全可以做好的事情,他们马虎了事,结果一个很好的选题被造作成次品抛了出去。

### (二)低能行为造成的损害

应该说我国出版人整体素质不算低,但由于科学技术的飞快发展以及文化知识的不断更新,使得许多人在实际工作中跟不上形势了,常常显得力不从心。再加上专业的跨越学科的交叉,许多编辑都随时可能面对与自己知识结构不相应的选题,在这种情况下他们已无力驾驭选题,但在利益驱动下又不得不勉强应付。他们或许希望用好资源,搞好选题,编好出版物,但毕竟能力有限,即使愿望再好,资源的浪费也是在所难免。一块木料,本是栋梁之材,他们劈当柴烧,也不觉半点可惜。

### (三)名流效应的损害

有些名流大家,做了一辈了的学问,成果不乏,但经济浪潮的冲击已使他们利令智昏。为了金钱,他们已无心顾及名誉,不该挂名的他们挂了,不该揽的他们揽下了。毕竟精力有限,为了赶时间,争数量,他们只得草率应付,结果当然不能尽如人意。但由于名气效应,他们的这种失职往往被浮躁的出版人轻易放过,于是次品出笼。

### (四)行政干预造成的损害

在现行体制下,政府行为对出版业的影响是大的,因而行政干预对出版选题资源的损害也是不容忽视的。自古以来出版业便是文人学士经营之行当,人们以能把自己的名字印在书上而引以为荣。时下宦海之中,许多人不曾修得做学问的本领,却精于使用手中的职权,大行著书立说之歪风。他们想到一个题目,或是躬亲上马,或是收罗部下,大撰特撰。毕竟不是里手行家,落墨处不过粗制滥造,这实在难登大雅之堂,但书名下的名字大,到出版社一晃,趋炎附势的出版人早被吓昏,哪里还敢慢挑细酌提个不字!纵有人敢斗胆微词,但官笔一挥专款落地,也就见好便收。当领导的名字印到书上的时候,废物也就面世,可惜一方资源由此遭毁。

### (五)金钱效应的损害

有些人商海得意,富甲一方,若说还有失意处,那便是不曾千古留名,于是白日里也做起著书立说的梦。只缘此等翁君不曾读过几天书,肚子里没有半滴墨水,胡编乱凑个题目,打了一些时日的哈欠后书稿也堆了起来。按理说出版人不该对此物感兴趣,但这堆废纸放在编辑的桌上底下却垫有多多的钱,见钱眼开的人谁又想袖手旁观呢?为了钱,他们不得不把稿件拿下,这结果自然可想而知。

## 三、出版选题资源保护的措施

滥用和浪费出版选题资源的原因是多方面的,但主要的也是直接的是出版人的主观因素。在众多起作用的因素当中,出版人的素质起着主导的决定性作用。因此要谈出版选题资源的保护,笔者以为应从以下几方面着手。

## (一)增强出版人选题资源保护的责任意识

出版人对选题的确立、取舍以及对选题的使用方式、方法有着绝对的决定权,对资源的使用起着主宰的作用,在使用过程中如果责任意识淡薄,必然导致行动上的错误,从而致使选题资源遭到损失。因此,我们要实现对出版选题资源的保护,就得首先加强出版人的责任意识。要加强出版人的责任意识,以下几方面是应该重视的。

### 1.对历史负责

前面已经提到,出版选题资源是一种文化资源,它是在人类社会发展的一定阶段中产生的,随着人类社会的发展而发展。由于一定的文化资源反映着特定社会阶段的一定的物质的、精神的文明特征,而作为文化资源内容形式的出版选题资源毫无疑问更是这种特征的最真实最直接的反映。如果我们在使用资源的时候没有了解资源的全貌,没有把握资源的实质内容,我们就很难做到科学、合理地使用。因而我们就不可能正确地表现特定社会阶段的一定的文化的本质特征,甚至抹杀了这种特征;就不可能全面地反映特定社会阶段的一定的文化内涵的全貌,而是片面地反映了这种面貌,甚至歪曲了这种面貌。因此,我们与其说是在记载文化,不如说是在制造谬种;我们与其说是在宏扬文化,不如说是在流传谬误。由于出版物的特定性质,使得这类谬种在普通人当中带有权威的色彩,又由于这种色彩的不易改变,因此对社会的影响是深远的,危害是深重的。于是出版人实际上变成了历史的罪人。因此,我们一定要增强历史责任感,抱着对历史负责的态度,怀着客观反映历史的精神,去对待每一个选题。

### 2.对社会负责

文化是人类社会生产力发展的产物,既反映特定社会阶段的文明程度,又可以对社会文明的发展产生直接影响。作为社会主义文化事业重要组成部分的出版业,其责任是积累和传播优秀文化,以实现为人民服务、为社会主义服务的宗旨。我们是依靠对选题资源的利用而实现这一神圣的宗旨的。因而选题资源利用情况的好坏,直接关系到我们实现这一宗旨的程度,直接影响到我们为人民服务、为社会主义服务的质量。资源是有限的,同时资源的使用后果带有不可逆转性,使用得好就会促进社会文明的发展,造福人类;资源浪费了就是社会和人类财富的损失;资源使用得不好就会危害社会,阻碍社会文明的发展,危害人类。因此,我们要怀着对社会高度负责的精神,用好每一个选题。

3.对读者负责

读者是出版物的直接承受者,出版物的文化内涵要通过读者的接受与利用而变成影响社会文明进程的动力。出版资源利用的好坏,直接表现在我们向读者提供了什么。提供得好的,提供充分的,读者是直接的受益者;提供片面的,提供不好的,读者是直接的受害者。因此,作为出版人,我们应充分利用有限的出版资源,酿制成精美的精神食粮提供给读者,使之从中获取促进社会发展的营养。也就是我们要做到以科学的思想武装人,以正确的理论引导人,以高尚的情操塑造人,以优秀的作品鼓舞人。

**(二)提高出版人的业务素质**

出版选题资源利用的好坏,直接取决于出版人的素质水平。当思想明确、责任心提高之后,业务素质水平就是决定的因素。就目前我国出版人的整体情况看,笔者认为以下几方面是值得注意的。

1.提高观察选题资源的能力

选题资源是人类社会文化的本质的反映,要充分利用选题资源,全面发挥资源的社会作用,这要求我们站得高,看得远,正确认识和全面了解人类社会的文化的实质内容。只有对人类社会文化实质内容有正确的认识和全面的了解,我们才能对它的分门别类作出科学的定位,对它的挖掘利用作出正确的判断,因而我们才能在采用资源的时候不致于盲目以致损坏或者浪费了资源;这样我们才有可能摘撷到人类优秀文化的精华,沉淀和积累优秀文化的成果,摒弃人类文化的糟粕。因此,出版人应该认真研究社会,努力了解社会,提高观察社会的能力,使我们在对社会清晰透视的可能中清楚认识和正确把握反映社会文化本质的各种各样的选题资源,从而使我们能够做到全面、充分地利用好这些资源。

2.提高鉴别选题资源的能力

全面了解人类文化的实质内容有助于我们对反映这一实质内容的选题资源的分门别类和正确使用,但要做到严格、明确的分门别类以及科学、合理使用,还要求我们具有较高的鉴别资源的能力。由于文化的相互渗透,学科的交叉,知识的互辅,信息的交融,使得人类文化这一整体资源的脉络是错综复杂的。要能够将这一整体资源离析、沉淀、积累成各具特性的片段,并将这些片段酿制成各具特色的人类的精神食粮,这要求我们具有能够将这一脉络错综复杂的整体资源进行条理解剖的能力。因此,出版人应该广泛涉猎各门类、各学科的知识,对社会文化知识有较全面的了解,努力提高鉴别资源的能力。只有这样我们才能够明察资源的脉络,了解资源的个性,在解剖使用资源的时候才能够做到既抓住个体的脉络,把握个体的特性,又不致伤害整体(或是其他)的脉络、混淆其他的特性。因而我们才能够做到科学、合理地利用资源。

3.提高利用选题资源的能力

当我们对选题资源的情况有了全面的了解,对资源的脉络和特性有了正确的把握之后,资源利用的好坏,便取决于我们利用资源的能力的大小。利用资源的能力体现在我们取舍资源的判断,使用资源的方法,加工资源的艺术等方面。一块材料,技艺精湛者可以把它雕琢成精美的艺术品,而不学无术的人只能把它弄得一塌糊涂。面对一方选题资源,出版人应该是技艺精湛的使用者,而不是粗制滥造的笨手。因此,我们应该努力提高自身的知识水平,使我们的知识永远处于尽可能饱满的状态;我们应该自觉更新我们的知识,使之不被老化而保持旺盛的生命力;我们不但应该认真研究资源运用中的新问题,还要不断提高解决新问题的能力。只有这样,我们在利用选题资源的时候才能做到游刃有余,驾驭得了选题。

### (三)找最好的作者

作者是选题资源的直接开采者,当出版人的开发计划、开发目标既定,作者的能力直接关系到开发利用的成败。当我们提出了一个理想的选题,并已作了充分的论证,这只能说我们对选题资源的开发成功了一半,而后面的一半是否成功,得看作者采用资源的能力。作者对资源利用得好,开发大功告成;作者对资源利用不好,开发宣告失败。作者的能力,体现在其对该选题下所蕴含的文化元素的利用程度,同时也体现在他的利用方法和技艺上。利用得愈充分,则出版物的容量愈充足,反映的文化内容愈彻底愈全面,因而愈能客观反映特定历史时期的文明的真实程度;方法愈科学,技艺愈高超,作品愈富于感染力,愈易引起读者对出版物的接受和共鸣,因而更有利于资源作用的发挥。因此,出版人对于每一个选题,应立足于找一流的作者。只有一流的作者,他才最了解该选题下所蕴含的文化资源,同时也最知道怎样去利用这些资源,因而他创作的作品也最能够客观反映该选题的文化内涵。

### (四)选择最佳的时机

出版选题资源利用的效果对时机的选择是重要的。机遇好,利用的效果大;机遇不好,利用的效果差,资源没有发挥应有的作用,从某种意义上说也是一种损失。机遇的因素是多样的,但主要的是两方面,即社会动态时机和物质基础准备。

1. 社会动态时机

这是指什么时候出版读物最易引起社会关注、群众关心和读者接受。出版物的内容是通过人的接受利用从而变成影响社会文明进程的动力的。再好的读物如果没有得到社会的认可和群众的接受,那么它的文化内涵就不可能发挥效用。所以出版人应该深入社会,掌握社会发展动态,时刻了解社会的需要,了解读者的兴趣,随时抓住最佳时机适时推出出版物,这样易于读者的接受,利于出版物的传播,从而发挥更大的作用。

2. 物质基础准备

出版选题资源是无形的文化资源,这决定了它的内涵也必然是无形的。但它的无形内涵的加工传播必须通过有形的物质资源作为支持体而实现。因此物质资源准备的好坏直接关系到无形文化资源内涵的加工和传播质量，因而直接影响到选题资源利用的效果。比如一个很好的选题，如果经济条件尚不具备而仓促上马，对作者不得不降格以求，对选题内容不得不进行不该的压缩，制作过程中不得不偷工减料，这样作品变成了次品或是废品，那么选题的损失是明摆的了。因此，对每一个选题，我们除了做到精心策划，严密论证，找一流的作者，还要做好充分的物质准备，要量力而行，当物质条件尚不具备时先放一放，准备好了再上，这样才不至于痛失选题。

(作者单位：广西民族出版社)

# 现行期刊发展对策仍是加强微观努力与宏观调控

张 东

由于历史沿革的原因,我国 8000 多份期刊多为政府厅局或党委主办的机关刊物,出版行为较大程度上仍依附于行政行为,基本上仍属财政拨款、行政发行的模式,主要功能仍为上情下达,为政府及党委工作服务。因此,发行量不是很大,发行对象主要仍以各级党政机关公费订阅为主。虽然也有部分综合文化生活类期刊发行量居世界前十强,但从全国范围来看,无论质量还是发行量,各地期刊发展仍非常不平衡。

偏远山区的期刊,信息相对闭塞,编辑人员的策划观念、策划能力及办刊的主动性、参照视野均不及一些发达省区,如文化视野不及北京、上海,经营策划不及江西、广东等,这是外部原因的制约。但从主观方面看,许多省区的办刊人员仍存有一种惰性,有着较重的小富即安心理,要么想躺在财政拨款里睡大觉(小机关刊),要么以占领本区市场为满足(教学辅导类),要么以一年出两期增刊弄些小钱为"改善"(学术理论类、学报类),要么以跟风模仿为"提高"(综合文化生活类);对如何从根本上提高刊物质量,搞活经营,还不是很有办法,策划能力不强。而是盲目跟风,别人出半月刊,我也出半月刊,别人封面有这些设计元素,我也要有这些元素;别人设这些栏目有卖点,我也改头换面设这些栏目争读者……使得这些刊物永远跟在别人之后亦步亦趋,瓜分读者市场的残羹冷炙。

从根本上看,期刊存在的主要问题,仍是创特色、促策划的能力问题、观念问题,表现出来就是刊物没特点,发行量少,市场占有率不高,经营效益差,办刊视野窄等劣势。其实,一个刊物办好了,解决了以上问题,其社会效益不仅上去了,同时还会产生惊人的经济效益,特别是综合文化生活类(识别码为G0)的期刊,成为双效突出的大刊、名刊的可能性是极大的,如《家庭》、《知音》、《读者》,他们在地域上,并不见得比其他省区占有多么不可企及的优势,更何况随着信息时代的来临,这种地域性优势,已明显比几年前要小。差距无疑更主要产生自人。

如何解决期刊这种被动局面?最重要的,我想仍是改变观念。这虽然是老生常谈,但从现实来看,我们许多办刊人员,事实上并没有从根本上改变观念,或者说,观念改变太慢,你变得慢,别人变得快,在刊物上表现出来,就是你的刊物仍处于落后的观念之中。

改变观念,最有效的一点是要将本地区特点发挥到极限,形成优势,形成刊物特点,从而产生强烈的学科优势或地域优势,再利用这些优势引入资金,将蛋糕做大,在客观上促进社会效益的同时,带来可观的经济效益。从广西来说,广西具有地域优势的期刊还是很多的,如有关热带作物的、民族研究的、东南亚研究的等等。目前在这方面做得较好的期刊有《广西民族学院学报(哲社报)》、《民族艺术》,这两刊的办刊人员,都从地域文化特点中寻找突破口,前者从人类学、后者从民族学的角度,将地域特点无限扩大,最后形成了优势,形成了特点,创了品牌。有了特点,就有了筹码,以后刊物的发展机会就多了,刊物就好办了。什么是现代理念的刊物?我想,有明显特点的期刊,就是一种现代的期刊。刊物最怕的就是没有特点,没有特色,在一堆期刊里边,根本没有面孔,别人读了随手一扔,根本没有留下印象。

我国加入世贸组织的进程越来越快了,到时候,国外出版资金很可能会以各种形式大量介入中国出版市场,到时候,没有特点的期刊读者更加不予选择,面临的局势会愈加严峻。反过来,形成了鲜明特点的期刊,也应当注意不要一味为特色而特色,应当看到创特点只是工具理性的第一步,还应当达到自己价值理性的目的:那就是利用地域特色的不可替代性及全球性学科优势,努力与国外出版集团建立学科联系,要努力走出本地区,走出中国,走向世界。

马克思-韦伯说过,愈是民族的,愈是世界的,这句话从另外一个角度可以理解为:愈是有特色的,则愈是世界的。我们如果不以走向世界为目的,仅仅停留在"民族的"这一层面上,其实是一种巨大的浪费。这一类刊物的办刊人员,特别要注意克服"不愿走出去"的心理,相关主管、主办单位也应当在"走出去"这一点上,多为这些刊物创造条件。

其次,改变观念还体现在认真分析读者市场,准确给刊物定位上。现在很多刊物都做过读者市场调查,但基本上都是由本刊通过读者问卷的形式来完成的。其实,本刊的读者问卷只能到达本刊的读者群,或以本刊的读者群——"熟客"为主,原来不是读者的,很少机会看到问卷,或看到问卷也不提交,那么,这样的读者问卷方式有用吗?我想,最多只是在原有基础上有些许提高(而且提高很慢),就像近亲繁殖一样,所收集的信息其实对发展并不利。为什么读者调查不能交给专业的调查机构去完成?这本身就是一个观念有问题的表现,如果说钱是一个原因,那更说明了观念上的问题。

拿综合文化生活类期刊来说,最关键的一点,就是要摸准读者的脉,看透读者的心,找准社会的热点,同时还要善于制造热点。同样是青年刊物,但可以反映不同类型的青年现象,同样是妇女刊物,可以反映不同的妇女问题。哪一种更准?哪一种更容易引起共鸣?这就靠办刊人员对读者群、对社会现象的深刻洞察和入微分析了。现在许多办刊人员都说,他们都进行过读者心理及社会现象分析呀!问题正在这里。我们许多办刊人员,往往做事不到位,对社会现象的分析,对读者群落心理的观察其实都不深刻、不细致,反映在刊物上,就是刊物定位、栏目策划、文章质量等都不到位,只能显现出对名刊大刊的亦步亦趋、东施效颦的姿态。有一点最不能理解的是,在占据读者制高点成为重要办刊因素的今天,为什么我们的大部分刊社不到北京?上海或广东等标志性省市设立工作站?而设工作站的好处是不言而喻的。这同样深刻地反映了一个根本性问题,即人的观念问题:我们许多办刊人员,其实仍未把对刊物的策划,对读者的分析,对社会的观察放在最最重要的地位,还没有把从整体上、根本上改变办刊思路作为第一要素。特别是刊社老总们,过多埋头于编辑琐事、沉湎于对刊物的"小手术"上的成功。

真正的策划是从整体上、根本上改变刊物命运,真正的策划未必就会成功,但虚假的"泛策划"肯定不会成功。办刊人员应当纠正一个观念,那就是策划一定要成功,投资一定无风险,这种观念是典型的小农观念。世界上没有肯定成功的策划,也没有绝对无风险的投资。然而一次真正意义上的策划——科学进行市场调查、深刻进行社会分析、合理回避强大对手,都会在激发办刊人员思路、增进对读者了解、丰富对市场感受等方面,产生良好影响,从而形成健康的、充满活力的办刊机制。没有活力的期刊,比没有原始积累的期刊,在很快的几年内,会面临严重很多的困境,这恐怕不是故作矫情之谈吧。

办刊人员在努力更新观念、提高素质、激活创造力的同时,作为期刊的行政管理部门,也应当从以下几个方面提高管理水平,创造良好的办刊环境,促进期刊业更上一个台阶。

**一、走出管理观念误区,实现管理目标科学化**

作为管理部门,最基本的一条,便是要牢固树立服务意识,全心全意服务于报刊业,这是我们管理工作的前提和首要条件。而要提高服务质量,就必须走出管理观念误区。作为管理人员,很容易滋生"怕出事"想法,久而久之,会不自觉将行政管理目的简单化、庸俗化为"只要不出问题、不捅娄子就好"。

这种"怕出事"想法同样属于懒汉思想,同样是"小农意识"的表现。期刊管理部门,应当在努力引导、鼓励期刊社深化改革、转换观念、改变机制的过程中,勇于面对问题,善于解决问题,敢于"摸着石头过河",在不断面对问题、解决问题的过程中,激活管理机制,提高管理水平。管理与办刊一样,在社会大潮的迅猛发展中,同样面对着许多新情况、新理象、新问题、一厢情愿地希望期刊不出问题,不出情况无异于掩耳盗铃。惟一的出路是:管理必须尽快跟上实践变化的步伐,管理人员应尽快熟悉期刊出版新情况、新现象,并作出准确分析,合理运用现行法规,进行建设性的管理。

进行建设性的管理,需要管理人员不断提高自身素质,实现管理目标科学化。期刊管理,不单纯是繁琐日常行政事务性工作,也不单纯是一句"政府管理的一扇窗口"就可以概括得了的。期刊在管理过程中,不仅要准确分析刊载文章的内容及社会影响,必须随时掌握正确的宣传口径,熟悉出版法规,保持高度政治敏感性及社会敏感性等,同时还要正确处理好与广大办刊人员的人际关系,掌握刊物动态,合理调整报刊布局,帮助期刊社、编辑部争取合法权益等等。管理好与不好的标准,不应当是本地区的期刊"出不出问题",而应当是本地区的期刊业是否有所壮大与提高。一句话,本地区的管理是否是有创造性的、是否是健康的。

但是,反过来说,追求管理的建设性,并不是消解管理的严肃性、严格性与依法性,更不意味着一味地做老好人,从而在客观上取消管理。期刊管理的根本性特征是微观约束与宏观调控相结合的完整过程,管理效能最终要通过市场作用力表现出来。因此,期刊管理不能只见树木不见森林;也不能只进行宏观调控而忽略对个体期刊的微观约束,毕竟宏观调控要建立在对大量个体期刊的有效约束基础之上。比如在文艺期刊普遍生存困难的情况下,我区从宏观调控上对广西文艺期刊进行引导,或鼓励他们与《佛山文艺》等大刊合作,以学习先进的办刊思想;或鼓励他们调整刊物定位,或帮助他们申办变更出版类别等等;与此同时,对个别期刊只顾经济效益,出现格调低下等危险出版倾向,坚决予以及时制止;或对个别期刊不规范的市场行为进行约束,以努力净化文艺期刊市场,提供一个相对较好的发展空间。

另外,针对我区有影响的大刊、名刊数量太少的情况,我们一方面继续鼓励、催化原有期刊的健康发展,强化实力;另外一方面,利用全国厅局报刊调整结构之机,申办了一批更有市场潜力的新刊,重点发展出版社社办期刊,实施精品战略,营造孕育名刊、大刊的良好环境。

## 二、提高依法管理水平,加强管理预见能力

期刊管理中,现行的许多法规已表现出与不断发展变化的期刊出版实践不相适应的矛盾。从大的方面说,我国目前仍没有一部完整的出版法,这已造成出版管理上的许多不可操作性因素;从小的方面来说,我国现行期刊管理"注册——年度核验——审读——变更登记"的模式已显得过于简单化,另外有关互联网与报刊关系、刊名与要目关系问题,提前出刊、一号多版的认定标准问题以及重大选题报批备案制度等等法规条款,包括即将实施的报刊出版违规警告制度、责任制度等,均存在着或者执法主体不明确,或者操作性减弱,或者与实际出版情况不相适应的情况。

更有甚者,近两年期刊出版过程中,出现了一些"刑不上大夫"的情况,即对大刊、名刊的不规范出版行为,处理不及时,往往造成其他同类刊物纷纷仿效,造成管理上的混乱和困难。比如去年底,全国兴起一股将刊期压缩并变相出版一号多版的现象,始作俑者正是个别大刊、名刊,但由于处理不及时,其他各省纷纷仿效愈演愈烈,最后要国家连续发文予以制止、声称各省区对期刊刊期变更的批文无效后才有所收敛。这不仅削弱了各省管理部门的威信,同时也表现得极不严肃,更主要的是使许多刊社蒙受了损失,所投入资金与人力均化为泡影。

这反映出我们在管理上,依法管理的水平仍有待加强,在管理中,前瞻性还不够。其实,出版管理的诸多法规中,对一号多版的出版行为是有明确条款禁止的,但对许多刊社利用缩短刊期以变相出版一号多版的行为,管理部门的反应显得太慢了,并表现出缺乏相应的预见能力。

国家从 1996 年底开始进行一系列的报刊业治理和调整,其中一个目的,便是要减少报刊总量。但假如一号多版不能有效扼制,则报刊结构调整和报刊业治理的成果将会大为削减。目前各出版社利用书号出版连续性期刊型出版物也已呈愈演愈烈之势,如果图书出版部门与报刊出版部门不联合制止,后果同样不堪设想。

### 三、淡化管理环节中行政及个人因素

依法管理水平的提高,不仅依靠管理者对法规的熟悉程度,对出版现象的深刻洞察上,同时更要求管理者在管理行为中,尽量减少个人因素与行政指令性行为。

个人因素与行政指令性行为常常是互为因果的,其最极端的表现形式即为人治而非法治。管理人员应尽量避免在管理工作中个人因素的介入,与各个刊社的关系,也应尽量避免亲亲疏疏的关系,更不能因亲疏关系而模糊了依法管理的意识及判断水平。这要求我们个人,在管理工作中,不仅要洁身自好,始终保持清醒头脑,同时更要求我们切实从刊社本身、期刊业本身出发考虑问题,坚决抵制那种易受个人情绪影响、只考虑个人利益的"非管理"行为。而行政管理机关及宣传管理部门,还应强化执法主体意识,以全面促进期刊管理的法制化进程。

期刊业的全面健康发展,特别是在期刊业落后省份,不仅需要期刊从业人员付出艰辛的努力,同样需要期刊管理人员付出艰辛努力,不仅需要期刊社在微观上体现出更大的敬业精神,同时也需要期刊管理部门在宏观调控上提高水平,而社会各界在促进我国法制化进程中,更应当提供相对良好的社会环境。

(作者单位:广西新闻出版局)

# 党刊主编的组版意识

## 王榕春

一本期刊的最后完成,是在组版主编的手里。组版工作可以说是期刊出版前的最后一道编辑"工序"。这道"工序"的优劣粗细,在很大程度上将影响期刊质量。江泽民总书记在十五大报告中对新闻出版工作提出"加强管理,优化结构,提高质量"的总要求。期刊要提高质量,组版工作一定要跟上去。

### 一、组版工作要坚持办刊宗旨

办刊宗旨,是期刊的灵魂,通俗地讲是刊物的定位。一句话,期刊组版工作不能偏离刊物的定位。

作为中共福建省委主办的机关刊物福建《支部生活》,在组版工作中一定要服从、服务于自己的办刊宗旨。这就是立足本省,面向基层,宣传党的基本理论、基本路线、基本知识,宣扬先进党组织和优秀党员,为党的建设和经济建设服务,为全党全国的工作大局服务,为党组织和广大党员以及入党积极分子服务。这个宗旨,福建《支部生活》几任主编在组版工作中,都一以贯之,始终不变。尽管我们面临的形势有所发展、有所变化,尽管我们的办刊思路、编辑方式较以前有所不同,但贯穿于组版工作的这个根本宗旨没有改变。我们在组版工作中所做的大量工作,都是为了实践这个宗旨,更好地体现这个宗旨。

"咬定青山不放松",这是我在福建《支部生活》担任组版主编工作中的体会。

服务于党的工作大局。1997年9月,举世瞩目的党的十五大召开。如何能够及时地宣传、贯彻党的十五大精神,取得既快又好的宣传效果?我们的组版设想是:要打破期刊出版周期长的限制,一定要在第10期,让党的十五大报告和"学习十五大精神讲话提纲"一起与读者见面。为此,一位副主编在8月份专程赴京,到中宣部宣教局与有关同志商谈,组织系列"讲话提纲"。当时,十五大正在筹备之中,文件保密工作十分严格,中宣部宣教局同志感到时间紧,担心难以如期完成,我们找了宣教局领导请求支持,与有关处室同志又做了详尽的研究。十五大召开后,在第10期刊物付印前,我们终于收到北京电传,刊发了"讲话提纲"。十五大精神的宣传,我们从质量上、从时效上,都走在了同类期刊的前头,受到基层广大读者的好评。

服务于省委、省政府的工作部署。作为省委的党刊,反映省委、省政府的工作大思路,让读者及时、准确地了解到省委、省政府的工作部署,这是我们组版主编必须考虑的。1997年6月,福建省委、省政府召开"经济形势分析会"(通称"琅岐会议"),这次会议掀起了福建新一轮创业的帷幕。组版主编提出要用较大篇幅发表省委书记陈明义在会上的讲话。当时刊物稿件已发排,一些同志担心篇幅是不是长了,组版主编则坚持认为有此必要。现在回头看,福建新一轮创业的意义已是十分明显。作为党刊的组版主编,在服从办刊宗旨上一定不能含糊。

服务于基层党组织和广大党员。福建《支部生活》最广大的读者是在基层,在农村,更具体地说是在基层党组织中,在农村党员中。如何为我们的基层读者服务,始终是组版主编必须考虑的问题。为此,我们在每一期刊物中都用了大量篇幅,报道来自基层第一线的村级组织建设、学美岭奔小康、扶贫攻坚、减轻农民负担等内容。我们还开辟的新栏目"农民党员之友",为农民党员走致富之路服务,为农村读者提供信息服务。有一些城市读者对此不理解,认为"没看头"。我们则认为:这是我们的办刊宗旨所决定的。

如果偏离了办刊宗旨,刊物才真正是没有出路的。主编在组版工作中应该始终把握这一点。

## 二、组版主编要抓好选题策划

选题策划是在组版前进行的。但是,它却直接关系到组版工作的成功与否。选题犹如采购,选料的精细、得当,关系到给读者的"佳肴"是否可口。俗话说:种瓜得瓜,种豆得豆。因此,决不能忽视选题之于期刊的重要。作为党刊,选题安排常常关系到每一期党刊的"谋篇布局",可以说是至关重要。

生活之树常青。对党刊的选题策划来讲,也是这个道理。

选题要来自生活。党在带领各族人民进行现代化建设的进程中,每日每时都在涌现着来自社会生活各个方面的大量的感人事迹。作为党刊应该将基层党组织的战斗堡垒作用和党员的先锋模范作用,通过鲜活感人的生活素材介绍给读者。十五大筹备期间,为了更好地使读者了解我省优秀共产党员的事迹,福建《支部生活》在选题策划中,先后组织、发表了后来当选为党的十五大代表的苏新添、郑捷、潘华丽、蓝秀珍先进事迹报道,以及十五大代表郭韶翔所在的漳州110党支部先进事迹报道。这些选题策划、发表于十五大召开前后,对广大党员了解自己身边的党代表,起到了很好的作用。

选题来自于生活,指的还有来自于基层党组织的各方面创造。中共漳州市委组织部为了解决群众找部长难的问题,创立了"部长夜谈制度",留下了许多动人的故事。"夜谈制度"在全省是开创性的做法。组版主编在编前排刊会上提出这个选题,要求写得有情节有故事,让读者真切地感受到党务工作者为民办实事的一片真情。经责任编辑努力,通讯《组织部里的夜谈》发表了,这篇通讯用故事叙述的形式将"夜谈制度"形象生动地介绍给读者,受到读者的欢迎。

选题要有前瞻性。期刊组版主编经常遇到的一个棘手问题是:期刊的时效性赶不上报纸。常常有这样的事,期刊付印前要抽掉某篇文章,原因是此文刚刚见报。《支部生活》作为政治时事类期刊,不能不强调所发稿件的时效性。但是,期刊出版的周期长又是一个难以逾越的技术性难题。怎么办?在党刊的组版中借用排球技术的一个术语,要打好"时间差"。也就是,要使选题策划具有前瞻性。1997年上半年,福建省举行第二次公开选拔副厅级领导干部。这个工作要在12月份结束。如果等全部工作完成后,再组织报道,最快也要在1998年第2期才能见刊。组版主编在选题策划中提出抓紧这个选题进行采访,尽快见刊。由于抓得早,使得通讯《站出来,让党和人民挑选》在1998年第1期见刊。使读者在选拔工作刚刚结束,就能读到详尽的深度报道,在时效上取得了成果。

选题要统筹有序。党刊不是休闲读物,在选题策划中不能见一个萝卜拔一个萝卜,应该做到选题安排的统筹有序。我军建军70周年纪念版编辑时,组版主编在选题策划中提出:作为党刊,要隆重,要体现出党刊与一般报刊所不同的分量;要周到,要反映出福建省"双拥"工作和子弟兵的基本风貌。形成的第8期选题安排是:约请省委常委、省军区司令员陈明端撰写"卷首";本刊记者专访分管全省"双拥"工作的省委副书记习近平;报道"全国双拥模范城"厦门特区"双拥"工作成就;报道省军区惟一的红军连队成长过程。这一组选题点面结合、军民共有,较好地反映了党刊选题安排上的得体有序。

### 三、组版主编要做好编辑精加工

在新闻出版署颁发的《期刊主编(副主编)岗位规范》中,明确规定期刊主编的主要职责有:复审、终审或加工重要稿件。在实际工作中,组版主编对编辑稿件的精加工显得尤为重要。

原稿的精加工。组版主编复审、终审的稿件,一般是由编辑、记者或编辑室主任一审的稿件原稿。这些原稿经一审编辑后,应该说质量上是有提高的。然而,编辑所处的位置仅是对单篇稿件作出文字编辑处理,而编辑视角与组版主编的视角是有差异的,组版主编面对的是一本刊物的完成。因此,有相当一部分一审原稿需要组版主编进行精加工。福建《支部生活》新辟专栏"镜头里的故事",专栏的立意是通过拍摄的一段故事,进行形象叙述,展示先进人物的风采。新专栏的开篇选题是"人民满意的公务员"蓝秀珍事迹,摄影记者和文字记者采访回来后,交给组版主编的是一篇综合性的图文报道稿。组版主编审阅后,感到原稿与专栏的立意有距离。原稿提供了不少素材,但没有把握住"故事"。于是,组版主编对原稿进行了编辑加工,提炼贯串线,明确主人公为民办实事的主题,题目也改为《职责》。这个加工得到编辑、记者的一致首肯。

写好提要。期刊是否用提要,没有一定之规。有的报刊,在一段时间里使用,或用于强调文章的重要性,或用于提醒读者注意,或作为一种版面装饰。我以为,好的提要不应是内容的简单介绍,也不是装装门面的符号,而应是文章内涵的浓缩和提炼。诗有诗眼,好的提要应该是文章的"文眼"。

福建《支部生活》近年来,在每期重点文章的眉头,加写提要。撰写这些提要,我认为在组版中要注重形成整体效应,不求字数多寡,要给读者留有韵味,点到为止。较有特色的提要有:《建言献策总关情》一文,提要:人民代表、政协委员参政议政,求实不虚言;党和政府认真办理,务实不虚应。提要体现了"不虚言""不虚应"的内涵。介绍十四大以来两个文明建设成就的综述《辉煌的五年》一文,提要:辉煌,是太阳唱出的歌,是劳动者古铜色的双肩,是田野上金色的收获。提要将文章中较为枯燥的介绍化作形象的视觉描述。《组织部里的夜谈》一文,提要:平民心,青灯有味;百姓情,春风无夜。提要点出了"部长夜谈"的难能可贵。《站出来,让党和人民挑选》一文,提要:古称国之宝,谷米与贤才(白居易诗)。提要描述了干部选拔制度改革的真正价值。

好的提要,决不是一挥而就的,它同样需要经历"二年得三句,一吟泪双流"(贾岛诗)的艰难创作过程。

美化版面。在现代商品社会中,包装已成为商品成功推销的重要手段。期刊就其属性而言,除了它的政治属性、文化属性、信息属性外,还具有商品属性。因此,包装也就显得十分必要。当然,党刊的包装决不是弄得花花草草,而是要走美化版面的路子。现代期刊版式设计走向大版块、大标题,福建《支部生活》也开始在版式设计上也有所突破,采用了大标题、大题图、大插图,内文提倡短文章。对组版主编而言,常常遇到的是稿件多和版面少的矛盾,在这时候组版主编一定要"舍得版面",也就是要舍得拿出版面来进行版面美化。

党刊美化版面,决不是简单意义上的装饰。1998年第1期《支部生活》编辑时,组版主编对美术编辑提出:大版块不是用花呀、草呀来填充版面,大题图、大照片一定要有信息量,也就是要有具体、合适的图片内容。这一期发表的通讯《打假神兵》,题图选用"漳州315"出警的照片,用将近2/3码的版面刊出,收到很好的视觉效果。在目录页中,原有的装饰性花草图片也改为反映我省各地新风貌的照片,这一改既美化了版面,又增加了信息量。

### 四、组版主编要抓好校对工作

办报办刊的人,都有这样的体会,辛辛苦苦出了报、出了刊,拿到手里,一看校对出了问题,真是如鲠在喉,难受极了。

列宁说过:"最重要的出版条件是:保证校对得很好,做不到这一点,根本用不着出版。"江泽民总书记视察《人民日报》社时,提出要发扬"六种作风",其中一条就是"严谨细致的作风,一丝不苟,精益求精,严防差错"。党刊如果在校对上稍有疏忽,导致出现政治性差错,那更是会造成难以弥补的损失。因此,组版主编责任重于泰山。

报刊社都已有专职的校对人员。那组版主编在校对上要抓那些环节呢?

抓标题的校对。有这种情况,内文校对紧查慢看,无一错漏,可是标题上的错字却没有发现,见刊后悔之莫及。福建《支部生活》有一篇反映长乐国际机场建设的通讯三校已经完成,组版主编在付印前看清样,发现标题《撼天歌》错为《憾天歌》,发现后真是大汗淋淋,这样的差错一旦见刊,一字之差,谬以千里。

抓常错字的校对。常错字之所以常错,往往在于它用法、释义上的难以辨析。编辑人员容易出错的常错字,校对人员也多因"语焉不详"而疏漏出错。例如:"沧海"常错为"苍海"、"遴选"常错为"鳞选"、"陡长"常错为"徒长"、"松弛"常错为"松驰"、"笑眯眯"常错为"笑咪咪"、"各行其是"常错为"各行其事"、"视死如归"常错为

"誓死如归"。还有如:"像"与"象"的用法,"那"与"哪"的用法等,都容易在校对中出错。

抓电脑缺字、电脑差错的校对。在电脑字库中有些缺字,如:瞭、镕等,在一校、二校中常常用空格,或其他形似字代替。这些缺字,稍不留神,就可能混进三校中去,甚至在清样中也可能出现,切不可掉以轻心。电脑排版人员在最后拼版中的窜行、指令失误造成的字节错误,都可能使一校、二校的前功尽弃。因此,电脑造成的差错现在应该成为组版主编的关注点。

党刊是党的喉舌。党刊主编任重道远,我们应该在工作中不断探讨做好党刊编辑工作的方式、方法,力求将党刊事业推向一个新的高度。

(作者单位:福建支部生活杂志社)

# 刊物·主编·策划

王巧林

1998年7月我走上《初中生数学学习》主编岗位,那时,该杂志的月发行量仅1万2千册。一些好心的同志为我担心,教辅刊物满天飞,市场几近饱和,一些教育行政部门又多有行业和地方保护主义,在这样的情况下走上主编岗位能行吗？但我认为不利的条件下一定隐含着有利因素,在困境与危机中又必然孕育着挑战和希望。我坚信质量是刊物的生命,读者的需求是刊物发展的根本,质量高了,读者认为离不开它,刊物的发行量就一定能逐步上升。

怎样才能使《初中生数学学习》成为一本高质量的、教师学生及家长都欢迎的刊物呢？这里面当然有许多共性的东西,但绝不能照搬别人的经验,也不可能有一个现成的办刊模式,我的想法是,既遵循办刊的一般规律,又根据《初中生数学学习》的特点,充分挖掘自身的潜力,发挥自身的优势,以不同于常规的思路,让刊物走出一条自己的发展之路。我们的主要做法有以下三条。

一、把办刊和教育科研有机地结合起来,使《初中生数学学习》的编辑和组稿成为一个教育科学的研究课题,这个课题的核心就是大面积提高初中学生的"数学素质",所有的栏目设置均要围绕着这个总课题,不同的栏目则是这个总课题下的子课题。比如,我们专门推出"名师寄语"、"专家讲坛"等栏目,让全国20万读者每人每月只需花1.50元就可以把徐利治、周伯埙、谈祥柏、单墫、马明等数学家和数学教育家请回家,这些专家以书面形式与每个读者谈数学、谈学习。同时,我们经常邀请南京师大附中、扬州中学等重点学校的教科研负责人研究刊物的内容重点,编排的方式。许多第一线的老师了解到我们刊物的这个特点后,往往将他们通过研究探索的好方法、新思路写成浅显易懂的文章投寄给《初中生数学学习》,这样,我们的刊物常常能保持一种鲜活的状态,每一期都有一些内容新、启发深、可读性强的好文章,而这些好文章又往往是与第一线教师的教科研成果相伴而来的。我们的这一做法所形成的优势,是一般学生刊物所缺乏的,这也是我们能吸引那么多初中数学教师关心支持、订阅我们刊物的重要原因。事实上,我们的这一做法,不仅有利于保证刊物的质量,而且团结凝聚了一批立志于教学改革的第一线教师,使刊物以科研为纽带自然形成了一个网络,它对初中数字教学改革起到了直接的推动作用,对初中数学教学质量的全面提高将起到了有力的促进作用。

二、把办刊和学习竞赛有机地结合起来,让不同学习层次的初中学生都能在《初中生数学学习》中寻找到自己的乐趣和需求。

我们的办刊宗旨是帮助初中学生"**打好基础,培养能力,发展智力**",在照顾大多数的前提下,我们特别为一部分有数学特长的学生提供发展智力的广阔舞台。我们通过努力,由《初中生数学学习》编辑部举办的一年一度的初中数学竞赛获江苏省教委批准,1999年参赛学生达66658名。竞赛活动大大激发了广大初中学生学习数学的兴趣,丰富了同学们的课外生活,促进了全省初中数学教学层次的提升,广大第一线的教师认为,这项活动的正常开展将有利于数学学科从应试教育到素质教育的转变。同时由编辑部来举办、承办这项活动,对扩大《初中生数学学习》的影响力和辐射力,起到了无可替代的作用。去年,浙江、福建、安徽等省部分地区主动与我们联系,欲参加我们组织的这个竞赛。

三、在刊物的编辑过程中,充分考虑到国家教育部减轻中小学生过重学业负担的要求,我们力图通过扎实的内容、生动的形式、巧妙的编排技巧,以及吸引师生共同参与等,用来激发广大初中生阅读《初中生数学学习》的兴趣。如我们从1999年1月起又新推出"有奖问题征解"栏目,学生都非常喜爱,他们纷纷参与,编辑部每天收到来信不下100封,有的时候一天能收到两三百封。河北省安国市郑章镇南王买中学初二(45)班王甲子同学给我们来信说:"我是一名初二学生,对于贵刊,我喜欢得不得了,获益很大。我的数学成绩很好,是班上的佼佼者。可是小学、初中参加的两次数学竞赛打破了我的数学家的梦,我很自卑,也许数学的大门根本就不是向我开的。默然中,看到了贵刊的有奖问题征解,我很高兴,这给了我一个展示才华的机会,我几乎每期都做……"在给编辑部的大量来信中,有褒奖,也有建议和批评,所有来信我们都十分重视,因为这些小脑袋里装着许多好主意呢!这样一来,工作量相当大,但是我们乐此不疲,因为我们的工作得到了回报,杂志的发行量在突飞猛进,1998年7月发行量为1.2万册,到1999年1月,发行量涨至9.2万;1999年12月,月发行量为13.6万;2000年3月,月发行量已突破20万。

正如南京市第五中学的一位学生家长所说:"《初中生数学学习》不但内容实,而且形式新、讲解活,我的孩子很爱看。"是的,让学生喜爱、有兴趣,这不正是我们孜孜以求的目标吗?我们有理由相信,只要有兴趣读,喜欢读,《初中生数学学习》不但不会成为初中学生的学业负担,恰恰相反,它将会有利于减轻他们的学业负担。把学生的学习兴趣激发出来了,学生的学习负担自然就降下来了,这就是教育辩证法给我们办刊的启示。

做好上面几项工作,对包括主编在内的编辑人员的素质有极高的要求。如果没有较高的专业水平,如果没有对中学数学教育教学的研究水平,如果没有对专业的热爱和敬业精神,是不可能取得这些成效的。编辑工作者从一定意义上说也是教育工作者,不断学习、不断探索,以研究的精神来组稿编稿,这是提升教学辅导类刊物层次的根本途径。

读者的需求是硬指标,发行量的高低是硬道理。一年来,我们一方面提高刊物质量,一方面开拓市场,编辑部全体同志齐心协力,从1998年7月份接手时的1万2千册,发展到目前的20多万册,几乎每个月都以万份以上的数字递增。实践再次证明,不管竞争多么激烈,市场多么残酷,只要"货真价实",只要学生需要、老师欢迎、家长认可,教辅类读物不但不会被淘汰,而且还有巨大的潜力和广阔的发展空间。

(作者单位:江苏教育出版社)

# 把好外版书的翻译出版关

## 潘晓东

我们对外合作编辑室自从 1996 年以来,引进并约请专家翻译了法国拉鲁斯出版公司的《拉鲁斯青少年百科全书》8 种,法国阿歇特出版社的《知道得更多些》17 种。通过组稿、编辑加工、三审发稿到校对出版,我们深深体会到,要确保图书质量关,最关键的是一定要把好两个关:一个是政治关,一个是语言文字关。

## 一

把好政治关,就是时该要注意从原著原封不动翻译过来的译文中的思想观点、政治倾向,凡是有悖于我国国情,违背马列主义,会对青少年读者造成不良影响的西方的价值观、历史观,我们在编辑加工过程中就毫不留情地进行删改更换。例如:

1. 原文:斯大林在 1924 年列宁去世之后,慢慢掌握了政权。从 1927 年起,他开始实施一个非常专制的政权。(《拉鲁斯青少年百科全书世界历史》89 页)

这段话对斯大林的介绍很不全面。斯大林是怎样一个历史人物,一般青少年知道得不多。为了使他们对这位有错误的伟大的马克思主义者有一个比较全面的了解,我查阅有关资料,根据有限的版面增加了一些内容,改为:

斯大林从 1901 年 3 月到 1917 年二月革命,先后被捕 7 次,流放 6 次,从流放地逃出 5 次。在此期间一直进行着反对沙皇制度和传播马克思主义的斗争。1917 年十月革命胜利后任民主事务人民委员等职。1924 年列宁去世以后,斯大林逐步掌握政权。

最后一句话没有改为"斯大林领导苏联人民……"之类的话,是为了留一点法文原版书的味道,带点儿洋味。这段话经过增改后,就和第二段话形成互补,对斯大林的正面介绍也就比较全面。(在这节文字的第二段中,有这样的叙述:"1939 年,为对付英法,同时又慑于德国的强大,斯大林和希特勒签订了互不侵犯条约。……在卫国战争中,苏联人民和军队进行了艰苦卓绝的斗争,取得了反法西斯战争的伟大胜利。")

2.原文:1966年,依靠军队和年轻人,毛泽东发起了"文化大革命":3年内,由学生组成的红卫兵向一切稍有权力的人发起了攻击(教授、文化者、官员)。按照收有毛泽东语录的"红宝书",红卫兵们给所有人造成了恐惧,摧毁了共产主义之前的艺术书籍和作品。(《世界历史》102页)

这段话中不少提法是模糊和错误的,如"稍有权力的人"包括"教授、文化者",什么"共产主义之前的艺术书籍和作品"。对于"文化大革命"党中央早有定论,因此我们把这段话进行删改,只剩下简短的几句话:

1966年,毛泽东发动了"文化大革命"。"文化大革命"历时近10年,给中国造成巨大损失。

3.原书在小标题"今日中国"底下有这么一段话:1989年,一些学生占领了北京天安门,要求有更多的自由。6月4日,中国政府动用军队介入此事件。军队屠杀学生,共有几千人丧命。(《世界历史》103页)

出于众所周知的原因,这一段话必须删去。为了反映"今日中国"的真实情况,我把原文全文改写成为:

1978年,中国共产党召开十一届三中全会,确立了以经济建设为中心、坚持四项基本原则、坚持改革开放的社会主义初级阶段基本路线,中国进入了一个新的发展时期。在邓小平建设有中国特色社会主义理论指引下,实施改革开放政策,中国政治稳定,经济持续高速发展,人民生活不断改善。1997年2月邓小平逝世后,以江泽民为首的党中央高举邓小平理论的旗帜,继续领导全国人民,朝着实现现代化的目标前进。(《世界历史》103页)

除了政治性较强的社会科学类图书,往往容易流露出西方国家的偏见外,在知识性较强的自然科学类图书中,有时也会隐含着错误的观点,例如:

4. 湄公河发源于西藏,流经约4200千米的距离后注入中国南海。(《拉鲁斯青少年百科全书探索地球》19页)

在这句话中,"西藏"和"中国"对举,显然是错误的。我们便在"西藏"前面加上"中国"两字,把"中国西藏"与"中国南海"相提并论,避免了不必要的误解和政治性差错。

## 二

把好语言文字关,是编辑的必修课,对于外版书来说更是如此。

我国目前英语翻译人才比较多,而法语翻译人才少,因此,开头的时候,我们要求法方提供英文文本,然后找人译成中文。但是,在编辑加工过程中,我发现译文有许多脱漏之处,尤其是各种图片的说明文字,还得另外请人从原版书翻译过来,比较麻烦。于是,我们就改变策略,索性一竿子到底——不要英文文本了,直接请人从法文原版书进行翻译,这至少可以避免文字的脱漏问题。

但,尽管这样,译文中仍然还有不少问题:人名地名不统一,科技术语不一致,不合语法修辞逻辑,标点符号乱用,错别字时见。

现就语、修、逻存在的问题略举几例如下。

**(一)不合语法**

1. 句子成分残缺,如:

1.1 原文:Metals represent around three-quarters of the chemical elements. However, only some metals, such as gold or silver, are found in nature as pure elements. Others exist as compounds in the form of sulphides, carbonates and metallic oxides.

译文:金属元素大约占化学元素的四分之三。但是,它们中只有几种如金或银,以单质的形式存在于自然界中,其他的则以化合物的形式,如硫化物、碳酸盐,特别是那些金属氧化物。(缺谓语)

改文:……其他的则以硫化物、碳酸盐和金属氧化物的形式存在。

1.2 原文:Sodium, for example catches fire in oxygen and burns

releasing yellow flames and heat. This is why this matal must be kept out of the air, in a liquid whose molecules do not contain oxygen, such as benzene

译文:钠与氧接触就会着火,燃烧,释放出黄色的火焰和热量。这就是为什么这个金属应该与空气隔绝,放在不含氧分子组成的液体(如苯)中储存。(缺宾语)

改文:……因此,人们把钠储存在与空气隔绝而不含有氧分子的液体(如苯)中。

2. 句子成分搭配不当,如:

原文:All movements are caused by forces. Forces created movement by causing the velocity of bodies to vary.

译文:所有的运动都是由力引起的。力在使物体的速度变化时创造了运动。(动宾搭配不当)

改文:……力使物体的速度发生变化而产生了运动。

3. 指代不明,如:

3.1 原文:Centrifuges provide a more rapid separation process than decanting, in which the different constituents of a mixture are allowed to settle naturally. Centrifuges are used to separate the constituents of milk and of blood.

译文:离心分离是比倾注快得多的分离方法。倾注是让混合物中的不同成分自然下沉。这种方法尤其被用来分离牛奶或血的成分。

改文:在倾注中,混合物中的不同成分自然下沉。离心分离这种方法被用来分离牛奶或血的成分。

3.2 原文:自四千年前青铜时代起,人们在巴黎盆地与波希米亚之间广阔地区内部可看到一种同样的文明。它的南部界线是阿尔卑斯山天堑。

改文:自从4000年前的青铜时代起,人们在巴黎盆地和波希米亚之间(南到阿尔卑斯山天堑)广阔的地区内,可以看到一种相同的文明。

(二)修辞不当

1.用词不当,如:

1.1 译文:在其众多的迁移中  我们将在下文看到这一切某些凯尔特人到达了土耳其,在那里建立了一个以"加拉提亚"为名的短暂的王国。

改文:他们频繁迁徙,……在那里建立了一个名叫"加拉提亚"的短暂的王国。

1.2 译文:航行两个月后,由90名船员组成的乘务人员开始惊恐不安。他们敦促哥伦布返航。10月12日,正当他想退让的时候,前面出现了一片陆地。

改文:——90名船员变得惊恐不安起来。他们催促——正当他想退缩的时候——

2.句式词序不宜,如:

2.1 译文:王妃身边有一辆四轮畜力车、车轮在下葬时已卸了下来,两只来自雅典的土质酒杯、一只……

改文:王妃身边有一辆车轮在下葬时已被卸下的四轮畜力车、两只来自雅典的土质酒杯、一只……

2.2 译文:必须外出经商以寻找贵重物产的新市场,这样的动机,在很早以前,就驱使人们离乡背井,外出探险。

改文:在很早以前,外出经商以寻找贵重物产的新市场的动机,驱使人们离乡背井,外出探险。

2.3 译文:为了远距离航行,波利尼西亚人常常乘坐双体帆船。——他们能依靠对太阳和群星的观察导航。他们还能据此发现海岸,并通过观察波浪的形态和海鸟的飞翔,估算出风力的大小。

改文:——他们能依靠太阳和群星进行导航。——并通过观察波浪的形态和飞翔的海鸟,来估算出风力的大小。

2.4 译文:在艰苦地穿越了南大西洋之后,他进入了一条位于美洲南部、及延生在洋面上的群岛之间的、经常处于狂风恶浪袭击之下的狭窄通道。

改文:……他进入了一条狭窄的通道。这条通道位于美洲南部,蜿蜒于群岛之间,时常是狂风大作,恶浪滔天。

3. 重复罗嗦,如:

3.1 译文:钠与氧接触就会着火,燃烧,释放出黄色的火焰和热量。

改文:钠与氧接触就会燃烧,释放出黄色的火焰和热量

3.2 译文:1977年发射的美国探险器"旅行者1号"和"旅行者2号"还在继续勘探星际间的世界,并用向地球发回数以千计照片的方法,传送回许多珍贵的资料。

改文:……还在继续探测星际间的世界,它们向地球发回数以千计的照片,为人们提供了许多珍贵的资料。

(三)**不合逻辑**,如:

1.1 译文:含叶绿素的植物通过吸收水分和空气中的二氧化碳吸收养分,为此,这些植物使用太阳光的能:这就是光合作用。在这个过程中会释放出氧气。

改文:含有叶绿素的植物,利用太阳光的能量,吸收水分和空气中的二氧化碳来制造养分,并释放出氧气。这个过程就叫做光合作用。

1.2 译文:烟火是一连串精彩的化学反应。

改文:烟火爆炸是一连串精彩的化学反应过程。

从上面的例子可以看出,译文中的语言文字的确会存在这样那样的不通顺、不妥当、不精练、不准确的地方,需要我们认真修改,做到锦上添花,使译文比较符合"信、达、雅"三标准,以便提高图书的知识性和可读性。

(作者单位:浙江教育出版社)

# 出版外文书刊随感

刘莹 高媛

随着对外开放政策不断向纵深发展和各类高等学校逐步扩大招生数量,近些年来,国人学习外语的热情不断高涨,外文类书刊成为继计算机书籍之后的又一个出版热点,在许多家出版社新出的图书总量中,外文类图书无论从品种还是从数量上看,都起着举足轻重的作用。

外文类书刊既具有一般书籍传播与积累人类创造的科学技术和文化知识的共同性,又有其作为非母语的受不同文化熏陶的特殊性。我社先后陆续出版了若干类外文书籍,有社会效益和经济效益俱佳的,也不乏平平淡淡的,回眸品味,有几点感受愿与大家共飨。

## 一、读者群定位准确

外文类书刊的读者群庞大,但各类读者间文化水平、专业基础、兴趣爱好参差不齐,甚至大相径庭。有以前从未接触过外文的幼儿园小朋友、小学生,略知一二的中学生,有一定基础的高中生,要拿考级证的大中专学生,欲出国留学深造的研究生,有一定工作阅历的青年教师,外文专业的学生、教师。面对林林总总的读者,如何准确定位,对一本书籍的发行前景,乃至整个出版社的生存发展都是至关重要的。

读者需求是一种整体需求,这种整体需求不仅指一个读者的需求是复杂多样的,同时还指所有读者对同类书刊的需求也是千变万化的。显然,任何一家出版社都不可能满足所有读者的所有需求,所以,每一个出版社都必须为自己规定一定的经营范围和目标,满足一部分读者的一部分需求。

要选择有效的目标市场是一件非常复杂的事情,它需要经过详细而周密的市场调查与分析,不仅从质上,而且要从量上全面把握市场供求状况,尤其要掌握顾客对同类产品需求的差异性,并能根据这种差异性对市场进行划分,以便从中选择部分读者的部分需求作为生产和销售的目标。

出版社从满足不同读者的不同需求出发,将读者区分为具有不同偏好的群组,选择其中一个或几个作为自己的目标市场,并采取适当的市场营销组合,即针对目标市场读者各自的特点,采取相应的品种、价格、分销方式和促销方式,以满足其需求。例如,幼儿读物易图文并茂,色彩斑斓,生动活泼,寓教于乐;初、高中书刊应具有一定的针对性、逻辑性、归纳总结性、分析判断性;大学英语四、六级教学参考资料则要求知识面广泛,内容深入,听、说、读、写能力兼备;阅读外文原著需了解一些外国文化背景知识,才能真正深入其中。

## 二、遴选作者恰当

所谓恰当的作者,就是能完成特定选题的作者。

从理论上讲,知识越丰富、总体水平越高的作者越是好作者,但是不是所有出版社出版的书刊都要找凤毛麟角的那几个作者呢?回答是否定的。诚然,高水平的作者必然有高水平的科研成果,还具备了写作的基础,只要对其成果从理论上加以分析、综合、推理、判断,就能提出新的观点和见解,有希望写出高水平的书刊著作和文章。但他们往往工作非常繁忙,加之一般年事较高,因此,没有充裕的时间和充沛的精力。

理论上是高水平的作者在实际中并不一定是恰当的作者。恰当的作者需要编辑积极去寻找、发现和组织,可以通过出版的书刊、科研管理部门、来信来访中了解,也可以通过参加学术会议发现人才,还可以请专家学者、周围的编辑同仁推荐。能否找到,就看编辑是否具有伯乐的眼力。

遴选作者应考虑如下条件:其一,该书刊内容系作者颇有研究的主攻方向,作者在这方面很有造诣,并享有一定威望;或有所建树的后起之秀,对这方面具有浓厚的研究兴趣。其二,该书刊的出版发行将给作者带来一定效益,使作者能有所收获。其三,该作者文笔较好,或者是有经验的老作者,或者是文笔功底较厚的有为之士。所选择的作者可以是一个人或几个人;可以是一个单位的或几个单位的;可以是高等院校的教授、学者或企业机关的专家们,或是他们的优化组合。

对外文书刊而言,假若让名教授编写幼儿读物,既大才小用,又勉为其难,得不偿失,因为那不是教授所长;相反,请一些长期从事幼儿教育的学有所长的教师编写会更贴近实际,更益于儿童领会。让主要从事外国语研究的外国语学院教师编写大学英语四、六级考虑试题集,也无异于赶鸭子上架,强人所难;反之,聘请一些在高等学校长期从事一线教学的外语教师编写这方面的书刊则轻车熟路,更有利于学生阅读后取得较理想的成绩。

总之,编辑要通过各种渠道,利用各种形式,广泛联系,深入了解,从众多的对象中挑选最恰当的作者。

### 三、编辑审稿仔细

①不要汉字数字和阿拉伯数字混用,最好不用汉字数字,尽量用阿拉伯数字和罗马数字。

②每句的首字母、专有名词的首字母均应大写。

Canada Ireland Pacific Saturday Egypt

③外文中无书名号,书刊名称或专用名用引号或斜体表示,而且书刊名称或专用名中的实词首字母要大写;强调用引号。

Mr. Alexander, a famous English professor, is the author of "Follow Me"(*Follow Me*)and"New concept English"(*New Concept English*), and the adviser of "Junior English for China"(*Junior English for China*).

When atoms combine they do so in small whole numbers to form"compound atoms","Compound atoms"formed by such combination are alike in every respect.

④为避免顿号"、"和句点"."混淆,外文中无顿号,逗号","起

着汉语中顿号的作用。逗号之上的另一层用分号";"或句点"."表示。

⑤外文中冒号仅单独使用,不与引号""""配对使用,间接引语用",""""实现。

For this part, you are allowed 30 minutes to write a composition on the topic"Advertisement:For or Against".

"These are from last year,"he said."I forgot to post them."

When he reminded the headmaster about it, the headmaster said,"Ah, yes, we mustn't forget that. I said'a useful reward', didn't I?"

⑥外文中省略号是三个点…

crush…to把……压成

⑦避免重复使用标点符号

The boy's father was standing outside in the night because _____.

a. he was wakened by rifle shots.

b. he must protect the boy from any possible harm.

c. he was prepared to kill a sheep-eating dog.

d. he had to look after their sheep as usual.

句子末尾和各选择项最后都使用了句点,造成重复。最好采用句子末尾的句点,将各选择项最后的句点删去。

⑧选择项中最好用 A)B)C)D)(或 a)b)c)d))。

The education reform _____ a great success.

A)proved    B)resulted    C)concluded    D)ended

不用 A B C D(或 a b c d)或 A.B.C.D.(或 a.b.c.d.)。

There is ____ banana.

a  a    b  the    c  an    d  不填

选择项中的 a 与不定冠词 a 相同,显得混乱。

He lives in ____.

A  South Americans        B  Barbadians

343

C　Central Americans　　　　D　Egyptians

选择项 A 容易误导成一个南部美国人,选择项 C 与 Central 的首字母亦相同,易产生歧义。

⑨标点符号不能成为行首字母。

People can be addicted to different things—e. g. , alcohol, drugs, certain foods , or even television . People who have such an addiction are compulsive ; i. e. , they have a very powerful psychological need that they feel they must satisfy. According to psychologists, many people are compulsive spenders.

⑩缩写词加点下点。

　　somebody→sb.　　id est(＝that is)→i. e.　　ante meridiem(＝before noon)→a. m.

　　something→sth.　　et cetera→etc.　　post meridiem(＝afternoon)→p. m.

　　Mister→Mr.　　Anno Domini→A. D.　　exempli gratia(＝for example)→e. g.

　　Mistress→Mrs.　　Before Christ→B. C.　　United States America→U. S. A.

⑪英文 48 个音标中无 a,g,ai,au。

| | 正　确 | 错　误 |
|---|---|---|
| artificial | [ˌɑːtifiʃəl] | [ˌaːtifiʃəl] |
| distinguish | [disˈtiŋgwiʃ] | [disˈtiŋgwiʃ] |
| primary | [ˈpraiməri] | [ˈprɑiməri] |
| house | [haus] | [hɑus] |

### 四、版式设计醒目

我们正生活在时间不断增值而空间不断贬值的时代。人们的工作、生活节奏加快,在抱怨时间不够的同时,对某些(视觉)空间却不屑一顾。表现在书刊选购中,读者格外珍惜时间,他们感兴趣的并不是书店所有的空间,而是自己的选购空间,快速浏览取代了一本又一本的缓慢寻找,而书刊封面装帧在读者选购中起着明显的导购作用,读者首先看中的往往是封面装帧具有较强视觉冲击力的书刊。也就是说,书刊进入市场后,其封面装帧给读者留下第一印象或使人一见钟情,激发购买欲望;或使人熟视无睹,甚至望而生厌。"第一印象"如何在一定程度上关系到书刊的命运。因此,出版社均努力发挥书刊封面浓缩内容、提升内容的导读功能,从加大封面的表现力着手,让读者从对封面的解读中了解书刊的特色与价值。

汉字有宋体、仿体、楷体、仿宋体、黑体等,且各字体间差异显著,外文字符则不然,虽然也有 Times New Roman, Arial, Georgia, Impact 等区别,但变化不明显。在书刊版面设计上,如果只使用黑、白两种字体和各种字号,那么版面势必显得呆板。

通过近几年来设计外文书刊外加借鉴兄弟出版社版面设计的经验,我觉得在外文书刊版式设计上,要充分利用底纹和花边,以使版面既生动活泼,又能使各级标题一目了然;层次过多时,还可利用出血,达到画龙点睛。

科技中文书刊很少使用斜体字符,但外文书刊在这方面却独领风骚,斜体类似人们日常的手写体,给人以亲切、朴实之感,特别适合做注释说明之用。

### 五、确保图书质量

外文书刊像中文书籍一样,在由原稿到成书的过程中,尽管经历了编辑加工、复审、终审、排版、校对、责编看清样、作者看清样等诸多过程,也难免万无一失,而且两个英文字母才占一个汉字的位置,因此,从理论上讲,外文书刊的差错率是中文书籍的 2 倍。怎样才能把失误降到最低限呢? 科技人员经过反复实践创造的 Word 帮了人们大忙。它能检查所有的拼写错误,如误把 story 排成 stroy,用 Word 进行一次英文检查,立即便会发现。但 Word 是否能发现所有的错误呢? 回答是 No,因为它毕竟只是一种软件,能力有限。如不能发现如下错误:

字母前后颠倒　on—no　from—form　lots—lost
相近单词　be—he　box—boy　get—got　son—sun　too—two

| | |
|---|---|
| 相差字母 | cook—look　data—date　live—love　horse—house　change—charge<br>he—the　ten—then　star—start　tree—three　word—world |

因此,既要充分利用工具软件,又不能完全依赖它,只有将两者有机结合,才能臻于完善。

相信,经过以上精心策划和踏踏实实的认真工作所生产出来的精神产品,一定能让智慧的光辉普照华夏。

(作者单位:东北大学出版社)

# 科技书刊责任编辑应提高政治素质

任 源 博

科技书刊的责任编辑大都是理工科专业毕业的大学生,通常具有较好的专业技术基础知识,但却缺少其他方面的知识熏陶;而人们对科技书刊的认识,又往往有一个误区,即认为科技书刊一般不存在政治性问题。因此,对科技书刊的责任编辑往往缺少政治素质方面的要求和培养。笔者发现,一些科技书刊责任编辑,特别是一些年轻的编辑,对政治性问题往往视而不见,有时意识到有问题时也不知如何处理是好。这类情况大致有以下几个方面:

## 一、政治意识淡薄

有些编辑只顾埋头编书,很少学习党和国家的方针、政策,头脑中政治意识十分淡薄。90年代中期,我社出版了一位航空高校老同志的文集,其中有一篇1956年发表的文章,作者在文后加注说,这篇文章发表后遭到了该校右派分子的恶毒攻击。我看到了这句话后问责任编辑,该校还有没有"右派"? 没有"右派"的话,何来的"右派分子恶毒攻击"? 90年代了,我们出版的书中还出现这类极"左"的字眼,不能不说有些编辑的脑海中政治意识太淡薄了。最近,我在终审一书的书稿时,发现该书的责任编辑在编辑加工记录中写道,该书"没有大的政治性问题"。由这句话可联想到,有些年轻编辑,不懂得书刊中出现"小的政治性问题"也不行的道理。

## 二、对政治问题不敏感

台湾是中国的一个省,坚持一个中国的原则可以说是当今最大的政治问题之一。可是我们有些责任编辑面对如此重大的政治问题却不敏感,在头脑中还形成不了"热点"。有一航空科技刊物列表说明世界上第三代战斗机的生产情况,表中的"国别"一栏中却出现了"台湾"。如果这位责任编辑"敏感"一点的话,完全可以把此栏改成"国家或地区",从而避免出现这种错误。此外,使用中国地图时,缺了台湾和南海诸岛的情况也时有发生,这些都该引起责任编辑的警觉。

### 三、知识面不广造成的政治性错误

年纪稍大的人都知道,世界第一高峰——珠穆朗玛峰,解放前曾称为"埃佛勒斯峰",这是英国殖民者给起的名,解放后我国政府为此峰正了名。可是最近一航空刊物中又出现了"埃佛勒斯峰"的字样,估计文章引用的是国外刊物中的内容,由于作者缺乏历史、地理等方面的知识,而责任编辑也缺乏这些方面的知识,因而造成了这样的政治性错误。

### 四、为了吸引读者而暴露国家机密

航空科学技术与国家的国防建设和经济建设密切相关,不少项目涉及国家机密。近年来,我国广大青少年热爱国防科技知识的热潮高涨,一些普及国防科技知识的书刊常销不衰。个别作者和编辑,或为了产生"轰动效应",或出于经济利益的驱动,不知是"无知"还是"有意",竟把一些不该公开发表的内容披露在一些公开出版的书刊中,以吸引读者。笔者认为,这是科技书刊责任编辑需要自制的一个方面。我们出版社在这方面是有教训的:印制了一本飞机画册,内容却涉及了不能公开披露的我军装备和我国航空科研生产情况,后经发现而未发行,其结果自然造成了经济损失。

从以上几个方面的情况可见,科技书刊与社科、文艺等书刊一样存在着政治性问题。因此,对科技书刊责任编辑同样要有政治素质方面的要求。笔者认为,科技书刊责任编辑应自觉提高自身的政治素质。一方面,应坚持为社会主义服务、为人民服务的大方向;另一方面,应学会如何处理稿件中出现的政治性问题。而出版社领导应加强对责任编辑在这些方面的培养和引导。

(作者单位:航空工业出版社)

# 编辑、作者两相宜

## ——从一本书稿的产生试谈科技编辑工作

### 胡 海 清

我们虽然都是从事编辑工作的,但由于各人所担负的任务不同,各人的具体情况不同,因而各人所采取的工作方法也不一样。然而,我们都有一个共同的地方,那就是如何恰当地处理好编辑和作者之间的协作关系,做到作者写书、编辑编书密切配合,共同把一本书出版好!

我所采取的办法,就是紧紧依靠作者,充分调动他们的积极性去完成任务。我则把主要精力放在定路子、出点子、找毛病、提建议上。为了把这个问题讲清楚,我这里举《高等数学学习指导》一书为例,谈谈这本书稿编辑工作的全过程。这是好多年以前的事了。该书的两位作者是有较丰富教学经验的中年教师,以前有投稿及发表作品的经历,对写这类书,早有构思,并收集和整理了大量的中外文资料。我们一经交谈,就发现双方在很多想法上不谋而合。因此,我们第一次的讨论进行得很顺利。他们谈构思,我则因势利导,开阔他们的思路(这点很重要,因为一个科技书作者虽然在自己学科上有专长,但对社会上各类读者的需求及书市动态不一定很清楚),强调既要有特色,又要尽可能做到照顾面广。我们针对当时各类正规及业余大学生与广大的学者的需要,借鉴国内外已陆续出版的这类参考书,从内容到方法,双方不拘一格,海阔天空,漫谈它们的得失、利弊,考虑我们如何取长补短,相得益彰。我们初步议定一个大致方向:作为高等数学的教学参考书,应该弥补教本及习题解答书两者之不足,并要求他们在几个星期后拿出写作提纲来,告诉他们主要在内容、结构上下功夫。我感到第一次讨论,就是要站得高,放得开。这样,才能摸到作者的知识底子及眼界高低。古人说的求学三境,第一步就是所谓"独上高楼,望尽天涯路"。我觉得一个编辑要把出好每本书和做学问联系起来,不马虎、不苟且。对于一本书而言,应该从多种路径的比较中去发现一条合适的路子。第二次讨论是我找几位资深教授和处在教学第一线的年轻教师,请他们对我们的想法发表意见。例如,当时大家都觉得华罗庚关于数学有这样的经验之谈:读书要由薄到厚,又由厚到薄。前者是指通过钻研,对书本内容不断有新的理解和发挥;后者是指再深入思考、融会贯通,抓住了关键和本质,书又感到薄了。我们要出版的这本数学参考书应启发读者自觉地经历这两个阶段。第三次讨论是我对作者的提纲,不断提出质疑。例如,教学大纲对这门课要求如何?教材本身的基本内容、章节划分、重点、难点、关键是什么?我们为什么要这样安排章节?它们之间有什么有机联系?比方全书共十一章,第一章分析引论(实数、函数、极限、连续)是基础,第二至第四章一元微积分是重点,第六章空间解析几何起承上启下的作用,第七章至第十章多元微积分、重积分及曲线和曲面积分,是学习的深入,第十一章常微分方程是微积分方法的应用和"归宿"。这些都要从全盘着眼来布局谋篇。我们这样勾画全书的草图,虽然还很粗略,但骨架是清楚的,起到了纲举目张的作用。其次是各章的写法,我们决定:根据大学生、科技人员、特别是广大自学者的需要,对教本内容先作概括、分析与指点,并加以适当发挥,然后提供示范练习,启发读者自己动脑动手(而不是由作者越俎代疱),将知识条理化,进而抓住关键,突破难点,加深对教材的理解,提高解题能力,使读者通过学习能达到教学大纲的基本要求。这样,路子就算定下来了。作者有了明确的方向和路子,头脑的思绪整理得有条不紊,灵感就可以源源产生。而从第一次到第三次讨论,算作是第一阶段,是我思想上最紧张、最辛苦的时候。真所谓"衣带渐宽终不悔,为伊消得人憔悴"。因为要作出方向路线的抉择,不能不下一番苦功夫。第四次讨论,重点是解剖已写成的第一、第二章的初稿,除了继续关注内容的详略取舍以外,特别重视写作的章法技巧,力求探讨出一个标准来作为以后各章的规范。第五次讨论是初稿已经写完大半了,作者正在驾轻就熟往前猛进。这时有必要加以检查,以便发现问题,及时改进,避免出大的偏差。另一项重要任务就是继续出点子,谋求使书稿"锦上添花"。例如,和他们商量在最前面增加一章"谈谈高等数学的学习方法",使读者特别是自学者更好地适应从常量数学到变量数学这个重大转折;另外,在最后补上一个附录,由他们选用八篇高等数学考卷(包括重点大学、电视大学、研究生、出国生、技术员考核及美国研究生考题等各种类型)及答案,供各方面读者检查总结自己学习效果之用。这些点子虽然属于标新立异,但目的是有利于读者的提高,并不是为了哗众取宠。以上是第二阶段,即初稿写作阶段。第六次讨论,则是由作者拿出全书初稿,全面介绍写作情况,分析自己的成败利钝。我把精力也放在这些分析上面,发现毛病,对照原来的写作计划进行"目测"验收,并提出一些问题探讨,让他们回去"冷处理",以摆脱原来的思想惯性,站到客观立场上准备下一轮全面修改。为了集思广益,克服偏见,这时应特别尊重专家学者的意见,让他们对书稿尽量挑毛病、出主意,同时还找个别读者看,让他谈读后感。然后,我再抽出几章精读。这就是我采取的"抽样检查"。一般说来,作者的稿子是要经过几次修改的。我从这几章,即从全书的一斑可见全豹,就可以结合各方面的意见,向作者提出下一步的修改意见。下次看稿,我又精读另外几章。这样"抽样检查"一直进行下去,每次截取新的发展过程的一个横断面,就能很好地把握全书的脉搏,稿子修改完了,我也与作者经历了全过程,精读了全书各阶段的"版本",通读了整个书稿。这个修改过程,视情况不同,还要举行若干次讨论。每次都有重点,例如首先解决整个修改方案的制订;另一次着重检查书稿的科学性;再次又着眼于章节前后的呼应转承、文字的修饰等。我总是把大量的工作加到作者自己的修改中去。我虽然动手不多,但对整个"生产流程"是进行着"控制"与"反馈"的,也倾注了很多心血,至于再审再改,直至定稿,前前后后的具体编辑工作,还要花费很多精力。

  以上讲的是通过讨论、研究的方法,使作者和编辑之间及时沟通思想,明确目的,统一认识,加强协作,各尽所能,加快书稿的编写速度,提高书稿质量。

这样一次又一次的讨论、研究,是不是有些烦琐呢？其实这都是顺其自然的事。有时作者来出版社,有时我去作者那里,你来我往,既密切了联系,增进了了解,又解决了问题。把一些问题及时解决在动手之前或写作过程中,比等作者写完全部书稿,问题成了堆,再来算总账要好得多。特别是现在家家都有电话,交谈起来更方便了,问题的解决也更及时了！根据多年的实践,我深知作者是愿意和编辑交谈的,有的作者说,他最怕的是编辑平时什么都不讲,到交稿时什么问题都来了,弄得大家很不愉快！当然,并不是每部书稿都要经历这样一个过程,有的书稿很顺利,这样的过程就可以缩短;有的书稿很难产,这样的过程就可能更伸长。这里边就有个思想的一致性和方法的灵活性的问题。所谓一致性,就是指每一个编辑都要处理好和作者的协作与分工,都想使图书出的好,出的快。所谓灵活性,就是任何人的经验教训都可以借鉴,但做起来又必须因人、因书、因条件而定,万不可把人家的一些好经验概念化,公式化。

由于数学本身高度的抽象性和严密的逻辑性,再加上它的分支众多,要作到对于每个分支都通晓,这是不可能的。因此,在一般情况下,往往提意见、找毛病很不容易,而且找出毛病来了,也还是由作者自己修改比较有把握。"解铃还须系铃人"。书稿是作者写的,要把书稿改好,当然还是要依靠作者。如果都由我们自己来改,可能改得好,也可能改不好。如果我们多出主意、多动嘴,让作者经过自己的领悟去修改,那么,我们的工作就取得了主动权。作者反而觉得你对他很尊重,二者之间的关系也比较好处理。更重要的是,作为一个编辑,要做的工作很多,要顾及的方面很多,不能单打一,应该有全局观点,在处理一部书稿的时候,还要关顾整个选题计划的实施,进行物色作者和组稿等各项工作,让书稿源源不断地上来。然后,我们就可以在这一批书稿上进行轮番操作,及时"耕耘",灵活安排。哪个书稿成熟了,就先编哪个。这样调度比较合理,体现了"统筹法"的思想,可以减少忙乱,保证质量,提高效率。

(作者单位:湖南科学技术出版社)

# 试论科技类图书编辑的培养

蔡 克 难

著书犹譬筑楼,即要有蓝图——选题设计、又要合格的施工者——作者,只有这二者有机地结合在一起,才有可能建筑出高大雄伟、能够传世的书之楼来,而使这二者得以联系起来的关键因素,是图书的责任编辑,在科技图书的出版领域尤其如此;存在于现实社会之中,图书建设在符合国家方针政策规定的同时,还必须适应市场经济、顺应读者的需求,能否做到这一点,关键仍然在于责任编辑。责任编辑在图书出版过程中的作用如此重要,他们自身的知识水平和专业素质必然直接影响到整个图书的内在质量;对于整个社会而言,全体编辑的知识水平和专业素质集中反应出来,可以最终影响到当代以至后世的文明状态。

编辑工作的重要性虽然如此突显,可编辑人员的职业教育和专业培训却未能跟上。如今,在市场经济条件下,面对变化莫测的图书市场,编辑工作者在日常工作中不仅要懂得专业知识、善于删修文稿,更需要积极主动地了解图书市场、采集出版信息、结交各类作者、掌握相关法规,还要懂得图书印制成本的核算、善于推动图书的发行,这中间,涉及到经济核算、社交心理、政策法规等多方面的知识和技能,编辑们不经专业培训是很难满足这日益复杂的职业要求的。按照过去的模式搞出版,编辑们只能成为"编书匠"而成不了"出版家",最终将会因为适应不了社会的发展而被淘汰。

编辑活动对科学技术的传播、社会文明的发展至关重要、影响极大。越来越多的人们认识到,编辑活动的本质特点是对他人作品的有意识选择,通过这一选择,使编辑的(或其代表的)世界观借助于各种形式的出版物得到扩散,编辑活动的这种对于意识形态的影响无形有效、潜移默化、意义深远,尤其在我们这样一个对出版活动实行集中统一管理的社会主义国家,更是如此。毫无疑问,编辑活动是一项特殊的社会活动,其本质属于意识形态,也正因为如此,古往今来,统治阶级从来就没有等闲视之。怎样认识编辑活动的本质问题,并不是一个纯粹的理论问题。在现行的出版管理体制中,越来越多的地方正在或即将实行责任编辑经济责任制承包管理,或是各种各样的"拉大差距"、"多挣多得",这使得越来越多的编辑忽视自己的本质责任、急功近利,只将盈利挣钱作为工作目标,结果便有了《奇异的性婚俗》和《中国能打赢下一场战争》之类"添乱"的出版物,至于各种颜色的出版物充斥市场、无穷无尽的教辅材料塞进小学生的书包就更不用说了。编辑活动的本质意义是什么?编辑工作的社会责任又是什么?这本是从事编辑工作的人们应当明白的基本专业常识,可实际上,即使是在正在从事着编辑工作的人们中,真正能对此有所知、或者是有所思的人实在是寥寥无几。现实中,编辑活动是一种没有专业理论支撑的经验活动,所谓的"社会责任"早已落到了"不犯错误"的水平,这种实践是最适合于我国的现代化建设需要的吗?这种状态是最有利于社会主义制度"全国一盘棋"格局的吗?没有科学理论支持的实践往往是缺乏远见的,虽然我们还没有一个完善的编辑学理论体系,可对编辑们进行这方面知识的培训,引起大家的讨论,殊为必要。

不同的图书对编辑有不同的要求,科技图书常常专业要求很强,过去,专业不对口的编辑加工科技书稿的情况并非少见,以致编辑加工改正为误的情况时有发生,曾经有作者文中处方"印防己",这本是一味准确的中药名,可非专业编辑不知道,因为见到上文中有"汉防己",便以为作者笔误而将其改作"印度防己",结果闹了笑话;此外诸如将"卡他症状"改作"其他症状"、"痈疽肿毒"改作"痈疽中毒"之类贻笑大方的例子就更是不胜枚举了。目前这类情况已经不多,国内多数科技出版社的图书编辑由来自各专业高校的毕业生充任,或者是由原先从事相关专业工作的人员改行而来,这无疑相对保证了科技图书的专业水平,但是,再聪明的人在科技知识的拥有上也必然是逆水行舟,不进则退的,科技知识时时刻刻都在不断更新,科技编辑如果不随时更新其专业知识,要不了多久就会落伍。科技编辑不能在泛义上保持专业知识的领先,就不能始终站在科学进步发展的高处构划图书选题,其知识的不全面则往往会限制或压低相应图书的科学水平。仅以医学领域为例,过去人们司空见惯的"谷丙转氨酶""妊娠中毒症""美尼尔综合征"等等医学名词,如今早已被"谷氨酸氨基转移酶""妊娠高血压综合征""梅尼埃病"等新概念所替代,而医学领域里的不少作者深入本专业尖端,不了解大专业中某些分支学科的变动,以致在其来稿中陈旧概念屡屡出现,编辑若对此缺乏了解则必然不能加以修正,其直接结果便是图书尚未出版,知识已经陈旧。可见,即使是专业对口的科技编辑,也必须不断对专业科技进行再学习。

编辑工作是一项特殊的工作,从来人们就用"为人作嫁"来形容它的职业特点,同时又以"杂家"对编辑提出职业要求。编辑要编好一本书,不但要在全书选题思想、专业取向、行文体例和作者选定上狠下功夫,而且要对文中诸如语法、文字、逻辑、数据,乃至种种与科技专业无关的社科知识严加注意,这都直接对编辑的自身素质提出了较高的要求。如今的科技编辑,无论其学历是学士或是硕士、博士,其最高语文学历也只是高中毕业,而目前编辑教育和职业培训的不规范,更无从保证编辑所拥有的文理知识和社科知识水平能够达到编辑工作的要求。在现实工作中,就曾见有编辑对书稿中"图腾"二字的涵义一无所知而提笔将其改为"图画"者;还曾见某科技编辑对书稿中的"厦门大学、暨南大学"不能理解,一问得知"暨"字义同"和",便毅然将其改为"厦门大学和南京大学"者……科技图书不仅是科学知识的载体,它同时也是文学艺术、逻辑思维和社会文化的表现形式,生活中,人们常以各类图书中的文字用法或阐述方法为凭据来判别是非,这反映出人们对图书的信赖,转过来也是对编辑们的信赖。图书这一出版物的主要形式,从来就普遍被大众视作标准用语的天然范例而经常引作语言"衡器",如果图书编辑尚不能自我完善,又怎么能担负起为语言"衡器"制造过程把关的工作呢?编辑的文理知识、思维逻辑不是天赋自有的,他们在这方面必须得到正规的进修式继续教育,对于科技编辑而言,这种进修显得更加必要和迫切。

随着我国对外开放的继续深入,各行各业与外国人的交往也日渐增多,在对西方先进思想、科学技术的引进上,科技出版业首当其冲,无论在现成出版物版权引进方面还是在对外合作出版工作中,出版界的对外交往与日俱增,编辑对自己的事情不能发言而必需别人喉舌帮助怎么行?编辑不懂外语,又怎么可能及时得到国外的出版信息?在出版工作中,我们不仅要将西方先进的出版物引进国内,更需要在我们的编辑工作中学习国外的先进经验,适应市场经济的大环境来改进我们的编辑工作。在现代化大工业的出版活动中,西方得工业发展先行之便,无疑积累了较多的先进经验,其制度的完善、法律的健全,正是我们要学习、借鉴的对象。目前,在我国编辑队伍中,中青年是占着大多数的,他们面对现实,无疑都有着很高的学习积极性,外语不仅是进行国际交往的一种工具,而且掌握一门外语也应是对每个编辑提出的职业要求,无论如何,对编辑这个杂家来说,外语都是必不可少的专业工具,因此,创造环境、提供条件,着意对编辑们进行外语方面的培训也是非常必要的。

在医院里,新就业的医生到岗之后,往往需要送到大的专科医院去进修,他们以普通医生的身份参加进修医院的一应日常工作,这种学习一来对进修医生起到了专业培训的作用,开拓了进修医生的眼界、增进了不同医院之间的交流;二来也促进了进修医院自身在工作规范化上的完善。在大的教学医院,有关方面还经常性地定期举办各种专题讲座,由有经验的学者、特邀的专家甚至国外的来宾讲课,业务学习形成了制度。类似这样的专业进修和业务学习目前在出版界尚未出现,但我们通过比较不难发现,医院所采用的这种进修和学习对于出版社也是完全适用的。总而言之,编辑工作的特殊性决定了编辑工作者必须不断地进行多方面的专业或"非专业"进修和学习,这种进修和学习的形式和方法多种多样,而最终目的只有一个,那就是,自觉地按照编辑活动规律,高质量地、积极主动地做好本职工作。

(作者单位:江苏科学技术出版社)

# 科技期刊责任编辑的工作现状、经验和问题

王 燕

《宁夏农林科技》是宁夏农林科学院和宁夏农业厅联合主办的综合性农业科技期刊,主要反映宁夏及西北地区农业科研成果及生产中的新技术、新经验,同时普及农业科学知识,介绍国内外重要农业科技动态。《宁夏农林科技》自1958年创刊,历经40余载,历任几十位编辑,新编辑继承老编辑的优良作风,刊物质量逐年提高,形成了自己的风格,在宁夏全区出版系统中位居前茅,在全国也占有一席之地。下面我就《宁夏农林科技》1999年第4期的编辑出版,谈谈自己作为一个责任编辑的工作体会。

## 一、审读论文文稿

责任编辑接到文稿,第一件事是进行审读。责任编辑着眼于社会需求,根据学科的新发展,运用编辑学、编辑规律、编辑研究方法对论文进行审查。责任编辑首先要审查论文是否尊重事实、数据真实,是否有首创性和新颖性,实验过程可否重复、核实和验证。没有新的观点、见解和结论就不成其为科技论文,而论据充分、论证严密、推理符合逻辑、数据处理合理、计算正确、结论客观也是必需的。这些情况的判断,主要依赖责任编辑平时知识的积累和信息的储存。如果责编对这些无法判断,就必须送交专家审阅。即使责编认为可以的论文,也应该送专家核实。如在审读"合作杨上光肩星天牛自然种群生命表的初步研究"一文时,基于笔者所拥有的林学、昆虫学知识,加上多年来宁夏及西北地区防治天牛基本情况的了解,笔者认为,该文研究方法新颖,文章结构较严谨,试验设计合理,结论明确,是一篇好论文。但是,由于责编不甚了解有关生命表的研究方法及应用范围而不敢枉下断言,于是写下初审意见,提交专家复审。

## 二、专家的选择

首先笔者想到宁夏昆虫专家高兆宁老先生,经过认真思考、咨询发现,高先生精通的是昆虫形态描述、鉴别。于是转交年青的昆虫学博士唐桦先生。结果这一选择是对的。唐先生很快给出了意见,认为,有关光肩星天牛生命表的研究国内外报道不多,仅国内有2篇报道,分别在山西北京杨和大观杨、在宁夏的白榆上(唐博士),而在宁夏合作杨上为首次,且方法独特,可以发表。而另一审稿人也表示了基本相同的意见。这一论文的发表填补了这一空白。由此可以看出,运用有关专业知识、相关信息对责编进行科技信息筛选的重要性。再比如,综述文章《枸杞多糖化学研究的现状》经责编认真审读认为,该文信息量大,有新见解,且文字精炼,逻辑性强,是一篇好文章。该文在综合叙述了大量的研究文献后给予了中肯的评价,并且提出了这一领域需要继续深入研究的问题。经责编力荐、主编认同在最近一期发表。于是在作者投稿75天即出刊,可谓"即时出版"。此文后被多种文摘、索引刊物收录,对宁夏枸杞深度开发起到了很好的促进作用。实践证明,责任编辑的知识结构既要专又要博,以博为主。专即要有一定的专业知识和学术素养,而且,为了提高对稿件的鉴赏力和发言权,防止学识能力萎缩,责任编辑要努力向纵深开掘,强化专业素质。博即一要对负责的学科有宏观的了解,把握其学术发展态势,要能对论文做出学术鉴赏;二要有侧重并尽可能地拓宽知识领域,注重兼收并蓄,借鉴吸取相关及新兴学科知识,增加"内储",提高"内能",增强捕捉和处理信息的能力。责任编辑借助已获取的信息来辩识、评价面对的新信息,并通过系列加工得到新的信息。责任编辑的信息拥有量以及信息处理能力,直接或间接映现于编辑工作的诸环节中,并最终外现于出版物上。

## 三、责编的文字功夫

"山西运城地区果业发展的技术"从题目就可知道是一篇经验

介绍,当然责编知道,这是宁夏果业工作者在参观了运城地区果树业发展成就后,为了促进宁夏乃至西北各地区果树业发展而写。这篇7000余字的经验介绍,详细介绍了运城果业发展的历程,仔细把宁夏的自然、地理、气候、行政管理、技术措施等与运城进行了对比,找出我们的差距所在,并且提出了相应的对策。我个人认为,作者用心良苦,让人感动。再由于文章结构严紧,文笔流畅,不好压缩(本刊要求字数在5000字以内)。笔者在提出初审意见时说明了情况,请审稿人审查。结果,审稿人意见与笔者完全一致,建议发表。经主编审阅,提出"文章虽好,但太长,请编辑很好加工,将文字控制在3000~4000字。"这使我感到压力很大。在经过几遍仔细审读后,笔者提出修改意见与作者商量,经过反复斟酌,减少了近两千字,仍未达到要求。这件事给我留下深该印象。我相信,如果换别人,也许就可以达到要求,自己的文字功夫、概括能力还要大大提高。由此可见,要想作一个真正的合格的编辑专业人才也是非常不容易的。

## 四、校对与执行国家标准、国际标准

从近一期征稿简则看,《宁夏农林科技》主要是要求作者按科技期刊标准化的要求撰写论文。由于科技期刊编辑部大多实行编辑、校对合二为一,理所当然,责编是严格执行科技期刊标准化规定的卫士。在科技论文达到思路清晰、结构严谨、演算无误、文字通顺之后,责任编辑要使科技论文符合科技期刊编排规范,使文稿不仅在内容上不出错误,而且语言、标点都要符合规范化、标准化要求。责任编辑发稿后还要关心印制情况,随时解决排版印制过程中的问题,处理校样上的问题,进行三校,最后通读清样胶片,直至付印。

一般国家标准的规定,是比较先进的技术要求,代表了科学技术发展的新水平,也直接或间接地反映了国际化的方向。1991年6月5日,国家科委和新闻出版署联合颁发《科学技术期刊管理办法》提出,"科技期刊应当实施有关国际标准、国家标准和法定计量单位,使期刊的编辑出版标准化、规范化。"规范出版物的规格、开本、版式、装帧、编排、校对、印刷,对于提高出版物的全面质量,以利于信息传递、学术交流、文献管理、资源共享,以便更好地与国际接轨,顺利地走向世界,更好地为我国的社会主义物质文明和精神文明建设服务,具有重要意义。国家标准的规定与传统的做法或个人的使用习惯不一致是很正常的。我们只有以国家标准为准,努力改变原有的或不符合国家标准的、不科学合理的习惯,才能不断提高科技书刊的标准化、规范化水平。

根据陈浩元《科技期刊标准18讲》所列,与科技期刊编排标准化关系最密切的国家标准有21个。其中与责任编辑工作息息相关的有7个:GB3100-3102.1~13-93量和单位,GB/T3179-92科技期刊编排格式,GB/T3860-1995文献序词标引规则,GB6447-86文摘编写规则,GB7714-87文后参考文献著录规则,GB/T13417-92科学技术期刊目次表,GB/T15835-1995出版物上数字用法的规定等。责任编辑编辑加工、校对的过程就是执行期刊出版标准化的过程,如果责任编辑对有关国家标准和规定不熟悉不了解,或者理解不深,或者不知道旧标准已做了修定,仍然把原来的作为依据;如果责任编辑加工工作做得不细,疏漏较多;或主编未做好终审终校,在编排校的细节上和书刊的总体质量上未把住关;抑或是编辑人员的业务水平还不适应工作的要求,这些都是造成标准化执行不力,刊物质量不高的原因。这要求编辑部做好工作,采取相应措施,提高责任编辑的责任心,并使其保持良好的心理状态。这样才能提高科技书刊的标准化、规范化水平,才能保证并提高科技书刊的全面质量。

执行国标说起来简单,做起来真是不容易。需要耗费许多的精力和时间,需要责编具有非常的耐性。现在,部分责编反映校对过程中许多时间都用在反复订正标准、修正错误上。责任编辑一定要树立一丝不苟的作风,增强服务意识及责任感、使命感,养成钻研业务,查阅规范、标准、工具书的良好习惯,还要勤于思考善于判断,树立严谨治学该苦钻研的学风。

## 五、责任编辑工作中存在的期刊论文分类标引问题

文献分类实践历史源远流长,中国就有 2000 年以上。在期刊出版时为每一篇刊出论文标著分类号,即进行分类标引(Classification indexing)的历史可能起于 20 世纪前叶。真正将分类标引作为期刊工作的一种规范性制度加以推行的只有前苏联及当时东欧一些国家。而开创期刊论文分类标引先河的欧美等西方科技期刊至今没有形成像关键词标引那样的分类标引期刊工作规范。

我国对现刊论文进行情报性加工,如文摘、关键词标引、分类标引等,目的在于加快科技情报加工的速度,尽快满足科技发展对情报信息(论文)的需求,"便于检索和编制索引",但是由于标引深度和广度不足,大多数分类深度不足 5 级,甚至达不到图书馆专著揭示水平,这对专指度极高的科技论文来说是没有多大检索意义的。这一现象的产生可能与标引语言选择不当有关。更何况,由于分类标引语言,即分类法多而杂,任何一种分类法都难以有更广的服务面,而且任何一种分类法都不易被论文作者或期刊编辑所掌握。除了分大类便于查找,再细分传统的分类语言——等级体系分类法并不实用。而以自然语言为基础、直观性强、组配灵活的主题语言(叙词、关键词等)则更为实用。例如,《宁夏农林科技》2000 年第 3 期《超临界 $CO_2$ 萃取月见草油的研究》,中图分类号为 S565.9,在农业类油料作物中的其他类,笔者认为这样的分类没有任何意义。这样的情况不在少数。因此,笔者认为,目前我国期刊编辑界进行分类标引工作还有许多问题需要研究。

科技学术期刊的编辑工作是一种兼容政治思想性、科学性、创造性、技术性于一体的科学工作。责任编辑要有坚定的辩证唯物主义、历史唯物主义世界观,要以正确的立场和科学的态度认识纷繁复杂的客观事物,要有无私奉献的价值观和全心全意为人民服务的信念。而且一定要树立一丝不苟的作风,强烈的责任感、使命感,养成钻研业务,查阅规范、标准、工具书的良好习惯,还要勤于思考善于判断,树立严谨治学该苦钻研的学风。惟有这样才能出

好书、办好刊。

(作者单位:宁夏农林科学院《宁夏农林科技》编辑部)

# 试谈为素质教育提供图书服务

梁 茂 林

什么是素质教育,如何为素质教育提供图书服务,这是每一个教育图书出版工作者必须弄明白的大问题。

尽管学者们对素质教育这个概念的理解和界定还有许多争议,但大多数学者认为:素质教育应当是以全面提高全体公民思想品德、科学文化、身体心理、劳动技能四方面的素质,以德育为核心,以培养创新精神和实践能力为重点,以发展个性为目的的基础教育。这四种素质是指人在后天通过环境影响和训练获得的稳定的、长期发挥作用的基础品质结构。因此,也可以这样说,素质即品质,素质教育即提高基础教育的质量。

## 素质教育理念的由来

素质教育并不是今天的发明。从我国古代教育看,历来把对学生进行人伦道德教育作为学校教育的最基本的任务。古人所说的"教",就是今人所说的社会道德教育。古代的哲人贤者多是哲学家、伦理学家、教育家"三位一体"。他们把道德修养作为认识世界的主要内容和形式。"知"主要是指道德体认,"行"主要是指道德实践,往往把道德修养的途径和方法与认识世界的途径和方法交织在一起。他们把完善人们道德人格的希望寄托在教育上。几千年来,许多杰出的思想家、教育家在教育实践中辛勤耕耘,力图培养"为天地立心,为生民立命,为往圣继绝学,为万世开太平"(宋代哲学家张载这段话的意思是:"要以我的道德实践,来彰显出天道的意义;要为一切人指出一生的正道,从而让人们过着有意义的生活;这是古代的圣哲们的理想,这种理想已很久不为世人所了解,我要把这断绝了的圣人理想继承过来,发扬光大;制定万世可行的礼义法度,使天下永远太平!")的人才,以淳化民风,救世救民。这种注重发挥人的自觉能动性,发挥伦理道德在协调人际关系,稳定社会秩序中的作用的传统教育实践,培育了中国文明,建构了中国的忠孝、仁爱、信义、和平的文化传统,铸造了"我们从古以来,就有埋头苦干的人,有拼命硬干的人,有为民请命的人,有舍身求法的人……这就是中国的脊梁"(鲁迅语)。但是,以儒家为主导的中国古代传统思想道德,长期受到占统治地位的封建思想道德体系的控制,历代君王用"世卿世禄"制、"九品中正"制、科举制度引导人们为封建地主阶级去"正道"、"殉道"。这也异化出中国"独有的宝贝":"八股、小脚、太监、姨太太、五世同居的大家庭、贞节牌坊、地狱活现的监狱,以及板子夹棍的法庭。""讲了七八百年的理学,没有一个理学圣贤起来指出裹小脚是不人道的野蛮行为,反而只见大家崇信'饿死事极小,失节事极大'的吃人礼教"(胡适《信心与反省》)。这也使知识分子治学的范围极其狭隘,并形成尊圣宗经的思维方式和价值观念,从而轻视对自然界的探索和研究,以至成为近代科学技术发展和以法治国的严重思想羁绊和障碍。

从林则徐睁开眼睛看世界至今,世界日新月异,现今世界所创造出的成就比任何关于创世的神话都要丰富和新奇千百倍。令人难过的是,我国近现代经济发展却大大落后于世界上许多国家。我国的志士仁人对此痛心疾首,不断地变法图新,寻找救民救国的道路。这反映到思想界来,就是一个多世纪以来,学者们一次又一次地争论着一个旧话题:——"中学"和"西学"的关系,论争持续至今尚未了结。争论的中心是:新文化建构中以什么为主导。观点有"全盘西化"论,国粹主义,"中学为体,西学为用"论;"中西互为体用"论。前两种实践已经证明是错误的,后两种由于对概念定义理解不甚明白,所以在实践中显得模糊不清。这种模糊不清的理论和实践也困扰着教育界。20 年代,由于只看到古代教育的弊端,在"打倒孔家店"的口号声中,也否定了传统文化中积极有用的成分,把建构新文化的希望寄托于学西方。一方面,马克思列宁主义传入我国,在共产党人和先进分子的努力下,通过成人教育和干部教育把马列主义理论和中国革命实际相结合,为取得新民主主义革命的胜利奠定了思想基础。另一方面,黄炎培、陶行知、陈鹤琴等在杜威实用主义教育哲学的影响下,从我国实际出发,进行了职业教育、"生活教育"、"活教育"等艰难有益的教育实践和探索。50 年代初期,随着苏联凯洛夫《教育学》的翻译传播,我国以俄为师,一直按照凯洛夫的教育思想来改造与建设自己的学校教育。当时,凯洛夫《教育学》提出的"以系统科学的知识武装学生的头脑"这一口号,便深深地在我国学校教育中扎下根来。在此基础上提出掌握知识与形成基本技能的"双基要求"。当时曾流行"学好数理化,走遍天下都不怕"等顺口溜,就反映这种现实。这段时间学校教育偏重双基思想十分突出,也确实培养了一批双基扎实的青少年,为其以后成才创设了必要的条件。但其"智育第一"的思想颇为明显。由于把考试作为检查教学质量与学习效果的唯一手段,久而久之,便形成了继承科举制度传统的"应试教育"模式。改革开放以来,美国布鲁姆的"掌握学习"理论、苏联的"合作教育学"等改革信息传入我国。我们才知道,原来早在 50 年代中期,一些发达国家的教育,已不再偏重知识的传授,而是提出了发展智力的任务。终生教育的创始人朗格朗在《终生教育概念的发展》一文中说:"基础教育主要不是获取知识的过程,而是一种序曲。它不是提供各种不同学科的课程,而是应该为未来的成人提供表达自己以与他人交往的工具。因此,重点应该放在掌握语言、培养专心和观察的能力,懂得如何以及到哪儿去获取信息,以及提高与他人协同工作的能力。"用我们的话说就是,基础教育是以教会学生学习,教会学生生活,教会学生做人为根本的任务的。第二次世界大战以来,国外重视发展智力,日本、新加坡、韩国等从中国传统文化中得到启示,重视学生学做人的教育改革浪潮,对我国教育界产生极大的冲击力,使我们认识到过去只重知识不重智力,只重智育不重视非智力因素的片面性与危害性,认识到全盘否定我国古代教育以立人为本优秀传统的错误。于是也逐步开展以发展智力,重视非智力因素与智力因素的结合的教育改革。从 1978—1982 年提出"加强基础,发展智力,培养能力",到 1983—1989 年提出"加强基础,发展智能,培养非智力因素",再到 1990 年提出"加强基础,发展智能,培养非智力因素,全面提高学生素质"。1993年2月,中共中央、国务院颁布的《中国教育改革和发展纲要》提出:"中小学要由'应试教育'转向全面提高国民素质的轨道,面向全体学生,全面提高学生的思想道德、文化科学、劳动技能和身体心理素质,促进学生生动活泼地发展,办出各自的特色。"1999年,第三次全国教育工作会作出《中共中央国务院关于深化教育改革全面推进素质教育的决定》,明确提出素质教育以德育为核心,即古人说的"先学做人,后做学问";以增养学生创新精神和实践能力为重点,全面提高教育教学质量的整体思路。

可见,提出素质教育这个命题,是继承我国优秀文化传统,克服其负面影响,总结古今中外基础教育历史经验的结晶。

### 转变出版观念为素质教育提供图书服务

图书出版工作为素质教育服务,从出版社来说,关键是按实际需要开拓选题。笔者认为,当务之急,应该开拓以下几方面的选题。

**为中小学教材和课外读物建设提供图书服务。**

从学生方面看,我国目前18岁以下的青少年有3.8亿。我国每3个人中就有1人是孩子,世界孩子中每4个就有1个是中国孩子。这些数字告诉我们,中小学读物拥有广大的读者群。虽然经过多年努力,各出版社也编辑出版了不少好的教材和课外读物,取得了显著成绩。但是,按照教会学生学习的要求,来看现行教材和课外读物,把各科教材作为老师讲授的例子,为学生制定两套大纲:第一套着眼于课内,第二套着眼于课外阅读,再根据两套大纲形成两套教材,达到纲举目张,真正落实"三分讲,七分练"的教学要求。再根据我国古代的启蒙读物的特点来看,这些读物有五大优点,即篇幅短小,内容实用,多用联语,押韵顺口,语句齐浅生动。如《百家姓》568字,《千字文》、《三家经》1396字,《教儿经》2578字。这些读物历代盛传不衰,甚至达到家咏户诵,人人熟知,辈辈沿习的地步。如果用这两项标准来衡量基础教育图书的出版工作,目前发行的教材和课外读物,无论是思想艺术质量,还是数量,都远远不能满足近4亿青少年和儿童的精神需求,还缺少反映时代、反映现实生活、适合学生认知特点的教材和课外读物。当前搞好中小学的教材建设和与之配套的课外读物的建设,这是教育图书出版工作者最重要的工作。前一时期在"应试教育"的束缚下,为了适应学校进行解题训练的需要,不少出版社纷纷出版各种各样的应付考试的题库、题海、同步练习、习题精编等,这些图书甚至成为许多出版社的经济支柱,一些教育部门创收的主要"财源"。笔者认为,目前应该按照素质教育的要求,从集中人力、物力编写练习册,转移到精心组织编写中小学教材和课外读物上来。

从两种教材的市场定位来看,应该把重点从城市转向农村。目前,美国的农业人口不到总人口的2%,法国大约占5%左右,而我国则达80%以上,我国农民无疑是社会的主体。一个国家国民经济发展的后劲大小越来越取决于全体国民的素质。这一点已被历史证明,也被人们公认。例如至1985年以前,英国有诺贝尔奖获得者81人,而日本只有6人,但二战后日本国民经济发展比英国快得多。这就是因为日本的基础教育办得好,国民素质高。我国在1949年以前,80%以上的人是文盲,学龄儿童入学率仅20%左右,贫穷落后紧紧困扰着中国人民。解放50年来,我国基础教育的普及率大大提高。但到目前为止,我国还有1.8亿文盲,其中有1亿多妇女目不识丁。据1993年的统计,全国未入学的学龄儿童有261万人,而女性为173.4万人。近10年来,我国失学儿童为1000万人,其中70%以上是女童。辍学儿童中2/3是女童。一个素质低下,被文盲困扰的民族,国民经济难以得到发展,这个民族就会自陷落后。试想有这么多文盲母亲,又怎能担任起教育好素质高的下一代的重任呢?如果我们出版的图书只有城市孩子看到,而农村孩子根本见不到,这能说是为素质教育服务吗?这只能是为城市的少数英才服务。我们应该向伟大的人民教育家陶行知学习。陶行知先生1927年后积极提倡乡村教育运动,认为中国的国情是以农立国,教育应为占中华民族最多数的贫苦农民服务,提出以普及乡村教育运动来改造中国的乡村社会,提出"筹募一百万元基金,征集一百万位同志,提介一百万所学校,改造一百万个乡村。"他提出新的乡村教育必须有新的乡村教师,"立人"的首要之举是"立师",因而于1927年在南京创办晓庄乡村师范学校,要培养出有"农夫的身手、科学的头脑,改造社会精神"的"活的乡村教师"。就我们国家贫困地区的现状来看,扶贫先扶教,扶教先扶师范教育,扶师范教育应先抓好乡村师范教育。"民以食为天,教以师为本",素质教育以师为本。如果每个村寨有一个合格的教师,使教师成为当地最有学问的人才,这个学校就可以发挥多种功能。在政治方面,学校可发挥党的工作队的功能;在经济方面,可担当生产技术的推广站;在文化方面,应当是群众喜闻乐见的文化站,在科学方面,应当是当地的科技站。作为出版工作者,应研究农村中小学教师的图书需要,为农村中小学教师和学生编辑出版用得上、读得懂、买得起的教育图书。这是素质教育成功的关键。

**为建立家庭民主生活方式提供图书服务。**

从家庭教育方面,教育孩子学会生活,这是家长的重要职责。过去我们对民主这个概念,往往只把它理解为政治制度。但民主不单是政治理想,首先它应该是每个人的生活方式。从国外传来的许多家庭教育专著里贯穿着一个重要思想,就是尊重孩子。孩子尽管年纪小,但他们亦是家庭中的成员,应享受着与大人一样的权利。这就是我们常说的家庭中的民主气氛。我国是社会主义国家,较之资本主义社会有着许多优越性,但反映在家庭教育方面,仍有许多封建主义、资本主义的落后因素在作怪。传统的中国家庭,遵循的是父严子孝、夫唱妇随,家庭成员间缺乏民主,缺乏平等的思想交流。比如,在我们的家庭生活中,"家长作风"比比皆是。"羽毛未丰"、"乳臭未干"、"不知天高地厚"等等都反映了某些家长对孩子的蔑视态度。对孩子动辄训斥,动辄打骂,也都反映了这一家庭专制思想。有些家长一听到孩子要与自己"平起平坐",他们不是掩口而笑,就是视为大逆不道,"没上没下","岂能让孩子爬到自己的头上"! 现实生活表明,如果家长以自己的本领、生活阅历、知识等特长看不起孩子,那么,孩子长大后未必会平等待人。因为孩子的印象就是家长模式,长大后他们也会以同样的态度对待其他人。可见,建立家庭的民主生活方式,对建立民主政治有着极为重要的作用。笔者认为,建立现代家庭的民主生活方式,不仅是建立幸福家庭的需要,也是建设民主政治的当务之急。创造性地开拓有关建立家庭民主生活方式的选题,其意义是何等深远。

**为落实教育优先发展的战略决策提供图书服务。**

这些年来,尽管"百年大计,教育为本"的观点已经被越来越多的党政领导干部认识和接受,但也应看到教育方面仍然存在许多严重的问题。主要是:我国公民科学文化素质差的状况仍未从根本上得到解决;办学条件未得到相应改善,校舍建设,实验仪器配备,劳动基地建设滞后于各级各类学校发展速度;教师待遇偏低的问题长期未获解决,教师流失量不断增加;教育实际质量不高,人口的智力和道德素质较差。这些问题的存在,除了客观上存在着中国教育现代化所面临的艰巨任务与教育现实基础异常薄弱的矛盾外,也和许多干部,特别是许多领导干部对我国社会发展与教育的内在联系,为什么办教育和如何办好教育的认识并不清醒有很大关系。我们可以冷静下来思考一下;目前究竟有多少领导干部在认真建立教育为本、教育立国、教育先行的国策框架,既把国家发展放在教育这一基础上,又使教育发展得到充分的支持;既使教育真正为经济发展服务,又真正确立经济发展必须依靠教育的思想?究竟有多少领导干部懂得现代教育和传统教育的区别,舍得投资并能进行有效的教育投资,按各地的实际需求办教育,把转变应试教育模式的工作纳入经济转型的实践中,纳入社会发展的互动机制中,使教育观念现代化获得一种与物质运动相作用的实践过程,使之既来自教育改革又有效地推动教育改革呢?要能认清这些问题,就需要一大批既受过马克思主义理论训练,又熟悉各种非马克思主义的理论,既有深厚的中国传统文化功底,又了解世界各国文化教育历史和现状的学者型领导,并对实际情况十分了解的领导才能办到。这就需要编写教材,进行系统教育,才能使"科教兴国"不仅是教育者的认识,也应是领导者的认识,更应当成为经济工作者的认识,全民的认识,实现整个民族教育观的更新。

**为培养现代中国人提供图书服务**

早在1940年,我国著名教育家陈鹤琴先生在倡导"活教育"的时候,就曾把"活教育"的目的概括为:"教人做人,做中国人,做现代中国人。"这句教育名言虽然发自陈先生一人之口,却是自鸦片战争以来,中国思想家、教育家们共同的心声。说到底,教育就是要教人做人的。但教人做什么人、怎样做人,始终离不开人们生活、创造于其中的文化历史环境。我国目前正处在向现代化迈进的进程中,"做现代中国人"的命题是一个富有时代意义的课题。甚至可以说,如何教人做现代中国人,将是发展中国教育的永恒主题。

从世界各国的情况看,同样是现代化国家,但各国所培养的人是有不同的精神风貌的。例如:美国文化和美国教育所培养出来的,是讲究个人自由和有冒险创新精神的美国人;德国文化和德国教育所培养出来的,是重视个体差异性并有理性深度的德国人;英国文化和英国教育所培养出来的,是自主开放而讲究绅士风度的现代英国人;日本文化和日本教育所培养出来的,是具有忠于家族和团体,富有竞争进取精神的现代日本人……那么,现代中国文化和中国教育应该培养什么样的中国人呢?又应该用什么样的方式来达到这一目标?自鸦片战争以来,几代中国人一直在执着追求和探索这个问题。1877年,严复带着"西方富强秘密何在"为中心的一系列疑问,到英国深造时,他就从大量的西方思想家的著作中,发现了这一秘密,是"中国委天数,西方持人力"。所谓"持人力",就是在提高人的素质的基础上,重视人的精神创造价值与作用。可以说严复是近代认真思考培养现代中国人的重要学者之一,后来,"中学为体,西学为用"、"全盘西化"都试过,但都有其片面性。"儒学复兴"行不行呢?这个问题一直困扰着努力使中国现代化的人们。作为出版工作者,应该从中国人目前的生存与发展实际出发,理清继承传统和学习西方的关系,站在解决现代中国问题的立场上开拓选题,组稿出书,传承文明,传播现代化的信息,尽快弄明这一大问题。这个工作在目前显得太重要了。

这篇文章尽管写出来了,却总感不尽如人意。原想说白一些问题,却从中发现了许多应深入探讨的问题。因受水平限制,缺点、错误难免,敬祈学界前辈、专家和读者赐教。

(作者单位:贵州教育出版社)

# 面临加入世贸组织
# 图书编辑对版权引进的战略思考

## 姚 文 瑞

中国即将加入世界贸易组织。一旦中国加入了世贸组织,这就意味着中国出版将融入世界大潮,要在世界出版的风浪中搏击奋进,要迅速调整自己的战略方针,寻找出版产业国际化的有效途径,尽快同世界出版接轨。在这种形势下,图书版权的引进对出版业的发展将发挥越来越重要的作用,无论对出版产业结构的优化、新的市场机制培育、出版理念更新、出版势力的发展壮大等都具有重大战略意义。到目前,国内版权引进工作已开展多年,并取得一定成效,1998 年全国引进图书版权达 5469 项,比 1997 年增长 70%,并且仍呈上升态势。但是,从世界出版大环境和大趋势来看,与形势的要求相比,还有不尽如人意之处,首先是版权意识不够强,有的出版单位仅仅把引进版权作为获取部分经济效益的一种方式,说白了就是为了挣点钱,而看不到它的深层次上的战略意义;二是组织管理上不完善,全国尚未建立有效的行业规范,缺乏专业性操作管理机构,这导致出版单位之间对版税率竞相抬价,有的高达 12%,使国内版权引进常常处于严重的无序竞争,国家经济受损而外国公司坐收渔利;三是信息不灵通,目前国内尚无权威性的图书版权信息发布平台,也没有对已引进版权图书出版后的信息进行追踪报道,对引进版权书发行情况、读者反映、市场需求等缺乏信息沟通,因而出现同类书重复引进、重复出版,造成极大浪费,严重影响了图书市场的有序化;四是全国各出版社版权引进上发展不平衡,其主要集中在经济发达的省市和地区,1998 年北京、上海、广东等十个省市区引进版权占全国总量 95.3%,而经济欠发达地区的版权引进很薄弱,有 2/3 出版单位尚未具备版权贸易意识,更有相当一部分出版社仍未开展此项业务;五是人才缺乏等等。这些问题的存在,从根本上说,是对图书版权引进缺乏本质上的认识,没有看到它对中国出版业走向世界所具有的战略意义。所以在中国即将加入世贸组织的今天,我们图书编辑有必要对今后的图书版权引进工作作以下几方面的战略思考:

### 一、资源重组战略

未来出版业的竞争,也是出版资源的竞争,谁掌握出版资源越多,谁就会在竞争中占有主动。版权是出版产业的最重要的资源,出版社的经营归根到底也是版权的经营,出版社占有好作品版权越多,它的效益就会越显著。所以,引进版权就是充分开发、利用、共享世界出版资源的战略举措。国内出版资源也比较丰富,但是出版社要真正组到好书稿越来越难:一是水平达不到要求,二是造价太高,三是时间没有保证,甚至在有的书稿组约上出现尴尬局面,比如科普类,搞科学研究的一般文笔不过关,而搞文学创作的又不懂科学;再如科幻类、儿童文学类等书稿一直是国内的弱项。相反,国外出版资源比国内丰富得多,出版有大量优秀图书,可说是个取之不尽,用之不绝的书稿资源,其优势:第一,质量高,第二,经过市场检验,第三,造价低,一般版税要比国内稿费低,第四,是时间快,拿来就用等。既是这样,我们为什么不把组稿的眼光和范围扩大到国外,去引进版权,开发利用这些出版资源呢?台湾一家出版公司出版的全部图书有90%以上书稿是引进版权的。北京、上海的出版界引进版权力度比较大,有的出版社引进版权图书占出书总数的25%～30%,为壮大他们的出版势力发挥了重要作用。可见,面对国外较强的出版资源优势,谁能抢先加大版权引进力度、及时重组整合、充分享用世界出版资源,谁就能在未来的出版业竞争中取得主动权。

### 二、市场化战略

加入世界贸易组织之后,图书市场的开放和市场化形成是不可避免的,那种行政干预市场的成分将越来越少。而目前我国图书市场还处在一种发展阶段,要真正健全和完善起来,迎接世界图书市场的冲击和挑战,需要大量的优秀品牌图书来孕育、营造和推动,这其中,引进版权的图书将扮演重要角色。因为在某种意义上说,真正的出版产业是建立在版权贸易基础上的,关起门来做小市场还是走出去做大市场,恐怕是"入世"后出版业能否生存与发展的重要因素之一。我们要做大市场,眼光就不能仅仅盯住国内版图书,而应开阔视野,面向世界,把世界范围内的适合国内读者需要的优秀品牌图书有选择地引进来,推动和培育我们的图书市场。外研社在外语教学与学习读物出版上,引进大量国外优秀外语图书,对国内图书市场形成巨大推动力,并创造一个良好的外语学习气候和氛围,从而又拉动了外语图书市场需求,形成图书市场良性循环,大大提高了外研社外语图书市场的占有率和竞争力。再如中青社通过大量引进版权,适时推出"中青电脑艺术设计图书出版工程",在国内图书市场上形成热点,营造了氛围,打造了市场,使他们在这一领域抢占了制高点。

## 三、文化积累战略

出版产业是文化产业重要组成部分。图书版权引进同时也是知识和文化的引进,是非常重要的文化积累,它对我们的社会进步、科技发展、经济振兴等有着重要意义,尤其是高科技类图书更是如此。我们学习国外先进的科学技术和管理经验等,多是通过引进版权图书介绍进来的。所以,在确定和评价引进版权工作中,不仅要考虑图书市场效益,还要考虑到它在文化积累方面的贡献。国家应调整政策,鼓励和扶持出版社多引进对社会发展、科技进步和国民素质提高有益处的外版图书,建议国家专设一项版权贸易图书奖,专门奖励在版权引进中对文化积累做出贡献的出版工作者。

## 四、更新理念战略

"入世"后,面对全球化的出版业,我们过去的旧的出版理念、思想、手段等急需更新,对国外出版业中先进思想理念等的吸收、借鉴、学习越发显得必要而迫切。那么,图书版权引进也应具有这样的职能:学习、借鉴国外先进的出版、营销手段和出版社管理经验、选题思路、编辑思想、出版理念等来改进完善我们的出版工作,使其尽快同世界出版接轨。吉林科技出版社在引进国外《AAA 英语》系列读物同时,学习借鉴国外图书营销方式,精心策划一系列宣传推广促销活动,与中央电视台联合制作播出 54 集英语电视教学节目、与北师大联合举办《AAA 英语》大专函授、与《中国青年报》共同举办全国性《AAA 英语》读书活动,评选英语先生等,使该书一炮打响,迅速走红,再版 14 次,实现利润 1000 万,并同时配上词典、录音带、录像带,实现引进版权图书立体开发。三联书店引进出版台湾蔡志忠中国古籍经典漫画,常销不衰,很快销售达 1000 万册,同时,它对死板、低迷的大陆漫画界和漫画出版界给以很大撞击,从此,以漫画形式图书很快在出版界风行,并且大陆读物也趋向图文并茂,通俗易懂。近年来大陆彩绘儿童读物、科普读物从编辑思想到编创质量都给人以耳目一新之感,这无疑于从大量引进版权图书中吸取许多营养是分不开的。可见,版权引进收益不仅在书里,而重要的是在书外,在于对国外先进的出版理念学习借鉴和更新,这对发展中国出版业意义更深远。所以,我们在引进版权同时,更要注意挖掘版权背后的有益的东西,为我所用。

### 五、版权产业战略

版权作为一种产业,在国外早已成事实,美国 1996 年核心版权年收入 4339 亿美元,占国民生产总值 5.68%,版权产业从业人员 650 万人,占全国就业总人数 5.15%,当年美国对外版权贸易收入 532.5 亿美元,而我国版权贸易业务发展只是刚刚起步阶段,还谈不上产业。加入世贸组织之后,国内外版权贸易业务会大量增加,将为国内版权产业的形成创造机会和条件,这其中,图书版权引进将成为版权产业形成的"催化剂",定会为中国版权产业形成和发展带来生机与活力。因为通过卓有成效的图书版权引进,一是让国内出版界体会到其优越性,强化版权贸易意识,关注支持版权引进工作,并将其纳入出版产业化、国际化发展战略目标;二是扩大版权贸易需求,带动国内版权代理公司发展壮大。版权代理公司及版权从业人员是版权产业的主力军,由他们代理图书版权有其优越性:第一,信息广泛、及时,第二,费用低,第三,克服出版社版权贸易人才缺乏的困难,第四,减少版权纠纷等。但目前国内版权代理公司力量十分薄弱,适应不了形势发展的需要。经国家版权局批准成立的版权代理公司全国共24家,其中19家以代理图书版权为主,但真正业务开展比较好的公司只有1/3左右,且大部分公司经营亏损,步履维艰,难以发展。因此,国家应制定鼓励性、倾斜性政策,把对版权业的管理从政府职能中分离出来,使其成为规范化的产业化的市场调节管理,国家对其进行法制性的宏观调控,创造一个宽松的发展环境和条件,使全国版权代理公司及其队伍迅速发展壮大起来,全国达到二三百家也不为多,这不仅会促进图书版权引进工作开展,而且对缓解国内就业压力、发展知识产业经济非常有力,将成为一个新的经济增长点。

### 六、人才培养战略

版权贸易人才奇缺是制约我国版权贸易发展的很大的难题,亟待解决。可眼下高校没有版权贸易专业,出国培训条件受限,解决不了根本问题,只能"在战争中学习战争",通过图书版权引进业务实际操作,培养锻炼人才,使其做到广交朋友,摸准国际版权市场行情,选准书目,熟悉国内外版权法和著作权法,掌握谈判技巧,了解国内图书市场,对哪类书好卖、哪类书卖不动,版权引进图书销售状况、趋势等了如指掌,熟练运用外语进行版权专业交流等,使我国版权贸易尤其是图书版权引进工作健康持续发展有个坚实的基础。

(作者单位:山东友谊出版社)

# 面对"入世"的中国编辑

苏 彩 桃

进入世贸组织,毫无疑问正是中国对世界生存界面的有效进入和主动姿态,但问题的另一面就是,这意味着世界也就将顺其自然地遮盖中国空间,中国将成为某种设定整体结构中的组成部分,成为某种预定性生存价值目标的服从者和执行者,封闭意义的独立性和操作层面的边界一旦被谈判所消解,则我们就将全部被动性地被抛入普遍意义的生存情境,当然也就包括众多的工作在我国各个出版社的图书编辑。

我国编辑即将面临中国加入世贸组织一方面不得不因意识形态的分野而最大限度地确保文化自守,另一方面又不得不因世界性在场而最大限度地进入公共空间。编辑情境的移位突出地表现在如下三个方面:第一是出版资源的变化。第二是出版体制的变化。第三是消费空间的变化。

一

尽管改革开放20年来中国出版明显地从封闭走向开放,从中国走向世界,从内倾走向外纳,但所有这些"走向"都非常有限,境外书籍基本上不是作为出版空间和资源利益而进入的,更大程度上是因知识崇拜而作出的差缺性补偿,这些资源既常有间接性又常有教科性,本质上并不是全球出版资源公共化的产物。但是进入世贸组织以后,随着这种进入的时间深化,出版资源的全球共享就将越来越成为我们所必须面临的出版事实。一方面是境外的作者的作品将直接作为中国出版领域的选题而不是知识选择,这将极大地冲击我国的作者群和作品竞争能力,并对我国编辑的视野、素质和选择能力提出挑战,另一方面是我国作者群和作品流向将直接与世界出版业接轨,在一段时期内,现代性诱感和局部性的经济利益驱使,将很可能使一流的优秀作者和作品被境外出版机构所直接收购,并使我国编辑对优秀作者和作品的收购力从根本上产生动摇。出版资源的双向变化,迫使我国编辑重新校正编辑与作者的关系,同时必须迅速提高在资源共享背景下的收购力,否则就会因我们的工作被动而损害中国出版在世界出版业中的份额利益。

## 二

"入世"以后,出版体制的变化将是不言而喻的。知识产权和版权的国际协约力,要求我国编辑必须最大限度地理解和熟悉全球性纷繁复杂的出版法或者知识产权法。不同的政策倾向和相异的保护机制,而这一切对长期工作在计划经济体制下的我国编辑们来说,将意味着一个全部工作空间和生存环境的突然出现。进出口版税制度和全球参照体系的稿费体制,对中国出版而言同样是革命性的变化和转型,这种转型直接指向我国编辑的出版策划,意味着如果我们的编辑不能熟练地操作和计算国际惯例和公共性利益换算方式,就会在出版实践中不断地打经济利益的败仗,并因这种败仗而从根本上影响着我国编辑的策划能力和中国出版的竞争能力。出版体制的变化还将表现在,国际体制和国内体制会有一个比较长时间的磨合过程,在磨合过程会不断地出现矛盾和产生摩擦,而我们的编辑也将不得不与之同步地工作在这个漫长的过程中,双轨制也就成为逃离不掉的生存现实,如何把握并且有效地运用这一特殊的体制方式,无疑对所有的我国编辑都将是严峻的考验。

## 三

事实上,我们必须清醒地认识到,在中国出辨业全面加入世贸组织以后,消费空间也将发生巨大的变化。这种变化的积极性在于,巨大数量的我国图书将会利用世贸组织的有效渠道进入世界图书市场,因而也就会迅速扩大国内版图书在国际图书市场中的消费份额,而且在社会效益上会有助于我国的科技、教育和文化等更大范围地与国际接轨,但这种变化同样会有消极性,那就是更加巨大数量的境外图书会更加猛烈地冲击国内图书市场,这种冲击的内在动力一方面来源于现代化落差中的发达国家优势,另一方面也来源于市场操作能力的强弱之别。在这种冲击下,国内图书市场会迅速降低国内版图书的份额,国民的境外图书消费会在一段时期内出现非常规的热潮,编辑们可能会在市场萎缩和消费竞争力弱化的困境面前显得一筹莫展。所以,对于图书的消费空间来说"入世"实际上是一把冷冰的双刃剑,可以在利亦可以在弊,关键就在于握剑者,我国编辑实际上就是这样的握剑者。我们将面临着更加扑朔迷离和动荡不安的消费空间和销售市场。如果我们能扬其利而抑其弊,则我国的出版业就会在世贸组织的战车行进中获得迅速发展。但如果是利弊的情况相反,则中国的出版业也就会在世贸组织的旷野中长时间地一蹶不振。所以,必须让所有的中国编辑引以为警觉。

(作者单位:暨南大学出版社)

# 谈新时期编辑的社会责任及胜任要素

杨昭茂

一个出版社出版的图书的整体质量,除作者因素以外,是这个出版社各个部门工作质量的总和。就一本书来说,其责任编辑要关注出版的全过程,要在选题、编辑加工、印制、销售等出版诸环节中,担负重大的责任,发挥关键的作用。提高出版社图书的质量,要有社领导思想重视,要有完善的保障机制,更要有良好的编辑群体整体素质。所以,编辑充分认识自己的社会责任,努力使自己具备适应时代要求的基本素质,是提高出版社出版的图书质量的关键。

## 一、图书编辑在社会上的角色定位

由于图书编辑劳动主要以作者原稿为对象,其劳动产品以图书形式提供给社会,所以,图书编辑在社会上是用多出好书以满足人民日益增长的文化生活需要来显示其存在的价值的。可见,编辑的社会角色定位主要由其当责任编辑的图书在社会上的影响来确定。一本好书,可以启迪人的智慧,丰富人的生活,提高人的思想,净化人的灵魂。例如《共产党宣言》的发表,开辟了无产阶级革命的新时代;《钢铁是怎样炼成的》影响着一代又一代年青人,被誉为激励青年人追求进步的"指路明灯";《天体运行论》的出版,打破了"地心说"数千年对人们思想的束缚;我国80年代出版的《杂交水稻育种栽培学》,为我国政府部门推广这项技术提供了科学知识和武器,对解决我国粮食需求做出了重大的贡献,是当今举世公认的伟大成就。相反地,一本坏书,可以毒化人的思想,腐蚀人的灵魂,瓦解人的意志,毁灭人的生活,给社会造成严重的危害。《法轮大法》等法轮功类图书对人们的毒害是众所周知的,黄色书刊使一些人沦丧的例子也屡见不鲜。编辑通过图书这种形式与作者、读者在特定社会中形成了互相联系、互相制约、互相促进的社会关系。如果说,图书是整个人类文化系统工程建设过程中不可缺少的材料和基石,那末,在图书制作过程中处于主体地位的编辑就是整个人类文化系统工程建设中的设计师和工程师。掩身于作者身后对社会施加影响的特殊职业形式,就是编辑在社会上的特有定位。

## 二、新时期图书编辑的时代责任

任何社会的出版物,都要与所处社会的政治、经济、文化环境相适应,在社会变革时期尤其如此。尽管资本主义国家大讲"出版自由",但是,对威胁资本主义体制、损害资产阶级利益的出版物也会采取措施查封和制止;为了对社会主义国家"和平演变",它们又不惜一切代价大量出版反动政治读物和淫秽书刊,向世界各国兜售,腐蚀人们的思想,瓦解人们的意志,以达到他们的政治目的。社会主义出版业,在体制和工作内容上,理所当然地要与社会主义精神文明建设和物质文明建设相适应,这是毫无疑义的。

在社会主义市场经济发展的时期。出版物的定位按十四届六中全会《决议》所指出:"要坚持把社会效益放在首位,力求社会效益和经济效益的最佳结合"。根据这个原则,我认为,当今图书编辑主要有如下几项责任:

1. 政治责任:要保证出版物内容与国家大政方针一致。在我国目前的出版实践中,编辑主观上让反动书稿变成正式出版物是极少发生的,因出版有政治问题图书而受处分的出版社,几乎都是由于管理制度不严,图书的责任编辑没有认真地审读书稿,甚至根本不审稿,或三审变"三签"。常常有受处分的出版社责任人说,他自己并未看过书稿,似乎这可开脱自己的责任。实际上,这正是他政治责任心不强,或者没有政治责任心的表现。我国新时期对出版物的要求,可以用"以科学的理论武装人,以正确的舆论引导人,以高尚的精神塑造人,以优秀的作品鼓舞人"来概括,编辑人员要时时有这种"责任意识"和"大局意识"。

2. 道德责任:出版物要传播正确的人生观、价值观,弘扬高尚情趣,培养健康情操,有利于社会主义精神文明建设。那种见利忘义,出版有悖于社会道德规范、危害社会健康道德、格调低下的图书的行为,是与出版工作者的职业道德格格不入的。

3.传播科学文化知识的责任:讲科学、传播科学,是出版工作者的一项基本任务。图书要向读者提供科学知识、科学技术、科学方法和文化知识,引导读者发扬科学精神,消除愚昧,反对迷信。对书稿内容的真实性、科学性要进行严谨的确认,达到正确、准确、标准。科技书籍一个数据之误,可能造成严重损失,伪科学更加谬种流传,贻害无穷,编辑要努力把好书稿的科学技术质量。

4.文字规范的责任:图书常常是人们参照、模仿的依据,所以,图书在文字上、语法上、修辞上、逻辑上和出版技术标准方面要符合规范,使读者使用该书时不会产生误解或岐义。

5.法律责任:一是图书不得有违反我国宪法和其他现行法律法规的内容,二是出版活动要在法律法规许可的范围内进行,特别是要遵守著作权法,维护著作权人的利益。

6.经济责任:在社会主义市场经济条件下,编辑人员在经济方面的责任与计划经济体制时是显然不同的。既然出版业作为一种特殊产业,实行企业化管理,就不可避免地要讲求生产效益和利润。编辑在出版活动过程如策划与组稿、稿件加工与整体设计、印制与发行、宣传推广与信息反馈等环节中,均应考虑经济效益。

### 三、图书编辑胜任时代责任的素质要求

图书编辑要胜任时代赋予的责任,就必须有相应的政治理论素质、思想文化素质、科学技术素养、出版业务水平和市场竞争能力。

政治理论素质是编辑把好书稿政治关的先决条件。编辑的政治素质,主要是指其掌握马克思主义的基本立场、观点和方法,对党的路线、方针、政策的理解和执行的水平。世纪之交,我国的改革发展处于关键时期,各种思维方式、行为方式、生活方式和价值观念都会在社会上表现。这些表现不可避免地会反映在各种作品

上。编辑审稿时能否把好政治关,除了工作态度外,就取决于他们的政治素质。应该说,明显的反动理论和观点是不太可能明火执杖地在我们现时的正式出版物上出现的,但一些标新立异的论著却很可能有错误的甚至反动的观点掺杂其中。有时一部基本上是好的作品,也可能出现一些不正确的提法。我曾审读过一部关于指导求职方面的书稿,在人才市场的论述中,作者提出了"大学生商品"这样的概念,这显然是不妥的;又如在关于我国进入世贸组织的书稿中,出现了易于引起误会的"自由化"的字眼,甚至有"全球政治一体化"的提法。在另一些经济类书稿中,出现"我国的失业率达到××%"的不确切提法,对我国个体经济的地位和作用不确切评价等等。这些提法是否正确,是否可进入书的内容,有些责任编辑和复审者、终审者对此有不同的看法,这实际上就反映了编辑政治素质的高低。像《审视中学语文教育》这样的书,竟然在评论《谁是最可爱的人》这篇文章时,出现否定抗美援朝战争的正义性的错误观点。这种图书出现政治错误的例子一次次为我们敲响了警钟,作为编辑,只有不断学习,提高自己的政治理论水平,增强政治意识和大局意识、责任意识,才能适应时代的要求。

思想文化素质水平决定着编辑个人行为及其在书稿加工中的创造能力。编辑个人行为在工作中的表现主要是其职业道德水平,编辑在书稿加工中的创造能力则基于其知识的广博性和语言文字水平。一个编辑若没有一定的思想文化功底,就无法对书稿作出是非的判断,更不用说准确的修改和加工了。有的编辑读书不多,见识不广,审读书稿发现这个说法没见过,那个词语未见过,便大笔一挥,"乱砍滥伐",或改得与原意不符。出版物中书名或标题缺乏思想性和艺术性,不伦不类,或者词句不通、莫名其妙的,也时有出现。编辑参与图书宣传推广已是其新时期的一项不可推卸的责任,撰写书介、书评,更是对编辑的语言文字水平的考验。

科学技术素养是编辑加工专业著作书稿的必要条件。就现状而言,编辑人员一般都具有某一门或若干门专业知识,有的还是某一专业的专家。但是,正如江泽民同志在一次讲话中指出:在知识经济时代向我们迎面而来的现在,无论是生物工程还是宇宙科学,无论是宏观世界研究还是微观世界研究,发展变化都很快,新的发明创造层出不穷,天外还有天啊!所以,编辑要不断提高科学技术素养,自觉进行知识更新,跟上世界科技进步的步伐,才能胜任新时期的编辑工作。前些时有些出版社出版"法轮功"类出版物,除了有关人员政治失误、经营管理偏差外,还有编辑人员的科学素质问题。当前,形形色色的伪科学、愚昧、迷信的书稿还会冲击新闻出版部门,编辑人员一定要努力掌握科学方法,发扬科学精神,提高识别伪科学、反科学的水平,才能胜任自己的工作。当然,由于科学门类繁多,任何编辑都不可能毫无知识盲点,这时就要利用各种工具书、百科全书、国内外有关参考资料来鉴定书稿的科学技术性。

编辑的出版业务水平和市场竞争能力具体表现在选题策划、组稿、审稿、编辑加工、装帧设计、发排、校对、看样到印制成书以及图书宣传推广、销售、读者反馈等出版过程的各个环节,这些环节的工作质量和效果,最终体现在出版物乃至整个出版社的社会效益和经济效益上。出版社拥有一支高素质的编辑队伍,是在激烈的市场竞争中立于不败之地的保证。

(作者单位:华南理工大学出版社)

# 网络化时代的编辑工作

## 高亢　张平慧

近年来,以英特网为平台、多媒体技术为手段的网络传播方式的飞速发展,给传统出版业带来了严峻的挑战和巨大的机遇。"数字化时代"、"网络化时代"的说法不胫而走,广为流传,甚至于引发了关于传统的书报刊是否会消亡的讨论,不管这样的讨论结果如何,网络的发展必将使传统出版业发生重大变革这一点已是无可辩驳的了。

在网络时代,信息的传递以前所未有的高速度、低成本、强互动性为特征,除了传统的纸介质之外,磁介质、光介质、IC卡、网络文本、网络数据库、交互式节目等都成为出版传播媒介的一部分。除了传统的出版机构之外,商业网站、计算机公司、甚至个人等也将成为出版主体的新成员。新的传播方式为读者提供了新的阅读方式。传播方式、出版主体、阅读方式日趋多元化,传统出版业正在被网络赋予新的概念,受到强烈的冲击,在这其中,对于出版业编辑人员来讲,首当其冲的就是由此引发的编辑工作将向何处去的问题。应该看到,网络方式和传统出版方式都是一种手段,各种传播媒介都仅仅是信息的载体,关键在于它们所传递的内容,内容是出版物的灵魂,不管以什么样的方式传递,对于读者来说,真正有意义的永远只是内容。无论何种形式、何种介质的出版物,真正有内容的,才是真正有生命力的。因此,在新的时代,编辑工作将更为重要,有更广阔的舞台。近年来,国内外的一些网络公司开始与出版社争夺编辑人才就是一个例证。如何认识新形势下的编辑工作在意识、方法、手段上的变革并适应这些变革,是在网络时代做好编辑工作的保证。就已经出现的情况来看,编辑工作至少已在以下几个方面有了新的变化。

**首先,信息意识将更为重要。**

从信息传播学的角度来看,编辑工作的实质就是有目的地不断收集有关信息,并经过处理而传播新信息的过程。信息是编辑活动的源泉和起点,编辑工作过程的每个环节都依赖于充分的信息。比如说,要策划一个选题,就需要收集有关出版方针政策、社会动态、学科发展动态、出版状况、社会需求、出版社自身条件等多方面信息,通过对这些信息的分析处理,才可能得出正确的、优化的、切实可行的选题方案。同时,信息又对编辑工作的过程起控制作用。编辑工作过程是一个动态过程。由于信息的收集和处理总会有一定的局限性,又由于社会客观事物本身的运动,编辑就要不断收集信息、适应新情况,自觉地运用信息来控制编辑工作过程。

在网络时代,编辑必须具有更强的信息意识,即:具有随时收集处理各类有关信息的高度自觉性,努力认识信息的产生和变化规律,掌握收集、处理信息的途径和方法,善于开发和利用信息。信息的收集与处理,将是编辑创造性劳动的具体表现。

信息的收集与处理是互相联系、交叉进行的。信息收集常伴以信息的分析处理,而信息处理又常需补充收集信息。电子计算机信息处理和网络技术的发展和应用,为信息的收集、处理、更新和传播提供了更有效、更迅捷的手段和更大的空间。编辑应充分利用这些方法和手段来获取、处理对自己的工作有用的信息。据说,美国的图书编辑一天要数十次访问网上书店等有关网站,了解图书出版情况,研究市场动态。在我社去年组织进行"走进西藏"文化考察活动时,通过网上查询得来的信息对考察路线、考察重点、作品要求等方面的设计和决策起了很重要的参考作用。

**其次,要有强烈的创新意识。**

出版物的创新包括内容和形式两方面。网络时代,信息呈"爆炸"态势,人们能够接受到的信息包罗万象,注意力极易分散,只有那些有新意的东西才能吸引读者的注意力。网络业有一种说法,叫做"抓住浏览者的眼球",就是指以有新意的网页来吸引读者的注意力,延长读者在本网站的停留时间,提高点击率。这包括了内容和形式上的创新。我们在网络上浏览时,常常会被一些网站丰富多彩的内容、美仑美奂的界面所吸引,不知不觉在其中流连忘返,乐不思归。这就是创新的魅力,也是出版物的生命源泉和编辑工作的灵魂所在。

在网络和多媒体电子读物的影响下,人们的阅读习惯、接受方式已经有了很大的变化,要求"多媒体"的图书,就是说,我们的图书在内容和编排上不应该只是单一的叙述,而应该是组合性的表达,不仅有优美的文字,还要有精美的图片,不仅有主题的内容,还要有相关的事件、人物、背景、文献等资料性内容,体现出类似"超文本链接"的特点,使内容和形式得到新的统一。这种内容和编排上的新意识,要求我们在策划、编辑的过程中,不仅要考虑到选题、主题内容,还要考虑到版面编排和相关内容,使图书具有更多的内容含量和易接受性。关于这种创新的编辑意识,我们可以从国外的一些图书和网络网页的设计上学习借鉴到许多。我社最近出版的《南诏大理国雕刻绘画艺术》画册在这方面进行了有益的尝试,该书专门设置了"图版目录"一项,录有全书图片小样及较详细的有关图片的背景材料,并注明该图片在画册中的位置,同样,对画册中的每幅图片均注明有关背景材料在"图版目录"中的位置。通过这种双向的链接,读者可以随时查到每幅图片的背景材料,也可以在"图版目录"中浏览图片及背景材料后再欣赏某幅图片。这种类似网页链接的安排,使读者可以就一个主题很方便地在画册的各个功能区之间跳转。

在网络时代,编辑工作中的创新是永无止境的,关键是要保持创新的意识。

**第三,在新的媒体出版物方面,编辑的作用更为重要。**

在现在的出版物当中,除了传统意义上的图书之外,电子出版物、网络出版物等新媒体出版物所占的份额也越来越大,培养了新的阅读习惯和接受方式。我们除了从这些新媒体出版物中学习、借鉴一些新的意识,用于纸质图书的编辑外,还应当认识到在这些新媒体出版物方面,编辑的作用更为重要。

在多媒体出版物当中,采用了大量的电脑技术和美术设计手段,令人目不暇接。但万变不离其宗,电脑技术和美术设计所表现出来的都属于形式的范畴,真正有意义的仍是内容。形式是为内容服务的,是为了更好地表现内容而存在。在这些出版物的编辑制作过程中,编辑对内容的编排起主导作用,例如编辑对"热字"和"关键字段"的设计决定了技术人员对链接跳转和数据检索的设计,编辑对界面内容的安排也影响了美术设计的考虑。

在对电子出版物、网络出版物的开发中,涉及到不少对现有的优秀纸质出版物二次开发的问题,即把这些纸质出版物改编为光盘出版物、网络出版物,纸质图书的责任编辑在这样的改编工作中也起着主导的作用,整个电子出版物的层次结构、查询设置、数据库检索等都需要依据责任编辑的方案来设计。

在依然是"内容为王"的新媒体出版物的编辑制作过程中,对内容和形式的编排体现出责任编辑的主导作用,当然,其前提是责任编辑必须至少对这类出版物的编辑制作软件和流程有一定程度的了解。这就要求编辑人员积极介入到新媒体出版物的编辑制作工作中。

**第四,编辑过程将使用更多的新技术手段。**

在编辑过程中,无论是有关信息的收集、处理,还是稿件的编辑、加工,都越来越必须借助于新的技术手段。姑且不说在国外已经初露端倪的"无纸化出版"、"按需印刷"等图书出版新形式。就是目前我们在编辑工作过程中所获得的信息中,"数字化"信息的比重已越来越大,无论是从网络下载的资料、通过电子邮件交换的信息,还是作者提交的稿件磁盘,都需要用电脑来处理。这些汹涌而至的"数字化"信息,已成为现代编辑工作的源头、依托和结果。对计算机文字信息处理软件、网络浏览、电子邮件处理软件的掌握应用,已成为对现代编辑的基本要求。各级政府和出版社正在纷纷推进的信息化工程建设更强化了这一要求。例如,云南省新闻出版局已在即将投入使用的云南新闻出版大楼中建构了功能强大的网络系统,开发了基于网络和无纸化办公的"出版局集成环境"、"出版社集成环境"和"联合出版系统"等应用软件和网络数据库系统。为出版手段的现代化创造了一个良好的环境,也对编辑人员提出了新的要求。

在编辑过程中采用新技术手段,将大大提高编辑工作的效率。我社《走进西藏》文化丛书的编辑过程就部分地体现了这一点,当时,距离我社与北京发行所协议约定的交书时间只有一个多月,而部分作者尚未交稿,这些作者中,扎西达娃远在拉萨,阿来则在成都,我们安排他们以电子邮件附件传递的方法将数十万字的书稿及近百幅图片传至我社,责任编辑和美术设计人员直接在电脑上对书稿进行审读和设计,并通过电子邮件交换对书稿的修改意见,终于按时完成了这套丛书的编辑出版工作,为"走进西藏"文化考察活动划上了一个圆满的句号。目前,我社已有不少外地作者的稿件交付采用网络传递的方式,提高了编辑工作的效率。

随着内部软硬件环境和外部大环境的逐步完善及相关技术的不断进步,我们的编辑工作将越来越多地采用新的技术手段,这既是时代的需要,也是编辑人员适应新时代要求的必然结果。

在新的形势下,编辑工作被赋予了新的内容和含义,编辑工作仍将是现代出版业的核心,不管接受不接受,只要我们不愿被时代抛弃,希望在新的时代继续做好编辑工作,就必须积极地探索编辑工作的新规律、新特点、新方法,为新的时代做好准备。

(作者单位:云南人民出版社)

# 网络时代图书编辑能做什么

伍 恒 山

网络时代其实就是高信息时代。在这个时代中,大量的信息都由网络来传递,它的特点是既丰富,又快捷,这给那些接受信息者提供了丰富的资源,同时也给他们提出了更高的要求,那就是要求接受信息者必须有更加现代的知识,有操作网络的经验和技术,同时又必须有敏锐的眼光和较强的能力,在接受这些信息之时及之后,能够更好地综合分析和利用。具备了这样几种素质,对于信息接受者来说,就等于具备了必胜的武器,他便可以在这广大无垠的天地里一试身手。因此说,网络造就这个时代,同时也造就了这个时代中那些弄潮的英雄们。

新时代的网络英雄们也许注意到了作为传播事业的图书出版业也面临着网络时代的挑战,从纸质的出版向非纸质出版的过渡,同样向那些从事图书出版事业的编辑们提出了更新和更高的要求。也许未来的出版业其重心会向非纸质的出版靠近,因为这更快捷、更自由、更广泛,更接近环保的要求,也许现在的图书出版仍将以纸质图书占主要地位,但未来的趋势不可忽视的是网络构成的竞争。纸质图书市场虽然仍将有其固定的接受群体,但在电脑和电脑技术广泛普及的时代,这样固定的群体也必将面临分解和重新组合,一部分读者向网络或其他电子传播媒体靠拢,一部分读者仍将固守其阵地,但不管情形怎样,可以预见将来的出版业其市场份额会逐渐被其他媒体所挤占,正如电视、电影的兴起大量挤占了图书市场一样,网络时代的电子传播同样会挤占大量的纸质图书市场份额。在这样一个时代,作为图书出版业的编辑又该如何面对新的形势呢?或者说,在这个网络时代,图书编辑们又能做些什么呢?这样的问题自然会摆到传统的图书编辑们面前。如果他们不是采取一种闭目塞听的方式,就势必会感受到这个时代的压力和引力,他们必须接受这样一个事实:铺天盖地的信息使自己无所措其手足,同时也相应地感受到作为一个图书编辑的艰难与无奈。但困难和机会并存,网络时代的图书出版,对于图书编辑们来说,既是一个新的课题,又是一项十分严重的挑战,如何适应这种新的形势,这是摆在每一个图书编辑面前所必须回答的问题。

当然,在网络时代,图书编辑所习惯的传统编辑方式仍将存在,比如选题的策划、组织稿件、案头编辑,以及校对、印制等一系列流程都还具有它应有的现实意义,网络时代的图书编辑与传统的图书编辑形式不同的一点,是更加广泛和大量地使用高科技手段为图书出版业服务。网络时代在传统图书出版的形式上增加了机会,提高了速度,扩大了视野,减弱了传统的人际关系色彩,是真正能做到机会均等的一种新型的出版方式。在这种机会均等的形势下,那些以知识和智慧为依托的图书编辑就会从大量的人事关系中脱颖而出,轻便而迅捷地做出具有个性、有价值的图书出版事业。但除了传统的图书编辑模式,新形势下的图书编辑应当有新的模式,在网络时代的出版事业中,我们可以再次这样发问:图书编辑能够或者需要做些什么呢?

我以为在将来的出版中,他们所要做的最主要的事情是充实自己,用最先进的观念、知识以及技术尽可能充实自己。充实自己的步骤,我以为有以下几点:

一、熟悉电脑以及网络技术。既然网络时代改变了传播形式,同时电脑改变了书写习惯,那么图书编辑面临着首要的是能否适应这种传播形式改变以及书写习惯改变的问题。这首先要求于编辑的,一是要熟练地使用电脑,如最基本的文字输入、图形编制以及许多电脑工具技术的应用等,在这个基础上,才能谈得到利用电脑技术参与网络时代的开发。

二、熟练地操作和掌握网络的基本使用方法,然后在这基础上,达到熟练地使用网络。电脑基本技术以及使用网络的基本技术这二者,对于好的图书编辑来说,应当是缺一不可的。因为网络是利用电脑进行交流和传播的,没有熟练的电脑技术,没有对网络技术操作的把握,就无法熟练地使用电脑以及网络,也无法真正掌握网络的价值。

三、熟练地掌握一门外语,尤其是英语。由于网络时代是一个国际性的时代,地球从广大的领域缩小到一个自然的村落,你可以明显地感觉到虽然远在万里之外,但在网络中的距离几乎近到相隔咫尺,甚至可以闻到对方的呼吸,可以触摸到对方的脉搏和心跳,技术改变世界命运的时候,也同样在改变着我们的观念,改变着我们的生存方式,但语言的发展远未赶上这个时代技术的进步,各民族和各国家语言的障碍还在阻滞着相互之间的交流,在没有一种可行的方法统一各民族语言的时候,那么我们在使用电脑并利用网络的过程中,我们就有必要熟练地掌握一门电脑和网络发源国家的语言,这指的是英语,或者美式英语,掌握了这样一种语言,我们无论在电脑硬件系统以及软件系统的操作和使用中,甚至在出现了问题加以维护中,就更有可能应付裕如,最重要的是在查阅各类信息时,能够迅速而全面地领会并把握,否则只能使用中文系统,那么就无法将国外庞大的信息量吸纳进来,这就像一条腿走路,自然感觉到极不方便。因此说,掌握一门外语(英语)是图书编辑所应当追求的目标。也许会有这样一种误解,以为现在很多开发的翻译软件如东方快车、金山词霸和金山快译以及其他的即时汉化等可以弥补这方面的缺憾,但真正使用这些软件的人都会知道,它们总有一种隔靴搔痒的效果,其中真正的汉化和文本的即时翻译都远未达到文从字顺的水平,所以利用这样的翻译软件只能起一定的辅助之效,却不能解决根本的问题。

四、需要图书编辑具有一定的专业知识,在这里所指的是图书编辑、出版方面的专业知识。不言自明,这一点不必多事申述。

五、图书编辑必须具有某一门类比较精通的学问。虽然图书编辑号称杂家,其实任何杂家都不是万金油,在专业分工越来越细致的时代,某一行业某一门类学问的掌握对于未来的出版业来说尤其必要,因为这样的学问是图书编辑赖以存身的基础,只有在这个基础上,他才能向外拓展,才能触类旁通。否则,基础不牢,或者没有这个基础,就不可能具有独到的眼光,不可能把握图书的方向和价值,就会在未来的出版中前后摇摆,把握不定,当然也就不可能搞好真正的出版。所以说,编辑家是建筑在某一门类专业基础上的兴趣广泛的杂家,他要能敏锐地发现图书选题的价值,同时也要敏锐地发现图书中出现的各种技术和知识性的错误或问题。

六、网络时代,它要求编辑的不是更多的"关系",而是要求编辑具有更多和更明智的头脑,以明智的头脑来处理、整合各种纷至沓来的信息,因为所谓知识经济也就是智慧经济,有头脑的图书编辑在这个时代显得尤为重要。没有头脑的出版只能说是盲目的出版。所以说,图书编辑具备了智慧的头脑,再加上大胆探索的勇气、触类旁通的本领、综合分析整理的能力,那么在这个网络信息时代他们就拥有了无比丰富的财富,就可以在这个知识的海洋中游刃有余,而立于不败之地。

七、网络时代诞生网络出版,虽然后者在逐渐地深入人们的观念,但从真正认识到真正应用似乎还有一段较为遥远的距离,特别对于传统的纸质图书出版来说,他们也许已经认识到电子出版已经走入市场和中国人的认识领域,一些出版社从图书纸质出版形式到试行制作光盘说明电子出版已经在推广应用。但对于网络出版,大家尚无一定明确的概念,如何具体操作也需要实际的摸索,这需要有超前意识的图书编辑加以认真研究并且实行。在这里,图书编辑不仅是编好一本书、从文字上对图书进行整理加工的问题,而且是要参与到最新技术的改造中去,用自己的行动实地改变图书制作的形式以及人们的观念。

八、传统出版业与网络高科技的联姻,也对图书编辑提出了更高的要求。由于很多从IT走来的网络高科技公司将眼光投向传统产业以求结合及更好的发展,于是传统出版业与高科技的合作就势所必然地进入出版的正常秩序中。出版业通过与高科技的合作可以将自己丰富的内容资源以各种可能的载体形式,利用互联网快捷有效的营销渠道,传递给广大的读者,同时网站可以为传统出版社提供现代出版的技术平台,利用互联网和先进的电子出版技术,开拓全新的多元化出版业务。这不仅可以促成出版社将现有的信息资源、文化资源进行多次利用,借以丰富网络资源,同时可以开辟诸多嫁接高新技术的全新的市场推广模式。在这种推广模式中,出版社可以一种最新的和极为有力的技术方式来拓宽本版图书的营销渠道。如网上书店以及网站推销图书就以其快捷而有效的模式为出版社提供了广阔的天地。所以说,出版业与高新科技的结合不仅仅是对传统出版业的冲击,事实上是对传统出版业的补充和推进。因此,在这样的时代面前,要求于图书编辑的不仅仅是传统意义上伏案整理文本的工作,而是集编辑、制作、营销等于一身的多功能的全方位人材。这种复合型的素质对于图书编辑来说,是有着更高和更严的要求的。

以上述条件为基础,传统图书编辑在新形势下,变得不是茫然或手足无措,而是有很多的事情要做,比如更高层次的收集信息(资料),加以科学的甄别、处理,然后有预见性地策划、开发选题,科学地组织书稿,乃至编校书稿,使高质量、有效益的图书快捷而广泛地投入并占领市场,以及直接和间接地参与网络出版等等,这都是他们能够做的事情。所谓高屋建瓴的图书编辑是必须以上述条件为基础的。

总之,网络时代对传统的图书编辑们来说富含着挑战和机遇,如何把握,决定着图书编辑将来的走向以及发展。也许这是不可等闲视之的,因为未来是一个更新的更丰富的概念,如果站在传统的基础上来领略非传统的模式,就必然会陷入一种浅薄和无能的境地,所以说,网络时代的出版是只能站在网络时代的前沿才能真正地把握的。

(作者单位:江苏文艺出版社)

# 转型期编辑工作的问题与改革刍议

聂 方 熙

自从我国确定发展社会主义市场经济以来,各行各业发生了巨大的变化,都努力按市场经济的模式进行改造和重组,希望以全新的面貌迎接加入世界贸易组织的巨大挑战。出版界自然也不例外,声势同样的轰轰烈烈。然而由于出版业的特殊地位,其市场化的进程也就有些与众不同,总给人有些雷声大雨点小的感觉。别的产业可以进行跨行业跨地区的资本重组,并不断有新的股份公司上市。而出版业只能在本行业本地区内进行行政性改造,竟无一家股份公司上市。更有甚者,对"资本"二字讳莫如深,对出版业是否是产业仍有争论。出版界这种由计划经济向市场经济过渡的犹疑不决和行动迟缓,必然给出版社改革带来负面影响,在编辑工作中主要有以下几个方面的表现。

首先,表现为编辑工作的制度失范。计划经济是一种命令经济,依靠严密的行政命令运行,体现在出版编辑工作中即规章制度非常严格和健全。无论是书稿三审制,还是作者工作、读者工作、宣传征订工作等,都分工细致,责任到人。而且特别强调编辑加工,提倡"坐功"。那时的出版社格外的"安静",大家拿着级差很小的低工资,依靠强大的政治思想工作和道德自律,秩序井然地工作着。

今天则不同了,市场竞争日趋激烈,过去"终日打坐"的编辑,却要驾起"风火轮"到处去组稿。工资报酬也有了根本的改变,浮动的奖金大大超过固定工资。调动编辑工作积极性的手段不再是单纯的政治思想工作,更起作用的是奖金。市场机制调动起来积极性的编辑,往往一人能顶过去的几人用。他们急着组稿编稿发稿,而过去的编辑工作制度成了束缚他们手脚的"桎梏"。什么齐清定,什么三审制,统统被打破。出书周期缩短了,经济效益上去了,但编辑们自行其事,各按照自己认为最好的方式去操作,整体上就失去了规矩和方圆。失范了的编辑工作,自然也就削弱了管理,打乱了原有的秩序,从而降低了出书质量。这与市场经济即法制经济所要求的相距甚远,反映了转型期的混乱现象。

不可否认,计划经济下的编辑工作制度,其中有许多是历代编辑经验的结晶,是出版事业的宝贵的财富。但是随着形势的发展,即使是好的制度,也有必要加以修改和补充,使之进一步完善。当前编辑工作量大,时间紧,商机稍纵即逝,已不可能像过去那样按部就班地工作。如何做到既完成工作任务,又保证书稿质量,多出书、快出书、出好书,是摆在每一个编辑面前的崭新课题。这里就有一个制度创新的问题。

例如书稿的三审制,目前不仅复审、决审不易保证,即使一审有时也难以很好执行。实际工作中,编辑们已开始实行借脑的办法即外编,以弥补编辑力量的不足。为什么不可以将这种行之有效的办法规范化或制度化呢?编辑的借脑并不是仅局限在外编上,同时还扩展到使用电脑上。当今已有大量的作者用电脑写作,他们向出版社交软盘和打印稿。如何规范作者的电脑打字,使之与编辑的书稿加工、印刷厂的排版印刷更好地衔接,做到既节省人力物力,又提高功效,事半功倍。这是非常值得研究,并有必要建立规章制度的紧迫问题。另外,签订出版合同是市场经济必不可缺的程序,但许多编辑并没有引起足够的重视,缓签或不签,以致发生著作权纠纷而使出版社利益蒙受损失;齐清定是编辑的老规矩,有时为了快出书,搞起了作者、编辑、印刷厂流水作业,其差错风险大为增加;三校制原本是保证书稿质量的工作制度,但实际工作中已难以不折不扣地执行,那么编校合一是否可行?等等。这些问题都是在向市场经济转型过程中提出的,都需要加以约定,即建立规章制度。

在市场经济条件下对编辑工作重新建章立制,是加强编辑工作管理,建立新的工作铁序的必要步骤,决不可等闲视之。

其次,表现为编辑工作的短期行为。不可讳言,提高效率以追求较高的效益,是各行业努力的共同目标。出版业也不例外。但是这必须是以提供高质量的产品和高水平的服务来实现的,否则只会是不能长久的短期行为。遗憾的是当前的编辑工作中有不少的短期行为。例如,选题盲目跟风追热点,只求立竿见影的短平快,不愿搞几年磨一剑的上品精品;编辑加工粗枝大叶只为快出书,不能精工细雕以求出好书,出版社形象受损,品牌难以确立;年复一年大搞初版书,少有再版重印书,出版社好书积累贫乏,等等。这些现象的出现,既与转型期人们的浮躁心理有关,也与出版社的品牌机制没有确立有关。

市场经济中的品牌实际上是一种商品的"身份证",它表明该商品的内在质量、销售对象、本身价值等所有内涵。品牌一旦确立,它在人们心目中的形象就自然形成。当然,品牌不是一朝一夕可以确立的,它是商品在长期生产与销售过程中日积月累逐渐形成的。浮躁的心理和短期的行为,只能形成较差的品牌。远大的目标,准确的定位,坚韧不拔的努力和付出,才能形成较好的品牌。出版社是图书的品牌,例如商务印书馆是语言工具书和高级学术专著的优秀品牌,中华书局是古籍图书的优秀品牌,人民卫生出版社是医学图书的优秀品牌,清华大学出版社是计算机图书的优秀品牌,等等。这些出版社之所以成为某类图书的优秀品牌,是与他们拒绝短期行为,舍得投入,甘于付出,扎扎实实做好编辑工作有关。目前虽然品牌好的出版社有着较好的效益,但是品牌差的出版社也还过得可以,并未被淘汰出局。这就是转型期特有的现象。按市场经济的规则,品牌好的出版社应不断发展状大,而品牌差的出版社则应破产倒闭,否则粗制滥造的短期行为就难以杜绝。虽然品牌机制尚不完善,但是希望有所作为的出版社都应抓住品牌战略不放松,认真做好编辑工作,拒绝短期行为,努力创建自己的品牌。

第三,表现为编辑人才培养的放松。出版业是一个知识密集而固定资产和有机构成相对较低的行业,它主要依靠人才的脑力输出来获取效益。人才对出版社来说就显得格外重要。为了最大限度地发挥人才的作用,必须对已有的人才进行知识更新,对新来的人才进行正规的业务培训。这些都属于编辑人才培养的范畴。人才培养对出版社的可持续发展至关重要。

然而现实却并非如此。为了提高效率和降低成本,许多出版社奉行的是只有使用没有培养的竭泽而渔式的人才使用方式。短期内出版社可能获得较好的收益,但是时间一长却会适得其反。因为知识和观念的陈旧会影响人才的能力,使其观察力降低,反应力迟钝,进而影响到他的选题和组稿能力。而对新进人才不加规范培训地仓促使用,容易使其形成一些非正规行为,不仅影响到他的选题、组稿和编辑加工能力,而且还影响到他的进一步发展与提高。常言道"磨刀不误砍柴工",在人才培养方面花费的时间和精力,肯定会有事半功倍的回报。一些有眼光的出版社对编辑进行数字化培训,请大学教授来出版社作学术报告,鼓励编辑参加各种"充电"学习,在编辑中进行定期的切磋交流和研讨,是很值得提倡的。

第四,编辑的激励机制有待进一步完善。现行的激励机制基本上有两种,一种是直接与个人利益挂钩的利润提成制,一种是与职务挂钩的按级奖励制。然而实际中的叫法却或曰承包,或曰目标管理,不一而足。两种机制,各有千秋。前者注重调动个人的积极性,但容易忽略团队和整体的作用,弱化了领导所应承担的责任和应发挥的效能。后者注重发挥各层级的功能,强调团队和整体的作用,但不易调动个人的积极性。两者相比,很难说哪个更好,只能说哪个更适合,因出版社的不同规模、不同人员构成等因素而定。如何扬长避短,是实行不同激励机制的出版社都在积极探索的问题。

出版社其他人员,例如发行人员、行政人员等的奖励办法,也是影响编辑激励机制实行的重要因素。编辑是出版社风险最大的工作,其学历要求、知识要求以及劳动的复杂程度,都是出版社最高的。如果忽视编辑的这些特点,在同等付出下,编辑收入反倒不如其他人员,其结果必然是编辑的消极怠工和见异思迁。

除了金钱的奖励之外,职称、职务、荣誉、出国考察等,也属于编辑的激励机制范畴,也都应予一并考虑。

总之,转型期的编辑工作存有不少的问题,这也就为出版社的改革提供了契机。因为出版社是国有独资,如同其他行业的国有企业一样,有着共同的弊病,因而也就有了改革的共同途径,就是走现代企业制度的道路。随着社会主义市场经济的逐步确立和出版业现代企业制度的改造成功,编辑工作必然面貌一新。

(作者单位:山东科学技术出版社)

# 试论新形势下图书编辑应具备的素质

魏 连

当我们辞别20世纪,阔步跨入21世纪的新的发展时期之际,大众传播媒介的地位与作用正日益显现出来,其中作为大众传播媒介之一的出版社的地位与作用越来越重要,影响也越来越广,并将在很大的程度上影响着人们的思维方法、行为习惯和生活方式。可以这样说,在当前人们日益满足的物质文化水平的基础上,对社会精神文化的需求的水平正日益提高。因此,图书作为一种精神产品,是为了满足人们的精神文化需求而出现的,它的发展必将随着人类物质文明的发展而不断前进。

在出版事业的前进与发展的进程之中,图书编辑(以下简称编辑)的作用功不可灭,它是出版社能够生存和发展的重要因素之一,也是决定了出版社在整个社会中的地位与作用的关键条件。我们往往可以看到,一个成功出版社的背后,往往总是有着一支生龙活虎、能征善战、兢兢业业、奋发向上的编辑队伍,他们运用着自己的聪明才智和一双勤劳的手,撑起了出版社光辉灿烂的蓝天,并也代表了出版社的希望和未来。

在当前这样一个处于跨世纪的新时期的一名编辑,应具备怎样的素质,才能适应当前这样一个知识经济时代和高新技术迅猛发展的时代呢?我认为:良好的思想道德,熟练的业务能力,较强的社会活动能力和宽泛的知识面是新时期的一名合格编辑应具有的基本素质。

## 一、良好的思想道德

良好的思想道德是一名编辑应具备的基本要求,这些思想道德具体体现在下列几方面:

1. 把握正确的出版方向

正确贯彻执行党和国家的方针政策,坚持四项基本原则,反对资产阶级腐朽思想和封建迷信思想。编辑在所编辑加工的书稿中一旦发现问题应及时向作者反馈并促使其改正,坚决把住书稿的一审关。

2.遵守职业道德

不利用自身职业的特点从事有损于出版社利益和作者利益的事情。坚决杜绝买卖书号,共享作者署名权,分享作者稿酬,暗示作者送钱送物,参与非法的出版、印刷、发行活动等丧失职业道德的不良行为。

3.爱岗敬业,遵纪守法

要做好一名编辑首先要热爱自己的岗位,热爱自己的职业,具备热心、进取、奋发向上的工作态度和严谨细致、一丝不苟的工作作风,具备不图名,不图利,一心扑在出版事业上的优秀品质。要严格律己,遵纪守法,不搞钱权交易,坚持以质取稿,不徇私情。那种时常计较个人得失,追逐名利的人是不可能做一个完全称职的编辑的。

## 二、熟练的业务能力

业务能力是衡量一名编辑工作水平的标准,主要体现在以下几个方面:

1.策划选题能力

选题是一个出版社生存与发展的生命线,若一个出版社有一种或几种好选题,那么这个出版社的生存与发展的空间就大,在图书市场上的立足点也就稳,必然其社会效益与经济效益将十分明显。要做到一个称职的善于策划选题的编辑,就必须对当前图书市场及其动向透彻地了解和熟悉,在充分地调查研究的基础上,通过去粗取精,去伪存真的步骤,得出有用的信息,从而开发出独具特色,迎合读者阅读需求和品味的好选题。

2.掌握文字功底的能力

编辑工作的一个极为重要的方面就是文字工作,因而编辑必须具备较强的文字功底,这种文字功底表现为:一是语文的基础知识;二是写作能力。语文基础知识包括准确运用语言文字和标点符号,掌握语法、逻辑、修辞的基本知识并使用这些知识对书稿进行编辑加工,进行从标题、体例、语言逻辑、修辞、语法等方面的修饰和完善工作,使之符合文字规范。通俗地讲,就是消灭病句和错别字。写作能力就是能够根据书稿内容撰写新书宣传广告、新书书评、新书书讯等有关图书宣传的稿件,以利于新书出版后迅速走向市场和广大读者见面。

3. 计算机运用能力

计算机在出版业中的广泛运用已是有目共睹不争的事实,处理、管理选题,书稿的录入排版,图稿编绘,封面设计,图书销售管理等诸方面已广泛地使用了计算机。随着 21 世纪的来临,编辑在计算机上编辑加工书稿,上计算机网络收集有关信息资料和发布出版信息,利用计算机网络开发选题等将逐步成为现实。

### 三、较强的社会活动能力

编辑的社会活动能力主要体现在以下几个方面:

1. 组织协调能力

系列图书编写工程的实施,重点选题的组织与落实,作者队伍的培养和发展,图书编写与出版过程中的各种关系的协调和矛盾的调解等。编辑应具备较强的组织协调能力才能对上述种种情况应付自如,处理起来游刃有余。

2. 经营管理能力

现在我国正处于社会主义市场经济的体制之中,一切经济活动必须按市场经济的规律办事,随着新世纪的来临,这一特点将愈加显现。因此,编辑必须具有经营意识和市场观念,熟练掌握图书出版的各项成本核算的知识,正确确定图书印数及定价,灵活运用发行折扣的作用,这样才能在竞争激烈的图书市场上立于不败之地。

3. 公共关系学知识

一名好的图书编辑,应注重建立一个良好的出书氛围,注重出版社的形象设计,与作者、读者关系融洽,认真听取他们的有益建议并付之行动,成功地策划具体的图书出版活动,与电视台、报社等各种大众传媒保持良好的沟通,那么,他所编辑的图书的宣传发行,在一般的同类图书中就会产生鹤立鸡群的效果。因此,这些工作都需要编辑掌握一定的公共关系学知识。

### 四、宽泛的知识面

21世纪的社会是个"知识爆炸"的社会,新的知识正在不断地、迅速地取代旧知识,因此,编辑应具有宽泛的知识面,对必备的知识应重视掌握,对一般的知识应有所了解。这些知识包括:

1. 科技知识

了解当今社会科技发展的最新动态和发展趋势,掌握一般科学常识,这对编辑策划选题和编辑加工都有很大的帮助。

2. 版权组织

对于编辑来说是否具有丰富的版权知识则是其素质高低的重要方面。如今作者的自我保护意识正逐步提高,编辑倘若不熟悉版权知识,有意或无意地产生侵权行为,必将给出版社带来损失,而且一个不尊重作者的编辑也很难建立起自己的作者队伍。

3. 财税知识

社会主义市场经济活动离不开财会、税务知识,图书的出版活动也不例外。编辑只有在熟悉了我国现行的各种财会、税务知识之后,才能在各种涉及图书出版的经济活动中(如成本核算、发行折扣等),灵活、充分地加以运用,最大限度地发挥财税政策的作用。

4. 图书印刷知识

印刷是图书出版的重要环节,是图书出版意图的实现形式。编辑掌握各种印刷知识,熟悉印刷的工序流程,对提高图书的生产效率和降低其制作成本是非常有用的。

5. 美学知识

美学知识在图书出版工作中的应用主要体现在两个方面:装

帧设计的美观及语言表达的美感。因此,编辑所具有的美学知识对提高图书质量,促进图书的销售作用是显而易见的。

6. 其他相关知识

对于经济、金融、外交、交通、天文、地理、体育、文艺、宗教、民俗等一般知识要有所了解,以便在编辑这类书稿时能处理得当而不至于束手无策。

以上是我对一名处在 21 世纪这样一个历史新时期的编辑应具备的素质的认识。这种素质的培养并不是能够在一朝一夕就会完成的,而是要经过长期的有目的的培养和训练才能够取得,因此,广大编辑人员应自觉地、不断地向这个方向努力,使自己成为面向 21 世纪的,能够承担跨世纪重任的高素质的编辑人才。

(作者单位:河海大学出版社)

# 谈谈编辑价值观问题

## 阙 道 隆

党中央多次提出,要树立正确的世界观、人生观和价值观。今年7月10日,《人民日报》发表文章,专门谈这个问题。认为树立正确的世界观、人生观、价值观,是一件关系到社会主义现代化建设和培养"四有"新人的大事,是加强政治思想工作的一个紧迫任务和重大课题。这个论断当然适用于编辑工作。编辑工作者也要树立正确的世界观、人生观和价值观。本文想着重谈谈编辑价值观问题。

价值观是关于价值追求、价值判断的系统观点(即观念体系),是人们评价事物、行为、活动的标准和尺度,决定人们对待客观事物的态度和行为取向。编辑价值观是一种职业价值观,是价值观的一般原则在编辑职业活动中的具体体现。在编辑活动中,随时都有价值判断和价值选择问题。例如:一部作品值不值得出版,出了有用还是无用,有利还是有害? 一种行为或活动,是好还是坏,应该肯定还是应该否定? 这里面都有价值判断活动,都有价值观念在起作用。在不同的价值观念的指导下,人们对编辑活动会有不同的价值追求和职业理想,对稿件会有不同的价值判断和取舍态度。因此,树立正确的编辑价值观,是做好编辑工作需要解决的一个重要问题,也是培养编辑人才需要解决的一个重要问题。编辑工作者具有什么样的价值观,直接影响编辑出版工作与社会文化的性质和向方。

在改革开放和建立社会主义市场经济体制的大环境中,编辑工作者的价值观念正在发生深刻的、积极的变化,如主体意识、竞争观念、效益观念的增强等等。同时也存在一些值得研究、注意的问题。这些问题主要是:由于多种价值观的冲突碰撞,导致一些人价值导向失误或者价值的失落。在我们的编辑实践中起作用的不仅有社会主义的价值观,还有资本主义的价值观和封建主义的价值观。封建主义价值观的特征是家族本位,权力至上。现在按照长官意志、人情关系评价、处理出版物的情况时有所闻。资本主义价值观的特征是个人本位,金钱至上。现在为了个人和小团体的利益,见利忘义,出版劣质的、有毒素的文化产品的情况相当普遍。因此,树立社会主义的价值观,摒弃资本主义、封建主义的价值观,具有非常现实的意义。现在美国等西方国家,正在利用他们先进的信息技术和传播网络,宣传他们的价值观,进行文化渗透和文化侵略,为他们的政治、经济利益和霸权主义服务。在这种情况下,树立社会主义的价值观,不仅具有现实意义,而且具有紧迫性。

社会主义价值观的基本原则已经确立,它是以马克思主义为指导、以广大人民根本利益为评价标准的价值观。社会主义编辑价值观是社会主义价值观的组成部分,它要贯彻社会主义价值观的上述基本原则,同时又要体现出编辑工作的职业特点。这就需要结合编辑工作的实际进行具体的研究,逐步确立它的具体原则和要求。这是编辑学的一个重要研究课题。把这个问题研究清楚,需要有一个过程。在这个过程中,会有不同的观点,通过不同观点的争论、比较,才能逐步取得比较一致的看法。下面我对社会主义编辑价值观的具体原则和要求提出一些不成熟的看法,和大家讨论。

## 一、坚持以文化价值为编辑工作的本位价值

凡是具有成熟的价值观念的编辑组织和个人,必然有自己的本位价值(即最重要的价值)。当多种价值不可兼得时,以本位价值为选择、取舍的标准。编辑活动的价值是多种多样的,如文化价值、经济价值、消闲娱乐价值等等。当这些价值不可兼得时,应该以什么为本位价值呢?我觉得应该以文化价值为本位价值,坚持文化传播、文化建设、文化引导的基本方向和目标。

编辑活动的文化价值主要有三个方面:一是文化成果的选择、传播与积累;二是参与社会文化体系的建设、整合与重构;三是传播社会的主导价值观,支持社会的主流意识形态。这些价值与编

辑活动的本质属性(社会文化活动之一)是分不开的。正是因为具有这些价值，编辑活动才成为文化创造、文化传播不可缺少的环节，才能存在和不断发展。编辑组织、编辑人员的自身价值，也在他们为社会提供的精神产品中，也在他们为文化传播、文化建设所作的贡献中。编辑史、文化史按照这个标准评价他们的功过是非，把真正在文化方面有贡献的编辑组织和个人记载在历史上。

## 二、正确处理编辑活动中的义利关系

义利观和价值观有密切联系。义利关系是道德和功利的关系，道德理想和物质利益的关系。马克思主义认为，道德价值和功利价值不能分割，现实的物质利益是人类生存发展的基础条件，人类奋斗争取的一切都和利益有关。编辑组织也好，编辑个人也好，都要讲物质利益，否则就不能生存发展；但是，不能只讲物质利益，不顾道德要求去损害国家和人民的利益。例如：不能粗制滥造，出版劣质文化产品，损害读者的利益；不能出盗版书，损害作者的利益；不能采用欺诈、违约等不正当竞争手段，损害同行的利益；不能假公济私，损害本单位的集体利益；不能偷税漏税，损害国家的利益；如此等等。

社会主义编辑价值观是义利统一的价值观。既不抹杀、否定个人和小集体的物质利益，又要重视道德的作用。要见利思义，不能见利忘义。道德为经济、文化等活动提供方向和指导原则，不讲道德的社会不可能健康地发展。不讲道德的出版单位和个人，不可能受到社会的欢迎，最终无法在社会上立足，也就谈不上功利和物质利益了。

## 三、正确处理编辑主体和作者、读者的关系

在改革开放和社会主义现代化建设新时期，编辑的主体意识增强了，对编辑的地位、作用、责任，有了更加自觉的认识和更加积极的追求。有些同志提出，编辑工作者不能满足于为人作嫁，要积极地直接参与文化设计和文化创造，实现编辑工作者自身的价值。

因此,他们强调编辑的策划功能,十分重视以编辑为主导的文化工程。

树立编辑主体意识,有利于发挥编辑主体的积极性、创造性,有利于文化的发展和繁荣。不过,在强调编辑主体意识的时候,不能夸大编辑的作用,忘记作者和读者的作用。

在文化产品的创造过程中,作者是主体。先有作者的作品,然后才有编者的选择加工活动。编者不能代替作者创作,编者的策划设计,也不能代替作者的写作构思。没有作者的智慧、才能和创造性劳动,不可能有高质量的文化产品。编者的创造性作用在于对优秀作品的发现、选择、加工和对文化产品的整体设计,超越这个范围以后,编者的作用是有限的。

读者是文化创造、文化传播的积极推动者和参与者。读者的需要推动作者的创作活动,决定编者的选择方向和选择内容,决定出版物的写作要求和市场定位,决定出版事业变革的方向和进程。编者的选择正确与否,最终要由读者检验。读者的意见是编辑过程中反馈信息的来源,编者能否及时了解这些反馈信息,并及时调整后续工作,是编辑工作成败的关键。在电子出版和网络传播中,知识、信息的传播由单向传播变为双向的互动传播,读者(受众)的主动参与作用更加突出了。

因此,编者既要发挥主体作用,又要牢固树立依靠作者、尊重读者的观念,全心全意为读者和作者服务。

## 四、正确处理自我价值和社会价值的关系

增强编辑主体意识还有另一层含义,就是在编辑组织中,充分发挥每个人的个性,实现个人的价值。增强编辑人员个人的主体意识,实现个人的价值,可能带来两种不同的效果:一种是发挥个人的积极性、创造性和主人翁精神,为出版事业和整个文化事业多作贡献;另一种是滋长个人主义、自由主义,削弱整体观念和集体的凝聚力,不利于实现编辑活动的社会价值。

因此,对个人价值要有正确的理解。个人价值有两个方面:一

个方面是"为我"的价值,即个人的自我价值,个人创造价值满足自己的需要,实现自己的理想,个人既是价值的主体,又是价值的客体;另一个方面是"为他"的价值,即个人的社会价值,个人创造价值满足社会的需要,个人是价值的客体,社会是价值的主体。我们要把个人的自我价值和社会价值很好地结合起来,统一起来。编辑人员要依靠自己的努力,实现自己的追求,不断提高和发展自己;同时又努力满足社会的需要,为社会作贡献。个人和集体、和社会是紧密联系在一起的。个人的发展以集体和社会的发展为条件,集体和社会的发展,也有赖于个人的发展和完善。编辑活动具有很强的集体性,一本书,一本刊物,一项重大出版工程,它们的编辑任务都不是一个人能够完成的,都需要许多人、许多部门的分工合作。在这种分工合作中,每个人都需要为他人服务,满足他人的需要;同时又在满足他人的需要中满足自己的需要,实现个人的自我价值。

每个编辑人员都应该努力把握住个人的自我价值和社会价值的结合点。这个结合点就是读者的需要,时代的要求,社会主义文化建设的要求。在满足这些需要和要求中,发挥自己的聪明才智,实现自己的人生目标和理想。只有这样,个人的自我价值才不会落空。

### 五、以出版传世之作为最高价值目标

一个人的需要是多种多样的,一个人的价值目标也是多种多样的。编辑工作者应该追求的最高价值目标是什么?是现实的物质利益吗,是优厚的工资福利、舒适的房子和优越的工作条件吗?这些都是需要的。我们做编辑工作需要有工资、房子和其他物质条件,但我们工作的最终目的不是工资、房子和其他物质条件,还有事业上的远大目标。这个远大目标就是出版有益于社会文明进步的传世之作。这种传世之作至少应该传播半个世纪到一个世纪,最好能传播几个世纪或更长的时间。传播的时间越长,作品的价值越高,编辑工作的难度也越大。现在朝生夕灭的速朽之作太

多,有生命力的传世之作太少。一个人当了一辈子编辑,如果一本传世之作都没有编辑出来,那将是莫大的遗憾。因此,我们要把出版传世之作作为终身的奋斗目标。工资、福利等物质利益都是转瞬即逝的,唯有传世之作可以不朽,它们能跨越时间、地域的界限造福当代,惠及后世。编辑工作者的价值也将与这些传世之作同在。

# 论编辑在出版企业中的轴心作用

王 永 亮

出版社并不因它经营管理的才能出名,而是因它所出版的书出名。

——小赫伯特·S·贝利

美国普林斯顿大学出版社社长小赫伯特·S·贝利在《图书出版的艺术与科学》一书中提出的这一观点,对于我们认识责任编辑在出版企业中的地位、作用,具有重要的启迪意义。

一

责任编辑在当代中国出版企业中,应当如何定位？这是市场经济条件下一个值得研究的新问题,而要讨论这个问题,似乎有必要追溯一下建国50年来我国出版体制所经历的两个阶段,及其发生变化的内在根源。

从建国后到80年代中期,我国一直把"书籍杂志的出版、发行、印刷"视为"与国家建设、人民文化生活极关重要的政治工作"。[①]出版社(局)机构设置一般为党委宣传部领导下的厅级事业单位。在国家计划经济体制下,出版社以政治效益为惟一标准,不考虑经济上的盈亏问题。在"政治挂帅"的氛围里,编辑作为与之对应的矛盾一方——"业务",处在一种附属地位。80年代中期以来,出版体制的"事业单位"体制没有变,但开始改变为事业单位、企业管理,由此决定了出版企业的双重标准——既创造社会效益、也创造经济效益。社会效益与经济效益成为衡量出版企业的共同标准。

出版体制的这种变化,是符合我国出版事业自身发展规律的。出版,在《辞海》中定义为"将作品编辑加工后,经过复制向公众发行"。其实,进一步剖析,出版实质上是知识传播的一种媒体,它将一定来源的知识信息,通过编辑加工,再用一定的负载介质(纸质图书、多媒体、网络等)传播给公众。在当代社会,知识、信息是一种社会文化资源,通过出版开发这种社会文化资源,使之为小到个人、大到人类的社会发展服务,显然是一种有益于社会的精神文明与物质文明发展的社会性、企业性行为。在我国社会主义市场经济体制下,出版业的企业属性越来越明显,它是一种特殊的生产企业。[2]

出版社作为我国出版事业的重要载体,作为一种企业,其直接生产出来的产品——图书[3],是出版企业赖以存在的基本理由。而图书作为出版企业的产品,其质量的好坏,直接决定其销售与市场,从而决定具体出版企业在同行业中的地位、市场的知名度,以及相关的社会效益与经济效益。因此,一个出版企业所出版的书,决定这个出版社的知名度与生存。

## 二

既然出版社的知名度取决于其所出版的图书,那么,图书的质量或品位又取决于什么?

我们认为,从图书生产直到它受到社会认可的全过程来看,一部图书的质量或品位涉及到诸多表象因素:社会发展总体状况,社会关注热点(或程度)、关注者(即所面对的读者群),作者的学识水平(包括选材能力、写作能力),编辑素质,出版社实力(在同类企业中的位次与经济、人文特点),营销策划水平(包括宣传或"炒作"力度等),读者反应能力,等等。

——社会发展总体状况,是决定图书质量或品位的基本因素。所谓社会发展总体状况,包括社会形态发展趋势、社会思想主流、社会生产力发展水平、社会文化发达程度等,它是社会文化资源的重要组成部分,因而也是图书作者、图书生产者进行创作或生产的源泉,同时也是评价图书质量或品位的尺度。社会发展总体状况具有时代性和区域性,与之相对应,图书创作者与图书生产者所处的具体社会发展时代、社会区域之总体状况不同,其所创作、生产的图书在总体上有所不同;对图书的社会评价也有差异。

——社会关注热点(或程度),是影响图书选题的首要因素,不同的社会时代、不同的社会区域,其所关注的社会热点有所区别。因而,社会关注热点是丰富多样的,并且有"大热点"、"小热点"之分。比如,在人类跨进 21 世纪之际,和平与发展、基因工程、知识经济等等,成为世界关注的热点;与此同时,不同的国家或地区、不同的民族、不同的社会集团或阶层,也有其具体的社会关注热点。社会关注热点是图书创作与图书生产的基本市场依据,一般来说,依据社会关注热点创作、生产的图书,市场潜力相对要大一些。

——关注者(即所面对的读者群)[4],是图书的直接消费者,决定图书创作者的努力方向、图书生产方向,也是图书质量的社会评价者(尽管在具体情况下,他们不是图书评价的直接参与者或"权威")。图书关注者作为图书的消费群体,是影响图书生产的最直接、最活跃的因素,因而也是影响图书生产的最复杂的因素,从这个意义上说,图书生产的大量不确定性,往往是生产者对图书关注者缺乏准确的判断所造成的。一部图书犹如一件衣服、一件工(用)具,不同的关注者所关注的侧重点不同,因而对图书的生产要求就有区别。图书生产者只有像其他物质生产部门那样精心把握图书关注者的消费结构、消费心理、消费规模、消费档次,才能使自己立足于市场。

——图书作者的学识水平,是决定图书品位的第一关键。作者学识水平,是指图书作者在某一学科或某些学科领域、知识领域所具备的基本修养,它是作者选材能力、写作能力的基础。虽然,从图书生产的整个过程来说,作者的原创作品是图书生产的基本"原料"之一[5],但图书作为商品,它与其他商品的重大区别之一,就是它的产权二元性——既有作者的著作权,又有出版企业的版权,这就同时决定了图书出版企业在选择作者及其原创作品内容方面的权利是"绝对自由"的,而对图书加工的权利是相对的[6]。因此,对于图书生产的具体企业来说,必须依赖好的原创作品[7],才能加工出高品位的图书。

——编辑素质,是出版企业的核心基础。出版企业是以出版图书为生产目的,图书是靠编辑进行直接加工的。一部图书从原稿(或称原创作品)成为读者手中的图书成品,固然与我们所说的多种因素(以及图书出版印刷生产工艺流程中的许多环节)有关,但其核心因素是编辑。作为原创作品的第一读者,编辑的文化修养素质决定其对具体的一部(或一组)书稿的审视能力;作为图书"原材料"即文化资源的挖掘者,编辑所具有的以文化素养为基础的判断能力,决定其对书稿或选题的筛选、开发能力;作为书稿的加工者,编辑所具有的知识素养与文字修养水平,决定其对书稿的修润能力。而且,在现代社会市场经济条件下,编辑素质不仅表现在对书稿加工本身,还表现在辅助具体图书的策划选题、组织(联系)作者、公关、装帧、宣传及营销策划等整个过程的相应环节上。

——出版社实力,即出版企业在市场竞争中所具备的社会竞争能力。作为连接图书作者与图书消费者的中介,一家出版企业在同类企业中所占据的位次,它的经济实力、人文特点、宣传(或"炒作")能力及营销策划水平,对图书作者和消费者都有较大的导向作用。一般来说,同一部原创作品,在不同实力的出版社出版,所引起的社会反映和形成的经济效益,有一定差别。因此,出版社实力,实际上是一个出版企业有形资产(固定资产、流动资金)与无形资产(经营管理能力、编辑力量、图书品牌及其相应的社会知名度等)的综合体现。

——读者反应能力,是对图书消费者群体素质的一种界定。它与本文所说的"图书关注者"的区别在于,后者是就一部图书的市场定位以及同一类图书的读者群体而言的,而"读者反应能力"则是就整个读者群体对一部(或一类)图书的接受能力及评价尺度而言的。比如:同是一部《西游记》,从关注者来分析,历史学家关注于它作为中国古典文化名著所体现的人文精神,文学家及文学爱好者关注于它的文学成就;而从读者反应能力角度看,政治学家往往会从自身所具备的政治素质出发,从中汲取孙悟空战胜妖魔鬼怪的毅力、斗争艺术以及面对艰难困苦的乐观主义态度与大无畏精神;文学家及文学爱好者往往从自己的专业素质出发,从中汲取文艺创作营养;少年儿童、粗通文墨者,则津津乐道于书中的人物形象、性格特点或"七十二难"、打斗过程、动作及结果等等。它说明不同的图书消费群体,对图书的接受能力、评价尺度有较大差异,从而也说明一部图书要取得社会效益、经济效益两方面的成功,必需着眼于最大限度地赢得不同层次读者群体的关注[8]。

从上述分析,我们基本上可以发现,图书出版企业作为作者与读者的中介,其生产过程就是架设作者与读者联系桥梁的特殊生产过程。在这一生产过程中,编辑具有举足轻重的地位和关键的作用。在具体的出版企业里,编辑的地位和作用能否发挥,编辑是否具备相应的素质,是决定图书的质量或品位的核心因素。

## 三

编辑工作是出版企业的轴心[9]。这是由出版企业的生产特点以及出版工作发展的历史趋势所决定的。

出版企业的生产特点有诸多方面,最基本的特点是:它将社会文化资源经过再加工,以物化了的介质为载体,生产出精神文化产品,供消费者使用。这种精神文化产品的生产过程,与物质产品的生产过程有很大区别:在物质生产企业,产品是由设计室设计,然后分解成一系列加工环节,由固定在相应加工岗位的工人进行内容和形式均固定的加工,最后组装为成品;而在图书生产过程中,除图书发排后的印刷、装订过程,以及围绕图书生产过程而运行的辅助部门的工作内容具有上述特征外,却不具备把一部书稿按章节内容或其他形式分解为若干加工工序的条件。因为没有一部书是从内容到表述文字以至标点符号都相同的——即使一部(套)书要重印,也要进行局部的文字(或标点符号)修改。精神产品生产的这种特点,决定了编辑职业的产生以及编辑工作的内容,也决定了编辑在出版企业中的轴心地位。

可见,出版社的中心工作是出版图书,编辑则是出版工作的轴心。

第一,从一部(套)图书的生产过程看,它主要是以编辑为轴心的策划选题、组稿、审稿、加工、发排、校对、印制的动态过程。

第二,从一部(套)图书生产的各个环节看,编辑始终居于重要地位。策划选题,在国外或国内一些出版社,是由组稿(策划)编辑负责进行的,它包括从约稿到定稿的整个编辑过程,即市场调查(读者要求、作者状况、其他社出版同类书情况、本社出书优势、本社发行能力)、确定选题地位(读者群定位及其在这一学科中的地位)、确定价值目标(经济价值、社会价值)等,一部(套)图书的成败,策划编辑的策划是第一关键。策划编辑不仅要主导或参与图书生产的主要环节,更为重要的是,他们要运用自身所具备的社会、文化等修养的综合素质,以及职业、市场能力等,附加到所策划的图书上。图书策划工作完成后,组稿、审稿便成为编辑工作的重心,组稿工作是组稿编辑设计稿件体例、结构、主题、行文要求等的最佳方案,并对作者进行公关的系列工作过程;审稿是对作者原稿进行审读从而用相应的政治、文化、专业知识进行规范的过程。文字加工是文字编辑依据出版文字规范对书稿进行加工的过程。一部(套)图书只有在完成上述工作后,才能通过发排、校对、印刷等辅助制造工序,成为最终产品。在这一生产过程中,编辑始终通过反复选择、改造和优化等创造性劳动或再创造性劳动,来提高书稿质量——既要把原稿修改得更好,又要保持原稿的风格、主线、相互衔接、协调,以帮助作者扬长避短、去粗取精。传统上把编辑视为"为他人作嫁衣裳",其实,合格的编辑是书稿的美容师,书稿只有经过编辑的整容(增删修改)、美容(润色),才能完美地呈现在读者面前。

第三,相对于编辑工作来说,出版企业的其他工作都是围绕编辑轴心运转的辅助工作。一个出版企业,从表象上看,是围绕图书出版运转的,从深层剖析,其实是围绕编辑工作这一轴心进行的立体交叉运作过程或管理过程。出版企业要做到自己的产品能够"以科学的理论武装人,以正确的舆轮引导人,以高尚的精神塑造人,以优秀的作品鼓舞人",首先要通过深入细致的思想政治工作,保证图书的策划、加工者即编辑具有相应的政策意识、社会责任意识、信息跟踪与社会导向意识、职业道德意识,才能保证把图书出版的正确方向贯穿于其策划、编辑的每一部书稿中。从出版企业的内部管理看,虽然编辑不是最终决策者,但编辑策划是向决策层提供决策参考的基本依据;而且,决策、管理层所制订的有关内部制度直接关系到能否激发和调动编辑队伍的工作积极性、是否有利于优秀编辑脱颖而出,从而直接关系到出版工作质量与效率。至于协调、校对、版式设计、图书装帧、宣传等工作,有的本身就是一种编辑工作,有的则无疑是编辑工作的延伸,是与编辑部门双向协作的运行过程。

在当代市场经济条件下,当人类进入知识经济时代后,随着科学技术的飞速发展、全球经济一体化进程的加快,图书出版的行业竞争、区域竞争以及全球性竞争日益激烈,编辑工作的职责正在传统的"策划"点上朝两个方向呈现出延伸趋势;一是向社会文化资源深入,以谋求选题的广度、深度及系统性、科学性、特色化;二是向社会消费市场延伸,以引导消费、占领市场份额、取得良好的社会效益与经济效益。因此,责任编辑的"责任"日益重大,编辑工作的好坏对出版企业的影响也随之加重。现代出版企业,必须跳出过去长期形成的对编辑和编辑工作的浅表性认识,把编辑工作摆到适应现代出版事业发展的正确位置上来,才能在出版竞争中有所作为。

注释:

①《政务院关于改进和发展全国出版事业的指示》,1950年10月28日。

②应当指出:出版,在任何国家,其实都是一种特殊的企业——它所生产的产品具有物质形式,却包含着最大的精神内容;它不同于单纯的物质生产企业,这是由于出版企业的生产资源——知识、信息自身所具有的社会属性决定的。本文所要论述的侧重点在于从出版的企业属性导向责任编辑的地位、作用问题,故有所侧重。

③出版的最终产品包括纸质图书、多媒体出版物、网络出版物等。其实、多媒体、网络,与其说是出版产品,不如说是出版物的发行方式。这里为行文方便,用"书"或"图书"代表出版企业最终产品。

④这里的"关注者"有两层含义：一是社会热点关注者，一是图书关注者，前者的关注重点在于"社会热点"，并不一定非要读关于它的图书；后者一般来说，既关注社会热点、又关注热点图书。从关注者作为图书的"消费者"来说，又可以分为直接消费者和间接消费者，前者具有直接购买图书的意向、行为、能力；后者则可以通过从图书馆、他人手中借阅而实现对图书的关注。

⑤"图书"作为图书生产企业生产的最终物化产品，其基本原料主要包括文字(音像)、纸张(磁介质等)。

⑥这里所谓选择内容方面的"绝对自由"，有一个普遍的前提：即社会思想与社会制度前提，任何国家，都有图书出版方面的社会政治规范。在我国，图书出版必须贯彻党的出版方针和政策，维护社会主义制度、维护祖国统一和民族团结，促进人类和平、发展和进步。对于图书出版企业来说，它的加工(即编辑)过程，又必须以尊重作者的著作权为前提，这一点也与物质生产企业不同，物质生产企业一经购进原材料，就有对之加工的全部权利，它生产出来的产品，可以是保留了原材料的特性的，也可以是改变了原材料特性的。

⑦所谓"依赖好的原创作品"，既指在选材、结构、布局、立论、文字运用方面成熟的作品，也指作品在上述几项中某些方面成熟的作品。编辑工作的重要职责之一，就是发现作者、发现作品。

⑧当然，我们并不是说：读者越多的作品肯定就是好图书。也不是说：读者面越小的作品就越不好。图书是一种物化了的精神产品，对一部书的评价涉及许多相关因素。对于这个问题，容另文论述。

⑨我们将编辑工作确定为出版企业的轴心，是从出版企业的生产过程这一角度而言的，而不是从出版企业的政治意义而说的。在我国出版企业，在政治上坚持四项基本原则、坚持党的各项方针政策，构成了出版企业的政治灵魂，这是毋庸置疑的，也是不可动摇的。

(作者单位：宁夏人民出版社)

# 图书营销时代的编辑行为

刘进社

有什么样的体制,就会产生什么样的行为。这话用在当今的编辑出版领域亦十分恰当。我们通常讲的新形势下的编辑性质、职能、定位等,如果从体制和管理角度讲,实则就是新的编辑出版体制下编辑的行为问题。这一点,不管过去有没有意识到,实际上都是这么做的。那么,出版产业化的大背景下对编辑运作机制又提出了什么新的课题呢?作为编辑个体,该有什么新的思考呢?

## 炒作时代?策划时代?还是营销时代?

先说炒作时代。这几年,图书出版的炒作充分吸纳了其他媒体炒作的经验和手法。那种打官司,爆丑闻,故弄玄虚,出钱雇被告自己当原告等习以为常的做法时不时在图书市场得以闪现。有些编辑在图书运作中就认准了炒作这个理。凡出书,必炒,特别是炒作促成了图书销售的成功更加深了这种炒作的理念。加之在目前的市场条件下,因炒作而成功的几率又特别高,市场永远是正确的这一似是而非的命题反而在图书市场上异常灵验。尽管图书炒作这几年同样受到诸多严厉而无情的批评,但图书炒作之风并没有煞住,相反日甚一日,典型的事例相信编辑同仁时有所闻。过去,读过一则小笑话,说是一小贩兜售一件小陶壶无人问津,后来恶作剧吆喝它是乾隆爷曾把玩过,反而以高价卖出。我总感觉现在的图书市场也充斥着这种伎俩的影子。本来,读者上一次当后不该有第二次,但炒作者言之凿凿,又让你再交一次学费,真是买者没有卖者精。图书炒作能有生存空间,说到底,是出版市场不成熟的表现。要杜绝炒作之风,只有不断培育市场、完善市场。相信随着出版产业化的推进,出版市场的成熟,"炒作时代"才会结束。

再看策划时代。在前几年提倡出版走向市场的大环境下编辑策划应运而生。笔者当时也竭力提倡图书出版要策划。并为此进行了理论上的探讨和实践中的尝试。策划编辑制的推行当然不失其积极意义,如培养编辑的市场意识、主体意识等,但其作用,特别是对旧有的出版运作机制的冲击极为有限。这是因为编辑策划行为往往是孤立进行的,没有或是无法把它置于整个出版社循环系统中,这也就是有些出版社的策划编辑形同虚设、策划编辑部门运转不灵的原因。由于编辑策划制本身不完全适应市场经济对出版活动的要求,编辑难以施展手脚。能策划出好的选题,但好的印制、好的宣传方案、好的市场往往就不是策划编辑的主观努力所能达到的。这种编辑行为的局限性想必已为出版社所认识,但对产生这种行为的体制和管理方面的原因探讨得明显不够,所以提出来的对策都是编辑应该怎么怎么,而不是出版运作系统之一环的编辑必须干什么。

经济体制改革在不断深化,出版改革也在向纵深发展,图书市场也在变化,那么,在新的出版体制与市场氛围下,出版社该有何作为呢?事实上,出版市场已作了回答,这就是出版社已悄然进入营销时代了。我觉得,以营销时代来概括当前的出版市场行情是相当准确的。这首先是因为图书市场上供需矛盾日渐突出,无效供给大量过剩,有效需求不足等。市场向出版者提出了新课题,而出版社选择了营销也是走向成熟的一个标志。出版者彻底转换了观念,不再是编出书后硬往读者手中"塞",而是对市场作充分的调查和分析,根据读者的层次、阅读习惯、经济承受能力等组织图书出版,像请什么样的作者执笔,从哪个角度写,确定装帧档次、宣传方案等。这其中的每个环节,都由编辑筹划把关。过去,我认为这是与编辑策划相对应的营销策划,现在看来这种认识并不完全准确,应称编辑的营销行为才恰当。可以说,大多数出版社已意识到开展营销活动对出版社经营成败的重要性了,更为欣喜的是不少出版社的营销活动开展得极为成功。像中国经济出版社推出王力的《另类思维》就是一个典型的图书营销活动,特别是该社希望通过出版此书培养出一批营销人员、形成一种新的营销观,加快出版运作的市场化进程颇给人以启迪。

## 编辑的营销活动

图书的营销就是对从图书生产的初始点直至图书销售到读者手中的全过程进行管理的运作方式,是出版社的一项整体活动。它要求编辑从市场调研到售后服务的各个环节都要考虑如何满足读者的需要问题。图书营销的基础和核心是争取读者,提高出版物的市场占有率,所以编辑的行为应自觉纳入出版社的整体营销战略中,编辑的运作机制应调整至从读者—编辑—作者—编辑—读者,即编辑以读者需要确定选题,物色合适的作者执笔,经过编辑的全程运作,然后进入市场,推向读者。这其中从选题立项,读者层次定位,到图书内容深浅、篇幅长短、形式选择,再到装帧印制、定价高低、宣传方案、销售渠道等都要以读者需要为准则。把过去那种争取书店或其他部门(如教育部门)、争取获奖等出版理念矫正到争取读者、争取市场占有率上来。在当前的出版态势下,编辑营销应着重从以下方面入手。

1. 在出版营销战略中,切实把握好自己的目标市场。一个出版社能在成熟的市场经济中立足,肯定有自己的目标市场。一个编辑或一个编辑群体(如编辑室)要成功地在市场经济中开展图书营销活动,也必须有自己的目标市场。这个目标市场越具体越好。针对目标市场,从市场着眼,以读者的需求为肇端和归宿,深入挖掘,创出风格,形成特色。

2. 要建立市场调查、预测和分析制度,这是出版营销得以顺利进行的条件。在出版社的传统上,市场调查是以编辑个体为主,市场调研制度没有形成,有些出版社宁愿花几十万元,甚至几百万元做广告或举行其他形式的推销活动,就是不愿意花几万元搞市场调查(这当然是图书市场化程度不高,出版社以推销为主条件下的必然选择)。而实行图书营销,图书市场调查的重要意义立即凸现出来,是寻求读者需求和趋向与出版社之间共谐的必要前奏。所以,开展营销活动,出版社应成立类似企业市场调研部门这样的机构,增加市场调研预算,委派高素质的人才进行图书市场调查和预测、跟踪分析,为决策提供客观依据。否则,待图书推向市场已是明日黄花之事仍不可免。

3.在出版营销时代,要进行品牌经营。多年前,我国的出版社就意识到出精品,创品牌,但将其提升到开展品牌经营的高度认识并不是太多,成功的范例更是鲜见。图书品牌经营是商品经营的升华,经营操作难度大,具有精神世界的某些特性,同时它具有垄断优势,并由此产生获得高回报率和经营的稳定性。虽然我国目前的图书市场化程度还很低,全国统一的大市场严格说来还没有形成,图书市场封锁还很严重,但图书市场消费却迅速向知名度高的出版社所推出的图书集中。特别是在当前买方市场条件下,这种集中度更甚,这无疑是这些出版社的品牌优势所致。看来,出版社的品牌经营已迫在眉睫。实际上,其他商品市场的发展已向图书市场作了昭示:市场竞争手段的选择一般是沿着品牌—价格—产品创新—完善服务这条路子行进的。随着市场集中度的提高,产业竞争全面升级,特别是市场的成熟,消费者的消费选择将进一步向品牌产品集中。显然,没有品牌,不懂品牌经营的出版社面临着被淘汰出市场的危险。开展品牌经营,并不是简单的创图书品牌,而是一系列的战略经营活动。(1)要树立一种开发观、营销观、效益观等;(2)结合上面所提到的图书市场定位目标,盯住该读者层次和目标市场,这是成功的关键;(3)要进行图书品质控制,有严格的图书质量保证体系,包括跟踪服务,强化图书的质量管理;(4)开展营销策划,巩固品牌在读者心目中的地位,拓展品牌的市场占有率;(5)突破传统的图书宣传模式,如作者签名售书、开新闻发布会、举行座谈会、登载书评或书讯等,探讨图书市场宣传的技巧和艺术性,对图书、出版社、名编辑或名出版家进行立体的全方位宣传,使宣传品、宣传活动充斥每一个视听空间;(6)注意品牌图书的市场保护。

4.在图书的营销活动中,培养好两个群体。首先,要借鉴国外出版社的普遍做法,培养自己的作者群体,特别是畅销书作者群体。我们的出版社传统上也注意建立作者队伍,团结作者,扶植新作者,但从营销角度宣传作者、培育作者对出版社的忠诚度做得不够。在市场经济条件下,出版社如何建立自己的作者群体是编辑乃至整个出版社必须认真对待的新课题。其次,要培养自己的读者群体,这一点,出版社都意识到了,但大多还停留在嘴上,未见有多少实际举措。如前所述,编辑确立了目标市场,在营销活动中,就必须竭力为目标读者对象服务,如提供优质图书、及时发布出版信息、完善售后服务、组织读者联谊活动等,最终拥有稳固的读者群。这是提高图书市场占有率的重要环节。

## 编辑营销活动的体制保障

如上所述,编辑的营销行为并不是孤立进行的,而是必须纳入出版社的整体营销活动中。这是因为编辑的营销策划直接牵涉到出版社的运行机制、管理模式等,所以编辑的营销活动要顺利进行,一个编辑要在营销活动中有所作为,还必须有出版体制上的保证。一是要建立与营销活动相适应的出版运行机制。无疑,编辑要作为图书营销的核心,负责图书营销活动的组织实施。但明摆着的问题是如果拘囿于传统的出版运作体制,编辑是无权指令自己工作分工之外的环节的,如印刷、装帧、发行等,这样,营销活动就成了一句空话。正是充分认识到这一点,不少出版社都在积极探索适应图书营销的出版运行机制,像中国人民大学出版社的"项目负责制"、中国经济出版社的"责任编辑制片人化"以及一些出版社的"编辑发行一肩挑"等,虽名称不同,但实质上都是打破传统体制下部门分工的束缚,以项目为中心进行管理,这为编辑全程负责,开展市场营销铺平了道路。二是建立适应编辑营销活动的评价体系,不要再单纯以新书品种、印刷码洋为评价基础,而要以图书效益和质量为考核灵魂,注重人均创利、畅销书排行榜、图书的重版率和重印率等。

(作者单位:福建人民出版社)

# 关于编辑业务素质的理论思考

毛积孝

21世纪是知识经济时代,其最显著的特征是生产力的核心要素不再是工具而是知识。编辑,作为知识产品(精神文化产品)的生产者和传播者,其地位与作用越来越重要。编辑要想在知识经济时代更好地履行应尽的社会职责,必须具备较强的业务素质和过硬的业务能力。由此,在理论上深入研究知识经济时代编辑的业务素质问题,具有重要的现实意义。

编辑业务素质与编辑素质是两个概念,后者包含前者。编辑素质指的是编辑的政治素质、思想道德素质、业务素质、基本工作能力、社会活动能力等的总和。编辑业务素质是指编辑从事编辑工作,开展编辑活动所应具备的知识和能力。知识经济时代,编辑业务素质主要包括专、杂与创新三方面内容。

**一、专,是编辑最基本的业务素质,体现了编辑的内功**

编辑工作既是一项政治性、思想性很强的工作,又是一项科学性、专业性很强的工作。特别在知识经济时代,随着科学技术的飞速发展,知识信息日益分化,必然要求编辑对各种知识信息逐一地深刻认识和了解,亦即要求编辑具备一定的专业知识。并且,编辑所拥有的专业知识已不再是编辑在大学或研究生时期所学的专业知识,而是内容不断更新的,内涵更为丰富的,符合知识经济时代要求的,能够胜任编辑工作的专业知识。具体说来,编辑的专业知识主要有:

一是一门甚至几门学科的专业知识。编辑工作的直接对象是整个社会的精神文化产品,本质是对所面对的科学文化成果进行选择和加工,是一种创造性的智力劳动。编辑要对整个社会丰富多彩的精神文化成果进行正确的选择,有创造性的加工,必须具有一定的学科专业知识。编辑只有学有所长,熟悉并掌握一门甚至几门学科专业知识,才能更好地把握书稿特别是专业性强的书稿,为社会提供高水平、高质量的"双效"图书。不能设想,从事编辑工作的人,在处理专业性书稿的时候,对该专业知识缺乏一定的了解,对该门学科的发展历史、现状和趋势毫无所知,会对书稿提出切中要害的意见,编出高质量的书稿,出版高水平的图书。

二是编辑出版学科的专业知识。近年来,编辑出版作为一门科学,已得到社会的广泛承认,其知识系统也在不断地为人们所认识和丰富。编辑,无论其原来所学的专业如何,走到编辑岗位,都有必要认真学习并熟练掌握编辑出版专业知识,因为它是编辑做好编辑工作必不可少的知识工具。把编辑出版专业知识排除在编辑应具备的业务素质之外,以为"编辑无学"的观点是完全错误的,只能使编辑劳动从"自觉"的状态又恢复到"自发"的状态,必然造成停滞乃至倒退。

三是专一,即编辑对编辑工作高度专注的心理状态。人的素质应当是人的知识、能力、意识、心理等的综合。从这个角度而言,编辑对编辑工作专一、专注甚至迷恋的心理状态,也是编辑做好编辑工作应有的业务素质,不可或缺的心理条件。编辑工作是一项为人作嫁的工作,个人的才能和智慧不易直露地表现出来,更不易为世人所认识和承认。这对一个名利欲望很强的人来说,对一个不甘寂寞的人来说,无异是一种难以忍受的痛苦。编辑只有淡泊名利,忍受孤寂,甘为人梯,乐于奉献,才会全身心投入到编辑工作和编辑实践之中,专心致志,孜孜以求,编出一本又一本好书,尽一个编辑的社会职责。不具有专一、专注这种业务素质、心理状态的编辑,不可能成为一个有作为的编辑。可以说,专一、专注既是编辑从事编辑工作的一种心态,也是一种精神,一种境界。

## 二、杂,是由编辑工作的特殊性决定的,体现了编辑的职业特色

编辑的"杂",不是"杂而无学",而是指编辑应有广博的学识。既包括编辑应掌握的一切有利于做好编辑工作的文化知识,也包

括编辑应有的较强的文字功底、熟练的计算机操作能力、较高的外语水平和多方面的业务能力。"杂"或者说博学,是编辑的职业优势,体现了编辑的职业特色。

编辑的这一业务素质是由编辑工作的特殊性决定的。编辑工作是在一个相互渗透交融、日益整合的社会文化信息网络中进行的。这个信息网络丰富多彩,纷繁复杂,编辑如不能了解它,把握它,就无从对社会所必需的精神文化成果进行设计和构建,选择和加工,也无从促使其传播和积累。这就要求编辑要有广博的学识,要做杂家、当通才。只有这样,才能面对纷至沓来的稿件,面对稿件中丰富多样的知识信息,做到左右逢源,游刃有余。不能设想,在多门学科互相交叉、渗透,边缘科学、新兴科学日益发展的今天,编辑的知识太窄能处理好各类书稿。再说,即便是只处理某一专业性很强的书稿,书稿中也不可能不涉及到其他学科的某些内容,这也同样要求编辑要有广博的知识,否则,难免出现这样那样的错误乃至笑话。这类事例,在编辑界并不鲜见。

自古以来,世俗一直存在重专家而轻杂家的倾向,所谓"其名不善,人不肯居",羞于与杂家为伍。其实,专家、杂家各有所长。从某种意义上讲,"通才"、"杂家"型人才往往比专家型的人才更难培养。尽管如此,编辑要成就一番事业,仍必须把成为杂家、通才作为努力的方向。努力的途径一是学习,二是积累。学习是一件很艰苦的事,但编辑要学会把学习当作一项其乐无穷的事去做,要有锲而不舍的精神,努力学习并掌握一切有利于做好编辑工作的知识。在学习的同时,还要学会思考。因为"学而不思则罔",学而不思,囫囵吞枣,即使博览群书,充其量也不过是书呆子,对编辑工作无甚裨益。只有学会思考,才能把知识内化为智力的一部分,成为博学之人,做好编辑工作。

积累也是编辑成为杂家、通才的有效途径。编辑在投身编辑实践的过程中,要善于总结编辑实践的成功经验、失败教训;要养成勤于笔耕的良好习惯,在编辑工作之余,坚持研究和写作,做到编辑、研究、写作三者统一,做一个学者型编辑甚至学者型编辑家。

事实上,我国现当代一些著名的编辑家,同时又是其他领域的专家,是名副其实的学者型编辑家。他们的成就来源于他们的日积月累,得益于他们的研究与写作。

### 三、创新,是知识经济时代编辑实现其社会价值的灵魂和不竭动力

编辑的创新,指编辑应有创新的意识和创新的能力,它建立在编辑的专业知识和广博学识之上并与之有机统一,共同构成为编辑的业务素质。一个编辑经验丰富却缺乏创造能力的编辑,一个学富五车却不会运用所学知识开拓创新的编辑,充其量只能做一个"编辑匠",不可能策划出具有创新意义的图书,谈不上有所作为,更遑论成为编辑家。

编辑创新在知识经济时代尤为重要。这一方面是由知识经济时代编辑工作的外部环境决定的。在知识经济时代,科学技术突飞猛进,社会文化信息急剧增加,现代文化需求不断提高,这些外部环境促使编辑加快运作节奏,在编辑活动过程中不断进行创新,以适应时代的高要求。另一方面是由知识经济时代编辑工作的性质、功能、作用等内部因素决定的。知识经济时代,编辑工作是创造性的智力劳动的性质更为突出,在当代文化交流中的导向功能日益强化,在构建人类文化系统中的作用日益重要,这些内部因素要求编辑在从事策划选题、选择作者、加工书稿等编辑工作时,必须具有丰富的想象力、科学的预测力、果断的决策力。因为:第一,创造性想象是人类智慧的翅膀,是编辑创新的温床。进入想象的世界,便会妙思泉涌,新的创意、新的选题将纷至沓来,任你批判选择。第二,科学的预测力是编辑创新能力的基本组成部分,是编辑在充分调查研究基础上,对未来图书出版信息进行科学预测的能力。一个预测力强的编辑,其创新的成功率往往很高,常常可以新招迭出并大获全胜。第三,果断的决策力是编辑在科学预测的基础上大胆决断的胆识和气魄,是编辑创新能力的集中反映,是编辑在激烈的出版竞争中获得胜利的关键。

创新是图书的生命,是编辑的立身之本。图书市场的竞争,说到底也是编辑创新能力的竞争。编辑只有具有锐意进取的创新精神,超越常人的创新能力,策划、出版别人没有策划、出版过而又为时代和社会所需要的图书,才能得到社会的承认,实现其社会价值。从这个意义上说,创新既是编辑的业务素质之一,也是编辑取得成功的灵魂,有所成就的不竭动力。

综上,专、杂与创新共同构成为编辑的业务素质,三者缺一不可。有必要进一步指出的是,专与杂也是相对而言的。杂不是杂乱无章,而是一个以某一学科知识为核心的广博的知识面,是整个知识结构的基础,是一个系统化的知识集合体,即通常所说的基础知识和基本能力;专是整个知识结构的核心,是全部知识信息深化和优化的结果,也是促进知识信息转化为智慧才能的关键。专与杂的合理结合,构成了编辑业务素质的第一个层面。在此基础上加上创新,编辑业务素质就形成了一个完整的整体,达到了较高的层次。也就是说,一个编辑如果仅具备专与杂的业务素质,他就只能做"剪刀加糨糊"式的简单编辑工作,只能出版一些低层次的重复、"跟单"之作;他只有同时具备创新意识和创新能力,使自身的业务素质上一个台阶,达到较高的水准,才能策划、出版一些有创新意义的图书。专、杂基础上的创新,应当是知识经济时代编辑追求的目标,努力的大方向。

(作者单位:河海大学出版社)

# 浅谈编辑在工作中如何培养自己的责任心

胡庆华

责任心,一般是指在社会主义现代化建设中,具有强烈的历史使命感,最大限度地把个人的聪明才智倾注于所从事的事业上,并为之奋斗终生。作为一个社会的人,责任心是人们立足社会所必备的优秀品质,是履行社会责任、严守职业道德、实践为人民服务宗旨的思想基础,是社会主义现代化建设得以飞速发展的思想动力。

以传承和弘扬中华文化为己任的出版工作者的责任心,则必须表现在有高度的敬业精神和职业道德,终生献身于党的出版事业,坚持党和国家的出版方针,时时意识到"以科学的理论武装人,以正确的舆论引导人,以高尚的精神塑造人,以优秀的作品鼓舞人"的责任,再讲得具体一点就是对读者、作者有一种高度负责的精神,不误导读者,不贻误作者;尽可能多地为社会、为读者奉献精品图书。

那么,编辑应该如何培养自己的责任心呢?换句话说,责任心在编辑工作中的具体表现是什么?

首先,要努力提高学习马克思列宁主义、毛泽东思想和邓小平理论的自觉性。目前,我国正经历着从传统的计划经济体制向现代市场经济体制转轨的重大变革阶段。在这种改革开放的时代,人们的社会意识、生活观念和价值取向也在向多层面、多样化发展。编辑工作属于意识形态方面的工作,社会意识、观念和政治倾向性必然要渗入和影响图书出版;而图书作为精神产品,它的品位、思想倾向对于社会的舆论导向、文化传承等必然产生重大影响。因此,作为一名出版工作者,尤其是编辑,必须加强马克思列宁主义、毛泽东思想和邓小平理论的学习,有了比较深厚的理论基础,并不断提高自己的政策水平和理论水平,始终坚持把社会效益放在第一位,贯彻出版工作为人民服务、为社会主义服务的方针,促进社会主义出版事业的持久繁荣,肩负起跨世纪的重任,为社会主义出版事业做出贡献!

第二,党的十四届六中全会提出精神产品的生产要"树立精品意识,实施精品战略",对我国广大出版工作者提出了更高的要求。所谓精品,首先在选题策划上要创新,要有新的角度,新的立意,这是精品图书最关键的一条,也是最难做到的一条。如今的图书汹涌如潮,各类选题无孔不入,若不进行形势分析,深入挖掘开发,根本就谈不上创新。其次,精品图书在观念、观点上要有时代感,要传达超前的信息。再次,精品图书在知识与内容上应具有科学性、准确性和系统性,不能含含糊糊、模棱两可。可见,要获得精品不容易,需要一个艰苦追求的过程,出版工作者只有深深地植根于人民群众为建设有中国特色的社会主义壮丽事业的创造活动,继承发扬民族优秀文化和革命文化传统,积极吸收世界文化优秀成果,并从中汲取营养,丰富自己,出精品才能有正确的方向和不竭的源泉。因此,编辑不仅要有超前的现代意识,较高的专业知识、技能,求实、创新的精神;更要有一种对祖国、对人民的赤胆忠心,有一种对社会、对民族高度负责的敬业精神。

第三,要时刻铭记自己肩负着精神文明和物质文明建设的重任。江泽民同志在党的"十五大"政治报告中指出:"新闻宣传必须坚持党性原则,坚持实事求是,把握正确的舆论方向。"可有些编辑却在当今的经济大潮中迷失了方向。例如,有的编辑为追求经济效益,或卖书号,或放弃自己的责任,任由一些伪科学、迷信、庸俗的书稿得以出版;有些编辑热衷于一些低级趣味、金钱至上的东西,用大量的犯罪情节或娱乐影星的私生活来吸引读者,在社会上造成不良影响,也受到了广大人民群众的批评和指责。这些都是编辑责任心不强、思想水平不高的表现。因此,作为出版工作者,应当意识到自己肩负的社会责任,自觉抵制假、恶、丑及拜金主义,坚持正确的舆论导向,努力为人民提供更多更好的精神食粮,编写有助于激发爱国热情,树立正确的世界观、人生观和价值观的图书。

第四,不断更新自己的知识,掌握某一学科的专业知识,并善于了解多学科的知识。现代社会是个知识爆炸的社会,新的知识不断地、快速地增长着,随着科学技术的发展,社会分工越来越细,现代各学科的相互交叉、相互渗透,促进了科学技术的快速更新,这无疑对编辑的专业知识和技能素质提出了更高的要求。况且,编辑时常面对的作者是作家、教授、专家等,如果编辑对书稿所涉及的专业不甚了解,又怎么能对书稿的内容做出判断呢?更不用说提出意见和修改了。因此,编辑人员应该对编辑加工中必备的知识做到日积月累、随时可用,同时还应该掌握计算机操作能力及外语能力等,只有这样才能跟上时代的步伐,不致于落伍或被淘汰,才能完成党和人民所赋予的神圣使命。

诚然,编辑的工作能力如策划选题、组稿、审稿以及对书稿的编辑加工等都是很重要且必不可少的,但若没有一种对国家、对人民负责的精神,工作能力再强,也是徒劳的;反之,有了强烈的责任心,则必然会努力提高工作能力。因此,编辑的工作能力和编辑的责任心之间是相辅相成的,互为因果的。就让责任心,这个普通而伟大的品质,伴随我们终生,为祖国为人民再立新功!

(作者单位:河北科学技术出版社)

# 试论现代编辑所应具备的基本素质

陈 涛

曾在一份杂志上看到对编辑的定义:"编辑是根据一定的指导思想,以相应的信息或著述材料为基础,进行优选创意和优化组合等综合性的精神生产过程,使精神成果适合于制作特定载体的创造性智力劳动。"时代在发展,编辑在进步。随着社会主义市场的建立与完善,作为图书市场主体之一的现代编辑需要具备怎样的素质才能在已经进入多元格局新境界的中国出版业中争得一席之地,才能担负起作为文化结构缔造者之一员的神圣责任?

编书这门行当在中国少说也已存在了 2000 多年,编辑作为一门职业独立存在亦已有 100 余年的历史。以往,一提起编辑,人们就会想到"为他人作嫁衣裳",就会联想到"一把剪刀,一杆尺,一瓶糨糊,一支笔",可见,以往的编辑工作是一种有极大局限性的"来料加工"般的被动工作,其核心工作是以案头操作为主的就稿编书,编书匠的色彩很浓。但是,在社会主义市场经济大潮的冲击下,如果还抱着这种落后的编辑观不放,那么恐怕距淘汰出局不远矣,因为时代发展已对编辑工作提出了更高的要求,作为一个现代编辑,仅仅将书稿作为自己的对象是不完全的,只负责书稿内容的鉴定和勘误,不管成本,不问销售,在竞争日趋激烈的出版行业中是难以立足的。

那么,作为一名现代编辑,究竟应该具备哪些基本素质呢?

## 一、现代编辑应该具备较高的政治思想素质

古人云:"盖文章经国之大业,不朽之盛事",一本书,无论好坏,它影响的是成千上万的读者,甚至是好几代读者。1983 年,《中共中央、国务院关于加强出版工作的决定》中指出:"社会主义现代化建设的新形势,把出版工作推到我党我国历史上前所未有的重要地位",这个论断的正确性已在我国改革开放后 20 余年的

实践中得到验证。出版的繁荣和出版工作的重要地位,决定了作为出版工作中心环节的编辑,其政治思想素质的高低,不仅关系到出版事业的兴旺发达,而且关系到整个民族的繁荣昌盛。只有具备了较高的政治思想素质,才能在编辑工作中以邓小平同志建设有中国特色社会主义理论为根本指针,坚持党的基本路线,坚持为人民服务、为社会主义服务、为两个文明建设服务,坚持以科学的理论武装人,以正确的舆论引导人,以高尚的精神塑造人,以优秀的作品鼓舞人。总之,作为一名现代编辑,应时刻牢记自己肩头所负的崇高的社会责任和神圣的历史使命,为促进改革发展、维护社会稳定贡献自己的力量。

## 二、现代编辑应具备较完备的文化知识素养

众所周知,21世纪是知识经济时代,其最重要的支柱产业就是信息产业,它的资本和手段就是创造知识,就是依靠知识的不断创新、加工、传播和应用,而各种媒体编辑的基本职责就是创意、策划、选择、加工和传播。在这样一个科学技术高度发展的社会中,要做一个合格的编辑,必须具有较完备的文化知识素养,简而言之,现代编辑必须是一种复合型人才,其知识结构应该是"口"字型。"口"字的左一竖代表编辑必须的某一学科的专业知识;右一竖代表编辑业务、编辑学和出版学、编辑史和中文知识,要有顺畅的汉语言文字功力和至少精通一门外语,要具备计算机操作能力和上网能力,要有开拓能力和组织能力,还要有鉴别能力和必要的审美知识;上一横代表理论水平,政策水平,道德品质和社会活动能力;下一横代表广博的社会和科技知识。

## 三、现代编辑应具备高尚的出版理念

世界著名管理大师杜拉克曾精辟地指出:"当前社会不是一场技术,也不是软件、速度的革命,而是一场观念上的革命。"近年来,随着社会主义市场经济的确立,出版社被无情的市场法则推到经济大潮的风口浪尖上,正经历着前所未有的"嬗变",编辑亦越来越

没有了当年计划经济时代那种稳坐钓鱼台的安稳感。在这种形势下,积极进行一场观念上的自我革命,力求从"嬗变"中孕育出高尚的出版理念,并以其作为导向,从思维方式和运行方式上调整编辑活动,无疑是十分必要的。

首先,随着改革形势的发展,编辑出版工作中必将出现形形色色前所未有的新情况、新问题、新事物,作为一名现代编辑,应有不甘平庸、不步人后尘的精神,争取有所发现,有所发明,有所创造。这表现在看问题有新视角,想问题有新思路,解决问题有新见解,寻找机遇有新发现,这样,编出的书才能给读者以新的感受、新的启示和新的收获。

其次,作为一名现代编辑对出版事业怀有由衷的热爱和不懈追求的激情。著名的德国诗人歌德曾说过:"只有对自己所表现的东西怀有深情的时候,你才能淋漓尽致地去表现它。"书的生命力应该是作者和编辑激情的共同体现。

还有一点很重要,那就是要努力做到求真务实,言行一致;淡泊名利,心志高远;耐得住寂寞而胸怀天下;不骄不躁,一丝不苟;少一点浮躁心态,多一点书卷气息。

### 四、现代编辑应具备全面的信息素质

信息是人们在认识客观世界、人类社会思维过程中智化的一种客观存在,是来自于客观世界各个方面的多种多样的社会文化现象。人类为了生产和生活,需要不断采集各种信息,并且选择加工成为必需的信息传递给同类。在这种信息传递的大众传播网中,编辑是传播者和接受者两方之间的中间环节。要扮演好这个大众传播中间环节的角色,就必须具备全面的信息素质。

现代社会正处于信息爆炸的时代,传播媒介多源,无穷的信息从四面八方滚滚涌来,这对人们的生存和发展提出了新的挑战。作为编辑,面对铺天盖地的信息,必须大量接收和正确选择,不断更新自身的知识结构,与时代同步。"任何一种编辑主体想要一劳永逸地获取编辑活动过程中所需要的一切系统完备的知识信息是

完全不可能的。"所以,一定要大量接收信息,树立信息是资源、是财富的观念,注意提高信息素质。作为一名现代编辑,既要掌握时代信息,明晓时代的需求,了解时代的动态,又必须牢固地掌握专业信息。因为掌握本专业的信息,并以此来选题和组织稿件,是编辑过程的前奏。而编辑信息量的储存,决定着稿件的选择和取舍。只有大量占有信息并进行正确的取舍,才能以及时准确的出版文化信息来不断开拓新的选题。

## 五、现代编辑应具备精益求精的质量观念

质量是书籍的生命,只有高质量的书才能使人聪明,催人上进,使人的精神世界充实高尚,才能发挥推动社会进步和提高人们思想文化素质的积极作用,只有高质量的书才能无愧于"知识的源泉"、"人类进步的阶梯"的美誉。

在社会主义市场经济条件下,坚持质量第一的原则是十分必要的。现在,所有出版社都无可回避地必须参加市场竞争,而市场竞争首先就是书籍质量的竞争。书籍质量不仅关系到一本书的命运,而且关系到一个出版社的形象和命运,因为出版社的形象是由它出的一本本书来塑造的。因此,作为一名现代编辑,必须牢固树立精益求精的质量观念。

提高图书质量要确立全面的质量观念,首先要确保本身应负责的编校质量,即:选题质量、审稿质量和校对质量,另外,还要关注图书的装帧设计、印制装订、成品检验等印制质量以及图书市场的信息反馈、成本核算与定价、图书评论及发行流通等经营质量。只有从宏观角度把握了编辑质量、印制质量和经营质量三个环节,才算是确立了全面的质量观念,才能够真正提高图书的整体质量。

## 六、现代编辑应具备正确的商品经营观念

编辑从事的工作是文化传播,而这种传播要通过图书这种形式以商品交换为手段来实现。既然图书是一种商品,那么它就必须符合商品经济的一般规律。也就是说,出版单位出版的图书必

须要有市场,要销得出去。这里不但涉及到编辑的选题、编辑、校对、审定等业务问题,也有图书经营管理的问题;既有图书是否适销对路的问题,也有图书包装、宣传等营销问题。编辑虽不是图书商品的直接经营者,对图书这一特殊的商品能否在市场上畅销,却起着决定性的作用。所以,在市场经济条件下,编辑必须具有商品经营观念。

编辑的商品经营观念首先体现在提出选题和论证选题上。选题要新颖独特,顺应图书市场的需求现状和需求趋向。论证选题时要全面考虑作者情况、书稿价值、读者对象、市场需求、印装形式、发行渠道、推销方法、盈亏分析等。这样,一部书稿被接受之前,出版社对其出版发行前景如何已大体有数,从而可以最大限度地避免经营上可能出现的失误。

编辑的商品经营观念亦体现在审稿过程中,即在开本的确定、字体字号的选择、插图的处理、封面装帧的设计中,要千方百计考虑怎样增强对读者的吸引力。

编辑的商品经营观念还表现在加强预算、核算,参与经营上。既要预核算成本、保本点、利润,又要预核算图书销量;既要积极主动地参与印制努力降低印制成本,加快出书周期,又要积极主动地与发行部门沟通,做好征订、发行工作。

编辑的商品经营观念也应包括抢时间、争速度。一个好选题,一部好书稿,如果延误了出版,就必然会失去原有价值。所以,作为一名现代编辑,应当牢记"时间就是金钱,效率就是生命"。

当然,编辑的商品经营观念不能完全转化为图书码洋或发行量的预测这些非常确定的货币表现形态。因为图书是一种特殊的商品,其物质价值不难通过成本核算计算出来,但其精神价值却很难估量。这就决定了编辑工作的特点是既要赚钱,又不能完全为了挣钱。因此,编辑所要确立的商品经营观念,不能完全等同于一般的商品经营观念,而要用辩证的观点来理解其特殊性。也就是说,一名出色的现代编辑,应该多选编一些既有经济效益,又有社会效益的双效书。

综上所述,可见现代出版事业对编辑素质的要求是相当高的。编辑所从事的工作,是一种参与文化创造、文化积累、文化传播的工作,也是一种参与塑造人的灵魂的工作。所以,编辑可以说是"任重而道远"。作为一名现代编辑,一定要真正认识到自己在社会主义物质文明和精神文明建设中的特定意义,认识到自己的工作是在参与精神文明建设和时代文化的创造、积累、选择、传播,从而全方位地磨砺、提高自己的综合素质,争取成为一名熟悉方针政策、社会责任感强、精通业务知识的出版家。

(作者单位:中国电力出版社)

# 编辑务必加强审美修养

## ——出自对常见失误的理性思考

周少英

　　成熟的知识经济和市场经济从审美的角度来看,都应该是审美经济,它们要求有美的人、美的产品、美的环境、美的规范等等与之相适应。现代人们对产品的消费已不单是物质享受,而且渗透着色、香、味、形等审美要求。这是社会进步的标志,正如马克思所说:"社会的进步就是对美的追求的结晶。"

　　无疑,提高出版物的审美价值是社会所需、人心所向。出版物的主要制作者是编辑,他和所有生产者一样,总是按照美的规律去实现自身本质力量的对象化——自由创造出真善美统一的作品。编辑(尤其责任编辑)怎样才能充当合格的角色,做出令人满意的贡献呢?意大利美学家索菲娅·罗兰指出:"在许多领域里,修养都是打开成功之门的钥匙。"显然,编辑必须成为具有良好审美修养的艺术家。

　　审美修养如同其他修养,都是从正反两方面的经验中学习和研究的过程中获得和升华的。

### 一、正视"无中生有"现象,坚定"真"的理念和"规律"意识

　　在层出不穷的出版物中,不乏科学性很强的、能反映和顺应客观事物发展规律的、富有认知价值的、有益于培养读者科学意识的精品。但是,差错甚多的、缺乏真知灼见的、违背科学规律的伪劣出版物,也屡见不鲜,甚至使人产生"无错不成书"的不信任感,败坏了出版界的声誉。例如:

　　曾有一段时间,国内诸多晚报发表了来自四川蓬安县海田乡的多条信息,如《跌了一跤服姜汤　百岁老人长新牙》、《小猫打电话　耗资近千元》、《杀鸡得金块　你说怪不怪》……被许多报刊相继转载。后据四川《南充日报》摄影记者实地采访,才弄得水落石

出——这些事情纯属虚构,是该乡一个人一手炮制的假新闻。为了蒙骗新闻单位,他还私刻了一枚"海田乡报道组"的公章。

《杂文报》披露,曾有两家权威报纸都将驰名世界、并获联合国粮农组织崇高嘉奖的我国著名杂交水稻育种专家袁隆平的姓名误为表隆手,使读者大惊失色,哭笑皆非。

有一家出版社出版的《中华五千年》(古代卷)共883页,有差错的436页,占49.4%。全书标明70万字,差错927处,984字,差错率0.14%(即14/万),远远超过国家有关行业质量标准,属不合格品,等等。

这些失真的东西,都不同程度地破坏了作品的整体形象,犹如食客从一盘菜里看到一只苍蝇,叫人恶心,乃至整餐宴席都不是滋味。

美学原理告诉我们,真是客观世界自身的运动、变化和发展的规律,真是求知的对象,可引起人们去追求真理。美的产生就是人在实践中对真的认识和掌握为前提的,只有真才美,只有真才可爱。为此,陶行知先生告诫我们:"千教万教,教人求真;千学万学,学做真人。"

**二、正视"无的放矢"现象,坚定"善"的理念和"功利"意识**

全国现有2000多种报纸,8000多种刊物。每年出版100000多种书籍,还有难以计数的电子出版物。就数量、规模而言,出版业确是一派兴旺发达、欣欣向荣的景象。但也有一些泥沙俱下、鱼龙混杂的现象,某些出版社无的放矢,盲目生产了不少无济于事甚至害人不浅的文化垃圾,例如:

当社会风气被"法轮功"邪教组织搞得乌烟瘴气的时候,有几家出版社自觉或不自觉地为李洪志之流编辑出版了总码洋达数亿元的"法轮功"宣传品,坑害百姓不计其数,为邪教组织的骨干分子提供数以千万元的非法收入。

一部农药用书,将"赛力散"的用量加了10倍,致使山东某县百万亩红薯绝收。

某杂志,其中的"刊中摘报"栏中发了一篇题为《名人的爱好》一文,文中列举了诸多名人的种种爱好,最后一则是:莎士比亚喜欢比他年龄大的女人。难怪有人批评,既是文摘,理应摘些精品(对读者有指导、教育意义的东西)才是……

用美学观点来看,这些东西者缺乏善意。没有善,岂有美?因为美的事物与功利有密切联系。首先对人有用、有益,然后才可能是美的。所谓功利性,除了实用的功利外,还有精神上的功利。衡量一件事物是否善,是以社会功利(当然不是急功近利)为客观标准的。正如毛泽东同志《在延安文艺座谈会上的讲话》所指出的:"任何一种东西,必须能使人民群众得到真实的利益,才是好的东西。"

现在出版物不是不多,而是对人真正有用的不多。所以,我国著名学者季羡林提出:"在写书出书方面,我有一个'狭隘的功利主义'观点。我认为,出书必定要有用,对个人有用,对社会和国家有用。这个'用'当然不应该理解得太狭窄,美感享受也是一种'用'。如果一点用处都没有的书,大可不必出。"

那么,哪些类型的书最有用呢?来自图书市场的反馈是:(1)具有不可替代的独特性的书;(2)具有无可指摘的真实性的书;(3)具有搜罗无遗的密集性的书;(4)具有严加筛选的精粹性的书;(5)具有不可逾越的权威性的书;(6)具有语言文字的平易性的书;(7)具有不可或缺的实用性的书。总之,要能"以科学的理论武装人,以正确的舆论引导人,以高尚的精神塑造人,以优秀的作品鼓舞人"的正确、健康、文雅的出版物。

### 三、正视"无独有偶"现象,坚定"美"的理念和"创新"意识

不怕不识货,只怕货比货。每逢图书展销会,各路产品集聚一堂,相形见绌,自惭形秽,深感自家的产品形象(装帧、版式、材料质地等)远不如兄弟出版社或海外出版社的产品漂亮。更为遗憾的是,不时发现诸多出版物在基本形式上的纰漏。例如:

不少书籍,翻到扉页,映入读者眼帘的便是"编委名单(按姓氏

笔划排列)"("划"为"画"之误)。

首都一份报纸国际新闻头条新闻刊有《顾老赠朱总理十六字真言》的大标题("真"为"箴"之误)。

一家全国性报纸(社会周刊)第四版,有一篇以全国十大"扶贫状员"喜戴红花》为标题的重头报道,内文和标题,六处全都写成"扶贫状员"("员"为"元"之误)。

某大学主办的《经济理论与经济管理》学报,其中有一期第一篇文章是全国人大常委、著名经济学家、北京大学吴树青教授撰写的《经济发展的辉煌成就》,该刊为其加了"编者按"。此按有三个天窗:以□读者的"飧",□洒的"潇",凤毛□角的"麟"都空着,就这样发到读者手里。

……

以上这些由于内容差错而导致形式上的"破相",都是美的范畴所忌讳的。因为,形式是构成美的形象的必不可少的条件,形式对于美具有特殊的重要意义。所以,明智的出版家非常珍重出版物的形式美。例如:

1899年,美国《纽约先驱报》将一封要求解释摄氏和华氏区别的读者来信,同时刊登在同一期报纸的两个版面上,虽然在内容上无碍大局,但在版面形象上造成不良影响。为了教育报社工作人员,该报社负责人乔治·本涅特决定以后每期报纸必须在同样位置上刊登这封读者来信。就这样,这封读者来信总共出现6700次,直到本涅特去世为止。以表明失误者的自责和对读者的负责,既有利提高报纸质量,又赢得读者信任。这种精神实在令同人赞赏。

人们在创造美的事物中形成和发展了形式美感,并从大量美的事物总结、归纳出美的形式的共同特征——形式美的法则。比如:单纯齐一、对称均衡、调和对比、比例(含黄金分割律)、节奏韵律、多样统一,等等。美的创造者,可以调节形式美的原则性和灵活性,经过巧妙的排列组合,使其产生一点美、曲线美、简洁美、衬托美、静态美、动态美、变化美、不规则美等等审美效应。

俄罗斯文学家、美学家车尔尼雪夫斯基认为:"形象在美的领域中占着统治地位","个体性是美的最根本的特征",也就是说,在美的领域中最忌雷同。可是,人们在书市不难发现,当今炒作盛行,似曾相识的品种比比皆是,特别是版本不同,内容却大同小异的古今中外名人名著(什么全集、选集、汇编、精编之类)、名人名言录、中小学生教辅读物等累牍连篇。有的读者不知该买哪种版本为好,有的读者盲目购书,造成重复浪费。

就美学角度而言,出版物质量的三维结构的基本要素是相互关联的不可分割的真、善、美。这三要素犹如乐器"三弦"那样,其中任何一"弦"都不得欠缺。责任编辑(如同"三弦"的制作者和演奏者)的审美修养便体现在整个编审过程(选题确定、版式设计、加工整理、质量评估等程序)能够创造性地操纵这三根"弦"。

江泽民总书记深刻地指出:"要迎接科学技术突飞猛进和知识经济迅速兴起的挑战,重要的是坚持创新。"杨振宁教授也认为:"艺术和科学的灵魂同是创新。"编辑工作是艺术性和科学性很强的工作,它的出奇制胜取决于参与者的审美修养和创造性劳动,为了不断提升出版物的真善美的品质,责任编辑务必在创新的历程中加强审美修养,在审美修养的潜移默化的作用下不断创新。

# 编辑职业道德三题

刘 光 裕

凡道德,都是协调人与人之间关系的一种行为准则。行为不遵守道德准则,人与人之间的关系必定混乱不堪,进而可能造成社会结构的瘫痪或解体。因此,提倡重视道德,或自己严格遵守道德准则,这并非仅仅是为别人,同时也是为自己,为了共同拥有一个健康、稳定、高尚、进步的社会人际关系。任何社会都要确立与自己相适应的道德准则,并促使社会成员遵守这道德准则。从道德自身看,可分道德理想、社会道德、职业道德、家庭道德等。社会上所有成员都承认的道德准则,此谓社会道德;为某一行业所有成员都承认的道德准则,此谓职业道德。编辑这一行业有职业道德,社会上的其他行业如教师、医生、商人、公务员等,都有职业道德。职业道德具有明显的职业特点,但是它并非可以离开社会道德、道德理想而存在,相反,它必须与社会道德、与道德理想保持一致。下面,讲与编辑职业道德有关的三个理论问题。

## 市场行为与道德规范

出版物面向市场以后,编辑的工作便与市场紧密地联系起来,这样就必然产生编辑的市场行为。凡市场行为,皆以获取经济利益为目的,编辑把选题变成出版物之后,在市场上就有可能获得丰厚的利润。不以获取利润为目的,这种经营方式在市场竞争中没有立足之地,结果难免造成自己单位陷于破产或濒临破产的厄运。因此,出版物面向市场以后,编辑或出版业的经营目的,一定是追求利润。

但是,在市场中,在获取丰厚利润这诱人的经济利益驱动之下,有些人往往鼓起百倍的勇气,去做那些伤天害理的事。总之,为了自己的经济利益,人们很容易做出损害公共利益与他人利益的事情来。比如,生产领域中常见的粗制滥造。从经济角度看,粗制滥造主要是以牺牲质量为代价去降低成本,从而加大利润率。

出版工作中的粗制滥造,诸如出版物内容低劣,常识性错误等硬伤连篇累牍,错别字数量惊人,印刷中的漏印、缺页、脱胶等。从伦理观点看,编辑通过这类粗制滥造的出版物,去谋取自己的经济利益,结果严重损害读者利益,完全是不道德的行为。市场上违反道德的行为,往往与牟取暴利成正相关,例如盗版与制黄就是。于是,在暴利的驱动下,盗版制黄,屡禁不止。这种行为,不只是不道德,同时又是违法的,对社会的危害最大。

由此可见,在市场上获取经济利益,赚取利润,必须有一个前提,就是不损害公共利益,与不损害他人利益。通过损害公共利益或损害他人利益的途径,去获取自己的经济利益,必将破坏市场正常秩序,造成市场混乱,以至造成社会的混乱,最终致使市场本身无法存在下去。为了防止这一点,任何市场行为都必须接受社会的规范。符合社会规范的市场行为才是正当的,不符合的就是不正当的。

针对市场行为的社会规范,主要有两种,一是道德规范,另一是法律规范。仅有这些规范还不够,另需要建立强有力的社会监督机制,主要是舆论监督与行政监督,去监督人们遵守这些社会规范。对于违反社会规范的市场行为,必须给以谴责或惩罚。

市场对于经济发展以至出版业发展的重要性,是显而易见的。从根本上说,市场经济就是自由经济,凡市场都是自由的,这无疑是对的。但从另一面看,市场行为如果是无限制的自由,获取利润可以为所欲为,结果一定非常可怕。等于引发烈性爆炸物,社会秩序必将遭到严重破坏,一片混乱。这种局面,对社会上所有成员都不利。所以,市场经济既是自由的经济,又是规范的经济。市场经济的自由度,是与其规范度相匹配的。

因此,对编辑来说,出版业面向市场以后,加强自己的道德规范,提高道德修养与道德水平,去适应市场形势的需要,乃是唯一的选择。

## 自律与他律

职业道德的力量,在于它是一种不依赖外部强制,而是依靠内心自觉的力量。编辑的职业道德,从观念上说,是建立在对自己职业所承担的社会义务与社会责任的基础之上的。对职业承担的社会义务与社会责任的认识愈深刻,道德观念的理性基础就愈坚实。由此出发,逐渐在自己头脑中养成有关编辑职业的种种道德情感,如荣誉感、义务感、羞耻感等,最终凝聚在编辑的血肉中,成为职业良心。养成了这样的道德情感与职业良心,再通过天长日久的磨练,就具有了自觉的道德习惯。于是,在日常工作中,弃恶从善成为无需外力推动的自觉自愿行为,几乎不假思索的行为习惯。这样的道德习惯,事实上是一种不可违抗的自由意志,一种弃恶从善的强大精神力量。

从企业管理角度看,职业道德是不可或缺的管理手段和方法,因为道德行为无需外力的强制。不论在什么时候,不论在什么场合,人们根据弃恶从善的道德准则,自我约束,自我调节,自我谴责,总之是自己规范自己的行为。这就是职业道德具有的自律作用。因此,优秀的出版业领导,总是十分重视编辑的职业道德,把这一环始终一贯地抓紧抓好。

与职业道德相比,法律的规范作用是强制性的,成为社规、厂规、店规的职业纪律也是强制性的。两者的不同在于,职业道德具有的是自律作用,法律、法规具有的是他律作用。对企业管理来说,自律作用与他律作用都是需要的,不可或缺。

有了法律、法规以后,为什么还需要加强职业道德?因为总有一些不良行为在法律、纪律的制约范围之外,又总有一些违法、违纪的行为不能被别人发现,前者只能接受道德的约束,后者要求人们具有遵纪守法的自觉性。这就需要职业道德来弥补法律、纪律的不足和短处。当然,反过来说,仅有职业道德而没有法律、纪律的作用,也是不行。因为市场中经济利益的诱惑力,毕竟过于强烈,道德的自律作用毕竟有限。优秀的出版业领导,大都是一手抓职业道德,一手抓法律、纪律。在此同时,重视领导自身的表率作用,坚持实施正确的奖惩制度。如此时间一长,就能形成良好的社风、厂风、店风。此可谓企业管理中的要诀之一。

**权利与义务的统一**

仅就道德行为与道德观念而言,一般总是偏重于承担社会义务这一方面。故而讲道德,首先需讲义务,即道德义务。但就社会生活中的道德关系而言,必须是权利与义务的和谐统一。无此统一,就没有牢固的道德关系。

在社会上,编辑是令人尊敬的职业,称为"文明使者","无冕皇帝",享有较高的物质待遇。这说明,编辑在社会生活中享有某种权利。须知编辑这些权利,主要来自出版物。出版物是人类历史上最早使用的传播媒介,它在促使人们摆脱愚昧落后,促使社会走向文明进步方面,具有不可替代的巨大作用。在生产出版物的过程中,印刷复制的作用是重要的,发行流通的作用也是重要的,而编辑在此具有更加重要的核心地位。一般说来,出版物的作用如何,主要取决于编辑发挥的作用如何。出版物在社会生活中的巨大作用,奠定了编辑这个职业在社会生活中的名誉、地位和利益的基础。如果离开了出版物,编辑就一无所有。

享有权利,必须同时承担义务。编辑对社会承担的义务,也主要体现在出版物身上。编辑的职业义务是什么?主要就是保证出版物对社会有益,对公众有益,而不是有害。严格说来,出版物对社会公众无益,就有违编辑的职业道德。出版物一旦对社会公众有害,编辑的职业良心就应该受到谴责。当然,出版物的有益还是有害,与作者有很大关系。可是,从媒介传播的把关人是编辑看,这里的主要责任不在别人,在编辑。因此,出版物出了问题,社会方面总是首先追究编辑的责任。而编辑的全部职业道德,几乎都是围绕着向社会公众提供有益的出版物这个目标形成的。这是编辑职业道德在内容方面的一个显著特点。

再从权利与义务相统一的角度看。编辑如果不能承担自己职业应有的社会义务,这就是违反了职业道德,难免受到社会舆论的谴责,受到人们的鄙弃,而且终将危及编辑自身的利益。反过来说,编辑如果承担了自己职业应有的社会义务,而自身的职业利益却无法得到保障,结果是编辑良好的职业道德,终将难以长期维持下去。因此,权利与义务相统一的道德关系是不能破坏的;暂时破坏或许不要紧,时间一长必定造成无法挽回的后果。维护这两者统一的道德关系,编辑个人的作用微不足道,主要是单位领导与社会当局的责任。因此,从社会方面看,在提倡职业道德的同时,经常调整权利与义务的关系,促使道德关系趋于和谐与正常,就是完全必要的了。

(作者单位:山东大学中文系)

# 论编辑人格的重构

杨 晓 鸣

编辑作为一个社会群体,是社会的代表,承担着人类文明传承的重任,实现社会特定的要求与期望。社会赋予编辑特殊的角色,而编辑以自己的践行来规范、过滤文化的传播,作为对社会的回报。编辑践行是一种人的行为模式,它必须依赖有着一定思维方式、价值观念、伦理道德的人的行为去实现,而人总是有着特定的人格。也就是说,作为参与社会科学文化大厦建构的编辑,其人格的建构、完善至关重要。

## 一、编辑人格障碍的剖析

所谓人格,是指人的品格。它是个体在后天环境中,不断参与社会实践活动而积淀形成的内在品质,表现为个体对现实的态度及相应的行为方式。马克思把个体人格看成是由生理、心理、伦理几个维度在实践中建构而成的、处于多重矛盾关系中的存在,而人格的社会性才是人格的本质。[1]社会实践通过授训基本生活技能,指点生活目标,培养社会角色,教导社会规范等途径作用于个体,使人获得一定的"人格"。个体的思想和行为都受制于人格,而编辑的思想和行为都要受到其人格指引,发出一定合乎或不合乎社会发展的行为指向,推动或阻碍社会前行。

改革开放为出版事业提供了广阔的发展天地,一大批编辑茁壮成长,逐步成为出版事业的中坚力量。但也有一些编辑,在物欲横流的市场经济时代,经不住物质引诱、沉醉于享乐,丧失了理想、信念,导致人格扭曲。其人格扭曲的表现为:1.片面的价值观。市场经济为人类提供了丰富多彩的物质生活,不少编辑面对这突而其来的多彩世界,丧失了理性,将人的价值作自然性的抽象理解,无视人的价值的社会性,他们只懂得索取,对社会对集体缺乏责任感和义务感。这些年来,图书质量下滑,低层次重复与此不无关系。2.非理性的行为。所谓非理性行为,就是不利他人和社会的行为。编辑作为一个社会群体,社会赋予他们神圣的使命,给予了他们一定的权力和义务。但一些编辑为了个人的私利,利用职务和权力之便买卖书号,窃取名利。他们急功近利,为了眼前利益,缺乏使命感和责任感,丧失了警惕性,使得一些居心不良的人有机可乘。"法轮功"一类歪理邪说之所以能够出笼,除少数人别有用心之外,关键是我们的编辑缺乏社会使命感和责任感。3.泛化商品的意识。一些编辑把市场经济中的商品观念、等价交换行为泛化,认为每个人都既是买主,又是待价的商品。凡事都要讲价钱,向集体讨价还价。一些编辑对奉献式的思想和行为难以理解,甚至怀疑其别有用心;有些编辑利用书号作交易,假公济私,甚至勒索作者等,凡此正是泛化商品的折射。

编辑以这种人格为指向,必然导致精品萎缩,平庸雷同之作充斥市场。正所谓"书品如人品",什么样的编辑,就生产什么样的图书。所以今天重提编辑人格的建构话题,不仅不过时、不迂腐,而且应当是大声疾呼的时候。

## 二、理想编辑人格的规范

既然编辑人格对出版事业关系重大,那么市场经济条件下,对编辑人格塑造有何要求呢?

1.树立正确的世界观。正确的世界观之最高境界当为共产主义世界观。这是真正实现人生价值、人生目标的首要条件。有了正确的世界观,才能规范编辑的入世态度,使得编辑以正确的人生观、价值伦理观作为探索彼岸世界和精神沉醉的手段;有了正确的世界观,编辑才有可能产生超越自我的动机和行为,自然地将对伦理的殉道精神逐渐转化、升华,形成一种伟大的人格,从而可在逆境中独善其身,在顺达时兼善天下。这种理想境界当以一种伟大的人格所依循的世界观为其前提。

2.崇尚科学精神。科学精神是人类在科学实践活动中形成的一种崇高的求实、求真精神,是推动科学发展的一种精神动力和力量源泉,也是推动人们正确认识世界和改造世界的一种精神力量,对人的发展起着手段性、工具性的作用。

这种品格要求编辑以事实为依据,坚持实事求是的原则,不唯书、不唯上、只唯实,以科学的方法理论为准则,运用科学的逻辑推理来审视观照作者所描述理论和观点;它要求编辑尊重真理,反对一切迷信和盲从,拒绝空洞的说教和独断专行的权威;它要求编辑有敢于"证伪"的怀疑精神和敢于批判一切谬误、邪法的批判精神;它要求编辑在选题策划方面有所创意、不断超越,用精品回报社会。编辑惟有如此,才能体现一种追求真理、理想高远的人格魅力。

3. 高尚的道德观。编辑工作是出版的中心工作,它渗透出版的各个环节。从选题策划,组织作者到审稿、加工、校对,以至出版发行无不有编辑劳动的凝结。编辑一个小小的失误,小则误导读者;大则危害社会。作为社会精神产品把关人的编辑必须具有高度的伦理道德水准,自觉地约束自己的行为,对社会、他人和子孙后代高度负责,在追求自身利益时首先要权衡是否危及他人利益,并能为社会的长远利益牺牲一些眼前利益和局部利益。做到这一点,编辑在享受物质文明的利益成果时,才能赋予精神文明一个发展空间,达到规范、净化文化传播之目的。

4. 高度的责任感和使命感。古人向有"先天下之忧而忧,后天下之乐而乐"的社会责任感和使命感。编辑是文化积累、文化发展、文化启蒙和文化交流的使者,影响人类精神活动和文明进步。编辑的责任感和使命感,要求面对无华的浮嚣之气,耳不杂听,目不旁骛,视名利如浮云,重操守如泰山,谨修身以自洁;不图眼前利益,一切从大处出发,着眼于社会和未来,关注人类,以出精品为己任;对一些华而不实、夸夸其谈的空洞"理论",能超凡脱俗,运用科学的思想方法,把一切经不起推敲的不实之辞和伪科学拒之门外。

### 三、思想编辑人格的塑造

人格嬗变步入正轨,一个基本的前提是掌握人格的特征。人格具有三个重要的特征:第一,人格是世界观、人生观的表征,它是社会、家庭、学校多方面造化的产物。第二,人格一经塑造便具有相对的稳定性和持久性,据此不难理解在当今社会风气不正的形势下,老一辈编辑仍能傲然独立,风骨奇伟,守节不移。第三,由于人格是社会化的结果,而社会化是个体终生变化的过程,所以长期来看,人格也会在一定程度上随社会价值观念的变更、体制的变革、文化的碰撞以及人的社会经济地位的嬗变而变化,即人格具有可塑性。正因为如此,一旦放松世界观的改造,则可能导致人格的退化。

为保持出版事业健康、持续的发展,必须消除人格障碍,建构理想的编辑人格:

1. 认识人的本质,建构理想人格的基础。马克思关于人的本质是这样论述的,"人的本质不是单个人所固有的抽象物,在其现实性上,它是一切社会关系的总和。"[2] 因而人的现实本质既不是自然本能,也不是其社会本能,而是在现实社会关系中的人的自然属性和社会属性的统一。就每个编辑而言,有追求生存、发展、实现自我潜能的自然倾向,这是一种生物属性。但更重要的是,编辑在不断完善自我,由自在逐渐升华为自觉、自为的理性行为,寻求一种高尚的精神寄托。编辑的这种社会性,其满足是建立在合乎社会要求,不妨碍他人发展的基点之上,并为人类进步和发展孜孜以求。

从人的需求构成来看,物欲和精神需求都是无止境的,但物质产品具有分割性、有限性,人的物欲满足理应有所节制,个人物欲的充分满足可能是以牺牲他人正当物质权益为代价;而精神需求却不同,高尚健康的精神需求愈旺,知识和科技成果发展动力愈足,成果愈多,就越能促进社会进步,且精神产品具有共享性、增质性,对精神财富追求可促进人格升华。因此,必须激励每一个编辑充分展示自己的才华,实现自身价值,并以此为"立人"之本。

2. 优化建构编辑人格的环境。首先要优化人文环境,净化人格生长土壤。编辑的劳动具有潜隐性,即编辑劳动成果是别人的作品,社会认同的是作者的创造。因此,编辑工作不为社会所重视,

"编辑无学"的观点至今还为不少人赞同。这种偏见,必然不利于编辑的成长和发展。为此,社会必须倡导尊重编辑劳动和编辑人格的良好风尚,当编辑的劳动得到社会承认时,就要获得正当的回报;当编辑行为偏离了社会目标就要遭受应有的责备,甚至处罚,从而使编辑自觉接受社会的约束并使之内化为一种信念,形成一种行为定式。其次,要加强编辑再教育。知识经济时代的到来、加入世贸组织的逼近,无疑对人的素质提出了更高的要求,即培养高素质复合型人才。为此,要为编辑提供学习、再教育的机会。再次,既要引入竞争机制,使他们有一种压力和紧迫感,从而自觉地接受教育,加强自身的修养,又要营造一个宽松的环境,使个性健康成长。

3. 创建科学的出版管理体制。管理体制是约束人的行为及其相互关系的一套行为规则,它通过一系列规则界定人们的选择空间,确立社会和经济的激励机制,引导人们采取可预测的因而是有秩序的行为,从而沟通个人利益和集体利益、个人选择和公共选择。[3]也就是说,个人行为选择所能达到的满足程度则取决于管理体制。在现有的条件下,管理体制设置更为合理一些,建设更好一些,在管理体制的允许范围之内,人们追求和达到效应才可能最大化。所以只有科学合理的管理体制,才能营造一个公平的竞争机制,激发全体员工的主人翁意识、质量意识、创新意识,使个性得到张扬,个体充分发展。相反,那种抹杀人类在参与社会劳动中的智力能力的层次差别的管理体制,必然抑制个性的充分展示,是不利于发展出版生产力的。

目前,出版业所面临的管理体制还是"事业单位、企业管理"的双轨制,既要求体现国家意志——把关;又要求引入竞争机制,按市场规律经营。双轨制的存在,使得出版业在走向产业化道路步履维艰。所以改革出版管理体制,建造能造就人才、激励人才脱颖而出的科学管理体制迫在眉睫。

**参考文献**

[1] 沈亚生,人格同一性问题的思辨,《哲学研究》,2000年第3期

[2]马克思恩格斯选集(第1卷),北京:人民出版社,1974年版

[3]刘世锦,《经济体制效率分析导论》,上海:上海三联书店、上海人民出版社,1994年版

(作者单位:浙江大学出版社)

# 跋

中国编辑学会第五届年会于 2000 年 8 月 11～15 日,在塞外名城呼和浩特召开,这次年会的主题是:探讨如何做好责任编辑的工作,包括责任编辑的职责和工作重心等问题。目的在于总结交流经验,提高认识水平,推动队伍建设,提高出版物质量,在市场经济条件下,促进出版的繁荣发展。

为了有准备地开好这次年会,学会于 3 月底、4 月初发出征文通知。业内外积极响应,至 8 月初先后收到应征论文近 170 篇。经过专家评审,入选 80 余篇(约占全部应征论文总数的 48%),以便交流。

会议期间,应邀赴会的论文作者和专家、学者 80 余人,济济一堂,畅所欲言。除小组讨论外,30 余位同志作了大会发言,交流了彼此的看法和经验,引起了大家的兴趣,有的说,这次会议涉及到理论问题、制度问题、认识问题和做法问题,内容非常丰富,受到许多启发,对做好实际工作很有帮助。一些因故未能参加会议的同志,来信来电,希望得到一套会议论文。为了满足大家的要求,能够在更大范围内得到交流,学会决定委托专人,选编出版这本论文集,也希望有兴趣的同志,继续总结经验,探讨这个问题,以利进一步做好工作。

中国编辑学会秘书处
2000 年 10 月 25 日